曾憲通　陳偉武　主編

陳送文　編撰

出土戰國文獻字詞集釋

卷十（下）

中華書局

# 奢  奓

奢陶彙5·88　奢十鐘

奓詛楚文

---

○**丁佛言**（1924）　奢　奢　古匋蔓陽□里奢。

《説文古籀補補》頁47,1988

○**容庚**（1934）　奓（侈）。

《容庚學術著作全集》14,頁138,2011;原載《古石刻零拾》

○**强運開**（1935）　奢　奓　秦詛楚文,宣奓競。

《説文古籀三補》頁52,1986

○**郭沫若**（1947）　奓,許書以爲奢之重文,論理當是侈字之異。

《郭沫若全集·考古編》9,頁305,1982

○**商承祚**（1981）　秦詛楚文“宣奓競從”。《説文》奢之籀文作奓,與此同。大者人也,亦即侈字。奢訓張,侈訓大,同義。故經傳亦多以侈爲奢。《左傳》昭公三年“於臣侈矣”,注:“侈,奢也。”《荀子·正論》“然而暴國獨侈,安能誅之”,注:“侈謂奢汰放縱。”《論語·八佾》“與其奢也”,疏:“奢,侈也。”《西京賦》“紛瑰麗以奢靡”,又“心奓體泰”,注引《聲類》:“奓,侈字。”《説文》侈,“一曰奢也”,《集韻》侈或作奓,是奓爲古文侈,而奢通侈也。

《古文字研究》5,頁221—222

○**高明、葛英會**（1991）　奢。

《古陶文字徵》頁67

○**何琳儀**（1998）　秦陶奢,人名。

《戰國古文字典》頁517

奓,从大,多聲。《集韻》:“奓,張也。”

詛楚文奓,讀侈。《説文》侈:“一曰,奢也。”《韓非子·解老》:“多費謂之侈。”

《戰國古文字典》頁861

○**黃德寬等**（2007）　秦器奢,人名。

《古文字譜系疏證》頁1455

○**王恩田**（2007）　奢。

《陶文字典》頁273

○**李家浩**（2011）　上古音“者”屬章母魚部，“多”屬端母歌部。古代章、端二母和魚、歌二部都很相近。如《說文》正篆“奢”从“者”聲，籀文作“奓”，从“多”聲，就是很好的例子。段玉裁《說文解字注》以“奓”爲會意字，李登《聲類》以“奓”爲“侈”字，非是。“奓”字見於《詛楚文》：“今楚王熊相，康回無道，淫失（佚）甚（沈）亂，宣奓（奢）競從（縱）……”桂馥、王筠等人指出，“宣奓”即《說文》大部“奢”字說解所說連語“奢奢”的倒文；《說文》作“奢”，乃用本字，《詛楚文》作“宣”，乃用假借字。按古代漢語雙音節詞的字序可以對換，桂、王等人說“宣奓”即“奢奢”的倒文，無疑是正確的。於此可見，“奓”與“奢”確實是同一個字。眾所周知，籀文是指《史籀篇》裏的文字。據傳統說法，《史籀篇》是周宣王時的太史籀編的一部字書，其文字代表了西周晚期的文字風格。春秋戰國時期，位於宗周故地的秦國，最忠實地繼承了西周王朝所使用的文字風格，所以在秦文字裏多有籀文的字形。《詛楚文》是戰國時期秦國文字，裏面“秦、敢、則、意”四字就是籀文的寫法，“奢”寫作籀文“奓”，是很自然的事。

《出土文獻研究》10，頁 50—51

△**按**　奓，“奢”之異體。从“多”之字與从“者”之字相通，《說文》“奢”，其籀文作“奓”。《廣雅·釋親》：“奓、奢，父也。”《廣韻》麻韻：“奓，羌人呼父。”“奢，吳人呼父。”王念孫曰：“奓、奢聲相近。”《玉篇》父部：“奢，之邪切。”《廣韻》麻韻：“奓，陟邪切。”黃生謂奢“从者，故得與奓同音”。關於“奓”與“奢”，相通的例子，詳見王輝《簡帛爲臣居官類文獻整理研究》（16 頁，2012 年中山大學博士學位論文）。關於从“多”之字與从“者”之字相通之例，此再補充三例。《玉篇》角部：“觰同觰。”《經典釋文》：“奓，郭處野反，又音奢。”《集韻》麻韻：“諸，諸訧，羞窮也。或从奓。”

# 亢 亢

介 睡虎地·日乙97壹　　 介 睡虎地·日乙129　　 亢 先秦編458

○**吳大澂**（1884）　亢　亢　古陶器文，曰節墨之亢之鉢。陳介祺曰：“亢，地名。”

《說文古籀補》頁 42，1988

○**睡簡整理小組**（1990）　（編按：睡虎地·日甲49）亢，二十八宿之一。《開元占經・東方七宿占》引《石氏星經》曰："亢四星。"

《睡虎地秦墓竹簡》頁 188

○何琳儀（1998）　亢，甲骨文作（類纂〇二四九）。从大，下加斜筆表示遮攔。指事。《廣雅・釋詁》二："亢，遮也。"金文作（矢方彝）。戰國文字承襲商周文字。或作，加兩筆指事。小篆大旁之上肢與下肢已脫離，遂使初文不顯。

睡虎地簡亢，二十八星宿之一。見《呂覽・有始》。

《戰國古文字典》頁 637

○吳良寶（2006）　亢。

《先秦貨幣文字編》頁 165

夲　夲

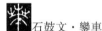

聖彙 0614　　睡虎地・日甲 61 背貳　　石鼓文・鑾車

○吳大澂（1884）　奏　　古奏字，石鼓。

《説文古籀補》頁 42，1988

○羅振玉（1916）　（編按：石鼓文）夲，《音訓》施氏云疾也。鄭氏云即拜字。篆曰，《説文》夲，疾也。从夲，卉聲。拜从此。鄭釋拜，殆因許君云拜从此而傅會也。古金文中，《毛公鼎》之，《吳尊》之、，均即此字，而義不可知。

《羅振玉學術論著集》1，頁 525，2010

○張政烺（1934）　（編按：石鼓文）夲，容庚《金文編》："录伯敦'金車夲畧較'，'夲'當讀'賁'。《説文》：'賁，飾也。'"

《張政烺文史論集》頁 20，2004；原載《史學論叢》1

○強運開（1935）　夲　　石鼓"夲欶真□"，吳書以爲古奏字，非是。《説文》："夲，疾也。从夲，卉聲。捧从此。"

《説文古籀三補》頁 52，1986

○強運開（1935）　（編按：石鼓文）薛尚功、趙古則作華，鄭作拜，皆誤。施云："疾也。"楊升庵作忽，蓋皆本《説文》洪氏頤煊云："《説文》鐼或从賁，或从奔，夲即奔字。"翁覃谿是之。張德容云："按鼓文自有奔字，此从《説文》'疾'訓甚通，不必更爲曲説也。"運開按：《説文》："夲，疾也。从夲，卉聲。"段注云："《上林賦》'蘮莅卉歙'，又'卉然興道而遷義'，郭璞曰：'卉猶勃也。'《西京賦》：'奮隼歸鳧，沸卉駢訇。'薛綜曰：'奮，迅聲也。'卉皆莽之假借。"

《石鼓釋文》丁鼓，頁 1

○**郭沫若**（1939）　（編按：石鼓文）莽，賁飾也。金文言車飾者多見此字。

《郭沫若全集·考古編》9，頁 78，1982

○**羅福頤等**（1981）　莽。

《古璽文編》頁 258

○**羅君惕**（1983）　（編按：石鼓文）按郭説是也。《説文》："餴，从食，莽聲。或作饙。"餴可作饙，則莽亦可作賁矣。《説文》："賁，飾也。"

《秦刻十碣考釋》頁 134

○**睡簡整理小組**（1990）　（編按：睡虎地·日甲 61 背）莽（賁）。

（編按：睡虎地·日甲 61 背）賁，麻。賁屨，麻鞋。

《睡虎地秦墓竹簡》頁 214、218

○**何琳儀**（1998）　莽，甲骨文作🌿（後上二六·六），象艸木茂美之形。賁之初文。《廣雅·釋詁》："賁，美也。"金文作🌿（盂爵）、🌿（杜伯盨），或加艸作🌿（九年衛鼎）、🌿（吳方彝）、🌿（录伯簋）。戰國文字承襲金文。秦國文字艸旁均在上作🌿，遂似从卉。《説文》："莽，疾也。从夲，卉聲。拜，从此。（呼骨切）。"（十下六）莽之聲紐，據餴之"府文切"、賁之"彼義切"、捧之"博怪切"，應屬脣音。莽之韻部，或據捧之異文作拜歸月部。實則拜爲會意（見月部拜聲），捧爲形聲，以均屬脣音得以通假。總之，莽，應據其與餴、賁等字之諧聲關係，定爲幫紐脂部，讀若賁（彼義切）。《廣韻》莽"呼骨切"，乃緣"卉聲"而音變。

石鼓莽，讀賁。《説文》："賁，飾也。从貝，卉聲。"

《戰國古文字典》頁 1295—1296

○**袁仲一、劉鈺**（1999）　莽讀爲賁

睡虎地秦簡《日書甲·詰》："人毋（無）故而鬕（髮）撟若蟲及須（鬚）睂（眉），是是恙氣處之，乃鬻（煮）［六○背貳］　莽屨以紙（抵），即止矣［六一背貳］。"莽讀爲賁，即賁（fèi），麻。段玉裁《説文（編按：當爲"説文解字注"或"説文注"）·艸部》："麻實名萉，因之麻亦名萉，《草人》用賁。"賁屨，麻鞋。

莽（幫母文部）、賁（幫母文部），雙聲疊韻。

《秦文字通假集釋》頁 682—683

○**王輝、程學華**（1999）　　又《石鼓文・鑾車》：“鑾車✦✦。”✦與✦筆畫全同，但前者二屮連於✦上，是花朵而非雙手，“夲”此處也是形容“鑾車”之有圖案的。在甲、金文中夲又與祈、勾二字經常連用，用爲祈求義。可見夲、奏二字音義皆異，不能混同。

《秦文字集證》頁 86

○**徐寶貴**（2008）　　夲，原作✦形。此字其他古文字作如下等形體：✦（《甲骨文編》一〇・一五）、✦（同上）、✦（同上）、✦（同上）、✦（《合集》二二〇六二正）、✦（叔卣）、✦（衛鼎）、✦（杜伯盨）、✦（同上）、✦（王臣簋）、✦（录伯簋）、✦（同上）、✦（衛盉）、✦（九年衛鼎）、✦（師兌簋）、✦（師克盨）、✦（吳方彝）。從以上古文字可以看出：此字最初作✦、✦等形，爲獨體象形字。後來加屮屮旁，繁化作✦、✦等形。石鼓文此字與上舉金文吳方彝相同。石鼓文此字在其直畫之下部加一橫畫以爲裝飾。秦公磬“百樂咸奏”之“奏”作✦，與甲骨文“奏”字✦相比，其所從之✦的直畫下部亦加一橫畫以爲裝飾，跟石鼓文此字之所從相同。石鼓文✦字，小篆訛斷作✦形，許慎據之錯誤地分析爲“从夲，卉聲”。“夲”，郭沫若説：“賁飾也。”羅君惕説：“按郭説是也。《説文》：‘餴，从食，夲聲。或作饙。’餴可作饙，則夲亦可作賁矣。《説文》：‘賁，飾也。’”其説可從。金文言車飾多用此字，如：录伯簋“金車夲壽較”，吳方彝“夲圅又夲較”，番生簋“夲緶較”，師克盨“駒車夲較”，毛公鼎“金車夲緶較”。

《石鼓文整理研究》頁 835—836

# 暴　✦

✦郭店・性自 64　　✦上博二・從甲 15　　✦上博五・鬼神 1

○**張光裕等**（1999）　（編按：郭店・性自 64）舁（棄？）。

《郭店楚簡研究・第一卷・文字編》頁 597

○**李零**（1999）　（編按：郭店・性自 64）“希”，原不釋。按此字上半從“丢”，下半從“屮”，這裏似可讀爲“希”。

《道家文化研究》17，頁 511

○**劉國勝**（1999）　　二、釋畢

　　《性自命出》六四號簡有字作✦，無釋。應釋爲“畢”字。此字从网从畢从✦（兩手之形）。包山楚簡“畢”作✦，與此同。《説文》：“畢，田網也。”此字从

网屬添加形符;從"∃"屬會意,握畢之柄。簡文云:"憂欲儉而毋悶,怒欲盈而毋畢。""畢"有盡之義。簡文意謂:"憂要節制但不能生悶,怒要發泄但不能泄盡。"

《武漢大學學報》1999-5,頁42—43

○劉釗(2000) （編按:郭店·性自64）"怒欲盈而毋㸚"之"㸚"疑應隸定作"㸚"。包山楚簡有字作"㸚㸚"(109)、"㸚㸚"(120反),疑即《說文》訓爲跛病的"瘕"(異體作"瘙")字。"㸚"和"瘕"字所從應爲一字。簡文"怒欲盈而毋㸚"疑應讀作"怒欲盈而毋掩"。

《郭店楚簡國際學術研討會論文集》頁89

○劉昕嵐(2000) （編按:郭店·性自64）"㸚",李零《校讀》讀爲"希",曰:"'希',原不釋,按此字上半從'爻',下半從'巾',這裏似可讀爲'希'。參看劉釗《金文考釋零拾》(《第三屆中國古文字學研討會論文集》,香港問學社有限公司1997年)449—463頁第三條。"昕嵐按:"希",《玉篇·巾部》:"希,散也。"

《郭店楚簡國際學術研討會論文集》頁352

○涂宗流、劉祖信(2001) （編按:郭店·性自64）此字簡文從文從口,肰聲,疑讀爲"逮"。

《郭店楚簡先秦儒家佚書校釋》頁183

○周鳳五(2002) （編按:郭店·性自64）細察簡文,此字可以分爲上下兩半,其下半與《曾侯乙墓》竹簡第四簡"紡襮,紫裏"的"襮"字右半所從相同,其上端作圓形,似"日"字;其下從"丰"從"廾",即"奉"字,《包山楚簡》簡七三、簡一四零"奉"字可以參照;簡文從"日"從"奉",乃"暴曬"字之初形。至其上半作四道斜線,兩兩交錯,右上側相交的筆畫不出頭,疑"虍"形之訛。合而觀之,蓋從"虍"從"暴",乃"暴"字的異構。考察古文字材料,傳世文獻"暴"字,在先秦實有從"虎"、從"日"兩系,前者從"虎"從"戈",會"徒搏猛虎"意,《周禮》古文作"虣",《論語·述而》"暴虎馮河"是其例,引申爲"暴虐";後者從"日"從"奉",會"暴曬"意,《孟子·滕文公上》"江漢以濯之,秋陽以暴之"是其例,引申爲"暴露";二字不僅形構殊異,字義也判然有別,是兩個完全不相干的同音詞。商代甲骨文已有"暴虎"的古文"虣",西周金文與服飾有關的"襮",義取"暴露",聲符作"虣"。後來出現"暴曬"的專字,於是二字並行,《詛楚文》"内之而暴虐不辜",字從"虎"從"戒"作,爲從"戈"之訛;"暴"《曾侯乙墓》竹簡"紡襮,紫裏",則從"日"從"奉"。最後"暴虎"字爲"暴曬"字所取代,兩個同音詞的寫法合而爲一,又於"暴曬"字下加"米",稱爲經典相承通用的正體,於是"暴虎"的專字"虣"，除《周禮》等古籍偶見一鱗半爪之外，幾乎完全堙没不彰了。

《新出土文獻與古代文明研究》頁 186

○張光裕（2002）　（編按：上博二·從甲 15）"𢍃"，讀同"弆"，《廣韻·上·語》："弆，藏也。又音莒。"慧琳《一切經音義》卷二十七："弆，藏也。"字又見《郭店楚墓竹簡·性自命出》第六十四簡："蒸（怒）谷（欲）涅（盈）而毋𢍃，進谷（欲）孫（遜）而毋攷（巧）。"《孟子·萬章上》："仁人之於弟也，不藏怒焉，不宿怨焉，親愛之而已矣。"

《上海博物館藏戰國楚竹書》（二）頁 228

○劉釗（2003）　（編按：郭店·性自 64）"𢍃"字疑從"盍"聲，讀爲"掩"。

《郭店楚簡校釋》頁 106

○陳劍（2003）　（二）整理者已連綴的甲 5、6、7 三簡之前應加綴甲 15，連讀如下：

> 毋暴、毋虐、毋賊、毋念（貪）。不修不武〈戒〉，謂之必成，則暴；不教而殺，則虐；命無時，事必有期，則賊；爲利枉（甲 15）事，則貪。聞之曰：從政敦五德、固三制、除十怨。五德：一曰緩，二曰恭，三曰惠，四曰仁，五曰敬。君子不緩則無（甲 5）以容百姓，不恭則無以除辱，不惠則無以聚民，不仁（甲 6）則無以行政，不敬則事無成。三制：持行視上衣食（甲 7）

其中"暴"字前已見於郭店簡《性自命出》第 64 號簡"怒欲盈而毋暴"，周鳳五先生釋爲"暴"，正確可從。"虐"字原作從"示"從"唐"之形，"唐"字楚簡文字多用作"乎"，但據《説文》，它是"古文虐"字。郭店簡《緇衣》簡 27 從"病旁"從"唐"之字，今本作"虐"，可見《説文》之説自有其根據。此處從"示"從"唐"之字用爲"虐"，跟《説文》及郭店簡《緇衣》相合。甲 15 與甲 5 相連處的"爲利枉事，則貪"，"貪"對應上文"毋念（貪）"之貪。甲 15 用"念"爲"貪"，甲 5 則徑用"貪"字，跟前文講到的《子羔》篇"厽"與"三"情況類似。"枉事"，意謂行事不直不正。

"不修不武，謂之必成，則暴；不教而殺，則虐；命無時，事必有期，則賊；爲利枉事，則貪。"可與《論語·堯曰》的第二章對讀：

> 子張問於孔子曰："何如斯可以從政矣？"子曰："尊五美，屏四惡，斯可以從政矣。"……子張曰："何謂四惡？"子曰："不教而殺謂之虐；不戒視成謂之暴；慢令致期謂之賊；猶之與人也，出納之吝，謂之有司。"

由此可以證明"暴、虐"兩字的釋讀。同時還可以看出，簡文"不武"之"武"當爲“戒”的誤字。兩字上半俱從“戈”,因形近而致誤。

《文物》2003-5,頁 58—59

○曹錦炎(2005)　（編按:上博五·鬼神1)“暴”字構形基本同於《上海博物館藏戰國楚竹書(二)·從政(甲篇)》“毋暴、毋虐、毋賊、毋貪”之“暴”字寫法,後者原篆作作（編按:衍一“作”字)“”,釋文隸定爲“弄”,釋爲“弃”。已有學者根據《論語·堯曰》篇相關文句釋爲“暴”,甚是。郭店楚簡也有“暴”字,寫作“”,上部所從略有訛變,見《性自命出》篇。原書未釋,或有學者釋爲“希”,其實該句讀爲“怒欲盈而毋暴”,文通義順。本簡“暴”字句例有今本《墨子》對照,可以證明釋爲“暴”字確切無疑。

《上海博物館藏戰國楚竹書》(五)頁 311

○蘇建洲(2006)　此處的“暴”可看出其上部同《甲18》（編按:《從政》甲18號簡）“”上部作形近,亦如同《郭店·性自命出》“恚(怒)谷(欲)涅(盈)而毋”的。可見舊隸作“弄”是有問題的。

《上海博物館藏戰國楚竹書(二)校釋》頁 426

○李守奎、曲冰、孫偉龍(2007)　暴　按:此字構形不明。義當“暴虐”之“暴”。與“晞暴”之“暴”當非一字。

《上海博物館藏戰國楚竹書(一—五)文字編》頁 473

# 奏 

睡虎地·語書13　　秦公大墓石磬

○何琳儀(1998)　奏,商周及六國文字暫未見。據秦文字奏似从奉从矢,會承矢以進之意。小篆則秦文字之省變。

　　睡虎地簡奏,奏陳。

《戰國古文字典》頁 384

○王輝、程學華(1999)　奏字原作“”,或釋爲奉,但從上下文義看,釋奏於義較長。《説文》奏字作,顯然是之訛變。《説文》云:“奏,奏進也,从夲从収从中,中,上進之義。”“中”爲什麼會有“上進之義”,令人費解。王筠《説文句讀》:“但解中者,中,艸也,以字象出形,得進義。”桂馥《説文義證》:“‘中,上進之義’者,本書:‘中,艸木初生也。’象出形。”而段玉裁《説文解字注》則謂奏字,“从夲从収”,収“竦手也,進之意”。這些説法都讓人糊塗。其實,許慎及段、桂、王三家根據訛變後的字形説解,是無法説明白的。

實際上,奏字在商代甲骨文中已有,作䒒或䒒。《合集》6016 正:"戊戌卜,爭貞:王歸奏玉,其伐?"《屯南》4513+4518:"乙酉卜,於丙奏岳,從用不雨。"《合集》460:"己亥卜,貞:今日夕奏母庚? 六月。"《合集》22625:"乙未卜,行貞:王窏奏自上甲、下乙多毓,亡尤。才十二月。"《英藏》1286:"貞:帝示若今我奏祀。四月。"《合集》22624:"壬申卜,尹貞:王窏兄己奏暨兄庚奏叔,亡尤。"卜辭奏兄己、兄庚、上甲、下乙、母庚、岳,多爲祭名。

奏字甲文作䒒,从兩手持䒒,䒒象有枝葉有根的植物,所以奏的本義是雙手持樹枝或穀物之類以舞蹈作樂,這是原始社會的風俗。先民在祭祀先祖或神示時每跳舞樂神,如景頗族的"總木伐",就是祭祀性舞蹈。又《周禮·春官·樂師》:"凡舞……有羽舞……有旄舞……"鄭玄《注》引鄭司農云:"羽舞者,析羽……旄舞者,犛牛之尾。"意謂此二舞乃持羽或犛牛尾而舞。音樂史家楊蔭瀏也説䒒象兩手持牛尾而舞,與上述説法相近。李孝定則説:"(䒒)字又作䒒,从木與舞字作䒒所从之木同,疑象舞時所用之道具,兩手奉之以獻神。"這説法也是對的。

《秦文字集證》頁 85—86

# 皋 皋

䒒 睡虎地·日甲 13 背      䒒 睡虎地·日甲 111 背

○**饒宗頤**(1982)    (編按:睡虎地·日甲 13 背)其言"諱皋敢告曰",《禮運》記招死者之俗稱:"升屋而號,告曰皋! 某復!"皋音羔。《正義》云:"謂北面告天曰皋。皋,引聲之言,某謂死者名。"招魂呼皋,禹步亦呼皋。《説文》皋,"禮祝曰皋"。《士喪禮》鄭注:"皋,長聲也。"

《雲夢秦簡日書研究》頁 22

○**睡簡整理小組**(1990)    (編按:睡虎地·日甲 13 背)《儀禮·士喪禮》:"升自前東榮中屋,北面招以衣,曰:皋! 某復。"注:"皋,長聲也。"

《睡虎地秦墓竹簡》頁 210

○**劉信芳**(1990)    (編按:睡虎地·日甲 13 背)《日書·夢》云:"人有惡瞢(夢),眥(覺)乃繹髮西北面坐,鑄(禱)之曰:'皋,敢告𡆥(爾)豹畸,某有惡瞢(夢),走歸豹畸之所,豹畸强歛(飲)强食。賜某大褔(福),非錢乃布,非繭乃絮。'則止矣。”

既是夢者醒後西北祈禱,且祈禱之神主曰“皋”,則此“皋”當即西皇少昊。關於少昊,古書中重要的記載有:

《帝王世紀》:“少昊帝名摯,字青陽……邑於窮桑。”

《山海經·西山經》:“長留之山,其神白帝少昊居之……是神也,主司反景。”

《九章·遠遊》:“遇蓐收乎西皇。”王逸《章句》:“西方庚辛,其帝少皓,其神蓐收。西皇,即少昊也。《離騷經》曰:‘召西皇使涉予。’知西皇所居,在於西海之津也。”

是知少昊(昊、皋、皓音近義通)字青陽,爲司夜之神,居於西方。(中略)

少昊居於西方,故《日書》惡夢者醒後祈禱時向西北面坐。窮奇“食人從首始,所食被髮”,所以祈禱者亦“繹髮”。可知掌夢之神實爲少昊而食夢之鬼方爲窮奇。

《江漢考古》1990-1,頁63—64

○劉樂賢(1994) （編按:睡虎地·日甲13背）關於“皋”的訓釋。劉信芳將本篇與《招魂》“帝告巫陽,曰:‘有人在下,我欲輔之。魂魄離散,汝筮予之!’巫陽對曰:‘掌夢。上帝其難從。苦必筮予之,恐後之謝,不能復用。’”一段聯繫起來解釋。他認爲“皋”指西皇少昊,是掌夢之神;“豽𤞤(或宛奇)”乃“皋(少昊)”的兒子窮奇,是食夢之鬼。而《招魂》中“掌夢”者爲巫陽,少昊字青陽,古時巫、官多不分,巫家或稱青陽爲巫陽,故“掌夢”者巫陽就是少昊。於是,《日書》與《招魂》的記載就完全相同了。

按:劉氏此説不可信。從上下文看,如果“皋”果真是“豽𤞤(或宛奇)”之父,那麼簡文“皋,敢告爾豽𤞤”應如何理解? 難道可以理解成“皋,敬告你的兒子豽𤞤”嗎? 這樣的“添字解經”是難以服人的。其實,本篇之“皋”並非人名。整理小組引《儀禮》注訓爲“長聲也”,其説可從。“皋”的這種用法又見於《禮記·禮運》:“及其死也,升屋而號,告曰:皋,某復。”《正義》曰:“謂北面告天曰皋。皋,引聲之言,某謂死者。”《説文》:“禮,祝曰皋。”可見“皋”乃是一個擬音詞,是古代巫師們舉行祝祭儀式時口中經常要呼叫的一種聲音。“皋”在乙種《日書》“夢篇”中寫作緣。“皋”的這種用法在《日書》中除見於“夢篇”之外,還有兩處明顯的例證:

行到邦門困(闈),禹步三,勉壹步,譁(呼):“皋,敢告曰:某行毋(無)咎,先爲禹除道。”即五畫地,掇其畫中央土而懷之。(一一一背至一(編按:脱

“一”)二背）

【出】邦門,可☐行☐禹符,左行,置,右環(還),曰☐☐☐☐右環(還),
曰:行邦☐令行。投符地,禹步三,曰:皋,敢告☐符,上車毋顧,上☐。（乙
種一〇二叁至一〇七貳）

以上兩段文字中的“皋”都當訓爲“長聲也”。總之,將皋與少昊聯繫起來
是不對的。

《睡虎地秦簡日書研究》頁 215—216

○**劉樂賢**（1994） （編按:睡虎地・日甲 13 背）4.皋。日書甲種“夢篇”有“皋！敢
告墾(爾)豿踦”句。同樣的文句又見於日書乙種,“皋”寫作“繛”。注云:
“《儀禮・士喪禮》:‘升自前東榮中屋,北面招以衣,曰:皋！某復。’注:
‘皋,長聲也。’”按:皋的這種用法在日書中還出現過。如甲種一一一簡背:
“行到邦門困（閩）,禹步三,勉壹步,諄（呼）:‘皋,敢告曰:某行毋咎,先爲
禹除道。’”《禮記・禮運》:“及其死也,升屋而號,告曰:皋,某復。”《正義》:
“謂北面告天曰皋。皋,引聲之言,某謂死者。”《説文解字》:“禮,祝曰皋。”
可見,“皋”是一個擬聲詞,是古代巫祝們舉行祝祭儀式時口中經常要呼叫
的一種聲音。

《文物》1994-10,頁 39

○**何琳儀**（1998） 皋,構形不明。漢代文字作🐦（秦漢七三五）,與秦璽吻合
無閒。

秦璽皋,人名。

《戰國古文字典》頁 163

○**吳小强**（2000） （編按:睡虎地・日甲 13 背）皋,祭祀禱告時發出的長音。《儀
禮・士喪禮》:“升自前東榮中屋,北面招以衣,曰:皋！某復。”注:“皋,長
聲也。”

《秦簡日書集釋》頁 121

○**王子今**（2003） （編按:睡虎地・日甲 13 背）對於“皋”的解釋,整理小組和劉樂賢
是正確的。黃侃《經傳釋詞箋識》卷五寫道:“皋,發語之長聲也。皋,號之
借。”號、嗃、嗥的字義,應當也都與“皋”有關。楊樹達《詞詮》則解釋爲語首
助詞,無義。

《睡虎地秦簡〈日書〉甲種疏證》頁 325

# 臮 臮

夾逰石刻　　　　上博五・三德 11

○**何琳儀**（1998）　　臮，从天从卤，會意不明。字形與三體石經《文公》臮基本吻合。《説文》：“臮，嫚也。从百从夰，夰亦聲。《虞書》曰：‘若丹朱臮。’讀若傲。《論語》‘臮湯舟’。（五到切）。”（十下七）夰爲天之訛誤，古文字臮小篆作臮，亦誤从夰，應屬同例。夰之來源可疑，兹以臮聲首更換夰聲首。

夾逰石刻臮，不詳。

《戰國古文字典》頁 1464

○**李零**（2005）　　（**編按**：上博五・三德 11）“臮”，疑讀“羞”（“羞”是心母幽部字，“臮”與“憂”所从相同，疑是影母幽部字，讀音相近），與上“恥”字互文。

《上海博物館藏戰國楚竹書》（五）頁 295

○**趙平安**（2008）　　我們認爲，對字形進行正確解釋是解決問題的關鍵。

這個字和下列諸字寫法相近：

臮《汗簡》中之二，四十七，引自《尚書》

臮《古文四聲韻》去聲，三十，引自《古尚書》

臮《魏三字石經集録》古文，九，引自《春秋・文公元年》

是一個字的不同寫法，應釋爲臮。字也見於《説文》小篆，作臮之形。《説文・夰部》：“臮，嫚也。从百从夰，夰亦聲。《虞書》曰：‘若丹朱臮。’讀若傲。《論語》：‘臮湯舟。’”許慎説臮讀若傲，是很正確的。字在《今文尚書》作傲。《汗簡》引《古尚書》臮用爲傲。《玉篇》：“臮……亦作傲。”《説文解字注》：“臮與傲音義皆同。”《説文句讀》：“與傲、嫯音義並同。”

臮字上部从百（《魏三字石經》略有變化），至爲明顯。但把下部釋爲夰，則是出於誤會。甲骨文臮（《甲骨文合集》20164）字，很可能是它的古形，象昂首的正面人形。段玉裁解釋臮字説：“傲者昂頭，故从首。”（**中略**）臮字下部本从大。東周時期，大與矢形近混用，所以大可以訛爲矢。《三德》第 11 簡的臮就是這樣訛變的結果。魏三字石經臮从夫，也是大變來的。大上加一橫就是夫字，吳王夫差的夫有時候寫成大。至於《汗簡》《古文四聲韻》和《説文》小篆的臮，其下部又是夫的進一步演變。夫字有些寫法作：

太 君夫人鼎　　太《包山楚簡》142　　太《古璽彙編》0110

裂成上下兩部分。這種寫法正是所謂亣的形體來源。

　　誠如周波所説,簡文"毋笑刑",是不要嘲笑刑餘之人。"毋羿貧"是與之相對的,即"毋傲貧",應指不要輕視貧窮之人。《晏子春秋・内篇問上三》:"景公外傲諸侯,内輕百姓。"傲、輕對文,張純一校注:"傲,輕也。"（中略）特別是《晏子春秋・内篇問下四》"强不暴弱,貴不凌賤,富不傲貧","傲貧"連讀,與簡文如出一轍。

　　這樣解讀"毋羿貧",可謂文從字順。似較舊説爲長。

　　　　　　　　　　《新出簡帛與古文字古文獻研究》頁 360—362,2009;
　　　　　　　　　　　　　　　　　原載《簡帛語言文字研究》3

# 臭 臬

臬 陶彙 3・262　　臬 郭店・語一 87　　臬 上博一・緇衣 21

△按　臭,"罩"字異體,詳見本卷"罩"字條。

# 奚 羿 絫

絫 侯馬 92:45　　羿 集成 11301 二十三年□丘戈　　奚 包山 179　　絫 上博一・詩論 27

絫 上博二・民之 6　　羿 上博四・采風 2　　羿 上博四・曹沫 38　　絫 上博五・鮑叔 6

羿 上博七・凡甲 1　　羿 上博七・凡甲 1

○**山西省文物工作委員會**(1976)　絫　宗盟類參盟人名嗌絫。

　　　　　　　　　　　　　　　　　　　　《侯馬盟書》頁 324

○**李裕民**(1981)　十四、絫《侯馬盟書》宗盟類四之九二:四五

　　《侯馬盟書・字表》釋絫。按:即系字。《説文》:"系,繫也。从糸,丿聲……絫,籀文从爪、絲。"《小臣系卣》作絫,《戕系爵》作絫,此則省从爪、絲,爪形作爪,與《浮公父宅匜》之浮字的爪形同。《廿三年戈》有系字作絫(見《考古學報》1974 年 1 期 36 頁),與此形同而稍簡(系是糸的簡體,《兮仲鐘》孫字作絫可證),黃盛璋先生釋奚,非。金文奚作絫(《丙申角》),與此字迥異。由以系

字諸形,大致可以看出從商到漢由繁到簡的變化過程,即:

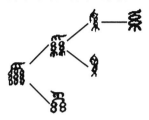

《古文字研究》5,頁 297—298

○**劉彬徽、彭浩、胡雅麗、劉祖信**(1991)　（編按:包山 179）絑。

《包山楚簡》頁 30

○**張守中**(1996)　系　《説文》系籀文从爪。

《包山楚簡文字編》頁 186

○**何琳儀**(1998)　奚,甲骨文作 (甲七八三)。从大从系(籀文絫之省),會縛繫奚奴之意。系亦聲(均屬支部)。《周禮·天官·序官》:"酒人,奚奴三百人。"注:"古者從坐男女,没入縣官爲奴,其少才知以爲奚。今之侍史官婢,或曰奚宦女。"金文作 (邁簋)。戰國文字省大旁作絫形。又《玉篇》:"夅,獸迹。"亦奚之省文。

　　戰國文字奚,人名。

《戰國古文字典》頁 777

○**濮茅左**(2002)　（編按:上博二·民之 6）"奚",字形也見《包山楚簡》第一七九簡,讀爲"繫"。"奚(繫)耳而聖(聽)"意與《漢書·賈山傳》"使天下之人戴目而視,傾耳而聽",《漢書·王褒傳》"不單頃耳而聽已聰",《後漢書·盧植傳》"天下聚目而視,攢耳而聽"中的"傾耳而聽、頃耳而聽、攢耳而聽"同。

《上海博物館藏戰國楚竹書》(二)頁 164

○**李守奎**(2003)　（編按:包山 179）絑。

《楚文字編》頁 716

○**劉信芳**(2003)　（編按:包山 179）奚:字形可參簡 256"醯",257、258"雞",182"溪"。

《包山楚簡解詁》頁 187

○**季旭昇**(2003)　（編按:上博二·民之 6）奚耳:即"傾耳"。濮茅左先生原考釋讀爲"繫耳",劉樂賢先生《民札》已經先指出"該字仍當以按傳世本讀'傾'爲佳。'奚'字古音是支部匣紐,'傾'字古音是耕部溪紐,二者讀音接近,存在通假的可能"。我們可以加一些文獻的證據:《禮記·祭義》"君子頃步而

弗敢忘”,鄭注:“頃當爲跬,聲之誤也。”“跬”字所从的“圭”聲與本簡的
“奚”聲上古同屬牙音支部字,而“頃”聲則屬牙音耕部字,三字爲陰陽對轉
的關係。

《上海博物館藏戰國楚竹書(二)讀本》頁 10

○**劉釗**(2004)　(編按:包山 179)簡 179 有字作“𦥑”,字表隸作“𦁗”。按字从爪从
糸,應釋作“系”。系字在簡文中用爲人名。

《出土簡帛文字叢考》頁 25

○**林素清**(2004)　(編按:上博二·民之 6)“奚”,整理者引證《包山楚簡》簡一七
九的字形,釋“奚”讀爲繫,解作“把君子的道德標準繫於耳邊,儘管全神貫
注聽之無聲,但所語已深入人心”。按《包山楚簡》簡一七九所見“黄奚”爲
人名,無法證明是否可讀爲繫。這裏提出另外一種假設。此字下半从糸,字
形不成問題,但上半爪的起筆略直,不像一般爪的起筆稍斜,且爪的右側又
多出一筆,整體看來很像“日”字。考慮簡文寫錯字或傳抄形訛,此字似不
妨改釋作“昃”。“昃耳而聽”即“側耳而聽”,見《淮南子·主術》“側目而
視,側耳而聽”,又見《史記·張丞相列傳》“吕后側耳於東箱聽”(又見《漢
書·周昌傳》),與“傾耳而聽”相同,都用以形容專注、傾聽。《上博簡》
(二)還有另外一個例子,見《昔者君老》簡一:“太子朝君,君之母弟是相。
太子昃聽。”這裏的“昃聽”表示專注,引申有恭敬的意思。當然,《昔者君
老》整理者陳佩芬女士從禮制的角度出發,指出“側聽”非禮,也是值得重視
的意見。

《上博館藏戰國楚竹書研究續編》頁 231

○**黄德寬**(2004)　(編按:上博二·民之 6)按:注釋讀“奚”爲系,非是。《禮記·孔
子閒居》《孔子家語·論禮》此字均作“傾”,“奚”爲“傾”之通假字。古音
“奚”爲匣紐支部,“傾”爲溪紐耕部,聲紐同系,韻部爲陰陽對轉關係。《禮
記·祭義》“故君子頃步而弗敢忘”,“頃”《經典釋文》“讀爲跬”,“跬”屬溪紐
支部;《説文解字·言部》“謑”或作“謉”,从臬聲,“臬”《説文》謂“从圭聲”,
“圭”屬見紐支部,凡此均可證“奚”應讀爲“傾”。“傾耳而聽”爲先秦常語,讀
“系耳”則不合常理。

《上博館藏戰國楚竹書研究續編》頁 434—435

○**何琳儀**(2004)　(2)奚耳而聖(聽)之(簡六)

　　“奚”,整理者讀繫。按,當讀傾。“奚”,匣紐支部;“傾”溪紐耕部。匣、
溪唯深喉、淺喉之别,支、耕陰陽對轉。《禮記·孔子閒居》《孔子家語·論禮》

均作“傾耳而聽之”。

《上博館藏戰國楚竹書研究續編》頁 444

○ **馬承源**（2004）　（編按：上博四・采風 2）奚言不從，曲目。

《上海博物館藏戰國楚竹書》（四）頁 166

○ **陳佩芬**（2005）　（編按：上博五・鮑叔 6）“奚如”，猶“何如”。

《上海博物館藏戰國楚竹書》（五）頁 188

○ **黃德寬等**（2007）　戰國文字奚，多爲人名。天星觀簡奚，讀雞。

《古文字譜系疏證》頁 2100

△ **按**　上博二《民之父母》簡 6 中的“奚”字，劉樂賢（《讀上博簡〈民之父母〉等三篇札記》，簡帛研究網 2003 年 1 月 10 日）首先指出“該字仍當以按傳世本讀‘傾’爲佳”，季旭昇、黃德寬等續有補證，讀“奚”爲“傾”可信。

## 奭 奭

奭 睡虎地・封診 57

○ **睡簡整理小組**（1990）　（編按：睡虎地・封診 57）奭（音軟），讀爲濡，《廣雅・釋詁二》：“漬也。”

《睡虎地秦墓竹簡》頁 157

○ **何琳儀**（1998）　奭，从大从而，會人鬚柔軟之意。而亦聲。奭、而均屬泥紐，奭爲而之準聲首。秦文字易大爲天旁，其意亦同。字亦作軟。

　　睡虎地簡奭，不詳。

《戰國古文字典》頁 1034

## 夫 夫

夫 先秦貨幣通論，頁 144　　夫 陶彙 5・87　　大 璽彙 0110　　夫 睡虎地・效律 27

夫 包山 142　　夫 郭店・性自 45　　夫 郭店・語一 109　　夫 郭店・成之 32

夫 上博一・詩論 7　　夫 上博一・性情 38　　夫 上博三・彭祖 4　　夫 上博五・季庚 7

夫 集成 11163 玄镠戈

○ **丁佛言**（1924）　夫　夫　古鉢，上大夫之保鉢。夫　古鉢，鄭夫＝。夫　古鈇,夫₌。𡙳　古鈇,上夫。夫　古鈇,維夫民奚。

《説文古籀補補》頁 47,1988

○**羅福頤等**(1981)　夫。

《古璽文編》頁 258

○**傅天佑**(1988)　(**編按**:近二 1136 玄鏐夫吕戈)𡙳,從字形分析,乃是人操旄作舞蹈之形,當釋字爲"舞"即"無"字。(**中略**)《玄鏐子杢戈》銘文有𡙳字,以前多釋爲"子",值得商榷。按此字與𡙳當是一字異寫,也應釋作"無"字。無字的形義,《金文詁林》卷六引高鴻縉先生云:"按字依大畫,其兩手執羽旄而舞之形,由文𡥉生意,故托以寄舞蹈之意。"無字的形體,甲金文均爲人作舞蹈之形。戈銘舞字當作𡙳,即字的下半部不增畫,按作𡙳者乃人作舞有飾尾。飾尾而舞的習俗在我國原始社會已經存在。(**中略**)

　　戈銘𡙳𡙳釋作"舞鼄",爲越王名,史籍作"無顓"。

《江漢考古》1988-1,頁 86—87

○**李家浩**(1989)　湖北江陵出土的玄鏐虞鋁戈的"虡"作𡙳(原文上部左側筆畫稍殘缺),中閒的豎畫一直寫下來。《玉篇》"虞"字古文"虡"所從的"木",可能是這種"虡"形之訛。

《古文字研究》17,頁 145

○**李零**(1989)　《鳥書考》三〇·三一著録兩件"不知國名的"鳥書戈,銘文作:

　　(1)𡙳𡙳之用玄鏐(鏐)　(上海博物館藏)

　　(2)𡙳𡙳之用玄鏐(鏐)　(《楚文物圖片集》[一]23 頁圖二,1955 年湖

　南長沙絲茅沖 M 一七出土)

容文將(1)的第一字釋爲"赦",(2)的第一字釋爲"蔡",兩器的第二字均缺釋。另外,《三代》一九·三七·四也著録了一件與(2)同銘的戈(亦見《貞松》一一·二五)。

　　今按上述三戈應屬同銘,它們的第一字均是"蔡"字。蔡侯諸器所見蔡字寫法分兩個類型:

　　Ⅰ型:𡙳蔡昭侯諸器、𡙳蔡侯産劍

　　Ⅱ型:𡙳宋代出土蔡侯産戈、𡙳蔡侯産劍

Ⅰ型的特點是作正立人形,只在左右兩足中的一足上加兩畫;Ⅱ型也是作正立人形,但在左右兩足上都加兩畫,並有向上和向下的兩手。這裏的三件戈,(2)(3)基本同於Ⅱ型;(1)是Ⅱ型的變體,但還保留着向上、向下兩手的筆

意,並附加攴旁,也是蔡字。最近故宫博物院青銅器館展出一件鳥書蔡侯産戈,"蔡"字殘泐,但亦有作彐的偏旁。這三件戈應當都是蔡器,從器形紋飾判斷,約在春秋晚到戰國早期,應當屬於蔡遷州來之後。

蔡遷州來之後凡五代爲楚所滅,這五代是:

　　昭侯申(前518—前491,在位28年)

　　成侯朔(前490—前472,在位19年)

　　聲侯産(前471—前457,在位15年)

　　元侯(失名,前456—前451,在位6年)

　　侯齊(亡國無諡,前450—前447,在位4年)

五代蔡侯,昭侯申銅器見於1955年安徽壽縣發掘蔡昭侯墓,傳世並有蔡侯申戈(《三代》一九・四五・二);聲侯産銅器見於1958—1959年安徽淮南蔡家崗發掘蔡聲侯墓(M二),傳世並有宋代所出蔡侯産戈(《考古》六・一二,傳"壽陽紫金山漢淮南王之故宫"出土);成侯、元侯、侯齊的銅器尚未見到。上述戈銘第二字,對比銅器銘文中的齊字(如陳曼匜作𩰹)和戰國璽印中的賷字(即賣字,作𧴪),有可能是齊字的變體,戈或即侯齊所作。

蔡字作𥳑,還見於下述各器:

　　(1)蔡公子果戈(三件,《三代》一九・三八・一、一九・四六・二、《文物》1964年7期33頁圖一、34頁圖二)

　　　　銘:蔡公子果之用

　　(2)蔡公子從戈(平凡社《書道全集》〈1965〉第一卷一○七)

　　　　銘:蔡公子從之甬(用)

　　(3)蔡□□弔劍(《三代》二○・四三・二)

　　　　銘:蔡□□弔之用

　　(4)蔡𤲃戈(《山彪鎮與琉璃閣》圖版貳肆:一・25頁附摹本,河南汲縣山彪鎮M一出土)

　　　　銘:蔡𤲃鑄戈(正)、𧼪(背)

另外,傳1935年壽縣出土的鳥書子𧷡戈(《録遺》五六七)字體同於上述三戈,有可能也是蔡器。

　　　　　　　　　　　　　　　　　　　　《古文字研究》17,頁283—285

○**高明、葛英會**(1991)　　夫。

　　　　　　　　　　　　　　　　　　　　　　　《古陶文字徵》頁65

○**曹錦炎**（1994） 夫字從宋人起均誤釋爲“而”，這無論從字形還是從文意上看，都不可信。其實“夫”字並不太難認。參照文意，本銘夫字原來應作🔴，下面有合文符號，現在諸本均佚去。🔴實爲“大夫”兩字合文，在青銅器銘文中，“大夫”作合文的例子極多，詳見《金文編》。這類借用形體的合文形式，在古文字中較爲常見，如子孫作🔴、寡人作🔴、婁女作🔴，均其例。大夫，官名，《周禮》有鄉大夫：“掌其鄉之政教禁令。”又有朝大夫：“掌都家之國治。日期，以聽國事故，以告其君長，國有政令，則令其朝大夫。”據《禮記·王制》，還有上大夫、下大夫。大夫的職位，在諸侯之下，士之上。越國設有大夫一職，如文種、馮同、苦成等均任大夫。

《國際百越文化研究》頁259

○**何琳儀**（1998） 夫，甲骨文作🔴（前五·三二·一）。从大，上加一橫分化爲夫。金文作🔴（盂鼎）。戰國文字承襲金文。或割裂筆畫，或加🔴、🔴爲飾。

《戰國古文字典》頁589

○**袁國華**（2000） 第二個字是下邊的“夫”（圖六）字，過去多釋爲“蔡”，或釋爲“無”，或釋爲“虞”（虞），近或釋爲“夭”讀作“鎣”，意見紛歧。其中以釋“蔡”之説，影響最深。如《殷周金文集成》即將11091、11136、11137、11138、11163等器的“夫”字誤定爲“蔡”字，雖然兩字，都像正立的人形，但是在筆畫上仍是頗有分別的。“夫”字作：

“蔡”字作：

“其中區別就在於‘人’形的胯部。蔡下部作🔴、🔴，而此字（按，“夫”）作🔴、🔴，明顯不同”。戈銘中的“夫”字象成年男子正立之形，亦即“大”字，唯古文字大、夫二字乃分化字，故可互作，如大鼎銘“善夫”的“夫”字即寫作“大”；又吳王夫差鑑傳世二器，銘文一作“大差”一作“夫差”；又曾侯乙墓鐘銘，樂律名“大族”或作“夫族”，皆可證。此外，黃錫全先生以王子午鼎銘“猷”字作🔴，王孫誥鐘作🔴，相互比對，更可確認🔴、🔴等字，必爲“夫”字無疑。至於或釋“無”或釋“虞”或釋“夭”，無論於字形，抑或於銘文內容的解釋，都有可商之處。故取“夫”字之説，最爲可從。

金文中習見“玄翏”一詞，“翏”是一種金屬名稱，《爾雅·釋器》“黃金謂之盪，其美者謂之翏”，“玄”是“翏”的修飾語，《説文解字》“黑而有赤色者爲玄"。"玄鏐"指的是色澤黑中帶赤的上等金屬材料。"夫"字金文中多寫作鏞鏞,鏞从"膚"聲,與"夫"聲同可通。鏞字在金文中常作爲"鋁"的修飾字,讀爲"盧"或"鑪",是黑色之謂。"鏞"字有時也是一種金屬名稱,如:

　　　　邾公華鐘"擇厥吉金玄鏐赤鏞,用鑄厥龢鐘";

　　　　簧叔仲子平鐘"自作鑄其游鐘,玄鏐鎬鏞";

　　　　曾伯漆匜"余擇其吉金黄鏞余用作旅匜";

　　　　白公父匜"擇之金隹鎬隹盧(鏞),其金孔吉,亦赤亦黄";

這些"鏞"都是金屬名稱無疑。"玄夫"(玄鏞)指的就是色澤黑中帶赤的金屬材料。類似可作對照比較的器銘有:

　　　　"玄膚之用"錯金鳥蟲書戈,1980 年山西省忻州上社出土,現藏山西省博物館。

　　　　"玄膚之用。揚"鳥蟲書戈,開封地區文管會藏。

　　　　"膚用"《殷周金文集成》10913,現藏河南省博物館。

這些例證可以對照説明"玄夫鑄用"與"玄膚之用"類似,而"膚用"爲其簡省。"玄夫鑄用之戈"是指以這種色澤黑中帶赤的金屬材料鑄造的兵器。

　　　　　　　　　　　　　　　　　　　　　　《古今論衡》5,頁 22—23

【夫人】

○劉節(1935)　夫人,國君之妻。

　　　　　　　　　　　　《古史考存》頁 124,1958;原載《楚器圖釋》

○何琳儀(1998)　c 兆域圖"夫人",王之妾。《禮記・曲禮》下:"天子有后,有夫人,有世婦,有嬪,有妻,有妾。"

　　　曾姬無卹壺"夫人",見 c。其他楚器之"夫人",婦人之尊稱。

　　　　　　　　　　　　　　　　　　　　　　《戰國古文字典》頁 589

○施謝捷(2000)　《文物》1980 年第 9 期《河南泌陽秦墓》介紹了官莊北崗 3 號墓的發掘資料。其中北椁室出土的漆器中有一件圓盒,在盒身、盒蓋的口沿部位及盒底圈足内分别刻書有内容相同的文字(20 頁圖十二,21 頁圖十三:1):

原報告者釋爲"平安侯"。

按:“平安”二字文字結構及刻寫風格與同出的平安君鼎完全相同,原釋爲“侯”的字則與古文字中真正的“侯”字結構並不相同,可見釋“侯”明顯不妥。實際上此字可隸定爲“伕”,是“夫人”二字的合文。近年出版的黄濬《尊古齋金石集》219 頁著録如下兩件拓本:

所出器物不詳。值得注意的是,其内容及刻寫風格與上揭官莊北崗 3 號墓出土漆盒文字也相同,顯然也是出於同一匠人之手。其中後一件拓本“夫人”作“伕=”,右下角有合文符號,可證。僅作“伕”形,則是省去了合文標志,這種情況在戰國文字中是非常普遍的。圓盒刻寫“平安夫人”,説明該盒爲平安君夫人所用。過去因誤釋爲“平安侯”而引出的一些意見,現在看來都需要重新修正。

近檢古璽印資料,得下揭一璽:

著録於傅嘉儀《篆字印彙》上册 238 頁,原釋文作“闢城君□信璽”。從此璽文字特點及風格看,當是齊璽。“闢城君”未詳,原缺釋之字也是“夫人”二字合文,其形式與齊璽中“事人”合文相似。“闢城君夫人信璽”是目前所知唯一屬於君夫人的戰國璽印。

《古文字研究》22,頁 157—158

【夫句】

○**朱德熙**(1954)　《十鐘山房印舉》一·三七有一枚古璽,文曰“肖賹夫句”,揭之如次:

“夫句”就是“大句”,也就是太后。肖讀作趙(古璽趙姓字都寫作肖),賹是太后之號,這是趙國賹太后的印璽。《史記·始皇本紀》:“九年(中略)長信侯作亂而覺,矯王御璽及太后璽以發縣卒。”

可見戰國時太后確有印璽。

《歷史研究》1954-1,頁 116—117

【夫疋】合文

○**商水縣文物管理委員會**(1983)　能看出器形的主要灰陶罐、盆、豆、敦和夾砂紅陶釜。在陶器片上有戳印隸書“大吉”一例。另有戳印大篆“夫胥司工”四例(圖六)(**編按**:圖六見文末)。這四個字承李學勤先生辨識。前二字合文,下有合文號,“司工”二字豎排左邊。李先生説,陶文“夫”即“扶”,“疋”即“胥”,古代胥、蘇通用,故爲“扶蘇”二字,地名。“司工”即“司空”,古代官職名。

根據城垣構築特點以及出土磚瓦、陶器、陶文等分析,可以初步斷定此城垣築於戰國晚期。《史記·陳涉世家》正義："陽城河南府縣,與郟城縣相近,又走陳。"《資治通鑑》改"走"爲"近"。《漢書·地理志》陽城屬汝南郡。宋《太平寰宇記》(卷十)"扶蘇城在縣西二十五里。《史記》云'陳涉起兵,自稱公子扶蘇,從人望也',蓋涉築此城"。宋《輿地紀勝》:"在縣西十二里。秦二世時,陳涉詐稱公子扶蘇,此城蓋涉所築。"《大清一統志》(卷一七〇):"扶蘇城在商水縣西南二十五里。"我們認爲,從地望推測,此城有可能是秦的陽城,因陳涉起兵時,詐稱公子扶蘇,故相傳爲"扶蘇城"。陳涉起兵到敗亡的時間短暫,所謂"涉築此城"是不可信的。

圖六"扶蘇司工"戳印
（左.拓本,右.摹本）

《考古》1983-9,頁 848

○**何琳儀**(1998)　夫疋,讀"扶蘇",地名。《左·定四》"申包胥如秦乞師",《戰國策·楚策》一申包胥作棼冒勃蘇。《後漢書·濟南安王康傳》"吳與姑蘇而滅",注:"姑蘇臺,一名姑胥臺。"是其佐證。扶蘇城在今河南商水。

《戰國古文字典》頁 1488

## 【夫差】

○**商承祚**(1963)　"姑發胃反"爲諸樊的字既明,現考其名。《左傳·襄公十五年》作"遏",《公羊》《穀梁》作"謁",遏、謁爲兩種擬音相近結構相類的寫法,斷非諸樊本名。往讀《兩周金文辭大系圖錄考釋》,載《攻敔王元劍》,郭氏謂"元"即諸樊,其言甚辯,至不惜改史以繩其説,心雖非之,而未暇考其錯誤產生之由,今釋此銘,重温郭文,並檢視拓本,幾經覃思,始了然其疏失是將"元"下一字釋爲"啟"所致,隨而錯斷了句。該劍銘文是印模的,每個字在抑範時因用力不平衡,出現了某些字筆畫模糊,邊框隱現不一的情況,我們若是忽略這點,就會把部分框廓錯覺爲這字的結構,郭氏所謂的"啟"字,正是以此字的上、左邊廓印痕認爲是筆畫所造成的錯誤,而讀其文爲"攻敔王元,啟自作元用"了。"啟自作"一詞不見於任何銘刻,郭氏知其難通,遂謂"猶言'肇自作',乃語之變"以圓其説。此劍見於八處著錄,範鑄之初,印模的技術較差而且粗疏,出土後,各書據以入錄的拓本精粗互見,影印上石復有工拙,影響我們的詮釋工作,我曾參校諸拓,注意文字筆道與框廓痕迹,摹寫一紙較爲準確的本子以利研究,肯定郭氏諸樊的論斷,否定"啟"字爲"訝"字誤釋。我在釋訝之爲訝的過程,是受貨幣"邪"字的𥬎从𠃟(《説文》牙之古文同)和漢印牙作𢓮所啟發的。訝从𠬝(牙),原無神秘之處,因部分變換了筆勢,在思想上對這個字的理解一時扭轉不過來,就付出相當久的思考時閒。訝字如其可信，則諸樊之名當作“元訝”而非“元”，史籍作過或謁，乃周人記其後一字之由亦可迎刃而解。《元訝劍》以與諸樊名有關，故附此一談，並就正郭氏。

○張振林（1985）　因爲《周金文存》和《小校經閣金文拓本》二書，都有《攻敔王夫差劍》的銘文在此《攻敔王元劍》旁可供比對，另《雙劍誃古器物圖錄》上卷之《攻敔王夫差劍》銘文的字數和行款亦完全相同，所以我當時即認爲所謂《攻敔王元劍》，實際上也是攻敔王夫差之劍，並寫入我自己的讀書筆記。

　　1964 年初，我借讀容師希白教授批點過的《兩周金文辭大系圖錄考釋》，見容師已將郭沫若的有關考釋，用硃筆刪掉，器名改爲“吳王夫差劍”，眉批曰：“以攻敔王夫差劍證之，元啟乃人名，細辨乃夫差之渻。”（中略）

　　既然這一件最早著錄的吳王自作劍，在銅器編年斷代上有其特殊意義，而且至今專家們尚意見紛紜，所以我不揣淺陋，借此機會陳述我二十年前的膚淺意見，並補充近二十年新出土的夫差劍作爲比對，一方面寄托我對意見相同的先師希白教授的懷念，另方面就正於前輩和專家們。

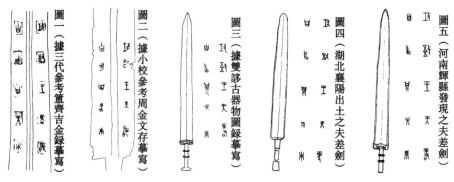

圖一（據三代參考簠齊吉金錄摹寫）　圖二（據小校參考周金文存摹寫）　圖三（據雙誃古器物圖錄摹寫）　圖四（湖北襄陽出土之夫差劍）　圖五（河南輝縣發現之夫差劍）

　　（一）所謂《攻敔王元劍》的銘文與《攻敔王夫差劍》銘文的比較。從五件銘文的比較可以看出：圖一即《攻敔王元劍》，爲單字印模印範所鑄造；圖二和圖四均無劍格，文字古拙；圖三和圖五均有劍格，柄有二節，劍身有斜方花紋，文字較秀美工整。這三類型劍可能分別爲不同時的不同工匠所鑄造。雖然文字有工拙之分，但它們的字數和行款則是完全一致的。

　　（二）排除干擾，恢復銘文真面目。所謂《攻敔王元劍》與其它夫差劍不同之處，是每個字都有一個方框，在拓本上干擾着銘文的釋讀。那方框是在鑄造過程中，先刻陰文單字印模，鈐在泥範上，再澆銅灌鑄造成的。這個過程帶來了兩個干擾因素：其一是，由於鈐印時用力不均勻，方框邊線有隱有現，有的左上明顯，有的右下明顯，有的四邊皆現，呈不規則存在，令人眼花繚亂，容易錯將某些邊線當作文字筆畫;其二是,鈐如此小的印,難免有些範泥與印模粘連,造成有些字橫畫不清或豎筆模糊,有許多筆畫交錯的地方,更容易粘連,經澆鑄後,該處便會失去線條,形成筆畫斷缺。傳世的單字印範鑄造的器銘,如秦公敀、奇字鐘,以及用小條形印印範鑄造的陳侯因脊戟和郾王胿、𣉼、職之兵器的銘文,都在不同程度上存在這些因素的干擾。像圖一這件劍銘,不僅是上述兩種干擾比較明顯,而且還因印小,"夫"字與"元"字又極相似而鈐錯了。於是夫差之"夫"成爲"元"字;"元用"之"元"轉成"夫"字,只是中豎筆凸出不多,易被誤認爲"天"字,《攗古録金文》摹本作"夫"是忠實反映原劍銘的。"差"字頂畫尚橫平相連,中部斜筆交叉特多,因印範粘連而斷裂,不能成字,因此有的考釋者誤以爲"調"爲"訝",有的考釋者誤認左上外廓邊線爲字畫,錯讀爲"厰"爲"啟"。我們若是仔細辨認拓片,尚可察知"差"字中部斜筆的筆勢,絶不像已著録的那些刻本和摹本,作斷裂的短橫狀。

　　在和《攻敔王夫差劍》銘文比較的基礎上,再排除印範澆鑄的干擾因素後,我們即可讀此劍銘爲:

　　　　攻敔王元差　　　自乍其夫用

糾正"元、夫"二字的誤鈐後,恢復銘文的真面目則爲:

　　　　攻敔王夫差　　　自乍其元用

《中國語文研究》7,頁 32—34

○**何琳儀**( 1998)　　吳金"夫差",吳王之名。見《史記·吳太伯世家》。

《戰國古文字典》頁 589

【夫族】

○**何琳儀**( 1998)　　曾樂律鐘"夫族",或作"大族、太蔟、太簇",樂律之名。

《戰國古文字典》頁 589

【夫猇】集成 2840 中山王鼎

○**朱德熙、裘錫圭**( 1979)　　"觀弅夫猇",疑當讀爲"觀恀博悟"。《説文》新附:"恀,用心也。""夫"讀爲"膚"亦通。《意林》引《風俗通》:"夫者,膚也,言其智膚敏"。

《文物》1979-1,頁 49

○**張政烺**( 1979)　　《毛詩·陳風·墓門》"夫也不良,國人知之",傳:"夫,傳相也。"《禮記·郊特牲》:"夫也者,以知帥人者也。"鄭玄注:"夫之言丈夫也。夫或爲傅。"夫,疑指子之。

《古文字研究》1,頁 223

○**李學勤、李零**（1979）　夫,讀爲博,參看《説文通訓定聲》,夫悟意謂博識,又《詩・文王》有"膚敏",傳云:"膚,美;敏,疾也。"把夫悟讀爲膚敏也是可以的。

《考古學報》1979-2,頁155

○**于豪亮**（1979）　夫讀爲博,《荀子・修身》:"多聞曰博。"

《考古學報》1979-2,頁172

○**張克忠**（1979）　夫,語助詞,欯,假借爲悟。此句意爲深明深悟。

《故宮博物院院刊》1979-1,頁40

○**湯餘惠**（1993）　夫睧,即博悟,博聞而穎悟。

《戰國銘文選》頁33

○**何琳儀**（1998）　中山王鼎"夫睧",讀"膚敏"。《公羊・僖卅一年》:"觸石而出,膚寸而合。"《玉篇》《廣韻》引膚作扶。是其佐證。《詩・大雅・文王》:"殷士膚敏,裸將于京。"傳:"膚,美。敏,疾也。"

《戰國古文字典》頁589

# 規　棍

規 陶彙3・458　　槻 十鐘

○**高明**（1990）　（編按:陶彙3・458）䫂。

《古陶文彙編》頁25

○**何琳儀**（1998）　規,从矢从見,會意不明。見亦聲。規、見均屬見紐,規爲見之準聲首。《正字通》:"㑌,規本字。"短(从矢豆聲)與規構形相似,可以類比。秦系文字矢旁訛作夫形。漢代文字槻、槻(秦漢七三六)左猶从矢。

　　戰國文字規,人名。

《戰國古文字典》頁738—739

○**湯餘惠等**（2001）　規。

《戰國文字編》頁692

○**黃德寬等**（2007）　秦印規,人名。

《古文字譜系疏證》頁2003

# 糚

糚 包山75　　糚 包山165　　糚 近出60 王孫誥鐘

○劉彬徽、彭浩、胡雅麗、劉祖信（1991）　（包山 47）。

《包山楚簡》頁 20

○何琳儀（1998）　。

《戰國古文字典》頁 1534

○劉信芳（2003）　，讀爲“胡”，“公”乃鄩之邑公或里公。

《包山楚簡解詁》頁 56

○劉釗（2004）　簡 47 有字作“”，字又見於 51、65、75、165 等簡，作“、、、”等形。字表隸作“”。按字从“夫”从“、”。“”乃“害”字，楚編鐘“”字作“”（《金文編》582），所从“害”字形體與此近似。此“”字還見於金文，作“、、”（《金文編》710）。“”字金文用爲“胡”，此字在簡文中用爲姓氏，就應讀作胡姓之“胡”。“胡”本國名，《周禮·冬官·考工記》“妢胡之笴”，鄭注：“胡子之國，在楚旁。”

《出土簡帛文字叢考》頁 9

【屖】

○劉桓（1992）　郭沫若先生在《兩周金文辭大系》對後一銘文考釋時説“屖音讀當如舒遲，意亦趁是”。是説（）屖當讀爲舒遲，郭釋很對。後來牆盤銘有“屖文考”之語，于省吾先生將其正讀爲舒文考，説明字古有不同寫法，乃从舍从夫，而从舍聲，故讀爲舒。《禮記·玉藻》“君子之容舒遲”，疏：“舒遲，閒雅也。”是其義。

《文博》1992-3，頁 19

## 立　

○中大楚簡整理小組（1977）　（編按：望山 1·22）立假爲位，銅器銘文常見。

《戰國楚簡研究》3，頁 33

○**羅福頤等**(1981)　　立。

《古璽文編》頁 258

○**高明、葛英會**(1991)　　立。

《古陶文字徵》頁 176

○**曹錦炎**(1996)　(編按：集成 171 越王朱句鐘)允位，允在位之意。古文字"位"作
"立"習見，不贅引。

《于省吾教授百年誕辰紀念文集》頁 91

○**何琳儀**(1998)　　立，甲骨文作𪓔(甲八二〇)。从一(表示土地)从大，會人
立於地上之形。大亦聲。立，來紐；大，定紐。立爲大之準聲首。西周金文作
𪓔(頌鼎)，春秋金文作𪓔(秦公鎛)。戰國文字承襲商周文字。齊系文字或加
短橫爲飾作𪓔、𪓔、𪓔、𪓔形。或作𪓔、𪓔，大旁筆畫脱節。

　　中山王方壺"易立"，讀"易位"。

　　𫑡陵君器立，見《廣雅・釋詁》："立，成也。"信陽簡"立日"，讀"涖日"或
"莅日"。《詩・小雅・采芑》"方叔涖止"，傳："涖，臨也。"包山簡立，讀位。
者汈鐘立，讀位。王位。

　　睡虎地簡立，讀位。

《戰國古文字典》頁 1383

【立邦】

○**李學勤**(1959)　　"齊立邦璽"上下兩邊各有一突起。"立邦"與齊刀幣背文
"辟邦、安邦"同義。

《文物》1959-7，頁 53

【立事】

○**李學勤**(1959)　　"立事"即"位事"或"莅事"，莅事者即器物的督造者。齊
器署名次第爲莅事者、工師、工，如左關釜爲陳猶、左關師發、敦者陳純，春秋
時期齊侯鐱爲國差、工師何。(陳璋壺係伐燕所獲，所刻"鄭〔陽〕，陳得再莅
事歲……"當爲修補時補記。)

　　戰國時代齊器的莅事者都是陳氏，如王孫陳棱、王孫陳這。莅事所在地
有縣、鄙、黨、關、門等，他們是都邑大夫或關尹之類，例如陳商曾任平門守：

　　　　平門守陳商，左里�崇亳□　　　(權璽齋拓本 2，21，1)

莅事的"再、參、四"指任職屆數，如陳商在平門一屆、昇黨二屆、圜黨二屆、閭門
三屆。

《文物》1959-7，頁 51

○**齊文濤**（1972）　　“立事歲”是齊國習見的紀年格式,對於“立事”各家有不同的解釋,我們認爲“立事”即是主持國家的祭祀。《左傳·襄公二十八年》:“十一月乙亥,嘗於大公之廟,慶舍蒞事。”嘗,是祭祀名。《爾雅》:“秋祭曰嘗。”大公即姜太公。蒞事即立事。大意是説十一月乙亥這一天,在姜太公的廟裏舉行秋祭,由慶舍主持其事。“國之大事,在祀與戎”(見《左傳·成公十三年》),可見古代是非常重視祭祀的。大概只有把持政權的人物才有資格主持國家的祭祀。齊國這時當權的人物是慶舍的父親慶封,只是由於慶封“好田而耆酒,與慶舍政”,慶舍才有資格“立事”。春秋時代齊國“立事”的人物除了這個慶舍之外,還有見於金文的國佐(《國差shan》),現在知道還有本銘的公孫窟,都是顯赫一時的人物。田氏代齊之後,所有“立事”之人,則全部都是陳氏,無一例外,就充分證明這一點。我們同意把“再、參、四”理解爲立事的屆數。至於多少年算一屆,在什麼情況下更換“立事”人,則尚待研究。

《文物》1972-5,頁 13—14

○**黃盛璋**（1974）　　凡銘末有執齊者,絕大部分都是趙器,趙與燕、齊接壤,燕兵器多以燕王爲監造,而“某某立事”則常見於齊器中,此劍於令之前加“王立事”既不同於燕制,也不同於齊制,當是趙國參酌燕、齊制度並和本國制度相結合的製品。

《考古學報》1974-1,頁 26

○**李學勤、鄭紹宗**（1982）　　“王立事”,用以紀年,類似齊器銘文常見的“某某立事歲”,不過齊器都是記官吏立事,從無記“王立事”的。“立事”古籍或作“位事、蒞事”。陳邦福《古璽發微》云:“考立事言治事也。《大戴禮》有《曾子立事篇》,揚子《法言·重黎篇》云‘或問周官,曰立事’,皆其確證。”趙器記王蒞事,應即指其即位之年。過去有人以爲只有齊器才提到“立事”,是不正確的。

《古文字研究》7,頁 133

○**李學勤、祝敏申**（1989）　　“立事”的意義,前人已反復討論,莫衷一是。東周器銘用事件紀年的不少,從楚、秦的例子看,是用致祚、聘問、戰爭之類大事,由此可見“立事”(即“位事、蒞事”)之人必有較高貴的身份。奠陽陳得曾四次蒞事,他任職期間必甚長久。壺銘所記,則是他第二次蒞事之時。

《文物春秋》1989-1,頁 14

○**曹錦炎**（1990）　　“某某立事歲”,乃齊國習見的以事紀年格式。王國維曾指出:“國差立事歲者,紀其年也。古人多以事紀年,如南宮方鼎云:‘惟王命南宫伐虎方之年’；克鼎云：‘王命克舍命於成周遹正八𠂤之年’，皆是。”“立事”即“位事”，古籍或作“莅事、涖事”。對於立事，解釋不同，或云“莅事者即器物的督造者”；或云“考立事言治事也。《大戴禮》有《曾子立事篇》，楊子《法言·重黎篇》云‘或問周官，曰立事’，皆其確證”。或説立事爲“執政爲相”；或説立事是主持國家的祭祀，認爲“大概只有把持政權的人物才有資格主持國家的祭祀”；也有以爲“再立事歲”即“國復之後重任舊職也”，等等，衆説紛紜。我們認爲，立事即主持國家祭祀的説法是正確的。《左傳》昭公十五年：“二月癸酉，禘，叔弓涖事”；襄公二十八年：“十一月乙亥，嘗於太公之廟，慶舍莅事”，杜預注：“臨祭事。”主持祭祀者，也稱之爲涖事。《左傳》昭公十五年：“其在涖事乎？”均其證。齊國銘刻（包括陶文）中出現的“立事”者，除了國差（佐）、公孫寵（灶）外，其餘如陳喜、陳猶、陳棱、陳榑等皆名不見經傳，只有公孫灶曾執政過六年。若其他諸人亦曾爲相，不可能在史籍中連點滴記載也不存。可見，並非只有把持政權的人物才有資格主持國家的祭祀。根據齊國陶文來看，立事者大都是都邑大夫或守令之類的人，職位並不很高。值得注意的是，田氏代齊以後，所有立事者皆爲陳氏，無一例外。看來，這些立事者大概都屬宗室人員，故其職位雖不高，卻有資格主持國家的祭祀。明白了這一點，對正確理解立事者的身份是有幫助的。

《東南文化》1990-1、2，頁 211—212

○**杜宇、孫敬明**（1992）　“立事歲”是齊國自春秋晚至戰國時期銘辭中所流行的紀年用語。銘文全稱爲“立事歲”，省稱則爲“立事”，或更省而僅記立事屆數之“一、再、三”等。此銘省作“歲”，極少見。關於“立事”，或以爲祭祀，或以爲莅事亦即治事，結合有關銘辭內容考察，“立事”之意約當爲主持某事，其大可至秉國執政，小乃至擅權都邑或府庫。在此則爲兵器鑄造名義上之監造者。通常“立事”者多爲都邑大夫，齊銘“王〔立事〕歲”者，僅此一見。趙國兵器銘刻中有稱“王立事歲”者，他們或爲趙武靈王和趙惠文王（杜宇、孫敬明《從有關銘刻看戰國時期趙之兵器冶鑄手工業》，《趙文化文集》待刊）。黃盛璋先生以爲，趙國兵器銘刻中的王立事，是受齊、燕國的影響而出現的新的銘勒制度（《試論三晉兵器的國別和年代及相關問題》，《考古學報》1974 年第 1 期）。

《管子學刊》1992-2，頁 88—89

○**陶正剛**（1994）　“立事”即莅國執政，或莅事任職之意。《管子·問》立事作位事：“群臣有位事官大夫者幾何人？”“問執官都者。其位事幾何年矣？”

《戰國策·趙策》蘇秦從燕之趙始合從章有"趙王曰:'寡人年少,莅國之日淺,未嘗得聞社稷之長計。'"郭沫若先生在釋陳騂壺時云:"……再立事即國復之後,重任舊職也。"這類詞句多見於齊器銘文。例如陳純釜:"陳猶立事歲。"子禾子釜:"□□立事歲。"陳騂壺:"陳得再立事歲。"趙國則主要見於兵器銘文。如《商周金文録遺》著録的立事劍、磁縣白陽城遺址出土的立事銘劍等。"宜安戈"出土在趙國境内,"宜安"爲冶鑄地點,當係趙國的遺物。

《文物》1994-4,頁 83—84

○**陳偉武**(1996)　　立事,古籍亦作"位事"或"莅事",《大戴禮記》有《曾子立事篇》。古人對當官上任十分重視,睡虎地秦簡《日書》立有"官"的占問專項,屢言"利入官",又言"臨官立政"。"立事"即是"臨官立(莅)政"、臨事、治事的意思。《集成》11259"是立事歲"戈爲齊器,"是"是人名。《集成》11673、11669 爲趙劍,銘文均有"王立事"一語,李學勤先生指出:"'王立事',用以紀年,類似齊器銘文常見的'某某立事歲',不過齊器都是記官吏立事,從無記'王立事'的……趙器記王莅事,應即指其即位之年。過去有人以爲只有齊器才提到'立事',是不正確的。"《集成》11329 戈銘稱"王何立事"亦趙器。現藏於旅順博物館的一把郾王喜劍,拓片見於《集成》11705,銘文偶殘,但開頭諸字作"郾王喜立事歲"尚可識。如此,則"立事"一語見於齊、趙、燕三國器物。

《華學》2,頁 74—75

○**何琳儀**(1998)　　a 齊器"立事",主持事物。《法言·重黎》:"或問周官,曰立事。"或作"位事"。《管子·問》:"群臣有位事,官大夫幾何人。"亦作"莅事"。《左·襄廿八》:"嘗于太公之廟,慶舍莅事。"

　　趙兵"立事",見 a。

《戰國古文字典》頁 1383

【立事歲】

○**張政烺**(1935)　　此陶曰"平陵墜导立事歲",墜綦壺曰"奠□墜导再立事歲"者,按"立事歲"爲傳世齊器中習見之辭,如:

　　　　國差立事歲咸丁亥(國差罈)
　　　　墜猶立事歲爵月戊寅(墜純釜)
　　　　墜□立事襪月丙午(子禾子釜)
　　　　王孫墜陵立事歲(陶文。《簠齋藏陶》第二册八葉。"陵"字"阜"旁微泐。)

　　墜同立事歲(陶文。《説文古籀補》"墜"字下引。按《鐵雲藏陶》八十一
葉有墜同,蓋即此人。)

許印林曰"立、涖通,《説文》作䇐,臨也"(《攈古録》卷三之一國差譫),陳簠齋
曰:"立事猶言立政,《書》傳曰:'立政,大臣;立事,小臣。'"(《愙齋集古録》第
二十四册四葉)方濬益曰:"立事歲當謂嗣爲大夫之年。"(《綴遺齋彝器考釋》
卷二十八國差譫)是矣。惟陳氏又曰:"立事者,即《書》立政立事之文,猶云某
某爲相之日也。"以"立事紀陳氏當國之年",殊覺不然。考墜导、墜猶、墜陵、墜
同,皆不聞有爲相之事,自應事齊之大夫。而陶文稱"平陵墜导"者,蓋爲平陵
大夫;壺文稱"奠□墜导"者,蓋爲奠□大夫。"再立事歲",是更爲大夫之年,
則由平陵移奠□也。如此則處處可通。苟如簠齋爲相當國之説,則於平陵、
奠□兩地名不能解釋,視爲墜导籍貫,則不應其歧出也。奠□爲地名無疑義,
下一字涖。陶文有"导齊鎏易"("导齊鎏易"。《簠齋藏陶》第二册四十葉、第四
册二葉,《鐵雲藏陶》六十九葉),"导"疑即墜导,"奠易"疑即奠□,或可據補。
《世家》:"田襄子既相齊宣公,三晉殺知伯分其地,襄子使其兄弟宗人盡爲齊
都邑大夫,與三晉通使,且以有齊國。"惠子得於襄子爲諸父,則其爲平陵、奠
□大夫當在此時也。蓋自春秋以降,禄去公室,政在私門,大夫擅權,陪臣專
縱。故臨下紀立事之歲,不書天王之元,國佐已然,叔世尤甚,則於齊政下逮
之迹,又可窺一斑矣。

　　　　　　　　　　　　　　《張政烺文史論集》頁51,2004;原載《史學論叢》2

○**馬承源**(1961)　毫無問題,此壺必是齊器,因爲某某"立事歲"是齊器所
特有的紀年方式,如國差譫、陳純釜及陳騂壺等都作"立事歲"或"再立事
歲"。

　　　　　　　　　　　　　　　　　　　　　　　　《文物》1961-2,頁45

○**黃盛璋**(1961)　第一、凡言"立事歲",並不就是執政爲相,銘刻中出現"立
事歲"之人有國差(國差譫)、陳得(陳騂壺,殘陶量)、陳猶(陳純釜)、陳榑(陶
印)以及王孫陳棱、王孫陳這等,除國差外皆不見經傳,而國差(佐)也未做過
齊相,其餘諸人,若爲齊相,不應連一個事迹都没留下來,這就説明"立事歲"
與執政爲相並不是一回事了。

　　　　　　　　　　　　　　　　　　　　　　　　《文物》1961-10,頁37

○**孫敬明、李劍、張龍海**(1988)　2.陳棱再立事左里殷亳釜(圖六)

印於泥質灰陶片上。陶片長10、寬6釐米。

陳字下綴“土”作壥，爲田齊專用字。春秋時期，陳國貴族
公子完亡命齊國，《史記·田敬仲完世家》：“桓公使爲工正……
完卒，諡爲敬仲。仲生穉孟夷。敬仲之如齊，以陳字爲田氏。”
《集解》徐廣曰：“應劭云始食菜地於田，由是改姓田氏。”《索
隱》據此云：“敬仲奔齊，以陳田二字相近，遂以爲田氏。應劭云
‘始食菜於田’，則田是地名，未詳其處。”《正義》按：“敬仲既奔齊，不欲稱本
國故號，故改陳字爲田氏。”

圖六

“陳某”作器，見於著録者有之。其中，有的雖明顯爲田齊之陳，但陳不從
土者亦有之。或以爲屬漏刻，不確。“陳”從土與否，因時代而異。春秋時期，
田齊之陳與陳蔡之陳無別。戰國後，田齊之陳從土。土、田意義相近，“陳”不
從土，説明陳氏在春秋時尚未改稱田氏。《史記》：“敬仲之入齊，以陳字爲田
氏。”唐蘭先生指出：“《史記》謂陳氏改爲田氏，實戰國以後所致。”其實，戰國
時期文字中也未見陳氏宗族稱田氏的。戰國文字中陳字除田齊之陳從土外，
其餘從土與否沒有區別，但田齊之陳此時則無一不從土，所以，這是別於陳蔡
之陳的標志。春秋陳氏用陳不用田，陳不從土，戰國田氏代齊，則陳皆從土，
惟不見稱田氏者。由此可見，陳從土與否有明顯的時間界限和寓意，絕非工
匠隨意所爲。

“再立事”爲“再立事歲”之省稱。如“國差立事歲”（《三代吉金文存》
18·17·3—18·1）、“公孫造立事歲”、“王孫陳棱立事歲”（《季木臧（編按：臧當
爲藏之誤）陶》80·8）、“陳喜再立事歲”等銘。齊人“立事”當以“歲”爲屆。《左
傳》襄公二十八年：“齊慶封好田而嗜酒，與慶舍政……十一月乙亥，嘗於太公
之廟，慶舍莅事。”杜注：“舍，慶封子，慶封當國，不自爲政，以付舍。”“立事”，
長則以一歲爲屆，短則終一事而畢。

對於“立事”有不同解釋。其一，釋爲“位事、莅事”，“立”通“莅”，意爲治
理，“立事”即“治事”。其二，釋爲主持國家的祭祀。

立事所在，有都、鄙邑、鄉黨、關門等。戰國齊器署名立事者均爲陳氏，如
陳棱、陳得、陳固、陳向、陳博、陳喜等。《史記·田敬仲完世家》：“田襄子既相
齊宣公，三晉殺智伯，分其地。襄子使其兄弟宗人盡爲齊都邑大夫，與三晉通
使，且以有齊國。”以此與諸陳氏立事之器文合勘，不但《史記》之載有徵，而且
對正確解釋“立事”之意義也有啟發。

《文物》1988-2，頁85—86

○**湯餘惠**（1993）　立事歲，居官治事的第一年。方濬益曰："立事歲當謂嗣爲大夫之年。"（《綴遺齋彝器考釋》卷二十八國差𦉜）立，通涖、蒞；立事，猶言臨事、治事。齊器銘文每言"某某立事歲"，均指治事的第一年。又齊陶文有"再立事歲、參立事歲"，則分別指治事的第二年和第三年。"立事歲"是齊器慣用的紀年用語。

《戰國銘文選》頁 15—16

○**王恩田**（1998）　"立事歲"是齊國特有的紀年格式。立，經籍或作涖、蒞、蒞。"國之大事，在祀與戎"（《左傳·成公十三年》）。"立事"即蒞臨其事。《國語·周語》："敵國賓至，至於王吏，則皆官正蒞事。"注："正，長也。蒞，臨也。"經籍中"蒞事"多指主持國家的祭祀。例如：

《國語·晉語》："三大夫乃別蒸於武宮。公稱疾，不與。使奚齊蒞事。"注："蒸，冬祭也。武宮，獻公之禰廟也，在曲沃。蒞，臨也。公稱疾不自祭，而使奚齊者，欲風群臣使知己意也。"

《左傳·襄公二十八年》："嘗於大公之廟，慶舍蒞事。"

《左傳·昭公十五年》："春，將禘于武公。戒百官。梓慎曰：禘之日，其有咎乎？……其在涖事乎？……叔弓涖事，籥入而卒。"

祭祀晉武公，本來應該由晉獻公來主持。但獻公爲了讓大臣們知道他有立奚齊爲繼承人的意思，因而讓奚齊代替自己去主持祭祀。齊國的執政大臣是慶舍的父親慶封。由於慶封"好田而耆酒，與慶舍政"，慶舍才有主持祭祀太公的資格。主持魯國禘祭的叔弓是魯宣公弟叔肸之曾孫，叔老之子，位居魯卿。後來也把主持國家政務稱爲蒞事。如《韓非子·十過》："管仲死，君遂不用隰朋而與豎刁，刁涖事三年，桓公南遊堂阜，豎刁率易牙、衞公子開方及大臣爲亂。"銅器銘文中所習見的立事者如春秋齊國的國佐（國差𦉜）、公孫灶（公子土父壺），趙國兵器"王立事"（錄遺 599、河北 101 劍）、"王何立事"（山西 118 戈）等等，"立事"者都是國君、王或執政大臣，地位極高。過去把齊國陶文地名的"平門内"誤釋爲"平門守"，遂有立事者屬"都邑大夫或關尹之類"的説法，不確。"立事歲"是用某人主持祭祀或主持政務的時間來紀年，與督造器物毫不相干。正因爲"立事"者都是國君、王或執政大臣，才有紀年的意義。否則，"都邑大夫、關尹之類"人數甚多，不可能用他們從政或督造器物的時間紀年。"立事歲"之前所加的"再"或"叁"應指蒞事的屆數。多長時間爲一屆，待考。

《遠望集》頁 314

## 竴 𡪆

陶彙 4・44　　陶録 4・24・1

○**高明、葛英會**（1991）　竴。

《古陶文字徵》頁 178

○**王恩田**（2007）　𡪆。

《陶文字典》頁 274

△**按**　徐在國指出：“此字或釋爲‘墉’。”詳見《〈陶文字典〉中的釋字問題》（《出土文獻》2 輯 194 頁，中西書局 2011 年），其説可參。

## 端 𢎤

集粹　睡虎地・語書 11　曾侯乙 176

○**睡簡整理小組**（1990）　（編按：睡虎地・語書 2）矯端，即矯正。當時避秦王政諱，用“端”字代替“正”字，如正月改爲端月，《史記・秦楚之際月表》索隱：“秦諱正，故云端月也。”又如《吕氏春秋・情欲》“端直之遠”，以及秦刻石，也都避諱“正”字。下文自端、公端同例。

　　（編按：睡虎地・答問 34）端，故意，《墨子・號令》：“其端失火以爲亂事者，車裂。”畢沅注：“言因事端以害人，若今律故犯。”

《睡虎地秦墓竹簡》頁 14、101

○**何琳儀**（1998）　隨縣簡端，讀彫。

《戰國古文字典》頁 1027

○**黄德寬等**（2007）　隨縣簡端，讀彫。參耑字。秦簡端，正也。避始皇名諱而改字。

《古文字譜系疏證》頁 2703

【端戠】

○**裘錫圭、李家浩**（1989）　（編按：曾侯乙 73）“𣖪𢎤”亦見於 74 號、120 號簡，176 號簡作“端𢎤”。“𢎤”字原文寫作“𡐋”，从“車”从“殼”，“𢎤、殼”皆从“㱿”聲。新鄭兵器銘文有“端戟刃”之語，或作“鵰戟刃”。“雕”讀爲彫刻之“彫”。

"端戟刃"之"端"當與"彫"同義。"端、彫"古音同屬端母,疑是一聲之轉。"敦"字古人或讀爲"彫"。《詩·周頌·有客》"敦琢其旅",陸德明《釋文》:"敦,都回反。徐又音彫。"《大雅·行葦》"敦弓既豎"之"敦",《荀子·大略》引作"彫",《公羊傳》定公四年何休注引作"雕"。"敦、端"古音相近。二字聲母同屬端母。"端"字韻母屬元部,"敦"字韻母屬文部,文元二部字音關係密切。"彫""端"相轉,猶"彫""敦"相轉。望山二號墓竹簡所記兵器有"耑戈",當即古書之"彫戈"。《國語·晉語三》"穆公衡彫戈出見使者",韋昭注:"彫,鏤也。""端轂"之"端"大概也應該當"彫"講。簡文"端轂"是車名,大概由於車轂雕鏤有花紋而得名,猶兵車"長轂"(見《左傳》昭五年)以轂長而得名。

《曾侯乙墓》頁 519

○陳偉(1996)　　耑轂。由簡書稱爲"一乘",可知也是車名。曾侯乙墓竹簡第73、74、120 號有耑轂,第 176 號有端轂,實指同一乘車。包山簡耑轂應該相當於那裏的耑(端)轂。鑒於這種車在曾侯乙墓記車簡的分述和總述中均使用同一稱謂,當是得名於特定結構或形制。《禮記·雜記上》:"大夫以布爲輤而行,至於駕而説輤,載以輲車。"鄭玄注:"輲讀爲輇,或作槫。許氏《説文解字》曰:'有輻曰輪,無輻曰輇。'《周禮》又有蜃車,天子以載柩。蜃、輇聲相近,其制同乎。輇崇蓋半乘車之輪。"孔疏云:"有輻,謂別施木爲輻。無輻,謂合大木爲之,不施輻,曰輇。"《儀禮·既夕禮》:"既正柩,賓出,遂匠納車於階間。"鄭玄注:"車,載柩車,《周禮》謂之蜃車,《雜記》謂之團,或作輇,或作槫,聲類皆相附耳,未聞孰正。其車之輿,狀如牀,中央有轅,前後出,設前後輅,輿上有四周,下則前後有軸,以輇爲輪。"胡培翬《正義》云:"《雜記》注謂輇崇半乘車之輪。乘車之輪,六尺有六寸,輇車半之,則止三尺三寸,輪低於乘車矣。輪低而小,故不必有輻,輪低則去地近,故《遂師》注謂爲迫地而行也。此注記柩車之制尚詳。轅有前後,爲設輅也。輅有前後,爲屬引也。轅直而輅橫,引屬於輅之兩端,在車之左右挽之。又二軸而四輪,皆取其安穩也。專指專一,全指完整。團、槫或輇均應是指"合大木爲之""無輻"之輪的完整形態。輤則可能是團或槫的假借。《禮記·曲禮上》:"乘安車。"孔疏引《書傳略説》云:"致仕者以朝,乘車輤輪。"可以資證。對有輻之車來説,轂用於植輻;而於無輻之車,輪則即應是轂的直接延展。在這個意義上,輤轂應就是輤輪,從而也就是輤。如然,曾侯乙墓竹簡的耑(端)轂,以及包山簡的耑轂,當即古書中的輤,爲出葬時運載棺柩的專用車。

《包山楚簡初探》頁 185,1996

○**舒之梅**（1998）　　包山簡 274 有車名“梪檥”，字又見曾侯乙簡 73、74、120、176，“梪”或作“端”。裘錫圭、李家浩先生讀“梪”爲“雕”，釋云：“簡文‘端轂’是車名，大概由於車轂雕鏤有花紋而得名，猶兵車‘長轂’（見《左傳》昭公五年）以轂長而得名。”

按“梪檥”應讀如“輇轂”，《禮記·雜記》：大夫士死，“載以輇車”。鄭玄注：“輇讀爲輲，或作槫。許氏《説文解字》曰：有輻曰輪，無輻曰輇。《周禮》又有蜃車，天子以載柩。蜃、輇聲相近，其制同乎。輇崇蓋半乘車之輪。”喪車因便於載柩，故其輪爲半乘車之輪，若輪高，則柩之上下不易。所謂“無輻曰輇”者，蓋以大木爲輪，不設車輻，其制如近世江南農村牛車之實心車輪（北方獨輪車亦多用實心車輪）。《説文》：“轂，輻所湊也。”喪車之輪因無輻，輪、轂實爲一體，此所以稱“輇”、稱“槫”、稱“輇轂”者，字面義謂尚有其轂耳。喪車以“輇轂”爲特徵，故又以之爲車名。

《容庚先生百年誕辰紀念文集》頁 594—595

○**白於藍**（2005）　　包山楚簡文字當中亦出現一例以“梪檥（轂）”爲車名的用例，其辭例是：

（5）一騋（乘）梪檥（轂），貝□□　　（簡 274）

其後，舒之梅、陳偉二位先生分別撰寫文章對此詞加以討論，他們的結論相同，即認爲曾侯乙墓簡之“梪（或端）轂”和包山簡之“梪（編按：此處脱“檥”字）（轂）”均應讀爲“輇轂”，是指“喪車”或“出葬時運載棺柩的專用車”。此説亦頗值得懷疑，首先，典籍中未見有車名“輇轂”一詞，僅見“輇車”。另有“輇輪”，專指車輪。“輇車”是否就是“輇轂”，典籍無證。其次，就上引曾侯乙墓簡（73）（74）來看，梪轂車上所使用的各類物件，亦同樣見於曾侯乙墓簡所記的其他各車（如各類旆車、殿車以及俏車、魚軒、安車等），而且簡（176）所記“端轂”車的駕車之馬分爲“左騑、左驂、左服、右服、右驂、右騑”，其馭駕方式與“俏車”（簡 171）、“𪩘軒”（簡 172）、“墨乘”（簡 173）、“魚軒”（簡 174），“敏（畋）車”（簡 175）等車亦相同，未見有何特別之處。因此，很難説“梪轂”就一定是“喪車”或“出葬時運載棺柩的專用車”。

曾侯乙墓簡（1）有如下一段話：

大莫囂（敖）㿊喿適豻之春，八月庚申，胄趄執事人書入車。

《考釋》注［七］云：“簡文所記的車大都是別人贈送的，‘書入車’，意即記録所納之車。”這些觀點無疑都是可信的。筆者以爲，梪轂既是由“南（？）陵連囂（敖）悼”（簡 73）所贈送，那麼它應該同其他贈送車輛一樣，大概是不會被用爲墓主曾侯乙的載柩車或喪車的。或者説，這些車載贈來之前就已經根據各自的形制或用途而擁有固定的名稱，不會因贈送給了墓主而臨時更改用途和更改名稱。而且，作爲地位崇高的曾侯乙來説，大概也不會用他人所贈之車用作自己的載柩車或喪車。

筆者以爲“耑（端）轂”當讀爲“短轂”，耑、端俱從耑聲，上古耑、端和短俱爲端母元部字，三字雙聲重疊韻，例可相通。今本《老子》：“長短相較，高下相傾。”馬王堆漢墓帛書甲本《老子》作：“長短之相刑（形）也，高下之相盈也。”郭店楚簡《老子》中作：“長耑之相型（形）也，高下之相涅（盈）也。”此是楚簡當中耑可讀爲短之確證。又《老子》：“揣而鋭之，不可長保。”馬王堆漢墓帛書乙本《老子》“揣”作“掖”。亦可證。包山楚簡中有人名“李瑞”（簡22），或作“李偳”（簡30），又作“李逗”（簡24），瑞、偳具從耑聲，逗、短具從豆聲，亦其例。

“短轂”一詞見於古代典籍。《周禮·考工記·車人》：“行澤者欲短轂，行山者欲長轂。短轂則利，長轂則安。”以“短轂”與“長轂”相對。轂是車輪中心穿軸承輻的部分，因古代兵車之轂往往較長，所以長車亦稱爲“長轂”。《左傳·昭公五年》：“長轂九百。”杜預《注》：“長轂，戎車也。”《穀梁傳·文公九年》：“長轂五百乘。”范寧《集解》：“長轂，兵車。”又《文選·班固〈封燕然山銘〉》：“元戎輕武，長轂四分。”《晉書·涼武昭王李玄盛傳》：“將建朱旗以啟路，驅長轂而迅征。”均是以“長轂”指兵車。兵車“長轂”既可以轂長得名，此車稱“短轂”蓋是以其轂短而得名。《鹽鐵論·散不足》：“今富者連車列騎，三貳輜軿；中者微輿短轂，繁髦掌蹄。”王利器《校注》：“長轂者兵車，短轂者非兵車。微輿短轂，蓋取其輕利。”據此，“短轂”是指兵車之外的車。

上引簡（120）被《考釋》注［一七九］稱作是“1號至119號簡所記之車的總記簡”。在該簡當中，兵車僅記“凡軖（廣）車十鞏（乘）又二鞏（乘）”，而不再記旆、殿等兵車車名。《考釋》注［一七九］云：“旆、殿等車是根據它們在車隊（陣）中的方位而定名的，而廣車則是兵車的一個共名，所以旆、殿等車可以統稱爲廣車。”此觀點應當是可信的。值得注意的是，在該簡當中“耑（短）轂”是與兵車之共名“廣車”並列，大概正可體現出其“非兵車”的性質。當然，考慮到在該簡當中另外還記有行軖（廣）、游車，敏（畋）車等其他車名，所以，筆者認爲“耑（短）轂”只是“非兵車”中的某一種車，而並非指“非兵車”的全部。

《中國文字》新30，頁197—199

△按　曾侯乙簡176“端轂”，簡73、74、120作“耑轂”，包山簡274作“耑檥”，

同語異寫。“端轂”當從白於藍之説,讀爲“短轂”。上博三《亙先》簡9:“先又(有)耑(短),焉又(有)長。”李零讀“耑”爲“短”,亦可參證。

# 竢 埃 妃

埃 上博二·容成24　　埃 上博六·慎子3　　妃 上博八·李頌1

○李零(2002)　　（編按:上博二·容成24）耙。

《上海博物館藏戰國楚竹書》(二)頁268

○李守奎、曲冰、孫偉龍(2007)　　竢　妃　按:《説文》或體。

《上海博物館藏戰國楚竹書(一——五)文字編》頁476

○李朝遠(2007)　　（編按:上博六·慎子3）“妃”,《説文·立部》:“竢,待也,从立,矣聲。妃,或从巳。”同竢、俟,等待。《左傳·成公十六年》:“若唯鄭叛,晉國之憂可立竢矣。”

《上海博物館藏戰國楚竹書》(六)頁278—279

# 竘 𩰬

竘 璽彙0037　　竘 璽彙0039　　竘 封成2

○丁佛言(1924)　　竘　𩰬　古鉢,左司馬聞竘信鉢。

《説文古籀補補》頁47,1988

○曹錦炎(1996)　　“竘”,可能是齊國璽印的別稱。

《古璽通論》頁118

○何琳儀(1998)　　竘,从立,句省聲。
　　齊器竘,工匠。

《戰國古文字典》頁344

○湯餘惠(2001)　　竘。

《戰國文字編》頁693

# 竭 𩰬

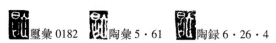
竭 璽彙0182　　竭 陶彙5·61　　竭 陶録6·26·4

○**丁佛言**（1924）　竭　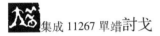　古鉢周竭。

《説文古籀補補》頁 47，1988

○**羅福頤等**（1981）　竭。

《古璽文編》頁 258

○**何琳儀**（1998）　戰國文字竭，人名。

《戰國古文字典》頁 901

○**王恩田**（2007）　竭。

《陶文字典》頁 274

# 䇐 䇐

集成 11267 單䇐討戈

○**湯餘惠等**（2001）　䇐。

《戰國文字編》頁 693

# 㚏

（㚏）考古與文物 2002-2，頁 70 二年宜陽戈

○**黃錫全**（2002）　"長"下一字，左從立，右從丩即"卜"。戰國文字"土"每書從"立"，如堂、坡等字即是。此字可能就是"㚏"字，義爲塊。《淮南·説林》："土勝水非一㚏塞江。"張㚏，工師名。

最後一字，從疒從易，即瘍，冶工名。

與《文物》2000 年 10 期報導的一件銅戈相比，兩件銅戈不僅形制相同，而且銘文格式及内容幾乎一樣。比照此戈，報導的一件銘文可以補充釋讀爲：

二（？）年命𠀎（麗）䇐（詩）宜陽

右庫工師長埔冶市

工師"長埔（原誤釋從"束"）"與"長（張）㚏"説不定就是同一人，因㚏與埔音近（卜，幫母屋部。甫，並母魚部），區別只是"冶"工之名，一名"市"，一名"瘍"。

《考古與文物》2002-2，頁 69

# 竝

璽彙 3426

---

○**羅福頤等**（1981） 竝。

《古璽文編》頁 259

○**何琳儀**（1998） 竝从立（通土），女聲。疑坶之異文。
　　晉璽竝，人名。

《戰國古文字典》頁 560

○**湯餘惠等**（2001） 竝。

《戰國文字編》頁 693

# 岠

璽彙 1763　璽彙 3138

---

○**何琳儀**（1998） 岠，从立，巨聲。疑巨之初文。參巨字。
　　晉器岠，人名。

《戰國古文字典》頁 495

　　岠。

《戰國古文字典》頁 1529

○**湯餘惠**（2001） 岠。

《戰國文字編》頁 694

# 斫

集成 11559 三年鄭令矛

# 竑

古璽彙考，頁 254

# 朗

集成 10385 司馬成公權　　集成 11669 王立事鈹　　石鼓文·汧殹

○**强運開**（1935）　（编按:石鼓文）郭云今作脭,張德容云:"鄭氏、施氏作豆,太無義理。吳東發以爲望字,亦鑿。錢竹汀云即湆字。"運開按:《博雅》:"臁謂之脭,或作湆。"从日與从月别。《佩觿集》湆、湆並邱及反。湆,幽溼;湆,大羹。《説文》亦云:"湆,幽溼也。从水,音聲。"段注云"《五經文字》云:'湆从泣下月,大羹也。湆从泣下日,幽深也。'今禮經大羹相承多作下字,或傳寫久訛,不敢改正"等語。竊謂既云从泣下月或日,應篆作𣲩、𣲩。《説文》作"从水音聲"殊誤,且不當讀邱及反。此篆从立从月,蓋从泣省,與脭同,亦即湆字。錢説固非無據也。

《石鼓釋文》乙鼓,頁 11

○**張政烺**（1934）　（编按:石鼓文）朗疑从月立聲,與"昱"同義,明也。《太玄·玄告》:"日以昱乎晝,月以昱乎夜。"碣文之義未詳。

《張政烺文史論集》頁 15,2004;原載《史學論叢》1

○**郭沫若**（1939）　（编按:石鼓文）朗字从立从月,字書所無。余疑古景字,景从日京聲,乃形聲字,此則會意字,言人對月而立則生景也。今作影。

《郭沫若全集·考古編》9,頁 72,1982

△**按**　石鼓文"朗"字的釋讀闕疑待問,董珊(《出土文獻與古文字研究》3 輯121—122 頁)讀爲"類",可備一説。

# 勼

璽彙 1129

△**按**　勼,"均"字異體,詳見卷十三土部"均"字條。

# 扭

璽彙 4247

○羅福頤等（1981）　位。

《古璽彙編》頁 390

○吳振武（1983）　4247 敬位·敬□。
4248、4249 同此改。

《古文字學論集》頁 521

○何琳儀（1998）　鈕。

《戰國古文字典》頁 1516

# 竝

集粹

○湯餘惠等（2001）　竝。

《戰國文字編》頁 693

# 坴

坴 上博二·容成 7

○李零（2002）　（編按：上博二·容成 7）坴板，疑讀"持板"，指手持板笏一類東西。

《上海博物館藏戰國楚竹書》（二）頁 256

○蘇建洲（2003）　（編按：上博二·容成 7）"坴"，應分析爲从"立""止"聲。"止"，章紐之部；"持"，定紐之部，聲同爲舌音，韻部疊韻，故能通假。

《〈上海博物館藏戰國楚竹書（二）〉讀本》頁 124

○陳劍（2004）　（編按：上博二·容成 7）於是乎方圓千里，於是乎持（?）板正立，四向阹和，懷以來天下之民。

《上博館藏戰國楚竹書研究續編》頁 328—329

○王志平（2004）　（編按：上博二·容成 7）"持"原爲从立、止聲之字，讀爲持。

《上博館藏戰國楚竹書研究續編》頁 502

○蘇建洲（2006）　（編按：上博二·容成 7）字作坴，應隸作"坴"，分析爲从"立""之"聲。《説文》曰："寺，从寸，之聲。"（三下十四）故字能讀作"持"。

《上海博物館藏戰國楚竹書（二）校釋》頁 85

○**李守奎、曲冰、孫偉龍**（2007） 堃。

《上海博物館藏戰國楚竹書（一—五）文字編》頁 476

△**按** 何有祖（《讀上博簡〈容成氏〉偶得》，簡帛研究網 2003 年 7 月 11 日）讀"堃板"爲"匡反"，單育辰（《〈容成氏〉文本集釋及相關問題研究》17 頁）認爲："'堃'字在甲骨文中有基本相同字形，但甲骨文中都是用爲'失'的。所以此字可否讀爲'持'還有待思考。"

# 㳑

璽彙 2085

○**羅福頤等**（1981） 㳑。

《古璽文編》頁 326

○**何琳儀**（1998） 㳑，从立，正聲。站之異文。《廣韻》："站，又作㳑。"占、正均屬端紐，故站可作㳑。

晉璽㳑，人名。

《戰國古文字典》頁 798

○**湯餘惠等**（2001） 㳑。

《戰國文字編》頁 696

# 法

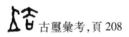古璽彙考，頁 208

# 堃

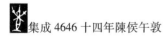集成 4646 十四年陳侯午敦 集成 4649 陳侯因資敦

△**按** 堃，"世"字異體。詳見卷三"卅"部"世"字條。

# 竹

璽彙 2076 ＊璽彙 2574

△按　鉾,"坤"字異體,詳見卷十三土部"坤"字條。

# 竾

○羅福頤等(1981)　坨　《説文》所無。《玉篇》:"坨,地名。"

《古璽文編》頁 326

○湯餘惠等(2001)　竾。

《戰國文字編》頁 696

# 玻

璽彙 0522　　　集成 11563 二年鄭令矛　　　包山 188

△按　玻,"坡"字異體,詳見卷十三土部"坡"字條。

# 竾

集成 9734 舒盞壺

○朱德熙、裘錫圭(1979)　(編按:集成 9734 舒盞壺)竾(犯)。

《文物》1979-1,頁 50

○張政烺(1979)　(編按:集成 9734 舒盞壺)竾,从立从中从卪,字書不見,音義皆不易定。李學勤同志謂从范省聲,然則此字蓋讀爲貶。貶,損也,減也。

《古文字研究》1,頁 245

○李學勤、李零(1979)　(編按:集成 9734 舒盞壺)五十三行第四字从范省聲。《古徵》附錄 30 頁有屮,53 頁有屮字,都是范字的省作。同書附錄第 2 頁𤎩,第 11 頁𢼔,同爲从范聲的範字,可與壺銘此字對照。

《考古學報》1979-2,頁 163

○于豪亮(1979)　(編按:集成 9734 舒盞壺)"殌殌毋竾",殌即世字,竾即替字,《説文·竝部》:"替,廢也。"

《考古學報》1979-2,頁 183

○**張克忠**（1979）　（編按：集成 9734 奸蛮壺）"丗（世）＝母（毋）竣"。竣即夋字。《説文》："夋，越也……一曰夋得。"夋得，古書常作陵夷。《漢書·刑法志》："寖以陵夷。"注："陵夷，穨替也。"又《司馬相如傳》："遂至陵夷。"注："陵夷謂弛替也。"又《朱博傳》："恐功效陵夷。"注："陵夷，漸廢替也。"

《故宮博物院院刊》1979-1，頁 46—47

○**徐中舒、伍仕謙**（1979）　（編按：集成 9734 奸蛮壺）跐，此字从卪聲與《説文》"絶，从糸从刀从卪聲"同，當釋爲絶。

《中國史研究》1979-4，頁 94

○**黃盛璋**（1982）　（編按：集成 9734 奸蛮壺）（3）節："世世毋節"，朱、裘、李均釋"犯"，于釋"替"，張釋"夋"，李據戰國古印釋"犯"，頗有佐證，但義不可通，同時所引《古徵》附録諸字未必都是范，亦未必與此爲一字。《汗簡》有："節，節，出義雲章。"右从"卪"與此字同，左上从"山"與此字上所从皆爲"艸"頭的簡化。《侯馬盟書》茀字上亦簡化爲山，"節"从"竹"，秦漢已變从"艸"，本銘與《汗簡》之"節"，皆从艸从卪，應爲一字，"節"經典有"已、止"等意，"世世毋節"即"世世毋已"，完全講通。

《古文字研究》7，頁 81

○**何直剛**（1990）　（編按：集成 9734 奸蛮壺）《奸姿（編按："姿"當爲"蛮"之誤）壺》五十三行"世世毋圮"。圮字作圿（編按：疑是"圮"之訛）形，从立从己。古文字从立从土不分，此當爲圮字。《書·堯典》："方命圮族。"注曰："圮，毀也。"世世毋圮即世世無毀之意。

《文物春秋》1990-3，頁 65

○**馬承源**（1990）　（編按：集成 9734 奸蛮壺）跐字未釋，一說从范省聲，則可讀爲貶。范、貶旁紐同部字。

《商周青銅器銘文選》4，頁 580

○**湯餘惠**（1993）　（編按：集成 9734 奸蛮壺）跐，从立，范省聲；范从弓（巳）聲。从巳得聲的字多和乏聲相通。《玉篇》"氾"亦作"泛"；針砭之"砭"，馬王堆漢墓帛書作"砭、碧"，均其證。所以銘文"跐"可讀爲"乏"，意謂廢止祭祀。《左傳·襄公十四年》："匱神乏祀，百姓絶望。"中山王方壺："乏其先王之祭祀。"含義相同。

《戰國銘文選》頁 42

○**何琳儀**（1998）　跐，从立，旹聲。
　中山王方壺跐，讀犯，違背。《周禮·夏官·大司馬》"犯令陵政則杜之"，

注：“犯令者，違命也。”

《戰國古文字典》頁 1401

○**湯餘惠**（1999）　（編按：集成 9734 䚈鎰壺）中山圓壺銘文云：

雨（雩）祠先王，殜＝（世世）母（毋）㞒，以追庸（頌）先王之功剌（烈）。
這段銘文裏，“母（毋）”後一字是釋讀的關鍵。各家多隸定爲“㞒”，但讀法不
一，或讀爲“犯”，或讀爲“貶”。

　　今按，此字隸定爲“㞒”，確不可易。“世世毋㞒”承前句“雩祀先王”而
言，無疑是指祭祀祖先之事，愚意當讀爲《左傳》“匱神乏祀”之“乏”。此字从
立，范省聲。古从氾（或巳）聲之字與从乏聲之字，聲不出並、滂，而韻必在談、
葉（段玉裁《六書音韻表》爲第七、八部，同屬第三類），音近互通。《玉篇》：
“氾，浮劍切，氾濫也，亦作泛。”《周禮·夏官·大僕》：“大喪始崩，戒鼓傳達
於四方，窆亦如之。”鄭玄注：“窆，讀如慶封氾祭之氾。”漢劉寬碑：“陰丁泛文
海。”用“泛”爲“范氏”之“范”。馬王堆漢墓帛書《五十二病方》“針砭”之
“砭”寫作“砒”，均其證。圓壺銘文“殜殜母㞒”即“世世毋乏”，乏之言廢也。
《莊子·天地》“無乏吾事”，《釋文》云：“乏，廢也。”《左傳·襄公十四年》：
“匱神乏祀，百姓絕望。”中山方壺“乏其先王之祭祀”，含義相同。

《中國古文字研究》1，頁 64

○**湯餘惠等**（2001）　㞒。

《戰國文字編》頁 694

△**按**　湯餘惠讀“㞒”爲“乏”訓“廢”可從。

# 詔

䛨璽彙 1535

---

○**羅福頤等**（1981）　詔。

《古璽文編》頁 258

○**何琳儀**（1998）　詔，从立，召聲。
　　晉璽詔，人名。

《戰國古文字典》頁 305

○**湯餘惠等**（2001）　蹈。

《戰國文字編》頁 694

# 䇈

陶彙 9 · 64

○**何琳儀**（1998）　䇈，从立，舌聲。

古陶䇈，人名。

《戰國古文字典》頁 1471

# 坃

璽彙 1964　　坃璽彙 3019

○**何琳儀**（1998）　坃，从土，旬聲。疑均之繁文。見均字。土旁或作立形，戰國文字習見。

戰國文字坃，人名。

《戰國古文字典》頁 1112

○**湯餘惠等**（2001）　坃。

《戰國文字編》頁 697

# 竧

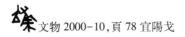璽彙 1163

○**湯餘惠等**（2001）　竧。

《戰國文字編》頁 694

# 竮

文物 2000–10，頁 78 宜陽戈

○**蔡運章**（2000）　第 4 字左旁从立，右旁所从與西周束中子父簋、戰國陶文中“朿”字以及默簋銘中“剌”字所从“朿”旁,構形相類。故此字从立从朿,爲竦字。應是工師之名。

《文物》2000-10,頁 77

○**黄錫全**(2002)　工師“長埔(原誤釋从“朿”)”與“長(張)圤”說不定就是同一人,因圤與埔音近(卜,幫母屋部。甫,並母魚部),區別只是“冶”工之名,一名“市”,一名“瘍”。

《考古與文物》2002-2,頁 69

△**按**　陳斯鵬等(《新見金文字編》314 頁,福建人民出版社 2012 年)指出:“蔡運章(2000)釋‘竦’,不確。黄錫全(2002c)指出字右从‘甫’,並疑‘張竨’與二年宜陽戈‘張圤’爲同一人,甚是。《集韻·模韻》有‘竨’字,訓‘物之端’。又《龍龕手鑒·立部》有‘竔’字,音‘羊即反’,當與戈銘‘竔’字無關。”

# 逕

陶彙 3·1364 陶彙 3·1365 陶録 3·384·2

○**高明、葛英會**(1991)　逕　《說文》所無。

《古陶文字徵》頁 178

○**何琳儀**(1998)　埊,从土(或作立形),巠聲。疑陘之異文。

齊陶埊,人名。

《戰國古文字典》頁 786

○**湯餘惠等**(2001)　逕。

《戰國文字編》頁 695

○**王恩田**(2007)　逕。

《陶文字典》頁 274

# 遉

新出青銅器研究,頁 299 朝歌下官鍾

○**李學勤**(1990)　(十一)朝歌下官鍾(《彙編》630):戰國時器,横刻銘一行七字(圖一:11):

朝訶下官遉半重(鍾)。

第五字左從“立”，右從“且”從“又”，讀爲“作”，與《説文》“俎”或作“胙”同例。

《新出青銅器研究》頁 302

○**何琳儀**（1998） 《説文》：“坥，益州部謂螾場爲坥。从土，且聲。”土作立形，又加又繁化。

朝歌壺㚒，人名。

《戰國古文字典》頁 570

# 竵

集成 9649 四升们客方壺

○**何琳儀**（1998） 竵，从立，我聲。疑羲之省文。《玉篇》：“羲，古儀字。”《説文》：“儀，度也。从人，義聲。”又疑俄之異文。《説文》：“俄，傾也。从人，我聲。”

金村諸器竵，人名。

《戰國古文字典》頁 856

# 竘

璽彙 1482　周金文存 6·132 祈室銅柱

○**羅福頤等**（1981） 埻。

《古璽文編》頁 327

○**黃盛璋**（1995） （三）竘（竘/位）：此字最難辨認，而又最爲關鍵，決定此器用途、名稱。左從“立”，右從“身”。《古璽彙編》4498、4257、4497、4496、4662，特別是《包山楚簡》213 簡、234 簡諸“身”字寫法結構基本一致，可以確定爲“身”，但它上面還有一個○加在身上，合爲一字，乃表人頭與身相合爲一，顯然就是人，從“人”從“立”，恰是“位”字。位爲神位，今稱牌位。王有位，以人推神，故鬼神亦設位，位爲神主之位，作爲祭祀之對象之代表或象徵。此小銅器正名就是“銅位”，名稱、用途皆由此確定。

《第二屆國際中國古文字學研討會論文集續編》頁 269

○**何琳儀**（1998） 竘，从立，身聲。《篇韻》：“竘與躮同。”《字彙補》：“竘，身端也。”

晉璽竘,人名。

　　　　　　　　　　　　　　　　　　　　　　《戰國古文字典》頁 1138—1139

○何琳儀（1998）　　曎,从立,晙聲。（《説文新附》:“晙,明也。从日,夋聲。”）疑竣之繁文。

　　銅柱曎,讀竣。《集韻》:“竣,止也。”

　　　　　　　　　　　　　　　　　　　　　　　　　《戰國古文字典》頁 1342

○湯餘惠等（2001）　　竘。

　　　　　　　　　　　　　　　　　　　　　　　　　《戰國文字編》頁 697

# 壴

璽彙 2976　　　璽彙 3766

○吳振武（1983）　　2976 𦏧・脂（閻）高。

　　　　　　　　　　　　　　　　　　　　《古文字學論集》（初編）頁 511

○何琳儀（1998）　　端,从立,高省聲。塙之異文。戰國文字土旁或作立旁。

　　晉璽端,人名。

　　　　　　　　　　　　　　　　　　　　　　　　　《戰國古文字典》頁 291

○湯餘惠等（2001）　　壴。

　　　　　　　　　　　　　　　　　　　　　　　　　《戰國文字編》頁 695

# 竘

集成 4649 陳侯因𪩂敦

○丁佛言（1924）　　竘　𣁈　陳侯因𪩂敦,許氏説:“健也,一曰匠也。从立,句聲。讀若齲。《逸周書》有竘匠。”

　　　　　　　　　　　　　　　　　　《説文古籀補補》頁 47,1986

○徐中舒（1933）　　竘,从立从㠯,㠯即台或以之繁文。台、以均有嗣意,《尚書・堯典》“舜讓於德不台”之台,《王莽傳》引作嗣,《易明夷》“文王以之”之以,荀諝、向秀本正作似,似,續也,嗣也（見《詩傳》及《箋》）。此云“俅竘趄文”,蓋欲續趄文之事業。

　　　　《徐中舒歷史論文選輯》頁 411,1998;原載《史語所集刊》3 本 4 分

○**郭沫若**（1934）　鈶即竢之古文，讀爲嗣。

《郭沫若全集·考古編》8，頁 465，2002

○**强運開**（1935）　竢 🔲 陳侯因資敦"莫🔲屎🔲"。丁書以爲絢字，未確。運開按：🔲爲古以字，亦即古台字，此篆從立從🔲，即從🔲，與從🔲同，定爲古竢字，可以無疑。

《説文古籀三補》頁 53，1986

○**馬承源**（1990）　鈶（嗣）。

《商周青銅器銘文選》4，頁 561

○**江淑惠**（1990）　🔲，從立從乙從司，當隸作鈶，讀與"嗣"同。

《齊國彝銘彙考》頁 283

○**何琳儀**（1998）　🔲，從立，訇聲。訇之繁文。
　因資敦🔲，讀嗣，繼。

《戰國古文字典》頁 113

○**湯餘惠等**（2001）　訡。

《戰國文字編》頁 694

△**按**　施謝捷（《説"訇（訇台訇）"及相關諸字》上，《出土文獻與傳世典籍的詮釋：紀念譚樸森先生逝世兩周年國際學術研討會論文集》49 頁注釋⑨，上海古籍出版社 2010 年）指出："陳侯因資錞例，用爲'嗣'。'立''位'一字分化，古文字中的'立'往往用作'即位'之'位'，'從立從訇'的'🔲'字或爲'嗣位'之'嗣'的後造專字。"

# 誯

🔲貨系 1537　　🔲先秦貨幣文字編，頁 166　　🔲先秦貨幣文字編，頁 166　　🔲貨系 2578

🔲錢典 862　　🔲錢典 858　　🔲璽彙 3362　　🔲集成 2840 中山王鼎　　🔲行氣玉銘

🔲集成 158 虘羌鐘　　🔲新收 1900 六年襄城令戈　　🔲文物 2009-11，頁 71 信安鼎

○**于省吾**（1932）　（編按：行氣玉銘）《廣雅·釋詁》："長，常也。"《老子》曰："知常曰明。"故曰"明則長"。

《雙劍誃吉金文選》頁 387，2009

○**張政烺**（1979）　（編按：集成 2840 中山王鼎）誯是長大之意，據《史記·燕召公世

家》，燕王噲在位凡七年，言“噲老不聽政”，則即位時年已極大。

《古文字研究》1，頁 223

○趙誠（1979）　（編按：集成 2840 中山王鼎）脹，長之繁形，此爲長幼之意。

《古文字研究》1，頁 251

○孫稚雛（1979）　（編按：集成 2840 中山王鼎）又如“長”，當讀作“長久”的長時，壺銘“唯義可長”的“長”增加糸旁寫作緓；當讀作“年長、長者”的“長”時，鼎銘“長爲人宗”“事少如長”的“長”，就增加立旁寫作“脹”了。立和人有關，糸和長短可以引起聯想。

《古文字研究》1，頁 281

○張克忠（1979）　（編按：集成 2840 中山王鼎）“脹”，屬羌鐘長城作“脹城”。長，尊長。

《故宮博物院院刊》1979-1，頁 40

○李學勤、李零（1979）　（編按：集成 2840 中山王鼎）脹（長）。

《考古學報》1979-2，頁 153

○于豪亮（1979）　（編按：集成 2840 中山王鼎）脹，戰國金文長多作脹。

《考古學報》1979-2，頁 172

○徐中舒、伍仕謙（1979）　（編按：集成 2840 中山王鼎）脹，同長。屬羌鐘“長城”作“脹城”。

《中國史研究》1979-4，頁 87

○商承祚（1982）　（編按：集成 2840 中山王鼎）長字作脹者還有第三十二行，與方壺第二十行及屬羌鐘、玉管銘等凡五見。从立，是否表示人立而顯其長度呢？

《古文字研究》7，頁 47

○陳邦懷（1982）　（編按：行氣玉銘）脹，又見於戰國銅器銘文和古璽。《屬羌鐘銘》“入脹城”，字作長短之長；《中山王礜壺銘》“而退與者（諸）侯齒脹”，字作長幼之長；此字在玉銘中讀作長養之長。玉銘上句意爲萌動，下句意爲長養，意相承因。

《古文字研究》7，頁 188

○劉翔、劉蜀永（1982）　（編按：集成 158 屬羌鐘）另外，鐘銘中“脹城”一詞在金文語詞裏也是僅見的。長字从立作脹，很特別。在甲骨、金文中長字絶無从立的。戰國時期文字的“造字之法多以形聲爲主，或於正字之旁附比聲符，或於假借之字加注形符”。長字从立作脹，正是“於假借之字加注形符”的特殊現象。在新出戰國中山王礜壺及鼎的銘文中，長字亦多从立作脹。但或作名詞長久之長，或作動詞長大之長，可見在假借字上加注形符的界線並不太明確。

這也表明戰國時代的文字在形聲化過程中,字形結構還很不定型。這種特殊現象一直延續到小篆的出現才消失。

《考古與文物》1982-2,頁 51

○陳邦懷(1983)　（編按:集成 2840 中山王鼎）按,戰國文字从𡉚之字,共有三讀:立、位、土。惟从立、从土,二者易於迷惑。此𡉚字已見於金文及行氣玉銘,舊皆釋䞿,从立,無義可説。余釋堾,字當从土。知當从土者,《集韻》漾韻:"堾,智亮切,沙墳起也。"沙墳起,是其義,故从土。智亮切,音脹。脹音與沙墳起之義切合,所謂音中有義,是也。屬羌鐘銘"入𡉚城",用爲短長之長,此大鼎銘"事坐(張政烺同志釋坐爲少長之少字,極確)女(汝)堾",用爲少長之長,皆爲假借字也。

《天津社會科學》1983-1,頁 65—66

○湯餘惠(1993)　（編按:集成 2840 中山王鼎）䞿,同長,《國語·魯語上》:"魯之班長而又先,諸侯其誰望之?"注:"長,猶尊。"這句是説,燕君噲尊爲人君。

《戰國銘文選》頁 33

○湯餘惠(1993)　（編按:行氣玉銘）䞿,同長,指氣上行。

《戰國銘文選》頁 195

○王人聰(1997)　（編按:新收 1900 六年襄城令戈）戈銘𡉚,似應釋爲䞿即長,此字右旁爲長字之反寫,左旁从立,與古璽、屬羌鐘長字作䞿相同。

《第三屆國際中國古文字學研討會論文集》頁 417

【䞿塦】集成 158 屬羌鐘

○唐蘭(1932)　䞿字又見李氏藏古玉刀杺云:"明則䞿,䞿則退。"六國時器也。又古鉨氏姓多有䞿孫,余謂即長孫也。張（編按:當爲䞿字之誤）塦,商君以爲即長城,劉君以爲即齊之長城,引《水經》東汶水注:"泰山即東小泰山也。上有長城,西接岱山,東連琅琊巨海,千有餘里。"二説均確不可易。

《唐蘭先生金文論集》頁 3,1995;原載《國立北平圖書館館集》6 卷 1 號

○徐中舒(1932)　䣊（編按:"䣊"當爲"䞿"之誤）、城並見於《古璽文字徵》卷十及卷十三

齊國有長城。京相璠《春秋土地名》謂云(《水經》濟水注引):"平陰故城

西南十里有長城。”又《括地志》云：“長城西北起濟州平陰縣。”此與銘文會於平陰之語，正相符合。

《徐中舒歷史論文選輯》頁 214—215，1998

○**劉節**（1931）　番禺商承祚曰：“跟壓即長城。”甚確。長從立，繁文；藝賸所著録之玉刀柲，長字從立，郗醓尹勾鑼城字正與此同。長城即齊之方城。《管子・輕重丁》曰：“長城之陽，魯也；長城之陰，齊也。”《泰山記》曰：“泰山西北有長城，緣河經泰山千餘里至琅邪。”《水經》東汶水注曰：“泰山即東小泰山也。上有長城，西接岱山，東連琅邪巨海，千有餘里。”

《古史考存》頁 90，1958；原載《北平圖書館館刊》5 卷 6 號

○**劉翔、劉蜀永**（1982）　鷹羌鐘銘云：

　　唯廿又再祀，鷹羌乍我辟𢦏宗敭，達征秦迲齊，入跟城先，會於平陰。武侄寺力，富戜楚京。賞於𢦏宗，令於晉公，邵於天子。用明則之於銘，武文□刺，永葉毋忘。

　　（中略）鐘銘所載是晉國韓氏軍隊在其統帥鷹羌指揮下的一次戰役。“迲齊，入跟城先，會於平陰”一句，交待了此役的主要攻擊對象是齊國，而進攻的路線則由長城攻入。最後在平陰與其它支軍隊會合。《水經・濟水注》：“濟水自臨邑縣東又逕平陰西城……平陰，齊地，在濟北盧縣故城西南十里，南是長城。東至海，西至濟。”又《括地志》：齊“長城西北起濟州平陰縣，緣河歷泰山北岡……至密州琅邪臺入海”。《史記・趙世家》正義亦云：“齊長城西頭在濟州平陰縣。”將這幾條記載和鐘銘對照，很顯然鐘銘所説的“長城”即指齊長城。

《考古與文物》1982-2，頁 50—51

○**湯餘惠**（1993）　跟，同長；長城，指齊國的長城。齊長城西起平陰，東至琅邪，齊、魯兩國由此分界。

《戰國銘文選》頁 11

△**按**　“長城”又見於清華貳《繫年》簡 112 和簡 117。

# 琦　𪈻

印類 3・12　　睡虎地・日甲 13 背

璽彙 2369

○**張守中**（1994）　踦　《説文》所無。

《睡虎地秦簡文字編》頁 163

○**湯餘惠等**（2001）　踦。

《戰國文字編》頁 695

△**按**　田煒（《古璽探研》145—146 頁,華東師範大學出版社 2010 年）指出
"躋"是"踦"字的繁構,"亡踦"大概是不偏倚、不枉曲的意思。正確可從。

# 竦

貨系 1082

○**何琳儀**（1998）　竦。

《戰國古文字典》頁 1512

# 靖

陶彙 4·151　　　璽彙 0058

○**羅福頤等**（1981）　靖。

《古璽文編》頁 259

○**高明、葛英會**（1991）　靖　《説文》所無。

《古陶文字徵》頁 178

○**何琳儀**（1998）　靖,从立,圭聲。戰國文字土旁或作立旁,故靖即埵。《龍
龕手鑒》埵音惱。埵即堖字。《廣韻》:"堖,頭堖。"亦作腦。《集韻》:"堖,或
作腦、脑、膃。"

　　燕器靖,疑讀饒。堖从刀聲,刀與堯聲系相通。《淮南子·俶真》:"以招
號名聲於世。"《文子·上禮》招作譊。《文選·吳都賦》"翹關扛鼎",注:"招
與翹同。"是其佐證。《史記·趙世家》悼襄王"六年,封長安君以饒"。在今
河北饒陽東北。戰國地處燕、趙交界,或一度屬燕。

《戰國古文字典》頁 315

【**靖都**】璽彙 0050、0058、0186

○**羅福頤等**（1981）　靖都。

《古璽彙編》頁 9、10、32

# 䧅

陶録 2・200・4

○王恩田（2007）　䧅。

《陶文字典》頁 274

# 竛

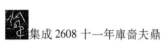集成 2608 十一年庫嗇夫鼎　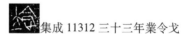集成 11312 三十三年業令戈

集成 11348 五年龔令思戈

○許明綱、于臨祥（1980）　內兩面刻有銘文，正面刻有“廿一年啟封竛（令）癱（工師）金冶者”。

《考古》1980-5，頁 478

○何琳儀（1998）　竛，从立，命聲。疑矝之繁文。《玉篇》：“矝，矝嫇，行不正。”伶之異文。《篆隸考異》：“矝，俗篆作伶。”
　　晉兵竛，讀令。官署之長。

《戰國古文字典》頁 1147

○吳振武（2000）　（154）竛（令）烽十一年鼎。

《古文字研究》20，頁 326

○湯餘惠等（2001）　竛。

《戰國文字編》頁 695

# 堂

貨系 4178　貨系 4182　貨系 4183

貨系 4189　郭店・老甲 10　上博二・容成 3　上博四・曹沫 50

上博五・姑成 7　上博五・競建 10

○**荆門市博物館**(1998)　(編按:郭店·老甲 10)端(尚)。

《郭店楚墓竹簡》頁 111

○**丁原植**(1999)　(編按:郭店·老甲 10)"端",假爲"尚",《字彙·小部》:"尚,崇也,又尊也。"《禮記·表記》:"是故君子不自大其事,不自尚其功。"此處,"端"有"看重"之義,引申爲"强調"。

《郭店竹簡老子釋析與研究》(增修版)頁 60—61

○**侯才**(1999)　(編按:郭店·老甲 10)"當"簡文寫作"𡎚",現發表釋文將此字釋爲"端",从尚从立。此字當釋作"堂",从尚从土,通"當"。"當",《正韻》:"猶'合'也。"《經傳釋詞》:"猶'如'也。"

《郭店楚墓竹簡〈老子〉校讀》頁 19—20

○**劉信芳**(1999)　(編按:郭店·老甲 10)簡甲十:"保此衍者,不谷(欲)常(編按:"常"似爲"堂"之誤)呈。"《郭店》將"堂"字隸作"端",又據舊本釋"呈"爲"盈",皆非是。楚系文字"呈"目前僅此一見,凡讀如"盈"者,多作"涅"。九店五六·四七有从涅从皿之字,亦讀如"盈"。按"堂呈"即"堂廷"(廷、呈均从壬得聲)。該章論"善爲士"者,既已"保"爲士之道,則將超脱於朝堂之上。"不欲堂廷"者,其借代義有如范仲淹之"處江湖之遠"也。

《中國古文字研究》1,頁 105

○**彭浩**(2000)　(編按:郭店·老甲 10)端,讀作"尚"。《廣雅·釋詁一》:"尚,上也。尚,舉也。"帛甲、乙本及王弼本無此字。

《郭店楚簡〈老子〉校讀》頁 22

○**郭沂**(2001)　(編按:郭店·老甲 10)"不欲尚盈",各今本作"不欲盈"。今按,有"尚"義長,今本奪之。

《郭店竹簡與先秦學術思想》頁 78

○**濮茅左**(2001)　(編按:上博一·性情 11)堂,讀作"當"。

《上海博物館藏戰國楚竹書》(一)頁 236

○**李零**(2002)　(編按:郭店·老甲 10)保此道者不欲尚盈。

《郭店楚簡校讀記》(增訂本)頁 5

○**劉釗**(2003)　(編按:郭店·老甲 10)"𡎚"字从"尚"从"立",疑爲"堂"字異體,讀爲"尚"。

《郭店楚簡校釋》頁 11

○**陳偉**(2004)　(編按:郭店·性自 19)當,針對。

《新出土文獻與古代文明研究》頁 195

○陳錫勇（2005）　（編按：郭店・老甲 10）簡文"不欲尚盈"，"尚"字衍，當據帛書本刪，"不欲盈"，語義已足，不當有"尚"字，"保"者，養也，謂善爲"士"者，養"一"不欲盈也。"一"者"道之動"，"道沖而用之又弗盈"，故當守"一"而不欲盈也。據此，是"尚盈"之"尚"，衍文也。

《郭店楚簡老子論證》頁 70

○陳佩芬（2005）　（編按：上博五・競建 10）俚㖵、群獸𥁰　讀爲"朋黨、群獸遷"。

《上海博物館藏戰國楚竹書》（五）頁 177

○李朝遠（2005）　（編按：上博五・姑成 7）"㞷殜"，即"當世"。

《上海博物館藏戰國楚竹書》（五）頁 247

○黎廣基（2006）　（編按：郭店・老甲 10）考"堂"字，郭店簡中僅一見，《性自命出》簡一九："𦮃事因方而折之。"整理者釋爲"堂"，讀爲"當"，字形與本文"㞷"字相似。又 1957 年在安徽省壽縣邱家花園出土的《鄂君啟車節銘》，其中的"堂"字寫作"𡉈"，亦讀爲"當"，除了筆勢較爲呆板外，與簡文"㞷"字的寫法完全相同。鄂君啟節屬於戰國中期楚國的器物，從字體上説，應與郭店楚簡屬於同一個系統。因此根據字形，説它們是同一個字，理由相當充分。反之，在傳世文獻及字書當中，卻從沒有一個從立尚聲或"從立從尚"的字。所以筆者認爲本文"㞷"字應釋爲"堂"。（中略）

　　筆者認爲，"堂呈"應讀爲"當盛"。上引郭店簡《性自命出》及楚器《鄂君啟車節銘》的"堂"字，亦讀爲"當"。至於"呈"字，古音屬定紐耕部，與禪紐耕部的"盛"字聲近韻同。因此，讀"堂呈"爲"當盛"，在音韻上完全可以成立。而更爲重要的，是我們可以在古代文獻中，找到"當盛"一詞的用例，《説苑・敬慎》篇云：

　　孔子讀《易》，至於"損益"，則喟然而歎。子夏避席而問曰："夫子何爲歎?"孔子曰："夫自損者益，自益者缺，吾是以歎也。"子夏曰："然則學者不可以益乎?"孔子曰："否，天之道，成者未嘗得久也。夫學者以虛受之，故曰得。苟不知持滿，則天下之善言不得入其耳矣。昔堯履天子之位，猶允恭以持之，虛靜以待下，故百載以逾盛，迄今而益章。昆吾自臧而滿意，窮高而不衰，故當時而虧敗，迄今而愈惡，是非損益之徵與? 吾故曰：'謙也者，致恭以存其位者也。'夫豐明而動，故能大；苟大，則虧矣。吾戒之，故曰：'天下之善言不得入其耳矣。'日中則昃，月盈則食，天地盈虛，與時消息。是以聖人不敢當盛，升輿而遇三人則下，二人則軾，調其盈虛，故能長久也。"子夏曰："善，請終身誦之。"

《康樂集》頁 231—232

# 踦

踏璽彙3124

---

○羅福頤等（1981）　《説文》所無，《集韻》：“坴，累土也。”

《古璽文編》頁326

○湯餘惠等（2001）　踦。

《戰國文字編》頁695

# 竭

竭璽彙3003

---

△按　竭，“堨”字異體，詳見卷十三土部“堨”字條。

# 諝

諝集成9735中山王方壺

---

○朱德熙、裘錫圭（1979）　（編按：集成9735中山王方壺）諝（位）。

《文物》1979-1，頁48

○張政烺（1979）　（編按：集成9735中山王方壺）諝，從立，胃聲。字書不見，當是位之異體。金文以立爲位。立字出現早，含義多，讀音歧異，不免混淆，故以胃爲聲符加於立字之旁，遂産生此從立胃聲之形聲字。

《古文字研究》1，頁219

○趙誠（1979）　（編按：集成9735中山王方壺）諝，從立胃聲，借爲位。甲骨、金文以立爲位。本銘有立有諝，可見立與位已開始分化，不過還沒有定形於位，則諝當是由立發展成位的中間形態，即過渡形態。立有位音，從它的中間形態諝透露了這一消息。

《古文字研究》1，頁252

○李學勤、李零（1979）　（編按：集成9735中山王方壺）諝（位）。

《考古學報》1979-2，頁149

○**于豪亮**（1979）　　（編按：集成 9735 中山王方壺）蝟（位）。

《考古學報》1979-2，頁 180

○**羅福頤**（1979）　　（編按：集成 9735 中山王方壺）位作蝟（29·4），古作吉（31·12），務作秡（32·4），親作寴（34·4），焉作䡵（36·11），昭作邵（37·2）。

　　這些通假字都是前所未見的，其中書體最奇特的如寡字作頁，泰字从蔡，一字从鼠，位字从胃，這可能是書不同文之世固應有耶。

《故宮博物院院刊》1979-2，頁 83

○**商承祚**（1982）　　（編按：集成 9735 中山王方壺）蝟，以爲位字，殆从立，胃聲。它器皆以立爲之。

《古文字研究》7，頁 69

○**吳振武**（1982）　　蝟（立—位）：

　　金文均以立爲位，作立，象形。《中山王𫐒方壺》17 行"臣主譬（易）位"位作立，同銘 28 行"遂定君臣之位"位作蝟，可知作蝟者是在象形的立上又加注音符"胃"。

《吉林大學研究生論文集刊》1982-1，頁 51—52

○**陳邦懷**（1983）　　（編按：集成 9735 中山王方壺）方壺："遂定君臣之位"，位作蝟，以胃爲音符。其實立字在甲骨文、金文及《周禮》故書皆用作位。方壺蝟从立，而又加胃旁。

《天津社會科學》1983-1，頁 62

○**黃盛璋**（1995）　　中山王方壺："遂定君臣之位（蝟）"，"位"字左从"立"，右从"胃"，亦表人身上戴"由"即"胄"，下从"月"即"肉"。銘文於右上角加'ʔ'以示和日月之"月"區別，三晉文字亦常加短畫。古文字用"月（肉）"表動物之身軀中部，包括人在內，如"胃"字即月（肉）上加⊗表胃在人身之中，而象、兔則於"月"上加頭，下加足以表示。此字舊皆隸定爲从"胃"从"立"，但"胃"三晉吉日劍作胃，楚帛書作胃，《包山楚簡》大量"謂"，上皆从ᗧ、㫊，小篆作胃，隸、楷書簡化作从"田"，上皆封閉不出頭，而胄皆出頭上伸，表胄頂之柄，"胄"原象胄即頭盔而戴於"目"之上，如大盂鼎、戜𣪘、虔𣪘、胄𣪘、侯馬盟書諸"胄"字下皆从"目"，上从胄、嵩、嵩、由，中山王方壺、囡壺作胄，下皆从人（亻、彳）以代"目"，此則下从"月（肉）"代人身，而上从之胄形皆向上伸出表胄之頂柄，最上伸出與封閉是決定"胄"與"胃"字之根本區別，所以此字肯定是从"立"从"胄"，而不是从"胃"，从"胄"就和此銘从身上○表人同意，皆表形旁，而非聲旁,否則位字从"胃"就無法解釋。由於此字關係此器之名稱、用途,而又和傳統之秦漢系統文字不能相合,如用後者概念,此字就不能認識,而中山王方壺靖/位字結構恰可旁證,而過去皆以爲从"胃",而又不明"位"字何以从此,故特引證,把銘文"位"字講死,以祛懷疑與今後糾葛。

《第二屆國際中國古文字學研討會論文集續編》頁 269—270

○何琳儀(1998)　靖,从立,胃聲。疑位之異文。从立猶从位,疊加胃爲音符。或釋塯(戰國文字土旁或作立形)。《篇海》:"塊作塯。"

中山王方壺靖,謂位。《詩・大雅・大明》:"天位殷適。"《韓詩外傳》五引位作謂(據《詩考》)。是其佐證。

《戰國古文字典》頁 1221

# 踵

踵 集成 2840 中山王鼎

○朱德熙、裘錫圭(1979)　(編按:集成 2840 中山王鼎)尰(童)。

《文物》1979-1,頁 49

○張政烺(1979)　(編按:集成 2840 中山王鼎)踵,从立,重聲,讀爲踵,繼也。《離騷》"及前王之踵武",《東京賦》"踵二皇之遐武",義皆爲繼。

《古文字研究》1,頁 224

○趙誠(1979)　(編按:集成 2840 中山王鼎)踵,重之繁形。古文重、童一字。

《古文字研究》1,頁 255

○張克忠(1979)　(編按:集成 2840 中山王鼎)踵(童)。

《故宮博物院院刊》1979-1,頁 39

○徐中舒、伍仕謙(1979)　(編按:集成 2840 中山王鼎)踵(童)。

《徐中舒歷史論文選輯》頁 1335,1998;原載《中國史研究》1979-4

○李學勤、李零(1979)　(編按:集成 2840 中山王鼎)踵(童)。

《考古學報》1979-2,頁 154

○商承祚(1982)　(編按:集成 2840 中山王鼎)嬰踵讀爲幼童,幼童的智慧幽隱未明,故从嬰以見意。重、童通用,金文鍾字又从童作鐘,後分爲二字,即以鍾爲酒器或壺類,以鐘爲鐘磬之鐘,重、童亦分立。

《古文字研究》7,頁 50

○何琳儀(1984)　(編按:集成 2840 中山王鼎)踵,諸家多讀童。童《說文》作僮,漢碑作僮。䢓從立與僮、僮從人義本不殊。三晉兵器"命"或作侖,亦作論,是其證。從東、重得聲與從中得聲之字可通。《説文》沖"讀若動"。《釋名·釋宮室》:"棟,中也。"《詩·召南·草蟲》傳:"忡忡,猶衝衝也。"均其佐證。然則䢓可讀沖。

"孾䢓"即"幼沖"。《書·大誥》云"洪惟我幼沖人"。傳"我幼童人"。《漢書·敘傳》"孝昭幼沖,家宰惟忠"。至於《後漢書·沖帝紀》注"幼小在位曰沖",與本銘"䢓"(童)適可相互印證。

《史學集刊》1984-3,頁 5

○何琳儀(1998)　埵,从土(或从立形亦土旁),重聲。《集韻》:"埵,池塘塍埂也。"

中山王鼎"孾埵",讀"幼沖"。埵、沖音近可通。《説文》:"沖,讀若動。"《淮南子·修務》"鍾子期",《戰國策·秦策》作"中旗"。均其佐證。

《戰國古文字典》頁 365

# 䳔

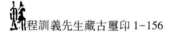
程訓義先生藏古璽印 1-156

---

# 塊

🖼璽彙 1695

---

△按　塊,"塊"字異體,詳見卷十三土部"凷"字條。

# 竡

集成 9686 十三年壺　　　集成 10410 左工鋪首

---

○何琳儀(1998)　竡,从立(或省作大形),負聲。疑坿之異文。

中山雜器竡,人名。

《戰國古文字典》頁 122—123

○吳振武(2000)　二·一　在兩個或兩個以上偏旁組成的合體字中,有不少

字往往因偏旁和偏旁之間有部分相同或相近而互借。（中略）

（120）顗 𐌀 中山小鼎。

《古文字研究》20，頁322—323

○湯餘惠等（2001） 顗。

《戰國文字編》頁696

## 竷

𡙴 集成2840中山王鼎

○朱德熙、裘錫圭（1979） （編按：集成2840中山王鼎）竷（廢）。

《文物》1979–1，頁49

○張政烺（1979） （編按：集成2840中山王鼎）竷，从立，癹聲，癹即《説文》癹字。竷蓋即廢立之廢。

《古文字研究》1，頁222

○趙誠（1979） （編按：集成2840中山王鼎）竷（廢）。

《古文字研究》1，頁253

○張克忠（1979） （編按：集成2840中山王鼎）"竷"，从立，癹聲。《説文》："癹，以足踏夷艸也，从𣥠从殳。"加立者，增成其意，竷、癹是一個字的不同寫法。《説文》："發，矢發也，从弓，癹（編按："發"當爲"癹"之誤）聲。"艸癹則倒仆枯死，矢發則不能再用，古孳乳爲廢字。

《故宮博物院院刊》1979–1，頁40

○李學勤、李零（1979） （編按：集成2840中山王鼎）竷（悖）。

《考古學報》1979–2，頁153

○于豪亮（1979） （編按：集成2840中山王鼎）竷从癹得聲，以音近讀爲悖。古从發、从犮、从弗、从孛得聲之字常相通假，如馬王堆帛書《周易・困》"絑發方來、困於赤發"，今本《周易》作"朱紱、赤紱"，《詩・采芑》、《斯干》則作"朱芾"，《白虎通・紼冕》引《詩》又作"朱紼"；而《禮記・曲禮》："助葬必執紼。"《雜記》："諸侯執綍五百人。"紼又作綍。因此發與綍通，而竷得讀爲悖。

《考古學報》1979–2，頁171

○徐中舒、伍仕謙（1979） （編按：集成2840中山王鼎）竷，同發。《侯馬盟書》作癹。此字从立，仍當讀發。《禮記・禮器》："君子樂其發也。"《論語》："亦足以發。”《廣雅・釋詁》：“發,明也。”《皇疏》：“發明義理也。”

《中國史研究》1979-4,頁89

○**商承祚**(1982)　　(編按:集成2840中山王鼎)竣,从立从癹。《説文》癹,“以足蹋夷草……《春秋傳》曰:‘癹夷蘊崇之。’”今本作芟,《説文》有此字,芟,“刈草也,从艸从殳。所銜切”。則讀衫音。《詩・周頌》：“載芟載柞。”《周禮・地官・稻人》：“凡稼澤,夏以水殄草而芟夷之。”《國語・齊語》：“耒耜枷芟。”注:“芟,大鎌,所以芟草也。”甲骨文發字作,象以手持棍棒撥草而行,亦包涵刈草之義,後引申爲發,指出方向出發前進。小篆加一弓字,象引弓發矢定去向,從此義定於一。从立者,示人立而發射。

《古文字研究》7,頁46

○**陳邦懷**(1983)　　(編按:集成2840中山王鼎)按,此字當釋墢,从圶是从土,與坴从圶爲从土同。《玉篇》土部:“墢,與坺同,亦耕土也。”《集韻》末韻:“墢、坺,發土也。《國語》,王耕一墢。或从犮。”又按,大鼎埲从癹者,發、癹古通用(《集韻》末韻从發之字,其重文作癹者共有五字)。大鼎用墢爲廢,假借字也。

《天津社會科學》1983-1,頁66

○**湯餘惠**(1993)　　(編按:集成2840中山王鼎)悖,逆;不悖,謂不悖於事理。

《戰國銘文選》頁33

○**何琳儀**(1998)　　竣,从立,癹聲。疑墢之省文。即坺之異文。《正字通》：“墢,同坺。”

中山王鼎“竣绛”,讀“廢哉”。《公羊・宣八》“廢其無聲者”,注:“廢,置也。”

《戰國古文字典》頁952

# 䑃

璽彙2873

○**湯餘惠等**(2001)　　䑃。

《戰國文字編》頁697

# 䐩

温縣T1K:1845

○**河南省文物研究所**(1983)　竦。

《文物》1983-3,頁 80

○**何琳儀**(1998)　竦。

《戰國古文字典》頁 1522

○**湯餘惠**(2001)　竦。

《戰國文字編》頁 697

# 𥪮

侯馬 98:27

○**山西省文物工作委員會**(1976)　𥪮　宗盟類參盟人名。

《侯馬盟書》頁 350

○**何琳儀**(1998)　𥪮,从立,翏聲。

侯馬盟書𥪮,人名。

《戰國古文字典》頁 238

○**湯餘惠等**(2001)　𥪮。

《戰國文字編》頁 697

# 𥪡

天星觀　九店 56・44

○**李家浩**(2000)　(**編按**:九店 56・44)此簡簡首殘損,缺文"𥪡"據下文"𥪡㳙芳糧"語而補。"𥪡"字亦見於江陵天星觀楚墓竹簡:"魚韔,豻𥪡。""□韝(箙),𦅢𥪡。"按曾侯乙墓竹簡所記韔、箙文字有"虎虎(虎)韔,貘聶"(一號);"录(緑)魚之韔,豻𥪡"(七二號);"一襦貂與紫魚之箙,𦅢聶"(五號);"豻箙,貍毣之䎽"(六二號)等。"䎽"字當从"耴"得聲。"聶、耴"二字古音相近,可以通用。例如王莽年號"居攝"之"攝",居延漢簡有時就寫作"耴"。曾侯乙墓竹簡的"聶"和"䎽"指韔、箙上的緣飾,皆應當讀爲"攝"。《儀禮・既夕》"貳車,白狗攝服",鄭玄注:"攝,猶緣也。"(參看裘錫圭、李家浩《曾侯乙墓竹簡釋文與考釋》,《曾侯乙墓》上册 503 頁⑮。)天星觀楚墓竹簡的"𥪡"與曾侯乙墓竹簡的"聶"和"䎽"用法相同,也是指韔、箙上的緣飾,顯然也是从"耴"得聲,讀

爲“攝”。

《九店楚簡》頁 106—107

【嫛㡀】九店 56·44

○**李家浩**（2000）　“嫛㡀”與“芳糧”並列，它們在簡文中都是祭祀武夷的物品。馬王堆一號漢墓遣册所記的隨葬物品有“聶幣”。原文説“合青笥二合，盛聶敝（幣）”（《長沙馬王堆一號漢墓》下集圖版二八八·二八四）。“合青笥二合”，指該墓出土的 337 號、346 號兩件竹笥。這兩件竹笥所繫的木籤分別寫有“繒聶幣笥”“麻布聶幣笥”的字樣。“聶幣”指竹笥内盛的成串的絲織的碎塊(《長沙馬王堆一號漢墓》上册 152 頁二八四號簡考釋)。疑本簡的“嫛㡀”應當讀爲馬王堆漢墓遣册和木籤的“聶幣”。古代的“幣”用於祭祀（見《周禮·天官·大宰》《禮記·曲禮下》等），這跟簡文以“聶幣”祭於“武夷之所”是一致的。

《九店楚簡》頁 108

○**周鳳五**（2001）　上節討論簡文“某敢以其妻□妻女”一語，涉及“聶幣、芳糧”與“量贖”的釋讀，本節繼續申論。

首先説“聶幣”。“聶幣”一詞，又見於馬王堆一號漢墓出土的木牌與竹簡遣策，如：

繒聶幣笥（木牌四）

麻布聶幣笥（木牌五）

合青笥二合盛聶敝（簡二八四）

與之相應的隨葬品，是置於三三七號與三四六號兩件竹笥中的成串狹長形絲織品碎片。整理者指出：

《儀禮·少儀》：“聶而切之爲膾”，鄭《注》：“聶之言牒也。”意即碎片。敝即幣字，竹笥木牌正作幣。《説文·巾部》：“幣，帛也。”聶幣，即布帛的碎片。

(中略)按，“聶”，簡文從聑從立作“嫛”；曾侯乙墓竹簡另有從“市”的㡀字，裘錫圭、李家浩釋“聶”，讀爲“攝”，引《儀禮·既夕》“貳車白狗攝服”，鄭《注》：“攝，猶緣也。”以爲即衣服的緣飾。參照曾侯乙墓竹簡的字形，則《告武夷》此字也可以讀爲“攝”，所從的“立”即“位”，取“攝位、攝代”之意，猶曾侯乙墓簡文從“市”以指涉衣飾。(中略)考慮“緣飾”與“幣”的語意無關，則《告武夷》與馬王堆一號漢墓所見“攝幣”之“攝”似當取“攝位、攝代”之意。

至於“幣”，馬王堆一號漢墓整理者引《説文解字》：“幣，帛也。”以“聶幣”

爲"布帛的碎片",基本可從,但整理者没有説明這些"碎片"的用途。按,先秦
時代以布匹爲主要貨幣之一,幣是幣帛,即"具有貨幣職能的布帛";"攝幣"就
是"代幣",也就是"代帛"。前述出土的布帛碎片,每一片代表一匹繒帛。換
言之,"攝幣"與前述"泥半兩"錢以及塗上一層黄土的"泥郢稱"都是財富的
象徵,爲隨葬明器之屬。

《史語所集刊》72 本 4 分,頁 949—950

○李家浩(2002)　"竪斨芳糧"於簡文凡兩見。"竪"不見於字書,字當从
"立"从"耴"聲。在曾侯乙墓竹簡裏,當緣飾講的"聶"或寫作从"市"从"耴"
聲。我們曾經指出,"耴、聶"二字音近古通。"斨"字原文寫法比較特別,我在
《包山楚簡中的"簸"字及其相關之字》一文中已論及。在這篇文章中,同時還
指出"竪斨"應該讀爲馬王堆一號漢墓竹簡中的"聶幣"。我把有關文字引在
這裏:

"聶斨"與"芳糧"並列,它們在簡文中都是祭祀武夷的物品。

馬王堆一號漢墓遣策所記的隨葬物品中有"聶幣":"合青笥二合,盛
聶敝(幣)。"(《長沙馬王堆一號漢墓》下集圖版二八八・二八四)"合青
笥二合",指該墓出土的 337 號、346 號兩件竹笥。這兩件竹笥所繫的木
籤分別寫有"繒聶幣笥""麻布聶幣笥"的字樣。"聶幣"指竹笥内盛的成
串的絲織的碎塊……九店楚簡的"聶斨"當是馬王堆漢墓竹簡的"聶幣"。
古代用"幣"祭祀鬼神,見《周禮・天官・大宰》《漢書・文帝紀》等。簡
文用"聶幣"祭祀於"武夷之所",與之是一致的。

《著名中年語言學家自選集・李家浩卷》頁 323—324

# 嶠

侯馬 88:13　 集粹

○山西省文物工作委員會(1976)　喬。

《侯馬盟書》頁 334

○何琳儀(1998)　嶠,从立,喬聲。墧之異文,戰國文字土旁或作立形。
侯馬盟書嶠,人名。

《戰國古文字典》頁 295

○**湯餘惠等**（2001）　蹻。

《戰國文字編》頁 698

## 竴

集粹

---

○**湯餘惠**（2001）　竴。

《戰國文字編》頁 697

## 巁

秦公大墓石磬

---

○**王輝、程學華**（1999）　巁字右旁應是幾字異體。幾字金文从戍作（茉伯簋），或作（幾父壺），左下作爲人之正立形，與作同。《汗簡》引《義雲章》幾字作；《古文四聲韻》引王存乂《切韻》幾字作，皆與磬銘形近。黃錫全以爲《義雲章》等下从人，而省去戈形，甚是。巁字不見於字書，可能是幾字的注音形聲字。立即位字，古音物部匣紐，幾古音微部見紐，微物陰入對轉，見匣旁紐，所以立、幾讀音相近。還有一種可能，即巁字爲讖字之異（巁與讖讀同，見下），豈古音微部溪紐，與立音也是極接近的。

《秦文字集證》頁 88

## 㻅

古璽彙考，頁 215

---

## 壁

新收 1483 郾王職壺

---

○**周亞**（2000）　壁从立从叩从辛，立爲聲符，當讀如立，假爲"涖"。《周禮‧地官‧鄉師》"以涖匠師"，鄭玄注："故書涖作立，鄭司農云：'立讀爲涖。'"又

《周禮·春官·大宗伯》"涖玉鬯"，鄭玄注："故書涖作立，鄭司農讀爲涖，涖視也。"（中略）

　　蹕罱即涖阼，《禮記·文王世子》："成王幼，不能涖阼。"鄭玄注："涖，視也，不能視阼階，行人君之事。"故涖阼，意指古代帝王嗣位登基視事。

《上海博物館集刊》8，頁 145—146

○黃錫全（2002）　1."蹕罱承祀"非"涖阼承祀"，而是"踐祚（阼）承祀"。

　　第一字，左邊从"立"，古文字多用爲"土"旁。如古璽均或作🔲，坤或作🔲，坡或作🔲，堂作🔲等，一般作爲形符。右邊所从，還見於本銘第 22 字的右邊，而與第 16 字的"命"字上部所从不同。我們以爲其爲聲符，實从"叩"聲。《説文》叩，讀若"讙"。這個字在此應假借爲"踐"。三體石經踐字古文作🔲，可能就是壺銘第 22 字所演變。踐屬從母元部，讙屬曉母元部，二字疊韻。

　　其實，此字與第 22 字的右旁應是一個由音近的兩個字組成的字。其下所从爲《説文》讀若"愆"（qiān）的"𠃊"字。愆屬溪母元部，與叩韻部相同。曉母與溪母屬喉牙通轉。其之所以假爲"踐"，應是讀音相近的原因。

　　曾侯乙墓出土鍾磬銘文的"潜"字有下列三種寫法：

　　　　　　🔲鐘下一：1　🔲鐘中一：11　🔲磬下 7

　　裘錫圭、李家浩先生認爲，其是一個由音同或音近的兩個字合成的字，如薔、祠等字。第一形爲省去了"曹"所从的"臼"而加注"辛"聲。第二種是加注"欠"聲。第三種又加注"合"聲。"諸字的讀音應該與'遣'相近"。"這個詞很可能就是與'遣'音近的'衍'"。

　　楚簡有下列諸字：

　　🔲 🔲 🔲 🔲 🔲 🔲 🔲 🔲 🔲 🔲 🔲 🔲 🔲 🔲 🔲
　　🔲 🔲 🔲 🔲 🔲 🔲 🔲 🔲 🔲 🔲 🔲 🔲 🔲 🔲 🔲 🔲

　　諸家釋讀不一。我們曾經據新發現的一件尖足空首布上的銘文"🔲"，探討楚簡的"🔲"字所从的"🔲"與空首布相同，提出此字有可能是从"帶"，讀"諦"或"諦"，訓審，不少文義均能講通。後來看到裘錫圭先生在《古文字研究》22 輯文章的"附識"，得悉裘先生又有新的看法。其大意是：上列楚簡的聲旁，有的與三體石經踐字古文偏旁類同；"楚簡从二'戈'的'戔'字及'戔'旁，其二'戈'多作並列形，'△'（全按：意指與石經偏旁類同的楚簡）實即由此種'戔'形訛變而成。"如果我們理解不錯的話，裘先生認爲與三體石經古文類同的楚簡“戔”，是由並列二戈之形訛變。

　　我們認爲，上列楚簡文字有的與三體石經踐字古文類同，的確是一個新的發現，但不能一概而論。而且此種構形也不一定就是由並列二戈所訛變。

　　根據燕侯壺銘的第 22 字和第 5 字的右旁，我們主張三體石經踐字古文，實即壺銘第 22 字所演變，本從“罕”聲，與二戈並列的形體没有關係。它之所以讀作“踐”，是因爲辛、叩與戔聲相近的緣故。上列所從與三體石經“踐”字古文偏旁相近的字，可據之改釋從“戔”或與“戔”聲讀音相近的字。但不能一概而論。

《古文字研究》24，頁 248—249

○**董珊、陳劍**（2002）　踐阼（祚），無疑當讀爲古書常見的“踐阼（祚）”，謂國君即位。《禮記・曲禮下》“踐阼臨祭祀”，孔穎達疏：“踐，履也；阼，主人階也。天子祭祀升阼階，履主階行事，故云踐阼也。”《大戴禮記・文王世子》：“成王幼，不能涖阼。周公相，踐阼而治。”《史記・燕召公世家》：“（周公）當國踐祚。”皆其例。（**中略**）

　　克邦墬城

　　這一句的第三字（下舉 b1 形）還見於下文將要討論到的一件燕王職矛銘文（下舉 b2 形），其右側偏旁（以下用△代替）已見於上文“踐阼承祀”的“踐”字（下舉 a 形）所從。這兩個字分別寫作：

a.𤔌　　　b1.𤔌　　　b2.𤔌

　　從古文字的一般結構規律來看，這兩個字應該都是左形右聲的結構。它們的聲旁△是釋讀的關鍵。在包山楚簡司法類文書和郭店楚墓竹簡裏，有一個寫得跟“業”和“羹”都有幾分相像的形體屢次作爲偏旁出現。我們認爲，它們跟△是一個字。爲行文方便，下文就統一用“△”來代表。

　　包山簡中的從△從“言”之字，過去曾有多種釋讀，這裏不必詳述。在1998 年文物出版社出版的《郭店楚墓竹簡》一書裏，△作爲偏旁又多次出現。裘錫圭先生在該書按語中把這些以△爲聲旁的字多讀爲“察”或者“淺”。當時他的主要根據，是郭店簡《五行》中從“言”從△的字，在馬王堆漢墓帛書本《五行》中與之相當的就是“察”字。後來，裘錫圭先生在紀念中國古文字研究會成立二十周年的會議上提交的論文《〈太一生水〉“名字”章解釋——兼論〈太一生水〉的分章問題》的附識中，簡單交待了“本來準備向這次會議提出的論文”——《楚簡所見“戔”之變體》的大意。裘先生指出：

　　包山和郭店簡所見的"訡（察）、竊"二字和郭店簡所見的"淺、俴"（見《語叢二》19 號簡，原未釋）等字的聲旁（以下以△代替），其實已見於三體石經，石經《春秋》"踐土"之"踐"的古文，所從的聲旁與郭店簡"淺"字所從之"△"，寫法幾乎全同。楚簡中從二"戈"的"戔"字及"戔"旁，其二戈多作並列形，"△"實即由此種"戔"形訛變而成。

裘先生的這個意見，對我們很有啟發。按三體石經《春秋·僖公》古文踐字作:

　　我們不難看出，這個字跟 b1 和 b2 的寫法極爲近似。首先，三個字左半部分都從阝從土。其次，石經古文右旁的下半部分和 b2 所從完全相同，和 a、b1 也非常接近。第三，石經古文的右上部分形體可以演變成 a、b 二字所從的"叩"形。這可以從下舉兩枚印章"緇"字中"帶"旁的演變關係得到證明：

《古璽彙編》3870"公孫緇"

《古璽彙編》1834"史緇"

上面的是典型的戰國燕璽。其中"帶"旁的上下兩部分很明顯正是從下邊那枚印章的"帶"旁演變來的。綜合上舉後兩點來看，a、b 二字所從的右半偏旁，實際上是在裘先生所説的那種"戔"的基礎上，改造上半部分而形成的又一種"戔"的變體。所以 b 可以隸定爲"墜"，和石經古文用作"踐"的那個字是一個字（爲了行文方便，下面我們就把此字寫作"踐"）。上文已經出現的用爲"踐阼"之"踐"的"淺"字，也是一個從"戔"聲的字，它以"立"爲義符，應該是表示"踐履"一類意思的專字。

　　前舉見於燕王職矛銘文的"踐"字，和燕王職壺"克邦踐城"的"踐"字用法密切相關。所以我們下面把壺銘"克邦踐城"和這件矛的銘文結合來講。

　　晚清陳介祺舊藏的一件郾王矛，《殷周金文集成》11525 重新著錄。因爲拓本不甚清晰，加上字又太小，所以被誤題爲"郾王戎人矛"。從前有黃盛璋先生《燕、齊兵器研究》把它歸入燕王職兵器並且看出"郾王職"三字下面還有七個字，但是未作隸定。馮勝君先生認爲此矛的銘文共十一字，釋爲"郾王職□□□司馬霆萃欽"。目前看到的釋文就只有這兩種，除此而外，似乎很少人對它有所注意和討論。我們核對了北京大學圖書館藏《簠齋藏吉金拓本》所收此器的另一件原拓本，發現此矛所記郾王的名字本來是"職"。矛骹上有山字形紋飾，並有兩行銘文共十二字作：

郾王職踐齊之戈，台（以）爲雲（?）萃釾（矛）。

　　其中“踐”字的寫法已見於上文所述。齊字寫作上“竺”下“邑”，這種寫法也見於《古璽彙編》1600、5582 兩方燕璽。“踐齊”當讀作“殘齊”，“殘齊”在《韓非子·有度》中出現過：“燕襄王以河爲境，以薊爲國，襲涿、方城，殘齊，平中山，有燕者重，無燕者輕。”“克邦踐城”的“踐”也讀作“殘”。《淮南子·齊俗》：“周公踐東宫，履乘石，攝天子之位，負扆而朝諸侯。放蔡叔，誅管叔，克殷殘商，祀文王於明堂，七年而致政成王。”“克”與“殘”相對文。“殘城”的説法見於《墨子·天志下》：“入其溝境，刈其禾稼，斬其樹木，殘其城郭，以御其溝池，焚燒其祖廟，攘殺其犧牷。”《史記·田單列傳》“齊人所懼，唯恐他將之來，即墨殘矣”也是以城郭爲“殘”的對象。這類“殘”的詞義是“毁滅”，《史記·樊酈滕灌列傳》集解引張晏説：“殘，有所毁也。”而《戰國策·中山策》“魏文侯欲殘中山”高誘注“殘，滅之也”，兩個義項的輕重程度有所不同。推敲文義，燕王職壺“克邦殘城”的“殘”可以訓爲“毁”，“城”可能專指齊國都臨淄城；燕王職矛説“殘齊”，“殘”訓爲“滅”，可以和燕王職壺下文的“滅齊”對看。

《北京大學中國古文獻研究中心集刊》3，頁 34—43

△按　陳斯鵬等（《新見金文字編》314 頁，福建人民出版社 2012 年）指出：“周亞（2000）謂字從‘立’聲，假爲‘涖’，非是。黄錫全（2002d）及董珊、陳劍（2002）均指出此字聲符在右，即由三體石經‘踐’字古文‘𢽽’之右旁演變而來，字亦應讀‘踐’，甚是。”

# 壪

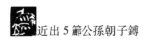近出 5 鄦公孫朝子鎛

○**山東諸城縣博物館**（1987）　8、9 號鐘銘一側排滿後在另一側接續。銘文共17 字，爲“墜竛立事歲十月己亥鄦公孫朝子造器九”。

《文物》1987-12，頁 49

○**王恩田**（1998）　陳竛人名。陳字從土，是齊國陳氏特有的寫法。竛字從匊從立。匊字寫法也見於齊國官璽（《古璽彙編》0198、0200—0202），也是齊國特有的寫法。《説文》：“匊，在手曰匊。”據《玉篇》匊之古文作臼。《字彙》謂臼爲古舉字。陳竛即陳舉，與齊閔王同時，是田齊宗室。《戰國策·齊策六》：

“齊孫室子陳舉直言,殺之東閭,宗族離心。”鮑本注:“公孫家子,猶字室云。”陳舉被殺於閔王奔莒之前。《史記·田齊世家》齊閔王四十年奔莒,《年表》同。據錢穆《先秦諸子繫年》考證,閔王奔莒在十七年(前 284 年),《史記》誤。應是這批銅器的年代下限。

《遠望集》頁 314

○**何琳儀**(1998)　䇎,从立,屢聲。

陳䇎鐘䇎,人名。

《戰國古文字典》頁 1231

○**湯餘惠等**(2001)　䇎。

《戰國文字編》頁 698

○**曾憲通**(2005)　又據新出莒公孫潮子編鎛,銘云:“陳䎱泹事歲,十月己丑,莒公孫潮子造器(也)。”(見劉雨、盧岩編著《近出殷周金文集録》,中華書局 2002 年 9 月,原載《文物》1987 年第 12 期)陳下一字原隸作䎱,其實是個从立屢聲的字,當是歔字的異寫,仍是徲在齊地的特殊寫法,此處用作人名。該組編鎛於 1975 年在山東諸城臧家莊墓地出土,正是這一寫法流行於齊地的明證。

《古文字與出土文獻叢考》頁 191

# 竬

集成 11385 五年鄭令戈

○**何琳儀**(1998)　竬,从立,需聲。頖之異文。《集韻》:“頖,《説文》待也。亦作竬。”

五年鄭令戈竬,人名。

《戰國古文字典》頁 390

○**湯餘惠等**(2001)　竬。

《戰國文字編》頁 694

# 竷

竷包山 205

○**劉彬徽、彭浩、胡雅麗、劉祖信**（1991）　（編按：包山205）壐，疑讀作牂，《廣雅·釋獸》：“吳羊……其牝一歲曰牸挑，三歲曰牂。”

《包山楚簡》頁 55

○**李零**（1993）　（6）牂（簡 217、237、243）。牝羊，一説三歲牝羊。簡 205 有“大臧”（“臧”字原从立），整理者以爲“臧”亦“牂”（注 388）。

《中國典籍與文化論叢》1，頁 441

○**陳偉**（1996）　另外，屬於祭祀類的簡 205 記“罷禱於卲王戠牛，大壐，饋之”。壐疑讀作湆或脀。《儀禮·士昏禮》云：“大羹湆在爨。”鄭玄注：“大羹湆，煮肉汁也。大古之羹無鹽菜。”賈疏云：“湆與汁一也。知大古之羹無鹽菜者，《左傳》桓二年臧哀伯云‘大羹不致’，《禮記·郊特牲》云‘大羹不和’，謂不致五味，故知不和鹽菜。唐虞以上曰大古，有此羹。三王以來更有鉶羹，則致以五味。雖有鉶羹，猶存大羹，不忘古也。”胡培翚《正義》引敖氏則説：“此上牲之肉汁也。以其重於他羹，故曰大。”《左傳》桓公二年孔疏根據古書使用大羹的記載指出：“是祭祀之禮有大羹也。”簡書“大壐”似指大羹，是對於卲王的特別禮遇。

《包山楚簡初探》頁 174—175

○**何琳儀**（1998）　壐，从土（或作立形），臧聲。壐之異文或臧之異文。《正字通》：“壐，籀文臧。”今《説文》臧籀文作𧷽，下从上疑爲土之訛。

包山簡二〇五壐，疑讀牂。《説文》：“牂，牝羊也。从羊，爿聲。”

《戰國古文字典》頁 704

○**李家浩**（2001）　“罷禱於昭王特牛，大壐饋之”句，包山楚墓竹簡整理小組的釋文是這樣標點的：“罷禱於昭王特牛大壐，饋之。”並在上引注（338）中説“壐，疑讀作牂”。李零在《包山楚簡研究（占卜類）》中談祭物“牂”時，引用了整理小組對“壐”的讀法，似李零也認爲“壐”應該讀爲“牂”。

陳偉不同意整理小組的讀法，他在《包山楚簡初探》174—175 頁説：

> 壐疑讀作湆或脀。《儀禮·士昏禮》云：“大羹湆在爨。”鄭玄注：“大羹湆，煮肉汁也。大古之羹無鹽菜。”……《左傳》桓公二年孔疏根據古書使用大羹的記載指出：“是祭祀之禮有大羹也。”簡書“大壐”似指大羹，是對於卲王的特別禮遇。

我一直懷疑這兩種説法都有問題。第一，據前文二所説，陳偉認爲 205、206 號簡的祭禱，是對 212—215 號簡貞人擬定祭禱的“踐履”，在 212—215 號簡中祭禱昭王，只有“特牛”，而没有“大壐”。第二，“牂”在楚墓卜筮祭禱簡中是一種常見的犧牲,不僅没有寫作"竁"的,而且在"牂"之前没有"大"之類的修飾語。第三,"臧"從"戕"聲,而"戕、牂"二字皆從"爿"聲,整理小組把"竁"讀爲"牂",是認爲"竁"從"臧"聲。根據漢字結構一般規律,"竁"從"臧"聲應該是可信的。因此,"竁"不可能讀"濇"或"膗"。第四,"大羹濇"是指没有鹽菜的白煮肉汁,可以説成"大羹",但没有説成"大濇"的。根據這四點,"大竁"顯然不能讀爲"大牂"或"大濇"。

值得注意的是,在包山司法文書簡中有州名"大臧、少臧",分别見於下録72、80 號簡:

(18)十月壬辰之日,少臧之州人盥聏受期:爨月辛丑之日不諈(屬)人郘豫,阼門又(有)敗。

(19)冬夕之月甲辰之日,少臧之州人冶士石佢,訟其州人冶士石脥,言胃(謂)傷其弟石耴虯。

包山司法文書簡的州名多以官名、人名。陳偉先生認爲"大臧之州"的"大臧"和"少臧之州"的"少臧"是官名。陳氏説:

《周禮·春官·宰夫》"五曰府,掌官契以治藏",鄭玄注:"治藏,藏文書及器物。"《史記·老子列傳》"周守藏室之史也",《索隱》:"藏室史,周藏書室之史也。"簡文"大藏、少藏",或許是掌管這些收藏的官員。

按"大臧、少臧",猶包山司法文書簡職官的"大師"(52、55 號),"少師"(159、160 號),"大司敗"(23 號),"少司敗"(50、90 號),"大司城"、"少司城"(155 號),陳氏説"大臧、少臧"是官名,當屬可信。陳氏似讀"大臧、少臧"爲"大藏、少藏",對其義的解釋,似亦可信。據此,我認爲祭禱簡的"大竁"就是司法文書簡的"大臧",是掌管收藏的職官。"罷禱於昭王特牛,大臧饋之"的意思是説:罷禱於昭王的特牛,是由大臧進獻的。

包山卜筮簡 230~231 説辭説:

(20)思攻祝歸佩取(珮)、冠帶於南方。

此簡"祝"字原文寫法與 237 號"祝融"之祝相同,整理小組釋爲"祝",李零釋爲"奪",非是。"攻祝"當讀爲"工祝"。《詩·小雅·楚茨》"工祝致告,徂賚孝孫",毛傳:"善其事曰工。"《楚辭·招魂》"工祝招君,背行先些",王逸注:"工,巧也。男巫曰祝。背,倍也。言選擇名工巧辯之巫,使招呼君,倍道先行,導以在前,宜隨之也。"按王逸注把"工祝"之"工"解釋爲"巧也",實際上是襲用《楚茨》毛傳"善其事曰工"的説法。清人馬瑞辰不同意毛傳的説法,他説:"《少牢饋食禮》'皇尸命工祝',鄭注:'工,官也。'《周頌》'嗟嗟臣工'毛傳：‘工，官也。’《皋陶謨》‘百工’即百官。‘工祝’正對‘皇尸’爲君尸言之，猶《書》言‘官占’也。傳謂‘善其事曰工’，失之。”據馬氏所説，“工祝”是指祝官。“思工祝歸佩瑊、冠帶於南方”的意思是説：希望工祝進獻佩瑊、冠帶於南方之神。於此可見，古代祭祀鬼神的祭品，是由專人進獻的，可與“大臧饋之”互證。

《簡帛研究二〇〇一》頁 32—33

○劉信芳（2003）　璺：字从爿聲，讀爲牂，參簡 217 注。

《包山楚簡解詁》頁 221

△按　包山簡 205 的“璺”字從李家浩讀爲“臧”，“大璺”即“大臧”，掌管收藏的職官。

曾侯乙 62

○裘錫圭、李家浩（1989）　（編按：曾侯乙 62）匐。

《曾侯乙墓》頁 493

○何琳儀（1998）　竘，从立，畠聲，勹爲疊加形符或音符。畠，《廣韻》“胡了切”又“普伯切”。若據後音，畠从三白，白亦聲。白、勹均屬脣音。
　　隨縣簡竘，讀畠。《集韻》：“畠，《博雅》白也。”

《戰國古文字典》頁 282

○李守奎（2003）　匐。

《楚文字編》頁 599

立　

侯馬 156:3　　新收 1485 郊並果戈　　集成 9735 中山王方壺

包山 153　　郭店・唐虞 15　　上博三・周易 45　　睡虎地・雜抄 39

○沈之瑜（1963）　（編按：新收 1485 次並果戈）竝果是人名。

《文物》1963-9，頁 61

○山西省文物工作委員會（1976）　並　宗盟類參盟人名。

《侯馬盟書》頁 315

○**孫稚雛**（1982）　（編按：新收 1485 次竝果戈）我認爲竝果可能是身居楚地的巴人貴族，所以他鑄造的戈就兼二者而有之了。戈銘不應該是楚人得後加刻，因爲如果是加刻的話，竝果就不能自稱某某"造戈"了。

《古文字研究》7，頁 108

○**何琳儀**（1998）　竝，甲骨文作𝌆（前六・五〇・五）。从二立，會二人並立之意。金文作𝌆（辛伯鼎）。戰國文字承襲商周文字，或在其下加一橫筆爲飾。

　　郔竝果戈，姓氏。見《萬姓統譜》。包山簡竝，地名。

　　睡虎地簡"並居"，見《漢書・劉向傳》："周公與管蔡並居同位。"睡虎地簡"並行"，見《論語・憲問》："見其與先生並行也。"

　　中山王方壺"並立"，見《公羊・莊四》："不可以並立乎。"

《戰國古文字典》頁 719

○**李零**（1999）　（編按：郭店・唐虞 15）"秉於大時"，"秉"原作"竝"，疑以音近讀爲"秉"（"秉"是幫母陽部字，"竝"是並母陽部字，讀音相近）。

《道家文化研究》17，頁 500—501

○**周鳳五**（1999）　（編按：郭店・唐虞 15）（22）替於大時：替，簡文作𝌆，《郭簡》隸定作"並"而無説。按，字从二立，象二人正面比肩站立之形，釋"並"於形可通，但"並於大時"費解。下文"縱天地佑之，縱仁聖可舉，時弗可及矣"意謂縱使其人受天地庇佑，且仁、聖俱備，倘若生不逢時，亦只能徒呼負負，大旨與《窮達以時》相同，實孔門一貫之道。然則此字在句中實居於關鍵的地位，含有否定的意義。《説文》十下立部"替"字云："廢也，一偏下也。从竝，白聲。"經典相承作"替"，如《尚書・大誥》"不敢替上帝命"，僞孔傳："不敢廢天命。"又《康誥》"勿替敬典"，僞孔傳："勿廢所宜敬之常法。"皆其例證。此字又見《中山王𧊷》："毋替厥邦。"字从二立，不从白，其形構特徵在於左旁之"立"偏下，右旁之"立"偏上，完全符合《説文》"一偏下"之説。細察簡文此字左大右小，左下右上，具有相同的特徵，唯二立之下的橫畫左右相連，有如並字，疑出於形訛，當釋作"替"。"替於大時"指爲時所廢，即生不逢時之意。稱"大時"，蓋本《周易》豫卦"時義大矣哉"之意而尊大之。《孟子・萬章上》稱美孔子爲"聖之時者"，其對"時"之尊大與本篇相同。

《史語所集刊》70 本 3 分，頁 752—753

○**陳偉**（2003）　（編按：郭店・唐虞 15）14 號簡下端殘 2 字。周鳳五先生補以"命而"，可從。竝，通"傍"，依順義。"竝於大時"與"逢時"類似。

《郭店竹書別釋》頁 69

○**劉釗**（2003） （編按：郭店・唐虞 15）並，傍也，依也。《史記・秦始皇本紀》：“自榆中並河以東，屬之陰山，以爲三十四郡。”裴駰《集解》引服虔曰：“並音傍。傍，依也。”“並於大時”即依靠關鍵的時機意。

《郭店楚簡校釋》頁 155

○**黃錫全**（2005） （編按：郭店・唐虞 15）第一字，報告釋爲“並”。李零認爲該字原作竝，疑以音近讀爲“秉”。周鳳五認爲第一字應該釋讀爲“替”。“替於大時”，指爲時所廢，即生不逢時之意。與上簡連接斷句爲：“未嘗遇〔命而〕替於大時，神明均（愠），縱天地佑之，縱仁聖可舉，時不可及也。”

我們主張第一字應該釋讀爲“并”，與“替”構形有所區別：

| 替 | ![中山王鼎] 中山王鼎 | ![說文或體] 說文或體 | ![說文篆文] 說文篆文 |
| 并 | ![郊並果戈] 郊並果戈 | ![太一生水] 太一生水 | ![說文篆文] 說文篆文 | ![唐虞之道] 唐虞之道 |

并讀屏，有屏蔽、遮蔽、掩蔽之義。《詩・小雅・桑扈》：“君子樂胥，萬邦之屏。”《左傳・昭公二十七年》：“屏王之耳目，使不聰明。”“屏於大時”，即爲天時所遮蔽，亦即身不逢時之義。

《長沙三國吳簡暨百年來簡帛發現與研究國際學術研討會論文集》頁 221

△**按** 郊竝果戈中的“郊竝”，何琳儀（《新蔡竹簡地名偶識——兼釋次竝戈》，《中國歷史文物》2003 年 6 期 67—69 頁，又見黃德寬、何琳儀、徐在國《新出楚簡文字考》202—207 頁，安徽大學出版社 2007 年）根據新蔡簡地名“邜竝”（編按：“邜竝”見於新蔡簡乙一 14，新蔡簡甲三 8、18 作“邜邧”）讀爲“茲方”。其説可從。董珊（《釋楚文字中的“汁邧”與“胸忍”》，《出土文獻》1 輯，中西書局 2010 年）對何説續有補充，其指出：“上博藏巴式戈銘的‘郊（茲）竝（邧）’、新蔡簡中的‘邜竝’‘邜邧’以及《史記・楚世家》中的‘茲方’、《漢書・禮樂志》中的‘茲邧’，都是指《漢書・地理志》中的廣漢郡屬縣‘汁邧’，其地即今四川省什邧市。”

# 啓 啓

![集成 2840 中山王鼎] 集成 2840 中山王鼎　　![上博三・周易 44] 上博三・周易 44

○**朱德熙、裘錫圭**（1979） （編按：集成 2840 中山王鼎）“竝”疑讀爲“妨”，二字古音相近可通。《國語・越語下》“王若行之，將妨於國家”。（編按：此字所從二“立”一高

一低，已有學者釋爲"替"字。《説文》"替"作"暜"，釋曰："廢，一偏下也。"）

《朱德熙古文字論集》頁 104，1995；原載《文物》1979-1

○**張政烺**（1979）（編按：集成 2840 中山王鼎）竝，从二立，左大右小，左下右上，疑是暜（今作替）之異體。《説文》："竝，併也，从二立。"又："暜，廢也，一偏下也，从竝，白聲。"段玉裁注："相竝而一邊庳下，則其勢必至同下，所謂陵夷也。"王筠《句讀》："一偏下者，一邊下也。一邊下，仍有一邊不下。"甲骨文竝，一以象地，上有二大（人形）並立。偶有一畫不横貫者，乃作二立字，一上一下，參差不齊。如《鐵云藏龜零拾》第四十五片，"丁丑貞：其竝𦍩，自雀。丁丑貞：其引𦍩"。𦍩，讀爲禦，是祭祀之事。竝和引是動詞，竝疑是替字，是廢除，引是延續。《毛詩・小雅・楚茨》第六章講到祭祀的最後階段有"既醉既飽，小大稽首。神嗜飲食，使君壽考。孔惠孔時，惟其盡之。子子孫孫，毋替引之"，傳："替，廢。引，長也。"箋："願子孫勿廢而長行之。"正可證明上引卜辭。"毋替厥邦"這樣的句法，古書中常見，《尚書》作'勿替'，如《康誥》"勿替敬典"，《召誥》"式勿替殷曆年"，皆與鼎銘此句相似，故知竝確是替字。

《古文字研究》1，頁 231—232

○**趙誠**（1979）（編按：集成 2840 中山王鼎）竝字所从之立，一高一低，一長一短，與並字不類，實爲《説文》暜字，今作替。《説文》："暜，廢，一偏下也。"前人注《説文》者，對於許慎此説，均未得確解。今見本銘替字之構形，方悟許慎所説之"廢"，乃解釋替字之義。《尚書・大誥》"不敢替上帝命"，孔傳："不敢廢天命。"即用此義。許慎所説之"一偏下"，乃解釋替字之形體。王筠《説文句讀》云："一偏下者，一邊下也。一邊下，仍有一邊不下，如《曲禮》'立毋跛'注云：'偏任也。'疏云：'雙足竝立，不得偏也。'與許意合。"此銘替字正作一長一短偏跛不齊之形。王筠未見古文，僅憑推理，能有如此精闢之論斷，可見其精深。同時也證明了《説文》之可貴。本銘替字有衰替、廢棄之意。

《古文字研究》1，頁 259—260

○**張克忠**（1979）（編按：集成 2840 中山王鼎）竝（并）。

《故宫博物院院刊》1979-1，頁 40

○**李學勤、李零**（1979）（編按：集成 2840 中山王鼎）並（病）。

《考古學報》1979-2，頁 155

○**于豪亮**（1979）（編按：集成 2840 中山王鼎）《説文・立部》："竝，并也。""毋竝毕

（厥）邦”的意思是，不要讓自己的國被吞併。

《考古學報》1979-2，頁 176

○**徐中舒、伍仕謙**（1979）　（編按：集成 2840 中山王鼎）𡘋，當爲朁之省文。《説文》竝部有朁字作𣅳，或作𣅶，廢也。徐鉉曰：“今俗作替。”按朁與普皆从竝，普从日竝聲。朁从竝白聲，兩個字的音義皆不同，但兩字隸定，其形極易混，故俗作替，以與普相區別。

《中國史研究》1979-4，頁 92

○**商承祚**（1982）　（編按：集成 2840 中山王鼎）《説文》以竝訓“併也”，并訓“相從也”。兩意相近，後多用并。此銘之竝，當即《説文》訓“廢一偏下”之朁字，後世作替。《爾雅·釋言》：“替，廢也。”疏：“替，廢已也。”

《古文字研究》7，頁 61

○**馬承源**（1990）　（編按：集成 2840 中山王鼎）竝，从二立，上下偏頗。《説文·竝部》：“朁，廢也。一偏下也，从立（編按：“立”當爲“竝”之誤），白聲。”俗寫作替。竝，讀爲替。《尚書·大誥》“不敢替上帝命”，孔安國《傳》云“不敢廢天命”。又《召誥》“勿替有殷歷年”，其義並同。

《商周青銅器銘文選》4，頁 573

○**湯餘惠**（1993）　（編按：集成 2840 中山王鼎）竝，同替，廢替。字从二立，一偏下以見義。

《戰國銘文選》頁 37

○**何琳儀**（1998）　替，甲骨文作𡘋（鐵零四五）。从二立，一上一下，會一上一下偏廢之意。戰國文字承襲甲骨文，小篆加曰旁爲飾。

　　中山王鼎“母替”，讀“勿替”。《詩·小雅·楚茨》：“子子孫孫，勿替引之。”傳：“替，廢。”

《戰國古文字典》頁 1238

○**陳秉新、李立芳**（2004）　張政烺先生對𡘋字的考釋，可謂利用《説文》釋義驗證古文字，解決古文字考釋疑難問題的典範。甲骨文、金文有𡘋字，象二人並立，舊釋竝（今作併），是對的。

　　甲骨文又有𡘋，辭云：“丁丑貞：其𡘋邠自雀？丁丑貞：其引邠。”（零拾 45）舊也釋竝，便不好解釋。中山王墓出土的中山王，嚳（錯）鼎有“毋𡘋厥邦”之句。有的研究者亦釋爲竝，更使人無從索解。張政烺先生獨闢新徑，根據《説文》“朁，廢也，一偏下也”的解説，謂“𡘋，从二立，左大右小，左下右上，疑是朁（今作替）之異體”。卜辭替“是廢除，引是延續。《毛詩·小雅·楚茨》第六章講到祭祀的最後階段有'既醉既飽,小大稽首。神嗜飲食,使君壽考。孔惠孔時,惟其盡之。子子孫孫,毋替引之',傳:'替,廢。引,長也。'箋:'願子孫勿廢而長行之。'正可證明上引卜辭。'毋替厥邦'這樣的句法,古書中常見,《尚書》作'勿替',如《康誥》'勿替敬典',《召誥》'式勿替殷曆年',皆與鼎銘此句相似,故知⚎確是替字"。⚎字早就廢而不用,《説文》"一偏下也"的説解必有師承。立(古立、位同字)的一在上,一在下,正會交替之意,"廢也"是引申義。如果不是《説文》保留了這一近乎秘語的釋義,⚎字是很難被認識出來的。反之,如果沒有⚎字的出現,《説文》"一偏下也"這句話,仍將是一個不解之謎。

《説文學研究》1,頁 76—77

○**濮茅左**(2003)　(編按:上博三・周易 44)"晉","普"之本字。《廣韻》:"普,博也,大也,偏也。"

《上海博物館藏戰國楚竹書》(三)頁 196

○**陳偉**(2004)　(編按:上博三・周易 44)二、初六,井替不食,舊井亡禽(44 號簡)

　替,從竝從日,原考釋説:"'普'之本字。《廣韻》:'普,博也,大也,偏也。'"馬王堆帛書本與今本《周易》對應之字均作"泥"。王弼注云:"最在井底,上又無應,沉滯滓穢,故曰'井泥不食'也。井泥而不可食,則是久井不見渫治者也。"普字似與無涉。疑當釋爲"替"。《説文》替字從竝,白聲。"竝"下或從"曰"。但《汗簡》卷中之二所録石經"替"字上從並,下從日,《古文四聲韻》卷四所録亦同。依此,竹書此字當可釋爲"替"。《莊子・則陽》"與世偕行而不替"成玄英疏:"替,廢也,堙塞也。"這與"泥"的辭義相通。

《楚地簡帛思想研究》2,頁 5—6

○**陳惠玲**(2005)　(編按:上博三・周易 44)釋爲"普"字,於義不妥。"湴",《廣韻》"薄鑑切",與今本"泥"字聲韻俱遠,其異體字作"埿",當爲會意俗字,並非"泥"的加旁字;"替"(透/質),帛書、今本《周易》作"泥"(泥/脂),二字同爲舌頭音,質、脂二韻對轉,音韻上是可相通的;字形上,"替"字初文作"⚎",其後下加"口"形,"口"形又訛爲"甘"形,遂作"䇞",與"普"字字形相近,難以區分,漢人遂以音義相近之"泥"字替換。據此,簡文此字以釋爲"替",形音義最合適。替,廢置也。

《〈上海博物館藏戰國楚竹書(三)〉讀本》頁 125

○**黄人二**(2005)　(編按:上博三・周易 44)按,整理者説不可從,此字於此讀"普"

不詞,當讀爲“替”。古文字“竝”“替”二字有別,前者之兩立平行放置,後者之兩立則一上一下(即《説文》所云“一偏下也”),今“替”字於《説文》中從竝從白,或體從竝從曰,乃隸變之結果。“替”,《説文》云:“廢也。”知“井普不食”者,爲井已廢棄,不能汲井以食也。而“井泥不食”,殆井淤泥無水,故亦不食。

《上海博物館藏戰國楚竹書(三)研究》頁 81—82

○**楊澤生**(2006)　　(編按:上博三·周易 44)44 號簡説:

初六,井普不食,舊井無禽。

帛書本和今本與“普”對應之字均作“泥”。整理者濮茅左先生引《廣韻》“普,博也,大也,徧也”爲釋。陳偉先生據王弼注:“最在井底,上又無應,沉滯滓穢,故曰‘井泥不食’也。井泥而不可食,則是久井不見渫治者也。”認爲普字與此無涉,甚是。但疑當釋爲“替”,並引《莊子·則陽》“與世偕行而不替”成玄英疏“替,廢也,堙塞也”,説“這與‘泥’的辭義相通”,則仍有未安。

我們認爲“普”字應讀爲“淰”。《廣韻·鑑韻》説“淰”同“埝”,“深泥也”。而“埝”應該是“泥”的加旁字,《集韻·齊韻》:“埝,塗也。通作泥。”塗即溼泥。所説“淰”同於“埝”應屬同義換讀。現在廣州話還把“爛泥”叫做“泥淰”,把“泥漿”叫做“泥淰漿”。簡文把井中之泥稱爲“淰”,用詞非常精當。

《康樂集》頁 171

○**李零**(2006)　　(編按:上博三·周易 44)泥,簡文作普,濮注以爲普的本字,不妥,應釋替。《説文》替在卷十下竝部,普在卷七上日部,二字俱從竝,差別只在下面的偏旁,從白(或曰)爲替,從日爲普。其實,普在古文字中還没發現,中山王大鼎有竝字,兩立,一高一低,乃是替字,這裏的普也是替字。替是透母質部,泥是泥母脂部,爲對轉字。馬王堆本和今本都作泥。

《中國歷史文物》2006-4,頁 62—63

○**何琳儀**(2007)　　(編按:上博三·周易 44)“替”,帛本、今本均作“泥”,韻母同屬脂部。《竹書釋文》釋“替”爲“普”,恐非是。“替”上所從偏旁,可參中山王鼎“替”。

《上海博物館藏楚竹書〈周易〉》頁 105,《儒藏》精華編二八一

○**李守奎、曲冰、孫偉龍**(2007)　　(編按:上博三·周易 44)普　　按:帛本、今本皆作“泥”。典籍作“替”。

《上海博物館藏戰國楚竹書(一—五)文字編》頁 477

○**孟蓬生**（2009）　（編按:上博三・周易44）《上三・周易》44:"初六,井普不食,舊井亡禽。"濮茅左先生注:"'普',普之本字。《廣韻》:'普,博也,大也,遍也。'"（196頁）陳偉先生讀普爲替。

今按:當以陳說爲是。但需要指出的是,該字上部所从不是象兩人並立的並字,而是替字的初文。中山王鼎有替字,張政烺先生曾據《説文》"朁,一偏下"之說解,考訂此字爲替字初文。替的本義爲代替,引申爲廢棄。

《簡帛文獻語言研究》頁133

△**按**　關於兌鼎"替"字,陳斯鵬等（《新見金文字編》314頁,福建人民出版社2012年）指出:"替"从二"人"一偏下會意,與中山王鼎从二"立"者同。所从二"人"或高下不顯,易與"並"混。兌鼎"替"字,《通鑑》釋"並",文意難通。

# 囟　⊠

陶彙3・1023　　貨系0282　　先秦編109　　曾侯乙116　　望山2・31

九店56:44　　郭店・太一12　　上博四・昭王10　　上博四・曹沬24

○**中大楚簡整理小組**（1977）　（編按:望山2・31）囟,《説文》:"頭會匘蓋也,象形。"音信,引申之殆有會合之意,因疑爲絢之借字,采成文也。糸即紃,"五囟之紃",即五種絢彩成文的帶子。

《戰國楚簡研究》3,頁51

○**裘錫圭、李家浩**（1989）　（編按:曾侯乙116）囟。

《曾侯乙墓》頁496

○**李學勤**（1989）　熟悉西周甲骨卜辭的人一定會注意到,包山簡那條卜辭末尾有"囟攻解於不辜"一句。攻字前邊的這個字是西周甲骨常見的,我曾指出它不是惠、逜或西,而而（編按:後一個"而"字爲衍字）應讀爲思或斯。現在在竹簡上發現,證明它絶非惠、逜一類字,因爲後者在戰國楚文字裏怎樣寫是很清楚的。

西周甲骨,特別是周原鳳雛出土的卜甲,其辭尾多用"斯……"這一形式,例如:

癸巳,彝文武帝乙宗貞:王其昭尋成唐（湯）鬺御,服二女,其彝:血羫三、豚三,斯有正。

貞:王其禱,侑大甲,晉周方伯,盠,斯正,不左於受有祐。H11:84

　　貞:王其□用胄,惠□胄呼奏受,斯不妥王。　　H11:174

　　八月辛卯卜曰:其□取獲,其五十人往,斯亡咎。31:3

諸如此類,體例和包山簡都很近似。

　　我們還曾談到,斯字在辭中意義同於尚。看包山簡前云"尚毋有咎",後云"斯攻解於不辜",此説可得證明。

《鄭州大學學報》1989-2,頁 82

○劉彬徽、彭浩、胡雅麗、劉祖信(1991)　(編按:包山 128)甴,借作畀。《爾雅·釋詁》:"畀,予也。"

《包山楚簡》頁 48

○曾憲通(1993)　今按"囟"爲句首發語詞,已見於周原甲骨文,楚簡簡文多寫作囟,聞或作思,與簡文禹或作愚、丕或作惡、訓或作憨、尚或作愯屬同類現象。思爲語詞,可用於句末表示語已,用於句中表示語助,用於句首則表示語發(詳王引之《經傳釋詞》卷八)。簡 238"囟左尹舵遰遱尻,囟攻解於歲",二"囟"字相繼出現於句首,其爲句首發語詞更爲明顯,簡 250"命攻解於漸木立",句首易"囟"爲"命",説明"囟"在句中結構比較鬆散,亦可反證"囟"的詞性確爲語詞。

《第二届國際中國古文字學研討會論文集》頁 412—413

○李零(1993)　這類占卜之辭一般都是以表示願望語氣的詞"思"(簡 198、211、217、229、238、241、246、248)來開頭,只有簡 250 是以"命"字開頭。簡文"思"字絕大多數都是寫成"囟",不帶心旁,但簡 198 是作"思"。簡 129 也有"思"字,與此寫法相同,整理者釋作"思",但把簡 198 的"思"字誤釋爲"恩",讀爲"鬼"(注 353)。"囟"字,過去也見於商代和西周的文字,但長期得不到正確的釋讀。近年來,李學勤、夏含夷注意到此字在商周卜辭中是一種關鍵術語,並猜測此字應釋爲"思"。簡文"囟"、"思"互用對他們的猜測是有力支持。

《中國典籍與文化論叢》1,頁 442

○何琳儀(1993)　恩(編按:原文以 △ 代替,此徑出原形)原篆作𩓣,應釋"思"。發語詞(王引之《經傳釋詞》卷八),或作"囟"246、248。周原甲骨已有發語詞"囟"(李學勤《續論周原甲骨》,《人文雜志》1986 年 1 期)

《江漢考古》1993-4,頁 60

○陳偉(1994)　"囟聖之"的"囟",在包山簡中多次用到,亦見於周原卜辭和長沙帛書,有思、惠、畀、卑等不同釋讀。包山卜筮簡"囟攻解於××"的辭句,簡

198 囟作"思",可見釋思爲是。通過一些簡文的對比,還可發現思字用例與
"命"相當。如:

> 思—戠獄之宝以至命。　　（128）
>
> 命—執事人以至命於郢。　　（135 反）
>
> 思攻解於歲。　　（238）
>
> 命攻解於漸木立。　　（250）

《說文》:"命,使也。"思、使古韻均在之部,思或爲使字的假借。

《江漢考古》1994-4,頁 69

○**郭偉民**( 1994 )　　（編按:近出 1049 分囟益砝碼）⊕初釋爲由。《說文》"由,象形,鬼
頭也"。《中國歷代貨幣大系》亦將⊕釋爲由。如是解釋,則其象徵意義也就
非常明了,說明它是與喪俗有關的一種隨葬冥器,是死人在陰間使用的砝碼。
但這套青銅砝碼還應該是實用器具,因爲若作爲隨葬品,可不必以青銅爲鑄,
更不會磨琢出第 4 號砝碼來。之所以如此,就是表明其下葬前曾作爲實用器
使用過。湖南幾十年來的考古材料還沒有發現有過作爲冥器的青銅砝碼。
故此,⊕似應作他解。筆者曾仔細審視砝碼上的文字,不難發現三字並不在同
一平面,如若單從第二字觀察,⊕之形近似於⊕,那麼,則可直釋爲囟。另據
《說文》云:"ᙡ,古囟字。"可知囟可以從"十"而不必從"✕",徐中舒在《漢語
古文字字形表》中也釋⊕爲囟。《說文》:"囟,頭會腦蓋也。"清桂馥在《說文解
字義證》中說:"囟,頭會腦蓋也,象形,凡囟之屬皆从囟……細、思等字从之。"
又據《說文》:"洇,水出汝南新郪,入穎,从水,囟聲。"《義證》曰:"水出汝南新
郪,或借細字。"《漢書・地理志・第八上》載有汝南郡細陽條,顏師古注曰:
"居細水之陽,故曰細陽,細水本出新郪。"洇水即細水。是知細、囟可通假。
《說文》:"細,微也,从糸,囟聲。"也說明這一點。細之義有微小、細密、精美、
瑣碎、份量輕等多種解釋。

《考古》1994-8,頁 719

○**朱德熙、裘錫圭、李家浩**( 1995 )　　（編按:望山 2・31）六○號簡又有"五囟之
純"。《說文》"囟"字重文作"膟",从"肉""宰"聲。"宰""采"古音極近,疑
"五囟"當讀爲"五彩"。五彩之紃是用彩絲組成的圓條帶。

《望山楚簡》頁 122

○**吳鬱芳**( 1996 )　　一、釋"鬼攻解"

《包山楚簡・卜筮祭禱記録》中屢見"鬼攻"的記載,如:

> 簡 198:鬼攻解於人禹。

簡 211：鬼攻解於明祖。

簡 217：鬼攻解於不辜。

簡 238：鬼攻解於歲。

簡 241：鬼攻解於祖與兵死。

簡 246：鬼攻解於水上與没人。

簡 248：鬼攻解於日月與不辜。

《包山楚簡》考釋 353 以"鬼攻"爲句,謂"鬼攻即祭祀先祖及鬼神之稱"。而拙見以爲應是"攻解"連讀,攻解猶如古之"攻禱、攻禜、攻説",都是巫祝之人所爲的祓禳之祭。"鬼攻解"之鬼,也不是受祭的鬼神,而是致做法的巫鬼,即巫祝之人。

古代的祭典主要分爲兩類,一是祈福,一是除災。"攻解"就是除災的祭禮,又稱解除或解逐。《論衡·解除篇》曰:"世信祭祀,謂祭祀必有福。又然解除,謂解除必去凶。"解除又作解逐,故王充又説:"解逐之法,緣古逐疫之禮也。"《包山楚簡》中的"攻解"祭儀都是墓主昭佗在從病到死的三年中,頻頻命令巫祝們舉行的,目的就是去病除災。古人認爲疾病纏身的原因即是鬼神作祟,要想除病就只有求救於鬼神,特別是如"不辜"——冤殺者、"兵死"——戰死者、"没人"——淹死者,這樣一些强死的厲鬼。例如古人被禊水上就是源於"攻解於水上與没人"的巫術,又如《九歌·國殤》就是"攻解於""兵死"者的祝辭。所以筆者認爲《包山楚簡》中的"攻解",應是古人被禊禳災的"解除"祭儀。至於"鬼攻解"的鬼,並不是鬼神而是主祭的巫鬼。楚俗習稱巫祝之人爲靈爲鬼,如《漢書·地理志》謂楚人"信巫鬼","其俗巫鬼"。又如《論衡·訂鬼篇》謂"巫黨於鬼,故巫者爲鬼巫"。此俗後世猶存,如《新唐書·南蠻傳》謂"夷人尚鬼,謂主祭者爲鬼主";"大部落有大鬼主,百家則置小鬼主"。此所謂的"巫鬼、鬼巫、鬼主",即《包山楚簡》"鬼攻解"之鬼。

《考古與文物》1996-2,頁 75

○陳偉(1996)　簡 136 首句"甶聖之"的"甶",在包山簡中多次用到,亦見於長沙楚帛書和周原卜辭。研究者有不同釋讀。包山卜筮簡常見"甶攻解於"某某的辭句,簡 198"甶"作"思",可見釋思爲是。比較以下兩組簡文,還可發現"思"字用法與"命"相當:

思—歆獄之宝以至命。　　（128）

命—執事人以至命於郢。　　（135 反）

思攻解於歲。　　（238）

命攻解於漸木立。　　（250）

《詩·大雅·文王》：“思皇多士，生此王國。”鄭玄箋：“思，願也。”《後漢書·徐稚傳》引《詩》此句，李賢注：“思，願也。皇，天也。思願天多生賢人於此王國。”簡書中的“思”似乎與這種訓釋近似，爲表示祈使的動詞。

　　　　　　　　　　　　　　　　　　　　《包山楚簡初探》頁 31—32

○張光裕、黃錫全、滕壬生（1997）　（編按：曾侯乙 116）白。

　　　　　　　　　　　　　　　　　　　《曾侯乙墓竹簡文字編》頁 313

○劉彬徽（1997）　（編按：近出 1049 分囟益砝碼）15.分囟益砝碼

　　湖南沅陵一楚墓内出土一套砝碼，其中最大的一枚有 3 字銘文：分囟益。

　　囟可讀爲細。二字古音，囟，真部心紐，細，脂部心紐。真、脂二部陰陽對轉，又爲雙聲，故二字古音相通。《玉篇》：“細，微也，小也。”益即鎰。“分囟益”三字之意爲分成小於一鎰的量值。過去在湖南發現有“鈞益”二字銘文砝碼，現又有此新發現，對探討楚衡制大有助益。論者援引成說，認爲楚行“斤、兩”制。筆者則主張楚行“益（鎰）、兩”制。這一新發現又爲余說添一新證。

　　　　　　　　　　　《第三屆國際中國古文字學研討會論文集》頁 311

○荊門市博物館（1998）　（編按：郭店·太一 12）思，簡文與“田”字有别，釋作“思”。包山楚簡有“思攻”，“思”字亦與簡文同。

　　　　　　　　　　　　　　　　　　　　　《郭店楚墓竹簡》頁 126

○劉信芳（1998）　（編按：望山 1·13）“思”讀如“使”，包山簡習見。

　　　　　　　　　　　　　　　　　　　　　《簡帛研究》3，頁 37

○何琳儀（1998）　囟，甲骨文作✿（甲五〇七），象頭囟有縫之形。金文作✿（長囟盉）。戰國文字承襲商周文字。或作✿形，略有變異。爲小篆所本。

　　望山簡囟，讀總。《説文》：“總，十五升布也。一曰，兩麻一絲布也。从糸，思聲。✿，古文總，从糸省。”（十三上十三）楚簡囟，讀思。發語詞，通斯。《詩·魯頌·泮水》：“思樂泮水。”《禮記·禮器》疏引思作斯。《論語·公冶長》“再斯可矣”，唐石經斯作思。是其佐證。《經傳釋詞》八：“斯，猶則也。”隨縣簡思，疑讀細。

　　　　　　　　　　　　　　　　　　　　　《戰國古文字典》頁 1163

○陳偉（1999）　（編按：郭店·太一 12）“並立”二字合文。過，原作“化（从心）”。思，下無“心”。包山簡 198 號有“思攻解於”云云，211、217、229、238 等簡亦有此語，而“思”字下部無“心”，與本篇此字同，可證釋“思”不誤。“過”有督責、責求的意思。如《呂氏春秋·適威》：“煩爲教而過不識，數爲令而非不從。”高誘注：“過，責。”“方”有等同、相當的意思。如《周禮·考工記》：“梓人爲侯，廣與崇方。”鄭玄注：“方，猶等也。”包山簡 128 號云“思一職獄之主以致命”，135 號云“命（令）一執事人以致命於郢”；238 號云“思攻解於歲”，250 號云“命（令）攻解於漸木立”。兩相比較，可知楚簡中“思”有令、使一類意思。

《古文字與古文獻》試刊號，頁 71

○**裘錫圭**（2000）　（編按：郭店·太一 12）囟（思）。

《古文字研究》22，頁 222

○**李家浩**（2000）　（編按：九店 56·44）“囟”字原文作⌂，字形雖然與《説文》訓爲“鬼頭也”的“由”相同，但是並非一字。此字屢見於楚簡。例如望山一號楚墓竹簡一一七號“囟【攻敘（除）】於宮室”，包山楚墓竹簡二一七號“囟攻解於不殆”。《説文》“思”从“囟”聲，所以楚簡文字“囟”有時又寫作“思”。例如望山一號楚墓竹簡一七六號“思攻解於下之人不壯死”，包山楚墓竹簡一九八號“思攻解於人愚”。跟楚簡用法相同的“囟”字還見於周原甲骨刻辭。例如“囟又（有）正”（H11：1）、“囟亡咎”（H11：1）、“囟不妥王”（H11：174）。李學勤、王宇信、夏含夷等先生指出，這些刻辭中的“囟”字都應當讀爲“思”，表示希冀。李、王説見《周原卜辭選釋》（《古文字研究》第四輯 250 頁），夏説見《試論周原卜辭⌂字》（《古文字研究》第十七輯 304—308 頁）。

《九店楚簡》頁 109

○**李家浩**（2002）　“囟”字原文字形，跟《説文》訓爲“鬼頭也”的“由”字相同，但並非一字。李零把這個字釋寫作“由”，是錯誤的。“囟”字還見於周原甲骨和包山楚簡等。《説文》説“思”字从“囟”得聲，所以包山楚簡的“囟”或寫作“思”。有學者指出，周原甲骨和包山楚簡的“囟”都應該讀爲“思”，表示希冀。本簡“囟”字的讀法和意思與之相同。

《著名中年語言學家自選集·李家浩卷》頁 326

○**陳斯鵬**（2003）　“囟”與“命”地位相當，這是（1）（2）比較顯示出來的一個重要事實。這意味着簡文中的“囟”和“思”所表示的極可能是一個意義和“命”相當的詞。果如此，則“囟、思”爲發語詞的可能性也不會太大，因爲一般來説，“命”是作爲一個實義詞使用的。從另一個方面看，上古漢語所謂“發語詞”的“思”，其例基本上不出於《詩》，其作用未必純爲發語，恐怕更重要的是齊足音節，協調樂感。所以，用在卜筮記録這樣實用性很強的文體，似乎不太適合。再者，如是發語詞，爲何只出現在“攻解……”一類句子中呢？這也是不好回答的。

（2）中"命攻解於漸木位,且徙其處而樹之"一句,意思是命人對"漸木位"進行攻解,並且把它從原來的處所遷走,樹於他處。"漸木位",曾憲通先生讀爲"暫木位",謂"大概指的是一些臨時用牌位安置的神靈",可從。古漢語中"命"可以直接帶所命之事,但意思是命人做某事,如《左傳・襄公二十三年》:"既獻,臧孫命北面重席,新樽絜之。"與簡文句式相同。

循此,和"命"相應的"囟"或"思"應該讀爲"使"。"使"和"命"是一對同義詞,互相替換自然再合適不過;而"思、使"同屬之部,聲母皆爲齒音,古音極近,當可相通。"囟"既與"思"音通,自然也可讀"使"。

《第四屆國際中國古文字學研討會論文集》頁 398

○**劉釗**（2003）　（編按:郭店・太一 12）"囟"即"思"字所从之"囟",讀爲"思"。"思"古代有"想、願"的意思。

《郭店楚簡校釋》頁 47

○**沈培**（2005）　我們認爲,楚墓竹簡裏的"囟"或"思"應當一分爲二,一部分讀爲"使",一部分讀爲"式"。

《漢字研究》1,頁 353

○**大西克也**（2006）　我認爲楚簡中的"囟"字應讀"使",主要的根據是"思"和"使"的不同句型。（**中略**）

"使"字的句型特點與"思"字存在着明顯的差異。"使、令、命"等表命令、致使之義的動詞經常用作兼語式的第一動詞,而不能用在包孕句（即不能帶小句形式的賓語）。（**中略**）

總之,"囟（思）"字後面名詞和謂語均具備的例子凡 8 例,全部沒有出現主謂之間的助詞"之"。如上所述,楚簡的包孕句中助詞"之"的出現頻率很高,所以"囟（思）"字構成的句型不大可能是包孕句,應該是兼語式。鑒於此,我推斷楚簡中的"囟（思）"字應該是使令動詞"使"。從語法的角度看,楚簡的"囟（思）"讀作表思願意義的動詞"思"之説是難以成立的。

《康樂集》頁 313—316

○**李守奎、曲冰、孫偉龍**（2007）　囟　按:與《説文》卷九之"囟"同形。簡文中讀爲"使"。

《上海博物館藏戰國楚竹書（一—五）文字編》頁 477

# 鼠 鼠

集成 261 王孫遺者鐘　　　九店 56:25

○**李家浩**（2000）　（編按:九店 56:25）“田”上一字與下三一號簡“田轛（獵）”之“轛”所从“鼠”旁寫法相近,疑是“鼠”字。下四一號簡有“秒（利）目（以）内（納）田邑”之語。“以鼠田邑”當與“以納田邑”義同或義近。上古音“鼠”屬來母葉部,“納”屬泥母緝部。泥、來二母都是舌頭音,緝、葉二部字音關係密切。疑簡文“鼠”應當讀爲“納”。《楚辭·大招》:“田邑千畛,人阜昌只。”

　　　　　　　　　　　　　　　　　　　　　　　《九店楚簡》頁 79—80

△**按**　王孫遺者鐘舊釋“者”之字從李家浩改釋爲“鼠”。李守奎（《出土楚文獻文字研究綜述》,《古籍研究整理學刊》2003 年 1 期 10 頁）指出:“王孫遺鼠鐘舊稱王孫遺者鐘,郭沫若在《兩周金文辭大系》中定爲徐器。由於它與王孫誥鐘的文例、書體基本一致,劉翔（1983）、孫啟康（1983）、劉彬徽（1984）均指出其當爲楚器。李家浩（中略）用大量的材料證明舊釋‘王孫遺者’的‘者’應是‘鼠’字,並指出‘王孫遺鼠’即《左傳》中的‘蔿艾獵’,‘王孫誥’即‘蔿敖’,亦即‘叔孫敖’。二人爲兄弟,同爲楚莊王時人,均是王子午的後人。”

# 毗 毗

集成 9978 魏公鉼

○**裴錫圭**（1989）　（8）魏公▨▨。三斗二升取。

　　從字體、行款看,當是分兩次刻的。前三個字是先刻的,“公”下一字應是器名。這個字跟（3）的標器名之字顯然是一個字,應釋爲“毗”,讀爲“鈚”。“毗”即“莤”“貔”等字的聲旁,隸楷一般作“毗”。70 年代末在平頂山發現的“鄧公作應嫚毗媵簋”亦有此字（《考古》1981 年 4 期 370 頁）。

《古代文史研究新探》頁 581,1992;原載《中國歷史博物館館刊》1989-13、14

○**馬承源**（1990）　魏公䤫魏公之瓶。

　　　　　　　　　　　　　　　　　　　　　《商周青銅器銘文選》4,頁 596

○**何琳儀**（1998）　魏公毗毗,讀鈚。

　　　　　　　　　　　　　　　　　　　　　　　《戰國古文字典》頁 1288

# 毘

信陽 2・13

---

○中大楚簡整理小組（1977）　（編按：信陽 2・13）"二毘"，從第十一簡"齒毘"來
印證，則此亦是篦字。

　　（編按：信陽 2・9）齒毘即齒篦，一把篦子。

《戰國楚簡研究》2，頁 21、26

○劉雨（1986）　（編按：信陽 2・13）綏。

《信陽楚墓》頁 129

○郭若愚（1994）　（編按：信陽 2・13）龢，《說文》："調也，从龠，禾聲。"或作和。
《爾雅・釋樂》："大笙謂之巢，小者謂之和。"注："大者十九簧，和十三
簧者。"

《戰國楚簡文字編》頁 81

# 思　

田 季木 2・19　　思 璽彙 1895　　思 集成 11348 五年龔令思戈

思 楚帛書　　思 九店 621:7　　思 包山 198　　思 郭店・尊德 18　　思 上博二・容成 49

---

○吳大澂（1884）　思　思　思字見古陶器，晚周文字。　古鉢文，　古鉢文。

《說文古籀補》頁 42，1988

○丁佛言（1924）　思　思　古鉢馬 思 ，古鉢潁生思 ， 古鉢思言， 
古鉢思言敬事， 古鉢 思。

《說文古籀補補》頁 47，1988

○強運開（1935）　思　古鉢 世思。

《說文古籀三補》頁 53，1986

○饒宗頤（1958）　（編按：楚帛書） 與惪之作 形異，乃是㥠字。《汗簡》引《古論
語》蕙作 ，下體略同。《大戴禮・曾子立事》："人言善而色蕙焉。"注："蕙，不
悅懌之貌。"群神乃思，可讀爲蕙，謂神不懌也。（《玉篇》："蕙，不安也。"《集

韻》:"蒠,神不安貌。"亦可釋禗。)

　　　　　　　　　　　　　　　　　　　　《長沙出土戰國繒書新釋》頁 28

○饒宗頤(1968)　　(編按:楚帛書)"三天紹思"　思爲語詞。

　　　　　　　　　　　　　　　　　　　　　《史語所集刊》40 本上,頁 9

○羅福頤等(1981)　　思。

　　　　　　　　　　　　　　　　　　　　　　《古璽文編》頁 259

○李零(1985)　　(編按:楚帛書)乃䢟日月以逴相□思,逴,這裏讀爲轉;思,疑借爲息,《詩·周南·漢廣》"不可休思",《釋文》:"本或作息。"惠棟《九經古義》云思與息通(阮氏《校勘記》以字誤説之,非是);"思"上一字殘,疑與息反義,可能是"作"一類意思。

　　　　　　　　　　　　　　　　　《長沙子彈庫戰國楚帛書研究》頁 73

○高明(1985)　　(編按:楚帛書)"毋思百神,風雨晨褘亂作,乃遂日月,以傳相□思";"毋思百神"之思字,在此作語助詞,如《詩經·大雅·文王之聲》:"自西自東,自南自北,無思不服。"箋云:"武王於鎬京行辟癰之禮,自四方來觀者,皆感化其德,心無不歸服者。"此思字用法與繒書同,"無思不服",即"無不服";"毋思百神,風雨晨褘亂作",即無百神,風雨辰褘亂作也。遂即踐字之別體,行也。傳可讀爲轉。茲因無百神,風雨之亂作,日月可按規律運轉,則宇宙有宵有朝,有晝有夕。

　　　　　　　　　　　　　　　　　　　　《古文字研究》12,頁 381

○何琳儀(1986)　　(編按:楚帛書)"思敄",疑讀"茲保","思"與"絲"音近,《釋名·釋器》:"緫,絲也。""㜪",《説文》籀文作"🄻",從絲得聲。此"思"可讀"慈"之證。"敄"即"捊",同"抱"。參《説文》"捊,引取也。抱,捊或从包"。而"抱"又是"保"的同源字,又《説文》"保"古文作"俘",均"敄""保"相通之證。《國語·周語》"慈保庶民",注:"慈,愛也。保,養也。"

　　　　　　　　　　　　　　　　　　　　　《江漢考古》1986-2,頁 82

○嚴一萍(1990)　　(編按:楚帛書)思　《汗簡》引華岳碑思作🄼,與繒書同。商氏釋惠。段注本《説文》作:"思,睿也。"谷部:"睿者,深通川也。"

　　　　　　　　　　　　　　　　　　　《甲骨古文字研究》3,頁 308

○連劭名(1991)　　(編按:楚帛書)四☒毋思:思,假借爲息。《廣雅·釋言》:"息,休也。"《禮記·樂記》:"著不息者,天也。"鄭注:"息,猶休止也。"

　　　　　　　　　　　　　　　　　　　　　《文物》1991-2,頁 42

○劉彬徽、彭浩、胡雅麗、劉祖信(1991)　　(編按:包山 198)思,簡文也有作由,借作鬼。《廣雅·釋天》:"鬼,祭先祖也。"《周禮·地官·鼓人》"以路鼓鼓鬼享",注:"享宗廟也。"攻,見於大祝所掌六祈之一。鬼攻即祭祀先祖及鬼神之稱。

《包山楚簡》頁 53

○**曾憲通**(1993) (編按:楚帛書)此字或釋爲惠,然帛文惠作🐛,區別甚明。望山楚簡"不可以遑思"作🐛,與帛書相同。選堂先生以爲思字當在句末,用爲句尾助詞,或與上下文協韻,構成韻文。

《長沙楚帛書文字編》頁 55

○**何琳儀**(1993) (編按:包山 198)恖(編按:原文以△代替,此徑出原形)原篆作🐛,應釋"思"。發語詞(王引之《經傳釋詞》卷八),或作"囟"246、248。周原甲骨已有發語詞"囟"(李學勤《續論周原甲骨》,《人文雜志》1986 年 1 期)

《江漢考古》1993-4,頁 60

○**陳茂仁**(1996) (編按:楚帛書)🐛(思),形與🐛(包山楚簡 129)同。帛書从"心"之字,心常省作"Ⴣ",舉例言之如德作🐛(《天象篇》六·11)、恭作🐛(《天象篇》八·11)、惠作🐛(《天象篇》十·19)。

《楚帛書研究》頁 177

○**劉信芳**(1998) 望 1·13 釋文:"不可目(以)遑(動)思嬰身䅟。"按此句應讀作"不可目(以)遑(動),思(使)嬰(舉)身䅟(疲)"。"思"讀如"使",包山簡習見。

《簡帛研究》3,頁 37

○**何琳儀**(1998) 思,从心从囟,會心腦相通有所思慮之意。囟亦聲(思、囟均屬心紐)。思爲囟之準聲首。

包山簡"思",語首助詞。帛書"思敄",讀"慈保"。《釋名·釋器》:"緫,絲也。"絲、兹一字分化。此思、慈音近之證。《説文》保古文作㝒,此敄、保音近之證。《國語·周語》:"慈保庶民。"注:"慈,愛也。保,養也。"帛書乙七、乙八思,均讀息。《禮記·樂記》:"使其立足論而不息。"《荀子·樂論》:"息"作思。是其佐證。

《戰國古文字典》頁 113—114

○**馮時**(2001) (編按:楚帛書)四□毋思。毋,讀爲無,文獻毋、無通用無別(高亨《古字通假會典》第 772—776 頁,齊魯書社 1989)。思,慮也。《尚書·洪範》:"五曰思。"孔穎達《正義》:"思,心之所慮。"《荀子·解蔽》:"仁者之思也恭,聖人之思也樂。"楊倞注:"思,慮。"無思即無所憂慮也。《淮南子·原道訓》："是故大丈夫恬然無思,澹然無慮。"又云："恬然無慮。"此"無思"與"無慮"或對文或互文,是"無思、無慮"即帛書之"毋思"也。銀雀山漢簡《孫臏兵法·十問》："兵強人衆且固,三軍之士皆勇而毋慮。"毋慮同帛書毋思。

《中國天文考古學》頁 29

○馮時(2001)　(編按:楚帛書)維思敱。思,句中語氣詞(王引之《經傳釋詞》卷八,嶽麓書社 1984;楊樹達《詞詮》卷六,中華書局 1954)。《詩·周南·關雎》："寤寐思服。"《詩·小雅·桑扈》："旨酒思柔。"用法與帛書同。

《中國天文考古學》頁 37

○董楚平(2002)　(編按:楚帛書)思敱,何琳儀疑讀"摯保"。《國語·周語》："慈保庶民。"韋注："慈,愛也;保,養也。"

《古文字研究》24,頁 349

○何新(2002)　絜,今字作"鬻","治也"(《說文》)。思敱即四服,四方。思,讀爲息。

《宇宙的起源》頁 229

○陳斯鵬(2003)　其實,楚帛書中早已出現類似用法的"思":

　　(3)炎帝乃命祝融以四神降,奠三天□,思敱奠四㐅(極)。(帛書甲6)
劉信芳先生已讀"思"爲"使",堪稱卓識。可惜劉先生並没有加以論證,未能引起學者的重視。帛文"使敱奠四極"即"使四神敱奠四極"之意,賓語承前而省。(中略)

　　以上討論的是楚簡帛書中由"凵、思"記録的"使",作爲動詞,表示派遣、命令、叫讓、役使等意義,動作性較强。

　　楚系簡帛中還有一些由"凵、思"記録的"使",動作性較弱,一般是指使成或容許某種結果。例如:

　　(10)禹然後始爲之虒(號)旗,以辨其左右,思(使)民毋惑。(《容成氏》20)

　　(11)智(知)天之道,智(知)地之利,思(使)民不疾。(同上 49)
"思"並當讀爲"使","使民毋惑、使民不疾",就是使得人民不惑不疾之意。這樣的句式,文獻常見,毋煩贅舉。類似的還有:

　　(12)天地名字並立,古(故)忱(過?)其方,不凵(使)相【當。天不足】於西北,其下高以强;地不足於東南,其上【□□□】。(郭店《太一生水》12—13)

　　（13）共工夸步十日四寺（時），□□神則閏四□，毋思（使）百神風雨晨
禕亂乍（作）。（帛書甲7）

　　（14）乃逆（?）日月，以傳相土（?）思（使）有宵有朝，有晝有夕。（帛書
甲8）

（12）"不使相當"猶言"使不相當"，其後二句即對"不相當"的具體描述。
（13）（14）中的"思"，過去多視爲語詞，句讀和文意理解都有問題，劉信芳先
生已讀"使"，甚是。（13）"毋使"古書又作"無使"。

《第四屆國際中國古文字學研討會論文集》頁398—403

【思士】

○何琳儀（1998）　　秦璽"思士"，思得賢士。《琴操》："自敘思士之意，故有思
士操。"

《戰國古文字典》頁114

# 慮𥸤　慮忌慮慮憈

睡虎地・爲吏43壹

璽彙3447

郭店・性自48　上博一・性情39　郭店・語二10

璽彙3212　集成2840中山王鼎

郭店・緇衣33　上博五・姑成7

郭店・老甲1

上博一・緇衣17

陶彙3・913　陶錄3・390・3

○朱德熙、裘錫圭（1979）　（編按：集成2840中山王鼎）忌（慮）。

《文物》1979-1，頁49

○張政烺（1979）　（編按：集成2840中山王鼎）忌，從心，吕聲，讀爲慮。

《古文字研究》1，頁227

○趙誠（1979）　（編按：集成2840中山王鼎）忌字從吕從心，當爲慮之借字，這裏是

憂慮的意思。

○張克忠（1979）　（編按：集成 2840 中山王鼎）息，从心，吕聲，《説文》：“慮，謀思也，从思，虍聲。”吕、虍同部，息乃慮之本字，後世慮行而息廢。戰國璽印有“息之、肖息”，舊不識，今始悟其誼。

○李學勤、李零（1979）　（編按：集成 2840 中山王鼎）四十一行息，即慮字，這個寫法也見《古徵》第十小璽“慮之”。

○于豪亮（1979）　（編按：集成 2840 中山王鼎）息字亦見於《十六金符齋印存》之戰國印“息之”中，即慮字，古从吕得聲之字與慮字通假，《史記·河渠書》：“皓皓旴旴兮，閭殫爲河！”《漢書·溝洫志》閭作慮，故息得爲慮字。

○羅福頤等（1980）　　息。

○羅福頤等（1981）　（編按：璽彙 3477）慮　《説文》所無。《玉篇》：“慮，愁貌。”

○商承祚（1982）　（編按：集成 2840 中山王鼎）悀，在此借爲慮字，與第六十一行“悔悀”之悀意義用法不同。

○陳邦懷（1983）　（編按：集成 2840 中山王鼎）按，《集韻》語韻：“悀，兩舉切，慢也。”鼎銘借息爲慮，吕、慮同在魚部，以音近借用也。

○吳振武（1984）　［二九○］265 頁，息，璽文作𢖒，《説文》所無。

　　今按：此字从心吕聲，應釋爲悀。悀字見於《集韻》。或可釋爲慮字異體。中山王礐鼎“無遽惕之慮”“謀慮皆從”等慮字作𢖒（《中》50 頁），與此字同。于豪亮先生在《中山三器銘文考釋》一文中謂：“（息）即慮字，古从吕得聲之字與慮字通假，《史記·河渠書》：‘皓皓旴旴兮，閭殫爲河！’《漢書·溝洫志》閭作慮，故息得爲慮字。”慮从膚聲，閭从吕聲，閭丘戈閭字作𨶚（《金》601 頁），亦可證明吕、膚古音同。慮字見於《説文·思部》。

○**高明、葛英會**（1991）　（編按：陶彙3‧913）慮。

《古陶文字徵》頁106

○**何琳儀**（1998）　（編按：璽彙3477）慌，从心，虎聲。《五音篇海》：“慌，音烏。”燕璽慌，人名。

《戰國古文字典》頁446

晉璽慮，姓氏。《左傳》南蒯巨慮癸。見《正字通》。

《戰國古文字典》頁450

○**荊門市博物館**（1998）　（編按：郭店‧老甲1）慮。

《郭店楚墓竹簡》頁111

○**裘錫圭**（1998）　（編按：郭店‧老甲1）簡文此句似當釋爲“絕愿（僞）弃慮（詐）”。“慮”从“且”聲，與“詐”音近。

《郭店楚墓竹簡》頁113

○**季旭昇**（1998）　（編按：郭店‧老甲1）從《老子》的哲學體系來看，《老子》的哲學主張有很多看起來和儒家的道德觀念或一般的價值取向針鋒相對，也就是說：很多儒家或一般以爲是主要的或正面的價值，在《老子》則視之爲次要的或負面的，如今本十八章：“大道廢有仁義，慧智出有大僞，六親不和有孝慈，國家昏亂有忠臣。”“仁義、慧智、孝慈、忠臣”等在《老子》而言，都是次要的。十九章也是類似：“絕聖棄智，民利百倍；絕仁棄義，民復孝慈；絕巧棄利，盜賊無有。”“聖、智、仁、義、巧、利”等一般認爲重要的價值，在《老子》則以爲是負面的。比照着來看，《郭店》本章説：“絕智棄夋，民利百伓；絕攷棄利；覣（盜）惻（賊）亡又（有）；絕愇（僞）棄慮（詐），民复（復）季子。”“智、夋（辯）、攷（巧）、利、愇、慮”應該也是一般認爲重要的價值。因此如果把它們釋爲“僞、詐”，似乎和全章體例不合，因爲“僞、詐”並不是一般認爲重要的價值，相反地，它們是一般認爲負面的價值。

　　池田知久指出這個字形在馬王堆帛書老子甲本應讀爲“慮”，在押韻和意義上比較合適。但他也知道楷字“慮”字中閒從“田”之形，楚文字中未見從“且”的。又有人以爲本句可讀爲“棄義絕慮”（當是研討會上的意見）。“愇”讀爲“義”，聲音可通；但是“慮”讀爲“慮”，恐怕在聲音上是行不通的。“慮”當爲从心“盧”聲的字，“盧”字《説文》從“虍”，“且”聲，大徐音“昨何切”，段玉裁以爲古音當在五部；“慮”字《説文》從“思”，“虍”聲，音“良據切”，段玉裁第五部。“盧”“慮”二字韻部可通，但是聲紐似乎遠了些。而且《老子》其他類似的句子都是成組的，“智、夋”一組，“攷、利”一組，“仁、義”一組，而“義”

和"慮"似乎很難湊成一組。疑"慮"（編按:"慮"當是"𢚧"之誤）字應讀爲"爲",加上義符"心",表示是心的作爲;"慮"字應該讀爲"作"（从"且"聲和从"乍"聲可通,前引裘先生的文章中已經説明了）,加上義符"心",也表示心的作爲,而"爲、作"是可以湊成一組的。《老子》主張"無爲、不爲",因此這一解釋,似乎可以和《老子》全書的精神一致。

《中國文字》新24,頁132—133

○**袁國華**（1998）　一、"慮"（慮）

"慮"字見《老子》甲第1簡,字形作"𢚘"。《老子釋文注釋》云:"'慮'从'且'聲,與'詐'音近。""慮"與"詐"固有通假的條件。惟拙意疑此當即"慮"字。郭店簡"慮"字亦見《性自命出》簡48𢛖𢛖及簡62𢛖;此外又見《語叢二》簡10𢚘及簡11𢚘。只要將《老子》甲的"慮"字與上列字形作一比較,便不難發現"慮"字極可能也是"慮"字了。

《中國文字》新24,頁136

○**龐樸**（1999）　（編按:郭店·老甲1）至於"作"字,原係一個假借字,从虍从且从心。从虍从且這個字,《説文》説:不柔不信,且（祖）聲（段玉裁注:昨何切）。竹書加上一個"心",表示這也是一種心態。校訂者在注釋中定此字爲"詐",作爲假借,本無不可;但從文意考慮,便十分不妥了。

因爲,僞和詐,應該棄絶,本是不待言的道理。只是它和孝慈全無關係;宣稱"絶僞棄詐,民復孝慈",似乎不像一位思想家的言論。而且,僞詐從無任何積極意義,從未有誰提倡過維護過;宣稱要棄絶它,迹近無的放矢。所以,這種解釋難以成立。

如果定它爲"絶僞（爲）棄作",便一切通順了。蓋爲和作,皆指人的有意作爲,即非自然的行爲,非真情的行爲;這是道家所一貫反對的。而親子閒最需要的是自然感情,也是真情最易流露的地方,所謂孝慈,應該是親子真感情的交流,而不容有半點造作。所以説,絶爲棄作,民復孝慈,而且爲和作並用,在《老子》中也有旁證。就在《老子·甲》第十七簡,便有"萬物復作而弗始也,爲而弗恃也"句。所以定這句話爲"絶爲棄作",可能更符合原意。

《中國哲學》20,頁11

○**許抗生**（1999）　（編按:郭店·老甲1）絶僞棄慮:郭店《老子》釋文此四字釋爲"絶僞棄詐"。可備一説。我則認爲"慮"字很可能是"慮"字,慮與慮形似而誤。《尚書·太甲下》"弗慮胡獲,弗爲胡成"。慮指思考、謀劃,爲指人爲,僞即是指人爲。老子主張無知、無爲，所以提出“絕僞棄慮”的思想。

《中國哲學》20，頁 102

○**韓祿伯**（1999）　（編按：郭店·老甲 1）我認爲，郭店竹簡中的“𢇍悬棄慮”應該被解讀爲“絕化棄慮”而非“絕僞棄詐”。

《道家文化研究》17，頁 190

○**陳偉**（1999）　一、絕僞棄盧（甲 1）

　　慮，原釋爲“盧（從心）”。裘錫圭先生按云：“簡文此句似當釋爲‘絕僞棄詐’。‘盧’（從心）從‘且’聲，與‘詐’音近。”劉信芳先生認爲：“字從心，盧聲。應即《説文》‘怚’字，‘驕也’。”指驕飾。池田知久先生將此字改釋爲“慮”。高明先生從之，並補充説：此字與同出的《緇衣》第 33 號簡中的“慮”字相同。其實，此字“虍”之下、“心”之上類似“目”形的構件下從一橫，而《緇衣》第 33 號簡的“慮”字從“肉”，彼此有明顯差異。如果拿郭店簡中的“慮”字來比較，倒是《性自命出》第 48 號簡中的兩個“慮”字以及《語叢二》第 10、11 號簡中的“慮”字與此字相近，但這些字在“目”形構件下又缺少一橫。另一方面，楚簡中的“且”或從“且”之字下部多從二橫，如《唐虞之道》第 5 號簡中的“且”字以及《楚國（編按：“國”爲“系”之誤）簡帛文字編》所收的“組”字的大部分，但“組”字所從的“且”亦有一些下部只從一橫，如包山第 259 號簡、信陽 2 號墓第 7 號簡所書。依此，竹書《老子》此字釋爲“盧（從心）”要比釋爲“慮”更爲可靠。

　　如果將此字釋爲“盧（從心）”，除了裘錫圭、劉信芳先生的解釋之外，此字也可能就是字書中的“盧”字。《説文》：“盧，虎不柔不信也。”段注云：“剛暴矯詐。”朱駿聲《説文通訓定聲》云：“不柔者怚之訓，不信者譴之訓。因字從虎，而曰虎不柔不信，似迂曲傅會。”盧的本義看來通指粗暴欺詐的行爲，而不是、或者不只是就老虎而言。以此理解簡文，與讀爲“詐”略同，但少了一層周折。

《江漢論壇》1999–10，頁 11

○**裘錫圭**（2000）　（編按：郭店·老甲 1）《説文》把“慮”字分析爲從“思”“虍”聲，但從出土古文字看，“慮”實爲從“心”“盧”聲之字。在郭店楚簡的字形中，已經出現了“膚”旁與“盧”旁混同的現象。如“虘”字的“盧”旁都寫作“膚”，“膚”字的“盧”旁也多寫作“盧”。所以“絕悬棄慮（編按：慮，原文以△代替）”的“慮”字究竟應該釋爲“慮”，還是釋爲從“心”“盧”聲之字，的確是一個尚需考慮的問題。（中略）

　　楚簡從“盧”聲之字的“盧”旁，其下部既可作“目”形，也可在“目”形下加一横。而且這一横既可跟"目"形下端相接;也可跟它稍有距離,就跟"慮"字的情況一樣(例見《滕編》246—249 頁"虗"字條)。郭店簡"廈"字"亶"旁的下部,也既可作◊又可作◊(《張編》173 頁 0450)。由此看來,"慮"是從"心""盧"聲之字的可能性似乎相當大。但是前面已經說過,"虗"旁下加一横的現象很常見。所以我們也不能排斥"慮"是"慮"字的可能性。退一步說,即使肯定"慮"是從"盧"之字,由於其字形與"慮"很相似,《老子》原文中此字本作"慮",但被抄寫者誤書爲從"盧"的可能性,也是不能排除的。所以要決定這個字的釋讀,必須充分考慮文義。(中略)

　　既然以"慮"從"盧"聲爲前提的、把此字釋讀爲"詐""作"或"怚"的各種說法都站不住,我們只能把"慮"釋爲"慮"或視爲"慮"的誤字。(中略)

　　已有的對"絶愚棄慮"這一句的解釋,就我所看到的而言,以許抗生先生的爲最好。他在《初讀郭店竹簡〈老子〉》一文中,把這一句釋爲"絶僞棄慮"(99 頁),並在注釋中説:

　　　　絶僞棄慮:郭店《老子》釋文此四字釋爲"絶僞棄詐"。可備一説。我則認爲"慮"字很可能是"慮"字,慮與慮形似而誤。《尚書・太甲下》"弗慮胡獲,弗爲胡成"。慮指思考、謀劃,爲指人爲,僞即是指人爲。老子主張無知、無爲,所以提出"絶僞棄慮"的思想。

這是很好的意見,我們可以爲此説作些補充。(中略)

　　在道家著作裏經常可以看到主張無爲、無慮的話,而且有時正是以二者並提的。《莊子・天道》説:"故古之王天下者,知雖落天地,不自慮也;辯雖彫萬物,不自説也;能雖窮海内,不自爲也。"《淮南子・原道》説聖人"……不慮而得,不爲而成",同書《本經》説體道者"……心條達而不以思慮,委而弗爲"。同書《精神》描述"真人"的境界時,用了下面這些話:

　　　　……無爲復樸……機械知巧弗載於心……清靖(靜)而無思慮……

這裏提到了"無爲"和"無思慮",還提到了"知(智)巧弗載於心",可以跟《老子》簡的"絶智棄辯、絶巧棄利、絶僞棄慮"相對照。

　　《荀子》有時也以"僞"與"慮"並提。《性惡》説:"聖人積思慮,習僞故,以生禮義而起法度。"《正名》説:"情然而心爲之擇謂之慮,心慮而能爲之動謂之僞。"

　　從以上所説的來看,把"絶愚棄慮"釋爲"絶僞棄慮",是十分合適的。

　　　　　　　　　　　　　　　《郭店楚簡國際學術研討會論文集》頁 25—29

○**湯餘惠等**(2001)　(編按:壐彙 3447)慮。

　　　　　　　　　　　　　　　　　　　　《戰國文字編》頁 699

○**湯餘惠等**(2001)　(編按:郭店·老甲 1)慮　同怚。

○**濮茅左**(2001)　(編按:上博一·性情 39)慮,《説文》:"慮,謀思也。"段玉裁注:"謂計畫之纖悉必周,有不周者非慮也。"《方言》第一:"慮,思也。"《荀子·大略》:"文貌情用,相爲内外表裏。禮之中焉,能思索謂之能慮。"

○**李零**(2002)　(編按:郭店·老甲 1)但我們從上博楚簡看到的"僞詐"一詞看,其寫法正與這裏的寫法相同,而絶不可能讀爲"僞慮"。我們認爲,裘先生原來的讀法是正確的,他的改讀反不可取。

○**劉釗**(2003)　(編按:郭店·老甲 1)"慮"字爲"慮"字異體,"慮"意爲謀劃。《荀子·正名》:"情然而心爲之擇謂之慮,心慮而能爲之動謂之僞。慮積焉、能習焉而後成謂之僞。"文中將"慮"與"僞"並提,指經過思慮的選擇和故意的作爲,與簡文相同。或讀"虙"爲"詐"。

○**李守奎**(2003)　(編按:郭店·老甲 1)慮　訛形。

○**李零**(2005)　(編按:上博五·三德 15)虙(且)。

○**李守奎、曲冰、孫偉龍**(2007)　(編按:上博一·性情 39)慮　慮　按:楚之"慮"字不從"思"。上部所从或"虗"或"膚",皆魚部字。

○**王恩田**(2007)　(編按:陶録 3·390·3)憎。

○**陳偉**(2008)　(編按:上博五·三德 15)其實,釋文讀爲"且"字,釋寫並不準確,"虗"下所從是"心"而不是"又"。這種寫法的字曾見於郭店《老子》甲 1 號簡,裘錫圭教授反復推求,最後釋爲"慮"。依照這一釋讀,前面的"百事不遂",可以理解爲自然發生的事情,而後面的"慮事不成"則是人爲之事。比之整理者的意見,似更爲合理。

# 心

睡虎地·日甲 36 背壹　　陶彙 3·620　　十鐘　　集成 9735 中山王方壺

包山 247　　郭店·緇衣 8　　郭店·五行 10　　上博三·彭祖 6

---

○**吳大澂**（1884）　心　𠇍　古陶器，反文。

　　　　　　　　　　　　　　　　　　　　　　《説文古籀補》頁 42,1988

○**丁佛言**（1924）　心　𠇍　古鉢，同心。𠇍　古鉢，壹心慎事。𠇍　古鉢，真心。𠇍　古匋。

　　　　　　　　　　　　　　　　　　　　　　《説文古籀補補》頁 47,1988

○**顧廷龍**（1936）　心。

　　　　　　　　　　　　　　　　　　　　《古匋文香録》卷 10,頁 2,2004

○**金祥恆**（1964）　心。

　　　　　　　　　　　　　　　　　　　　　　　　　　《匋文編》頁 71

○**羅福頤等**（1981）　心。

　　　　　　　　　　　　　　　　　　　　　　　　《古璽文編》頁 259

○**高明、葛英會**（1991）　心。

　　　　　　　　　　　　　　　　　　　　　　《古陶文字徵》頁 100

○**睡簡整理小組**（1990）　（睡虎地·日甲 1 正壹）心，二十八宿之一。《開元占經·東方七宿占》引《石氏星經》曰：“心三星。”

　　　　　　　　　　　　　　　　　　　《睡虎地秦墓竹簡》頁 181

○**何琳儀**（1998）　心，甲骨文作𠇍（類纂七一三），象心臟之形。西周金文作𠇍（克鼎），或加飾筆作𠇍（散盤）。春秋金文作𠇍（王孫鐘），下部筆畫解散並曳出，與衣字演變（𠇍—𠇍）頗爲相似。戰國文字承襲兩周金文。

　　　包山簡“心疾”，見《左·襄三》：“子重病之，遂遇心疾而卒。”廿八宿漆書心，二十八星宿之一。見《吕覽·有始》。

　　　　　　　　　　　　　　　　　　　《戰國古文字典》頁 1421

# 息 𢛛 㥰

陶録 4·57·1　　璽彙 0685　　集成 9735 中山王方壺　　睡虎地·秦律 63

郭店・緇衣 23

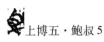上博五・鮑叔 5

○丁佛言（1924） 息 〔字〕 古鉢，坤成息。

《説文古籀補補》頁 47，1988

○山西省文物工作委員會（1976） 息 宗盟類參盟人名。

《侯馬盟書》頁 325

○張政烺（1979） （編按：集成 9735 中山王方壺）息，休止。

《古文字研究》1，頁 215

○曾昭岷、李瑾（1980） 息，春秋息國，姬姓，公元前 680 年爲楚所滅。《左傳》莊公十四年：“楚子如息，以食入享，遂滅息。”屈氏，楚同姓。《通志・氏族略》：“屈氏，楚之公族也。楚武王子瑕，食采於屈，因以爲氏；屈原，其後也。”

《江漢考古》1980-1，頁 78

○羅福頤等（1981） 息。

《古璽文編》頁 260

○黄盛璋（1987） （編按：六年代相吏微劍）此劍之冶吏息，也有可能吏息爲冶之名字，因相與工師，皆具姓與名，冶如不例外，則以“吏息”連讀爲較合理。

《文博》1987-2，頁 54—55

○高士英（1989） （編按：近出 1231 四年代相樂奠鈹）“冶事息”則是鑄劍者的名字。

《考古與文物》1989-3，頁 21

○荆門市博物館（1998） （編按：郭店・緇衣 23）息，簡文从“眉”从“心”，借作“塞”。《國語・晉語》“是自背其信而塞其忠也”注：“絶也。”

《郭店楚墓竹簡》頁 134

○何琳儀（1998） 中山王方壺“轉息”，讀“尚息”。

《戰國古文字典》頁 115

○黄德寬、徐在國（1998） ⑮緇 23 有字作〔字〕，原書釋爲“息”，借作“塞”（134 頁）。此字今本作“疾”。頗疑愳字應分析爲从“心”“眉”聲，古音自、疾並爲從紐質部字，故“愳”字可假爲“疾”。

《吉林大學古籍整理研究所建所十五周年紀念文集》頁 103

○李零（1999） （編按：郭店・緇衣 23）11 章：“盡”，原作“愳”，整理者釋“息”讀“塞”。按今本作“疾”，簡文可能是“盡”字的省體（“盡”是曉母職部字，“疾”

是從母質部字，"息"是心母職部字），"盡"是傷痛之義，與"疾"含義相近。

《道家文化研究》17，頁 486

○**廖名春**（2000）　（編按：郭店·緇衣 23）兩"悳"字，《禮記·緇衣》皆作"疾"。
《逸周書·祭公》一作"固"，一作"疾"。"悳"爲"息"字之繁化。《郭店楚墓竹
簡》以"塞"爲"悳"之本字，誤矣。"息"爲"肅"之借字。《書序》："肅慎來
賀。"陸德明《經典釋文》："肅慎，馬本作息慎。"《史記·周本紀》肅慎作息慎。
《爾雅·釋詁上》："肅，疾也。"《國語·齊語》："是故其父兄之教不肅而成。"
韋昭注："肅，疾也。"《禮記·禮運》："刑肅而俗敝，則民弗歸也，是謂疵國。"
鄭玄注："肅，峻也，疵，病也。""肅"與"疾"義近，故可通用。孔晁訓"固"爲
"戾"，戾即罪。義與"肅"與"疾"近。王念孫、潘振雲、莊述祖説皆誤。

《郭店楚簡國際學術研討會論文集》頁 116—117

○**劉信芳**（2000）　（編按：郭店·緇衣 23）息，《郭店》讀爲"塞"。按"息"讀如字，
休也，止也，猶棄也。《史記·周本紀》："一發不中者，百發盡息。"索隱："息
猶棄，言並棄前善。"

《郭店楚簡國際學術研討會論文集》頁 172

○**涂宗流、劉祖信**（2000）　（編按：郭店·緇衣 23）"息"，猶棄。

《郭店楚簡國際學術研討會論文集》頁 189

○**陶正剛**（2001）　第二行第六字"𢖻"，上爲自下爲廿，戰國古璽文字中常見，
作心字，例如慶作𢖻，（劉鶚《鐵雲藏印四集》）；愛作𢖻（商承祚《契齋古印
存》）。所以𢖻應隸定爲息。

《古文字研究》21，頁 192

○**湯餘惠等**（2001）　（編按：郭店·緇衣 23）悳。

《戰國文字編》頁 729

○**孟蓬生**（2002）　（編按：郭店·緇衣 23）整理者以"息"或作"塞"的借字是正確
的，但訓爲"絶"則不可從。傳世典籍"塞"或作"固"，"固"即禁錮之錮。《説
文·口部》："固，塞也。"《左傳·成公二年》："子反請以重幣錮之。王曰：
'止！其自爲謀也則過矣，其爲吾先君謀也則忠。忠，社稷之固也，所蓋多矣。
且彼若能利國家，雖重幣，晉將可乎？若無益於晉，晉將棄之，何勞錮焉？'"杜
於"錮之"下注："禁錮勿令仕。"疏云："鐵器穿穴者鑄鐵以塞之，使不漏，禁人
使不得仕宦者，其事亦似之，故謂之禁錮。今世猶然。"

傳世典籍或作嫉，嫉亦爲借字。古音息聲、塞聲與疾聲相通。

《簡帛語言文字研究》1，頁 28

○**陳偉**（2003） （編按:郭店·緇衣 23）疾,字本从二"自"从"心"形。在《汗簡》卷下之二録有一個近似"心"的"疾"字。而在《説文》"米"部"竊"字下説:"廿,古文疾字。"簡文中此字的"心"形,疑即《説文》中的這個"廿"與《汗簡》中的這個"疾"。雖然其上所从二"自"形尚無合適解釋,對照傳世本,將此字讀爲"疾",應該問題不大。

《郭店竹書别釋》頁 40

○**劉釗**（2003） （編按:郭店·緇衣 23）"㥶"即"息"字繁文,讀爲"塞",古音"息、塞"皆在心紐職部,於音可通。《釋名》:"息,塞也。"

《郭店楚簡校釋》頁 59

○**李守奎**（2003） （編按:郭店·緇衣 23）息　㥶。

《楚文字編》頁 603

○**陳佩芬**（2005） （編按:上博五·鮑叔 5）㥶（憂）。

《上海博物館藏戰國楚竹書》（五）頁 186

○**李學勤**（2006） （編按:上博五·鮑叔 5）三食色憂。

《文物》2006-9,頁 91

○**馮勝君**（2007） （編按:郭店·緇衣 23）4.㥶（𢖄）:蕭（𧖊）:疾

蕭字金文寫作𧗕（多友鼎,《集成》2835）,从聿从皕从皿。上博簡本寫作𧖊,所从之"百"當是"皕"之形誤。《説文·血部》:"蕭,傷痛也。从血、聿,皕聲。《周書》曰:民罔不蕭傷心。"又从"皕"聲。《説文·皕部》:"皕,二百也。凡皕之屬皆从皕。讀若祕。"《説文》中从"皕"的字只有兩個,一個是"蕭",一個是"奭"。《説文·皕部》:"奭,盛也。从大从皕,皕亦聲。此燕召公名。讀若郝。《史篇》名醜。𡙡,古文奭。""奭"的古文亦从"百",而前面也已經提到"蕭"上博簡从"百",那麼《説文》所謂的"皕"字可能本來就作"百",通過"蕭"字的金文形體來看,"皕"應該是"百"字的訛體。古文字中尚未發現獨體的"百"字,郭店簡本的"㥶"和"蕭"都應該是从"百"聲的,今本與之相對應的字是"疾","疾"是從紐質部字,那麼"百"的讀音也應該與之相近。這從《説文》中也能得到一些線索,如"百"《説文》謂"讀若祕","祕"正是質部字,燕召公名"奭",《史記》作"醜","醜"是照三系昌紐,與從紐也很接近。郭店簡本的"㥶"一般認爲是"息"字的異體,《説文·心部》:"息,喘也。从心、自,自亦聲。"中山方壺寫作𢙊(《金文編》1711 號),也从"自"聲。"自"是從紐質部字,與"百"音近,也有可能"百"是從"自"分化出來的。"㥶"从"百",與一般的"息"字有別,而"盡"也从"皕",所以李零先生認爲"愳"或許是"盡"的省體,也是有可能的。

《郭店簡與上博簡對比研究》頁 143—144

○李守奎、曲冰、孫偉龍(2007)　(編按:上博五·鮑叔 5)惡　按:疑爲訛書。

《上海博物館藏戰國楚竹書(一—五)文字編》頁 494

○李天虹(2007)　(編按:上博五·鮑叔 5)現在回過頭來看🅰字,我覺得把它釋爲"憂"從文意上說是有問題的。首先"食、色"都是人生要事,而"憂"屬於情感或思維的範疇;即使把這裏的"食、色"理解爲人的生理本能,"憂"與"食、色"也不在同一層面,那麼認爲三者是並列關係就存在疑問;其次,"憂"和下文的"貴尹、食人"沒有意義上的關聯,放在這裏好像多餘。

我懷疑🅰是"息"字訛文。古"息"有滋生、繁育義,又可指"子息"。《戰國策·趙策四》"趙太后新用事"章載左師公曰:"老臣賤息舒祺最少,不肖,而臣衰,竊愛憐之。"那麼,"人之生三,食、色、息"可能是説,人生來有三件大事:食、色、子息或食、色、繁衍後嗣。豎刁"自殘"、易牙"食子",與"食、色、息"相違背,所以在講豎刁、易牙之事前,鮑叔牙和隰朋先提及"人之生三,食、色、息"。

《簡帛》2,頁 282

○王恩田(2007)　(編按:陶錄 4·57·1)息。

《陶文字典》頁 286

○侯乃峰(2009)　(編按:上博五·鮑叔 5)對於"🅰"字,學者多從李天虹先生之説釋爲"息",是可信的。但對於"人之性三:食、色、息"中"息"字的解釋,論者僅能舉《孟子·告子上》"食、色,性也"爲説,而所舉傳世文獻尚不及"息"字用爲"人之性"之例,因此在字義解釋上衆説紛紜。

筆者偶然發現,"息"字作爲"人之性"的説法在傳世文獻中其實是存在的。《鶡冠子·道端》:"凡可無學而能者,唯息與食也。"其云"無學而能者",顯然是指人之本能、天性而言。北宋莊綽《雞肋編》云:"天下之事,有不學而能者,儒家則謂之天性,釋氏則以爲宿習,其事甚衆。"郭店楚簡《性自命出》簡7:"牛生而倀,雁生而戕,其眚(性)☑。"白於藍先生讀"倀"爲"根",讀"戕"爲"陳",以爲"牛生而倀(根)"是説牛生來就會抵觸,"雁生而戕(陳)"是説雁生來就會排成陳列。結合《性自命出》簡7末尾兩字"其性"和簡8開頭兩字"而學"看來,白先生之説可從。"牛生而倀(根),雁生而戕(陳)"是説牛生來就會抵觸,雁生來就會排成陳列,這些行爲是牛與雁的天性使然,是"無學而能者",即不用學習就具有的本能。將《鶡冠子·道端》篇"凡可無學而能者,唯息與食也”與此對讀可知,説者顯然是把“息”與“食”視爲人之“天性”看待的,這又恰好可以與《鮑叔牙與隰朋之諫》簡5“人之性三:食、色、息”之“食”與“息”參照理解。

關於《鶡冠子·道端》篇題“道端”二字,陳深曰:“此篇説用人。”黄懷信先生按語以爲:“道,謂君道,君主治國之道。端,大端,根本。《禮記·禮器》:‘以居天下之大端。’注:‘端,本也。’此篇論君道之大端在於知人善任與效屬先王。”“凡可無學而能者,唯息與食也”一句,“古注”曰:“凡人不學而能者,息與食也。”黄懷信先生按語以爲:“無學而能,本能也。息,睡覺。食,吃飯。言息、食之外,皆當學習。”我們知道,《鮑叔牙與隰朋之諫》中“人之性三:食、色、息”一句,正是鮑叔牙與隰朋勸諫齊桓公不要重用豎刁與易牙而發,恰好緊扣“用人”二字。可見《鮑叔牙與隰朋之諫》與《鶡冠子·道端》兩篇主旨實有相通之處,故所用文辭一致也就理所當然了。兩篇討論用人之道的文字引用相似的關於人之天性的文句,應該是想説明要做到知人善任,首先應當對人之天性有很好的瞭解把握。

我們所引的《鶡冠子·道端》“凡可無學而能者,唯息與食也”一句如果在流傳過程中没有文字訛誤的話,以此反觀出土的楚簡文獻,則一系列相關問題都可迎刃而解。首先,我們可以肯定李天虹先生將“𦣻”字釋爲“息”是正確無疑的。對“唯息與食也”句中“息”字的理解,黄懷信先生以爲是“睡覺”,即“休息”,與李天虹先生最初的理解是一致的。這種解釋放入原文,與“無學而能”“人之性”相符,文義上也是很通暢的。然筆者以爲,其中“息”若從《説文》解爲“喘也”,即指“喘息、呼吸、氣息”,於文義亦無不可。人之所以具有生命,除了吃飯外,呼吸更是不可須臾離,而且喘息也是生來就會的本能,是“無學而能者”,猶如“牛生而伥(根),雁生而戢(翐)”一般。再者,“息”字本從“自(鼻)”作,“喘也”之訓顯然與其本義相關。如睡虎地秦簡《詰篇》三六背貳“一室人皆毋(無)氣以息”,此“息”字也用其本義。當然,細繹《鶡冠子·道端》文句之意,將“息”與“食”並列,似乎解釋爲“休息”更恰當些。

以《鶡冠子·道端》“凡可無學而能者,唯息與食也”一句反觀楚簡,還可以證明郭店簡《語叢一》簡110“食與色與疾”的“疾”當以讀作“息”爲是。同時也可附帶證明,今本《緇衣》“毋以嬖御人疾莊后,毋以嬖御士疾莊士、大夫、卿士”的“疾”,郭店簡本相應之字作“𤶊(愢)”,上博簡本作“𤺙(畫)”,學者多以爲二字從“𦣞”得聲,有可能“𦣞”是從“自”分化出來,古音“自、疾”同爲從紐質部字,故可讀爲今本之"疾"字的看法是可從的。郭店楚簡整理者釋"（）"爲"息"可從,字可據今本直接讀爲"疾";上博楚簡"（）"字類此,也當讀爲"疾",同樣是音近相通的關係。

《簡帛》4,頁 198—199

△按　季旭昇《從戰國楚簡談"息"字》（《中國文字》新 38 期 1—22 頁,藝文印書館 2012 年）一文討論了"息"的本義及其相關問題,可參。

　　上博五《鮑叔》簡 5 的"息"字,侯乃峰引《鶡冠子·道端》"凡可無學而能者,唯息與食也"加以補證,可參（《簡帛》4 輯,上海古籍出版社 2009 年）。

【息子】睡虎地·秦律 63

○**睡簡整理小組**（1990）　息,義與子同。息子,此處指小豬、小雞。

《睡虎地秦墓竹簡》頁 35

## 情 情

秦駰玉版　　郭店·語一 31　　郭店·緇衣 3　　郭店·性自 29

上博一·詩論 1　　上博一·緇衣 2　　上博一·性情 14

---

○**連劭名**（2001）　（編按:秦駰玉版）"使明神智吾情",《論語·子路》云:"則民莫敢不用情。"集解引孔注:"情,情實也。"

《中國歷史博物館館刊》2001-1,頁 52

△按　周波指出:"秦文字用'請'表示｛情｝,馬王堆帛書、張家山漢簡、銀雀山漢簡等均用'請'表示情況、心情、感情之｛情｝。楚文字用'青'、'情'表示｛情｝。"詳參《戰國時代各系文字閒的用字差異現象研究》（163 頁,線裝書局 2013 年）

## 志 志

陶彙 5·385　　璽彙 4334　　璽彙 4519　　集成 9735 中山王方壺　　包山 182

郭店·語一 48　　上博一·詩論 8　　上博二·民之 3　　上博五·姑成 5

侯馬 195:1　　睡虎地·雜抄 28　　睡虎地·日甲 3 正貳

---

○**吳大澂**（1884）　志　㞢　古鉢文，㞢　古鉢文，㞢　古鉢文，㞢　古鉢文。

《說文古籀補》頁 42,1988

○**丁佛言**（1924）　志　㞢　古鉢，郏上志。㞢　古鉢，㝵志。㞢　古鉢，高志。
㞢　古鉢，相思得志。

《說文古籀補補》頁 47,1988

○**羅福頤等**（1981）　志。

《古璽文編》頁 260

○**曾憲通**（1983）　志字作㞢，左旁从心止聲甚明，右旁㇇疑即口之訛變。蔡太師鉢之鉢字作㞢，口旁作㇇與此至近。咶即誌字，古文字从口从言往往不別。誌者，記也。

《古文字學論集》（初編）頁 369

○**睡簡整理小組**（1990）　（編按：睡虎地·雜抄 28）志，疑讀爲特。《周禮·校人》："頒馬攻特。"注："夏通淫之後，攻其特，爲其蹏齧不可乘用。鄭司農云：攻特，謂騬之。"據此，特馬是未經閹割不適於駕車的雄馬。

《睡虎地秦墓竹簡》頁 86

○**高明、葛英會**（1991）　志。

《古陶文字徵》頁 102

○**荊門市博物館**（1998）　（編按：郭店·老甲 9）志（識）。

《郭店楚墓竹簡》頁 111

○**何琳儀**（1998）　a 齊璽"㝵志"，讀"得志"。吉語。

燕璽志，見 a。

侯馬盟書志，讀恃。晉璽"㝵志"，見 a。晉璽"圣志、又志"，讀"有志"，吉語。韓璽"高志"，讀"高氏"，地名。

楚璽"呈志"，讀"逞志"，吉語。信陽簡"剛志"，讀"彊識"，記憶力強。楚簡"志事"，疑猶"知事"。《禮記·緇衣》："爲下可述而志焉。"注："志，猶知也。"《荀子·大略》："主道知人，臣道知事。"

秦陶志，見《周禮·春官·保章氏》"以志星辰日月之變動"，注："志，古文識，記也。"

古璽"從志"，讀"縱志"，吉語。

《戰國古文字典》頁 47

○**李家浩**（2000）　（編按：九店 56·50）《說文》說"志、寺"二字都从"之"得聲。疑簡文"不相志"應當讀爲"不相持"。

《九店楚簡》頁 116

○**李朝遠**（2005） （編按:上博五·姑成5）"㝷（得）志"，指國君信賴自己。

《上海博物館藏戰國楚竹書》（五）頁 245

# 意 意

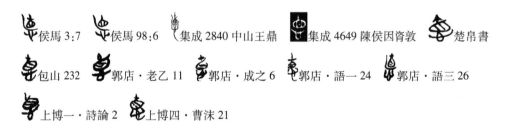

十鐘　意睡虎地·答問 29　意睡虎地·封診 82　意睡虎地·日乙 83 壹

○**睡簡整理小組**（1990） （編按:睡虎地·答問29）意，擬。

（編按:睡虎地封診82）意，關於盜犯的猜測，《史記·張儀列傳》:"已而楚相亡璧，門下意張儀，曰:'儀貧無行，必此盜相君之璧。'"

（編按:睡虎地·日甲83 正1）意，讀爲隱。《左氏春秋》昭公十五年"季孫意如"，《公羊》作"隱如"，可證。

《睡虎地秦墓竹簡》頁 100、161、193

○**何琳儀**（1998） 睡虎地簡意，見《漢書·梁孝王武傳》"於是天子意梁"，注:"意，疑也。"

（編按:陶彙 5·25）意。

《戰國古文字典》頁 1、1509

○**黃德寬等**（2007） 秦印意，人名。

《古文字譜系疏證》頁 2

# 悥 悥

侯馬 3:7　侯馬 98:6　集成 2840 中山王鼎　集成 4649 陳侯因𦦲敦　楚帛書

包山 232　郭店·老乙 11　郭店·成之 6　郭店·語一 24　郭店·語三 26

上博一·詩論 2　上博四·曹沫 21

○**吳大澂**（1884） 悥　陳侯因𦦲敦，悥字不从彳，亦晚周文字矣。

《説文古籀補》頁 42,1988

○**陳槃**（1953） （編按:楚帛書"群神乃悥"）正文左一章九行文云:"群神乃喜。帝曰，繇，□之哉，母弗或敬。"是謂神有思心喜怒，然則亦必有所示意，故其文云爾矣。

《史語所集刊》24 本,頁 194

○山西省文物工作委員會(1976)　　悳　宗盟委質類被誅討人名㤠悳。

《侯馬盟書》頁 347

○中大楚簡整理小組(1977)　　(編按:信陽 2:07)悳字音義未明。從下面記敘帶鉤的文例來看,"綌緅之夾純悳"是描述附屬於衣上的飾物的。

《戰國楚簡研究》2,頁 18

○商承祚(1982)　　(編按:集成 2840 中山王鼎)《説文》悳:"外得於人,内得於己也。从直从心。🔣古文。"又德:"升也。"悳德一字,金文互見,《説文》强分爲二,未爲得也。

《古文字研究》7,頁 51—52

○李學勤(1982)　　(編按:楚帛書)"群神乃德",《禮記・哀公問》:"德,猶福也。"大意是,能恢復三恆,取悦於民,則五正明而群神降福。

《簡帛佚籍與學術史》頁 41,2001;原載《湖南考古輯刊》1

○陳邦懷(1983)　　(編按:集成 2840 中山王鼎)按,正始石經《尚書》作🔣,與鼎銘同。《説文》心部悳,古文作🔣,其上小訛,可據鼎銘及正始石經校正。

《天津社會科學》1983-1,頁 64

○劉雨(1986)　　(編按:信陽 2:07)禃。

《信陽楚墓》頁 129

○何琳儀(1986)　　(編按:楚帛書)"悳"同"德","德"與"陟"同源。《周禮・春官・太卜》"三曰咸陟",注:"陟之言得也,讀若王德翟人之德。"《書・舜典》"汝陟帝位",傳:"陟,升也。"《説文》:"德,升也。"是其證。"群神乃陟"意謂:側匿之歲,群神升回天國,不再佑民。

《江漢考古》1986-1,頁 56

○嚴一萍(1990)　　(編按:楚帛書)金文德字形體殊多如🔣王孫鐘𣬈加止从辵,🔣弔家父匡,🔣辛鼎省心,🔣蔡侯鐘从言,繒書則與陳侯因𣴎敦作🔣者最近。《説文》古文作🔣,正始石經《尚書》作🔣。

《甲骨古文字研究》3,頁 254

○曾憲通(1993)　　(編按:楚帛書)悳古德字。金文德字異體殊多,以陳侯因𣴎敦作🔣與帛文最近。

《長沙楚帛書文字編》頁 79

○**湯餘惠**（1993）　（編按：楚帛書）悳，通德，動詞，施德的意思。以上幾句講在"側匿"的情況下，如果百姓能够敬享群神，也可以得到神靈的佑護。

《戰國銘文選》頁 169

○**朱德熙、裘錫圭、李家浩**（1995）　（編按：望山 2·6"純緂"）"緂"字不見於字書。信陽二〇七號簡有"純悳"，疑"悳"與"緂"爲一詞的異寫。《禮記·玉藻》"君羔幦虎犆"，鄭注："犆讀皆如直道而行之直。直謂緣也。""悳"字從"直"得聲，"緂"與《玉藻》之"犆"不知是否有關。

《望山楚簡》頁 118

○**郭若愚**（1994）　（編按：信陽 2:07"純悳"）悳从直从心，假爲犆，《集韻》："緣也。"

《戰國楚簡文字編》頁 72

○**李家浩**（1996）　（編按：信陽 2:07）（2）一纏緻衣，綿緅之夾，純德（犆），組緣（緂），弁（辮）繻。

　　（編按：信陽 2:07）《禮記·玉藻》"君羔幦虎犆"，鄭玄注："犆讀皆如直道而行之'直'。直，謂緣也。此君齋車之飾。"

《簡帛研究》2，頁 5、10

○**劉信芳**（1997）　（編按：信陽 2:07）所謂"純悳"謂以純（絲帶）作緣邊。《禮記·玉藻》"羔幦虎犆"，鄭玄注謂"犆"讀如直，"直謂緣也"。

《中國文字》新 23，頁 99

○**何琳儀**（1998）　悳，金文作🅰️（嬴霝悳壺）。從心從直，會内心正直之意。直亦聲。

　　因資鐸悳，讀德。

　　令狐壺、中山王器悳，讀德。中山王圓壺"悳行"，讀"德行"。《詩·大雅·抑》："有覺德行。"

　　信陽簡、天星觀簡悳，讀幀或犆。《集韻》："犆，緣也。或從巾。"

《戰國古文字典》頁 68

○**劉信芳**（1998）　帛書"悳"謂德星。這個問題不僅是釋讀帛書的關鍵之一，亦與古代占星及祭祀習俗關係極大，故不可不辨。《史記·天官書》："天精而見景星，景星者，德星也。其狀無常，常出於有道之國。"集解引孟康曰："精，明也。有赤方氣與青方氣相連，赤方中有兩黃星，青方中有一黃星，凡三星合爲景星。"正義云："景星狀如半月，生於晦朔，助月爲明。見則人君有德，明聖之慶也。"又《史記·武帝本紀》："陛下建漢家封禪，天其報德星雲。"索隱："德星，歲星也。歲星所在有福，故曰德星也。"僅從上引，知古人並不確指某星爲“德星”。楚帛書乙：

> 凡歲悳匿女(安、焉)，亥隹邦所，五実之行。

> 隹悳匿之歲，三寺□，系之以希降，是月以婁(腰)。

> 隹李悳匿……其下凶。

> 是胃悳匿，群神乃悳。

帛書既云“歲悳、李悳”，知“德”非指一星，凡古人認爲有祥瑞之兆者，均可稱之爲“德星”。“歲德、李德”之德，猶經典常言之“天德、君德”之德。“歲德匿”謂歲星之德行隱匿，“李德匿”謂火星之德行隱匿。凡星德隱匿之年，會有災變，帛書所記“五実之行”“其下凶”就是這個意思。既有災變，則須系祓以大儺逐疫，帛書所記“是月以婁”，婁即腰祭，已如上述。

帛書所記“是胃德匿，群神乃德”，此是古代重要的宗教觀念。是謂天象既有災變，唯明神才能拯救。帛書乙篇又云“隹天乍(作)実(妖)，神則惠之”。是爲内證。《説文》：“惠，仁也。”《周書·諡法》：“愛民好與曰惠。柔質慈民曰惠。”古代凡遇日食、月食，王必親擊鼓以救之，以昭事神，訓民事召，内因蓋出於此。

《容庚先生百年誕辰紀念文集》頁 614—615

○**劉國勝**（2011） （編按：信陽 2·7）《淮南子·原道》“純德獨存”，高誘注：“純，不雜糅也。”簡文“純犆”也可能是指純色衣緣。

《楚喪葬簡牘集釋》頁 33

△按 上博八《子道餓》簡 2 悳字作⬡形，與上博五《鮑叔牙與隰朋之諫》簡 5 “息”字作⬡形相似。

【**悳匿**】楚帛書

○**商承祚**（1964） 第二段，第五行至第十一行。

1.“戌歲悳匿毋□鬲於邦，晨之夷之行”（五、11—24）

悳匿，有作“側匿、仄慝、縮朒”，音同形異。《漢書·五行志》（卷下之下）：“晦而月見西方謂之朓，朔而月見東方謂之仄慝……劉向以爲，‘朓者疾也……仄慝者不進之意’。”孟康注：“朓者月行疾在日前，故早見；仄慝者行遲在日後，當没而更見。”月出無常恆，一日的月應該在日落遲見，但趕在日落前而出現，三十的月應走在日未出之前，而又與之相反見於日出之後，這些踰軌亂行，是因陰陽之氣不相調燮所引起的，故謂之悳匿，其言亦見《漢書·孔光傳》：“時則有日月亂行，謂朓、惻慝。”此句“戌歲悳匿毋□亂”，謂日月恆行不亂，直貫下文“四踐之常”。匿字凡七見，結構繁簡有相當大的出入。

○**饒宗頤**(1968) 德匿者,《大戴禮・五帝德》:"其德不愿。"義異。此處惪匿即側匿,商説甚是。《御覽》引《尚書大傳》云:

> 晦而月見西方謂之朓,朓則侯王其荼;朔而月見東方謂之側匿,側匿則侯王其肅。

《漢書・孔光傳》云:"時則有日月亂行,謂朓、側慝。"又《五行志》云:"朔而月見東方謂之仄匿。"而劉歆以爲肅者,王侯縮朒不任事,臣下弛縱,故月行遲也,蓋據伏生書傳爲説。《周禮・保章氏》鄭注:"月有盈虧、朓、側匿之類。"《廣雅》:"側匿,縮也。"陳壽祺《大傳輯本》(卷三)按語,考證甚詳。今得繒書資料,知漢人月有朓及側匿之説,不始於伏生,戰國楚人已流行之。

是胃惪(德)匿,群神乃德。

言能享祀群,則當側匿之時,群神猶皆德之。

匿、德,協韻。

○**李學勤**(1982) "惪匿",商承祚先生讀爲"側匿",是很正確的。側匿,古書或作"仄慝、縮朒"。《漢書・五行志》:"晦而月見西方,謂之朓;朔而月見東方,謂之仄慝。"古人以爲災異。本帛書只説側匿,没有談到朓,疑以一名兼括兩者而言。

○**高明**(1985) 商承祚云:"惪匿,有作'側匿、仄慝、縮朒',音同形異。"按義亦相同。惪即德字之省,與側、仄古爲雙聲疊韻,互爲通用。如《尚書・伊訓》:"德惟治,否德亂。"《逸周書・芮良夫》"否則民讎",《群書治要》"否則"而作"否德",足爲德側互用之證。《漢書・五行志》:"晦而月見西方,謂之朓;朔而月見東方,謂之仄慝。"孟康注:"朓者月行疾在日前,故早見;仄慝者月行遲在日後,當没而更見。"朓與德匿皆爲日月亂行之現象。《漢書・孔光傳》:"時則有日月亂行,謂朓、側慝。"

○**李零**(1985) 德慝,德者善也、福也,慝者惡也、禍也,是個反義的合成詞。這裏德指天之慶賞,慝指天之刑罰,表示上天對人事的報施,故下文説"惟天作福,神則格之;惟天作妖,神則惠之"。古書中還有一個與此意義相同的詞是德虐,《國語·越語下》“德虐之行,因以爲常”,韋昭注:“昭謂德有所懷柔及爵賞也,虐謂有所斬伐黜奪也。”其詞也見於馬王堆帛書《十六經》的《觀》《果童》等篇。德悳、德虐也就是古書常見的德刑或刑德,《韓非子·二柄》:“二柄者,刑德也。何謂刑德,曰殺戮之謂刑,慶賞之謂德。”這是刑德的本義。另外刑德還用指陰陽,古書有“月刑日德”的説法,《管子·四時》:“日掌陽,月掌陰,星掌和。陽爲德,陰爲刑,和爲事。”

《長沙子彈庫戰國楚帛書研究》頁 57—58

○**何琳儀**(1986)　“悳匿”。商讀“側匿”或“仄慝”,甚確。(悳、側、仄均與从寺得聲之字相同,例不備舉。)《漢書·孔光傳》:“時則有日月亂行,謂朓、側慝。”《五行志》下“晦而月見西方謂之朓;朔而月見東方謂之仄慝”,孟康注:“朓者,月行疾在日前,故早見;仄慝者行遲在日後,當没而更見。”總之,“悳匿”係指月踰軌而亂行,與上文“月則經緯”互足其義。“悳匿”於甲篇凡四見,對理解全文的中心内容至關重要。

《江漢考古》1986-1,頁 55

○**饒宗頤**(1991)　帛書屢言德匿,亦但言“匿”者,丙欱月下云:

　　曰欱,戠衞□得。以匿,不見月。在□□不可以亯祀,凶。

此處“匿”字,當讀如《左傳》昭十七年季平曰“唯正月朔,匿未作,日有食之”之匿。《尚書大傳》云:“朔而月見東方謂之側匿。”側匿在朔本應見月,今乃不見,故爲咎徵,不宜於祭祀。

　　“德匿”一詞諸家均從音訓讀爲“側匿”。然帛書乙云:

　　五正乃明,其神是亯。是謂德匿,群神乃惪。

一句頗爲費解。或以刑德爲説,以德指天賞,匿指天罰,然帛書始終未見“刑”字。只有“型百事”一語。型字是儀刑之義。

　　余謂匿可專指側匿、仄匿。增一德字,義當不同。《天官書》結語敘五色帝行德甚備。復云:

　　天行德,天子更立年;不德,風雨破石。

《索隱》訓“北辰有光耀,是行德也”。帛書言“佳孛德匿”即有莩之歲,天已不能行德,是爲德之匿、之側,即爲不德,必有災異如“風雨破石”之象。“風雨”一詞,帛書屢見,如甲篇“風雨是於”“百神風雨,晨禕亂作”等句。故知“五正乃明”四句意當解爲五官、五佐諸星光明,由於群神得到合理之祭亯,(縱在)德匿(不德)之際,而群神仍能代天行德。如是可以講通。

　　《史記·曆書》太史公曰:“黃帝考定星曆、建立五行,起消息,正閏餘,於是有天、地、神、祇、物類之官,是謂五官,各司其序,不相亂也……民是以能有信,神是以能有明德……少皡氏之衰也,九黎亂德,民神雜擾,不可放(依)物,禍菑薦至,莫盡其氣。顓頊受之,乃命南正重司天以屬神,命火正黎司地以屬民,使復舊常,無相侵瀆。"此段文字取自楚語,人所共悉。火正之黎即是祝融,祝融爲楚人祖先,故帛書言

炎帝乃命祝融,以四時降奠。三天□思,敥(敷)奠四極。(甲篇)

又云:

群神五正,四😊堯羊(祥),建恆襡氏,五正乃明,其神是亯。(乙篇)

襡民即屬氏,正是火正祝融之職務。帛書乙篇對於群神及民,叮嚀再三,説明神、民之關係,十分懇切。祝融(黎)分別神、民,使其異業,敬而不瀆之事實,帛書祖述先德,可視作充分之佐證。而"是謂德匿,群神乃德"一語,得曆書可獲確詁。五正乃明,即指神乃有明德,而德匿之歲亦即"亂德"之季。

　　　　　　　　　　　《楚地出土文獻三種研究》頁 326—327,1993;原載《中國文化》3

○**曾憲通**(1993)　　"悳匿"商先生讀作側匿,古籍又作仄慝、縮朒,形異而音同。《漢書·五行志》:"晦而月見西方謂之朓;朔而月見東方謂之仄慝。"帛書屢見德匿而未見朓,李學勤疑以一名兼指兩者而言。李零認爲德匿是個反義的合成詞。德指天之慶賞,匿指天之刑罰,表示上天對人事的報施,亦就是古書常見的德刑或刑德。

　　　　　　　　　　　　　　　　　　　　《長沙楚帛書文字編》頁 79—80

○**湯餘惠**(1993)　　悳匿,即側匿、仄慝,音近通用;義猶月朒、縮朒,《漢書·五行志下》:"朔而月見東方謂之仄慝。"孟康注:"仄慝者,行遲在日後,當没而更見。"古人以爲側匿是人世即將發生災難的一種徵象。

　　　　　　　　　　　　　　　　　　　　　　　《戰國銘文選》頁 168

○**馮時**(1996)　　"德匿",文獻作側慝、仄慝。《漢書·五行志下》:"晦而月見西方謂之朓,朔而月見東方謂之仄慝。"孟康《注》:"朓者,月行疾在日前,故早見。仄慝者,行遲在日後,當没而更見。"《漢書·孔光傳》:"時則有日月亂行,謂朓、側慝。"故朓、側慝皆言日月亂行,曆數失序。

　　　　　　　　　　　　　　　　《于省吾教授百年誕辰紀念文集》頁 192

○**何琳儀**(1998)　　帛書"悳匿",讀"側匿"。德與得典籍每多通用,而得與側亦可通假。《詩·小雅·何人斯》"則不可得",《藝文類聚》一〇〇引得作測。可資旁證。《周禮·春官·保章氏》注:"月有盈虧朓側匿之變。"《尚書大傳·洪範》:"朔而月見東方謂之側匿。"注:"側匿,猶縮縮,行遲貌。"帛書"群

神乃慂”之慂,讀德。《説文》:“德,升也。”者汈鐘“不湮慂”,讀“不汭(墜)淫(經)德”。

《戰國古文字典》頁 68

○**李零**(2000) 以上講“德悪”本身,似乎並無凶咎。而以下講違反“德悪”,反而皆屬凶咎。可見“德悪”並非側悪。(中略)

　　這是原文對“德悪”的解釋,諸家皆以“側悪”爲解,與此不合。高文已注意及此,因謂此句非衍即誤。其實此句適可反證“德、悪”與“側悪”含義有別。

《〈長沙子彈庫戰國楚帛書研究〉補正》,頁 168

○**劉信芳**(2001) 按“德匿”乃釋讀楚帛書難題之一。凡四見,除本例外,乙篇第六行有“惟德匿之歲,三時□暑”;第七行有“惟李德匿,出自黃淵”;第九行有“是謂德匿,群神乃德”。拙稿(1996)釋爲“星德隱匿”,未能讀通全部辭例。郭店簡《五行》40:“匿之爲言也,猶匿匿也,少而軫者也。”匿匿猶惻隱,謂仁人愛心之所及(説參拙稿《郭店楚簡〈六德〉解詁一則》,《古文字研究》第二十二輯)。依照《五行》思想體系,仁之愛心有如鳥羽之覆雛,親親是仁,惻隱亦是仁,及至“仁覆四海”(帛書《五行》第 308 行),則天下弱小者無不受其遮蔽與護佑。據此我們應對帛書之“德匿”重作思考,“歲德匿者”,歲德遮蔽之所及,即歲星行之於天,其“德”之覆蓋範圍。又如二十八宿行之於天,於地則各有分野。下文“李德匿”謂火星之德之所及。依照帛書的思想體系,五星各有“德匿”之時,當着歲星德之所及,稱歲德匿,當着火星德之所及,稱李德匿。五星之德各有不同,下民亦應有不同的祭祀安神之舉措。(中略)

　　以上爲帛書乙篇第二章,重點討論“德匿”問題。其一,“歲德匿焉”,歲星行之於天,據其次度可知其德所“匿”(覆蓋)的邦所。如果相應的邦所出現“五妖、四殘、三時”等彗星或孛逆時令之氣,應行朡祭,以存安天神。其二,火星德匿,土星呈現光環,其相應的邦所不可作務。當着日月運行失序,星辰至時不能會合,風雨失調,應以存安神靈爲準則。其三,如果群民迷失方位,廢毀四極,雌霓出現,違失天常,致使群神、五正、四辰偏離遊移,不能明確其德之所匿,那就應建立天極之恆常,使民人有所歸屬,五正職司明確。群神得其享祀。這就是所謂天神之德各有所匿,才能致德於民。其四,民人對天時、天象只能敬重,不能違背。

《華學》5,頁 130—138

## 應

十鐘　包山 174　睡虎地・答問 38　詛楚文

---

○**睡簡整理小組**(1990)　(**編按**:睡虎地・答問 38)應律,與法律符合。

《睡虎地秦墓竹簡》頁 102

○**何琳儀**(1998)　詛楚文"應受",讀"膺受"。《漢書・王莽傳》:"膺受元命。"

《戰國古文字典》頁 133

○**黄德寬等**(2007)　包山簡、秦印應,人名,秦簡法律應,古國名,《左傳・僖公廿四年》:"邘、晉、應、韓,武之穆也。"日書應,義爲應對。詛楚文"應受",典籍作"膺受"。

《古文字譜系疏證》頁 329

## 慎　昚 𢡟 𢡟 𢡟 訢 訢 訢 𠮷 𢗏 忈 祈

珍秦 183　睡虎地・秦律 196　睡虎地・爲吏 50 肆

郭店・語一 46　集成 245 鼄公華鐘　集成 285 叔夷鎛

上博四・曹沫 48　上博五・三德 20

郭店・五行 16　上博一・詩論 28

郭店・五行 17

上博一・緇衣 16　上博三・彭祖 2　上博二・從甲 4　上博五・弟子 11

璽彙 2634　上博一・性情 16　上博五・季庚 19

上博一・緇衣 9　上博二・容成 39　上博三・中弓 23

上博一・性情 39

陶録 5・16・3　璽彙 4284　璽彙 4307　璽彙 4933

璽彙 4325

𣂇 集成 2840 中山王鼎

---

○丁佛言（1924）　慎　𩒨　古鉢，壹心慎事。𩒨　古鉢，壹心慎事。

《説文古籀補補》頁 47，1988

○强運開（1935）　（編按：集成 245 黿公華鐘）慎。

《説文古籀三補》頁 53，1986

○張政烺（1979）　（編按：集成 2840 中山王鼎）𣂇，即折字，讀爲哲。《説文》：“𣂇，籀文折，从艸在仌中，仌寒故折。”鼎銘是古文，變艸爲木。

《古文字研究》1，頁 226

○趙誠（1979）　（編按：集成 2840 中山王鼎）質字作𣂇，按形體分析可有兩種解釋：一、《侯馬盟書》質字作𣂇、𣂇、𣂇（第 348 頁），上部𣂇爲所，彡爲斤之重文符號。據此，𣂇當爲楯，从木所聲，與質字同聲通假。二、悊字古鉢有作𣂇者（《古籀彙編》十下 19 頁），上部𣂇爲折字省化，彡爲扌之省略符號。這樣，𣂇當爲楯字。《侯馬盟書》德字或作𣂇，或作楯（第 347 頁），从心與从木同；又古鉢悊字有作𣂇者，均可證楯即悊字。悊字金文通哲。釋質、釋哲在此都能通讀。按中山王所鑄壺、鼎的文字，其形體、風格與《侯馬盟書》較近，故釋爲質，有的確、誠然之意。

《古文字研究》1，頁 256

○張克忠（1979）　（編按：集成 2840 中山王鼎）“𣂇”折字的異體，此假借爲哲。《説文》：“𣂇，斷也，从斤斷艸，譚長説，𣂇、籀文折。”按折字兮甲盤作𣂇，齊侯壺作𣂇，象以斤斷草爲二，斷草斷木同意。折字所从之手，是𣂇相連之誤。

《故宮博物院院刊》1979－1，頁 40

○于豪亮（1979）　（編按：集成 2840 中山王鼎）折讀爲誓，《爾雅·釋言》：“誓，謹也。”

《考古學報》1979－2，頁 173

○徐中舒、伍仕謙（1979）　（編按：集成 2840 中山王鼎）𣂇，即折。金文盂鼎作𣂇，甲骨文从屮與从𣏟同意，此處省一木作𣂇，當釋哲。

《中國史研究》1979－4，頁 90

○羅福頤等（1981）　（編按：璽彙 4901、4303 等）哲。

《古璽文編》頁 23

○羅福頤等（1981）　惉。

《古璽文編》頁 261

○商承祚（1982）　（編按：集成 2840 中山王鼎）祈，在此當讀晰，晰，明也。

《古文字研究》7，頁 53

○吳振武（1983）　2321 陰惉（惉）・陰忻。

2322 同此改。

4679 惉之・惉□　4680 同此改。

4900 惉禾敬明・惉禾敬□。

《古文字學論集》（初編）頁 506、522、523

○李零（1983）　惉，即惉（古哲字），古璽文惉多作惉，這裏讀爲折。

《古文字研究》8，頁 60

○彭浩、劉彬徽、胡雅麗、劉祖信（1991）　（編按：包山 145）㪿。

《包山楚簡》頁 27

○高明、葛英會（1991）　（編按：陶彙 3・982、陶彙 3・983、陶彙 6・170、陶文編 8・59）惉。

《古陶文字徵》頁 104

○湯餘惠（1993）　（編按：集成 2840 中山王鼎）折，通哲，英明。

《戰國銘文選》頁 34

○劉樂賢（1993）　要解決這一問題，還得與秦公簋及秦公鎛聯繫起來考察。此二器皆有“鋹靜不廷”一語（宋代著録金文秦公鎛之鋹字，薛氏《歷代鐘鼎彝器款式法帖》摹作鋹，吕大臨《考古圖》摹作鋹，對照秦公毁拓片。可以斷定薛氏摹寫有失誤之處）。宋人吕大臨、薛尚功等皆釋爲“鎮靜不廷”。近人郭沫若、于省吾、容庚等先生都采用宋人説、但都没有對“鋹”字再作進一步的分析。容庚先生的《金文編》漏收此字（指第三版），第四版《金文編》則隸定爲鋹，並注明爲《説文》所無之字。按：前人釋此字爲鎮是有道理的。鎮靜是一複音詞，見於《國語・晉語七》。韋解云：“鎮，重也。靜，安也。”可見鎮靜是一並列結構的複音詞。靜，在金文中可用作動詞，如多友鼎“王乃曰：女既靜京自，贅女，易女土田”，班毁“三年靜東國”。並列結構的複音詞也應當能夠用爲動詞。“鎮靜不廷”與《晉書・高崧傳》之“不能鎮靜群庶，保國維成”的用法正同。可見根據文例，鋹當讀爲鎮。然而在字形方面有何根據？只要我們把這個鋹字與上引邾公華鐘銘文中用爲慎字的𢘓聯繫起來考慮，就不難發現鋹字所從之㢟與用作慎的㢟乃一字的不同寫法。由於這個字既可寫作㫶，在作爲偏旁使用時又可寫作㢟，這啟發我們趨向於認定它是一個形聲結構的字,因爲作爲會意結構的合體字,其部件之閒的結構一般是固定的。通過以上論述,我們可以得出結論:《説文》古文慎(昚)字與金文鎮"鋠"字所從的偏旁乃是一由火、日兩個部件構成的合體字,這個合體字的結構很可能是形聲。

今本《説文解字》中並没有一個以火、日爲部件的形聲字。但火部有一炅字很值得注意。許氏云:"見也,从火、日。"顯然,在許氏看來這是一個會意字。但許氏的這一説法是難以理解的。就連與許氏心心相印的段玉裁在注此字時也不得不承認他不明白這一字的意義,他説"按此篆義不可知"。桂馥《説文義證》則主張"見"當是"光"之誤,王筠《説文句讀》云作"光"則當在熱篆前。桂、王二氏的修正是可取的。在出土的秦漢文字材料中,炅字常常用爲熱。例如馬王堆漢墓帛書《老子》甲本"趮(燥)勝寒,寒勝炅(熱)",及"物或行或隨,或炅(熱)或〔吹〕",《居延漢簡》乙編五二·一二"當遠里公乘王同即日病頭愚(痛)寒炅(熱)"及甲編一九B"第卅一卒尚武四月八日病頭愚(痛)寒(編按:原書脱"炅",徑補)(熱)"等皆是。馬王堆漢墓帛書《老子》14頁注:"炅,從火日聲,當即熱之異體字,不讀古迴切或古惠切。"裘錫圭先生更指出,另一從日聲之涅字亦可讀爲熱,如帛書《老子》乙本前古佚(編按:"佚"當爲"佚"之誤)書一○○下"夫天地之道,寒涅(熱)燥溼不能並立"。由此裘先生進一步論定了炅當從火日聲。最近,王輝同志對此字亦有論述,認爲炅是會意兼形聲字。而李學勤先生則認爲從日得聲的炅與後來讀古迴切的字可能是形同音異的兩個字。由此看來我們在上文推測的由火、日兩部件構成的合體字應當就是這個在秦漢文字中讀爲熱的炅字,這個炅字結構並不是許慎所説的會意,而應是形聲。也就是説《説文》古文慎(昚)字及鎮(鋠)字所從,實際上是一從火日聲的字。按在上古音中,慎,真部禪紐;鎮,真部章紐;日,質部日紐。真,質陽入對轉,禪、章、日同爲舌音,它們的古音都很相近。因此從日得聲的炅可讀爲慎,以炅爲聲符的鋠可讀爲鎮。

總之,根據金文及秦漢文字材料,我們可以肯定説《説文》古文慎字是一個從日聲的形聲字。它之所以讀爲慎,以它爲聲符的字之所以讀爲鎮,是因爲它與慎、鎮在古代讀音相近。

《考古與文物》1993-4,頁95

○**李東琬**(1997) 愻,《説文解字》:"敬也。"故"愻之"(圖10)、"愻上"(圖11)、"愻命"(圖12)、"愻行"(圖13)、"愻言"(圖14)、"愻事"(圖15)、"愻

官”等箴言璽中的“悊”字,當作“敬”解。

《北方文物》1997-2,頁 31

○**荆門市博物館**(1998)　（編按:郭店·老甲 11）誓,簡文與金文“誓”字或作𣂈（散盤）、𣂈（鼂比簋）相近。“誓”借作“慎”。

《郭店楚墓竹簡》頁 115

○**裘錫圭**(1998)　（編按:郭店·老甲 11）所謂“誓”字當與注六四所説的“𣂈”爲一字,是否可以釋爲“誓”待考。

《郭店楚墓竹簡》頁 115

○**荆門市博物館**(1998)　（編按:郭店·老甲 27）𣂈,簡文多用作“慎”,此處則借作“塵”,“慎”“塵”音近。簡文“𣂈”下重文號衍。

（編按:郭店·五行 16）誣(慎)

（編按:郭店·五行 17）誣(慎)

《郭店楚墓竹簡》頁 116、149、150

○**何琳儀**(1998)　秦璽“慎原”,讀“慎愿”。《唐書·忠義傳》:“性慎愿,長計畫。”

《戰國古文字典》頁 1116

燕璽“明悊”,讀“盟誓”。

侯馬盟書“明悊”,讀“盟誓”。《左·成十三》:“申之以盟誓。”

吉語璽“悊命”,讀“哲命”。《書·召誥》“自詒哲命”,傳:“自遺哲命。”疏:“智命謂有賢智,命由己來,是自遺也。”或説,“悊命”有“敬天命”之義。

《戰國古文字典》頁 929

○**李零**(1999)　（編按:包山 145）(185)1015 頁:𣂈。

按:楚“慎”字。前 188 頁:訢,疑亦楚“慎”字。

《出土文獻研究》5,頁 153

○**何琳儀**(2000)　誓(慎)冬(終)女(如)怡(始)。《老子》甲 11

首字亦見郭店簡《緇衣》15.30.33,《語叢四》4 等。《釋文》隸定“誓”,待商。該字左上從“土”與左下從“言”借用一橫筆,故應隸定“誓”。楚燕尾布幣,“圻”所從“土”旁亦省作“十”形,郭店《成之聞之》39“型”作𡊒或作𡌉,皆屬此類省簡。

《文物研究》12,頁 196

○陳偉武(2000) 兹將郭店簡中整理者所謂"誓"的形體及其他一些相關字形羅列如下：

A 𧩖《老甲》11　　𧩖《緇衣》15　　𧩖《緇衣》30

　　𧩖《緇衣》32　　𧩖《緇衣》33　　𧩖《語叢四》4

B 𧩖《老甲》27　　𧩖《老丙》12　　𧩖《性命》49　　𧩖《性命》49

　　𧩖《成之》19　　𧩖《成之》38　　𧩖《成之》40

C 𧩖《五行》16

D 𧩖《五行》17

整理者把上列四類字形分別釋爲"誓、訢、慁、訦"。裘先生認爲所謂"誓"與"訢"爲一字是對的。《説文》："訢，喜也。从言，斤聲。"又："忻，闓也。从心，斤聲。"啟發義與欣喜義相關，今猶言"開心"。《玉篇》："忻，喜也。"从言、从心互作之例甚多，頗疑訢、忻本爲一字異體，許慎別小篆爲二形二義，音實相同。郭店簡《性自命出》忻字凡三見，一用爲欣喜義，兩處讀爲"近"。上列四類形體，以 B 類"訢"字最常見，此字亦見於包山簡 145 號，用爲人名。似可析爲从言斫聲，"斫"當即"斫"（此字亦見於睡虎地秦簡，用爲"近"）之省。C 類字爲最繁之體，从言从心斫聲，言旁、心旁既可互作，並見一體之例亦非鮮見，此與誖或作諪、詿可作誌相似。D 類作"訦"，爲 C 類"慁"字之省。"誓"从"折"聲，而前揭諸"折"字形體與 A 類之所从不肖，故知𧩖不當釋爲"誓"。張光裕先生疑此字从"十"聲，恐未安，而隸作誓甚是。鄙意以爲此字實从言，斫聲。"斫"字，《漢語大字典》《中華字海》失録，其實"斫"字亦見於楚貝幣面文，作斫、斾等形，用同"釿"。"斫"還見於曾侯乙墓一件漆箱蓋上朱書文字，文云："民祀隹斫，日辰於維。"斫，饒選堂先生釋"坊"，讀爲"房星"之"房"；黃錫全先生改釋爲"此"，當指示代詞釋。筆者以爲二説均可商。"此"字亦見於另一漆箱朱書二十八宿"此（觜）隹（嶲）"之"此"，作𢥠，顯與𢽏不類，而且，若釋爲指代詞"此"，無先行詞，亦不合先秦語法。以郭店簡"誓"字所从之聲符及楚貝幣文"斫"，讀爲"慎"。長沙子彈庫楚帛書乙篇稱"民祀不炡（莊），帝牺（將）䌛以亂□之行"，可作漆箱蓋上朱書文字"民祀隹（唯）斫（慎）"的反證。經典中關於敬慎祭祀的論述很多，例如：《書・召誥》："毖祀於上下，其自時中人乂。"又《多士》："自成湯至於帝乙，罔不明德恤祀。""恤"，慎也。此義金文習見。《詩・魯頌・閟宮》："春秋匪解，享祀不忒。"慎則"不忒"。《論語・子張》："祭思敬，喪思哀。"《禮記・坊記》："修宗廟，敬祀事，教民追孝也。”《晏子春秋·内篇雜下》：“臣其祭祀不順，居處不敬乎?”文獻中“順”“慎”音同通用之例甚多，可參高亨先生《古字通假會典》。此處“順”字亦當讀爲慎。綜合文獻所論，敬慎祀事大致表現爲：祭祀要準時，祭品要整潔豐盛，態度要虔誠。漆箱蓋上的朱書文字首句釋爲“民祀隹（唯）忻（慎）”，正可與傳世文獻印合。

　　《老子》甲27號簡“和其光，迵（同）其昕”之“昕”，馬王堆帛書本甲種作“墊”，乙種作“墊（塵）”，其他各本作“塵”，廖名春先生認爲“‘光’爲榮光，‘昕’爲欣喜，大致相配。故書當作‘昕（訢）’，‘墊’‘墊（墊、塵）’皆爲借字”。廖說是。郭店簡“慎”字或作 **𣉻**（《語叢一》46），其餘均借昕、晉、諐爲之。如《緇衣》30號簡引《詩》：“晉爾出話，敬爾威義（儀）。”晉，今本《詩·大雅·抑》作“慎”。《五行》簡17：“君子諐其［獨也］。”馬王堆帛書本“諐”作“慎”。郭店簡稱“晉（慎）冬（終）女（如）忉（始）”（《老子》甲11）、“昕冬（終）若訂（始）”（《老子》丙12），用爲“慎”的晉、昕實是“訢”字異體，不是从“折”得聲的“晢”字。包山簡有字作 **諹**，整理者未釋，滕壬生先生釋爲“訢”，李零先生指出：“似可隸定爲‘諹’，疑是楚‘慎’字的一種特殊寫法。這裏用作人名。參看1015頁：昕。”證以郭店簡，知李先生之疑有理，**諹**與“昕”同是“訢”字異構。此字當隸作諹，从言，折聲，“彡”爲贅加聲符。

　　古璽文有“悊”字，作如下諸形：

　　**𧪘**《璽彙》4300　　**𧥛**又4307　　**𧥘**又4287

　　**𠫊**又4314　　**𠫋**又4325

　　一般將此字隸作“悊”是對的，但人們往往視爲“晢”字，如曹錦炎先生在論述古璽文字的簡化現象時指出：“再如‘晢’字，古璽寫作悊，从心，折聲。所从的‘𣂪’（4299），象以斧斤斷草之形，而‘悊’字的簡體……竟有簡化成‘𠫊’……此種簡化，實在是毫無道理可言。”《説文·口部》：“哲，知也。从口，折聲。悊，哲或从心。”段玉裁注：“按《心部》云：‘悊，敬也。’疑敬是本義，以爲哲是假借。”一字異用，同見於《説文》，此非獨例。《水部》云：“湤，河津也，在西河西。从水，垂聲。”《口部》：“唾，口液也。从口，垂聲。湤，唾或从水。”段以“哲”之或體“悊”爲假借字不無道理。王引之則認爲“悊”是“惁”字之誤。筆者認爲段説近是而王説不可從，已於另文辨析。

　　《古璽彙編》中，有稱“悊事”（4292）、“悊命”（4283）、“悊官”（4300）、“悊行”（4313）、“悊上”（4297）、“悊之”（4711）、“悊鋼”（4323）；此外還有“悊信”。若依《説文》“悊，敬也”之訓去讀，無不文從字順。這些都是箴言璽。

同是箴言璽,有稱"敬事"(4242)、"敬命"(4225)、"敬守"(4231)、"敬行"(4254)、"敬上"(4200)、"敬之"(4243)、"敬鑷"(4250)。兩相比較,知許書訓"悊"爲"敬也"不妄。王人聰先生謂"悊行"之"悊"當訓爲"敬",此説甚是。疑"悊官"猶言"敬守",《禮記·祭義》:"涖官不敬,非孝也。"《左傳·昭公二十三年》:"慎其官守。"因此,古璽中的"悊"字一般如字讀,釋爲"敬"即可,不必目爲"哲"字。(中略)

　　根據前文對古璽"悊"字的討論,我們認爲這件帶鉤鉤首四字當讀作"物可悊終",指帶鉤可使人敬終若始、善始善終。這也是一種借喻手法,因帶鉤能鉤聯首尾、貫通終始,故使人有循環往復、終始如一的聯想。銘末有"允"字,李先生認爲"古人説'允執厥中','允'與'折中'是意義關聯的詞,正好與銘文第一句呼應"。其實,把"悊冬"讀爲"悊終",意指敬終(或慎終)若始,同樣與"允"字義相吻合。

　　古文字資料中有關"慎終、悊終"的思想,在傳世文獻中也多有論述。例如:《禮記·表記》:"子曰:事君慎始而敬終。"又《文王世子》:"古之君子,舉大事必慎其終始。"又《祭義》:"父母既没,慎行其身,不遺父母惡名,可謂能終矣。"又:"父母既没,必求仁者之粟以祀之,此之謂禮終。"又:"是故古之人有言曰:善終者如始。"

《古文字研究》22,頁 251—255

○**徐在國**(2001)　《老子》甲 27 有字作🔣,簡文爲"逈(同)其🔣"。原書隸作"斳",讀爲"塵"。注釋[64]"斳,簡文多用作'慎',此處則借作'塵','慎''塵'音近"。此字又見於下列楚簡:

　　a 🔣老子丙 12"△終若始"　　　🔣成之聞之 3"敬△以蓋之"

　　🔣成之聞之 38"言△求至於吾(己)"　　🔣成之聞之 40"是古君子△六立以巳(祀)天常"

　　🔣性自命出 27"其反善復始也△"　　🔣性自命出 49"△,䜊(仁)之方也"

　　🔣性自命出 49"人不△斯又怣(過)"　　🔣包山簡 145"秦客陳△"

或從心作:

　　b 🔣五行 16"△(慎)其獨也"

或省"彡"作:

　　c 🔣五行 17"君子△(慎)其□□"

或從"土"作:

　　d 🔣老子甲 11"△(慎)終若始"　　🔣緇衣 15"不可不△(慎)也"

緇衣 30“△(慎)爾出話”　　緇衣 32“㕚(叔)△(慎)爾止”

緇衣 33“則民△(慎)於言”　　語叢四·4“□不△(慎)而户之閉”

上引諸 d 形,原書釋爲“誓”。《老子》甲注釋［三〇］:“誓,簡文與金文‘誓’字或作斯(散盤)、新(鬲比簋)相近。‘誓’借作‘慎’。裘按:所謂‘誓’字當與注六四所説的‘斬’爲一字,是否可以釋爲‘誓’待考。”按:裘錫圭先生認爲 d 與 a 爲一字,甚確。對原書釋 d 爲“誓”持懷疑態度,也是很矜慎的。散盤“誓”字所從“ψ”乃“木”之省,鬲比簋“誓”字所從“ψ”乃“木”形異體。上引郭店簡 d 形諸體所從的土、圡、土絶對不是“ψ”或“ψ”形,應該是“土”。郭店簡“土”字作:

土忠信之道 2“至忠如土”　　圡緇衣 13“下土之弋(式)”

土唐虞之道 10“后稷治土”

由此可證土、圡、土是“土”。“土”下一横與“言”字上部横畫共用。

上引 a、b、c、d 諸形,除包山簡外,在簡文中或用作“塵”或用作“慎”,文義非常明確。但字形如何分析,此字到底是何字呢?要揭開這個謎底,還需要借助傳抄古文。夏𡎳《古文四聲韻》上平聲真韻引《古老子》“塵”字作𡺸,從“鹿”省從二“土”從“𝟖”從“ℜ”。我們認爲此字所從的“ℜ”是“斤”,所從的“𝟖”與 a、b 所從“𝟖”同,並未是“幺”,應是“申”字。郭店簡“申”字或從“申”之字作:

𝟖忠信之道 6“君子弗申爾”　　𐤀緇衣 19“君迪(陳)員(云)”

𐤀緇衣 39“君迪(陳)員(云)”　　𐤀太一生水 5“神明之所生也”

𐤀唐虞之道 15“神明均從”

上引諸形中,“𐤀、𐤀”所從的“𝟖、𝟖”與前引 a、b 諸字所從的“𝟖”形近。據此知 a、b 所從的“𝟖”應是“申”。那麼 a 字可分析爲從“𝟖”(申)從“言”從“斤”,當隸作“𪊳”,釋爲“塵”。“𪊳”字所從的“申”“斯”均是聲符。古音申屬書紐真部,塵字屬定紐真部,聲紐均屬舌音,韻部相同,塵字可以“申”爲聲符。斯字屬曉紐文部,真文旁轉,故塵字也可以“斯”字爲聲符。馬王堆漢墓帛書《老子》甲“同其塵”之“塵”作“塦”,亦以文部字的“軫”爲聲符。慎字古音屬禪紐真部,與塵字音近,故塵字在簡文中可讀爲“慎”。b 綴加心旁,c 省略“申”,並爲 a 字或體。d 可分析爲從“土”“斯”聲,隸作“𡐀”,釋爲“塵”。d 所從“土”乃是意符。上引傳抄古文從“鹿”省從二“土”從“申”從“斤”,當來源於戰國文字中的“塵”字。幸賴傳抄古文保留了這一珍貴形體,使我們得以對楚簡

"塵"字形體構成有所認識。

《簡帛研究二〇〇一》頁 182—184

○**陳劍**(2001)　戰國璽印中有大量有"𣂲"字(或省去"斤"作"𣂲")的箴言璽,是大家素所熟知的。舊釋𣂲爲"悊",似乎很少有人懷疑。但從字形上看這只是建立在"𣂲"可能是"𣂲"(折)形的省寫這一基礎上的一種推測,其實並沒有多少堅實的根據(戰國文字中真正的折字從未見過有省作𣂲形的),而且前文已經談到,"悊"並沒有"敬"的意思。釋"悊"如解爲"明"或"智",在大多數印文中都很難講通。現在看來,璽文𣂲字與前文所説的西周金文、侯馬盟書中的"慎"字字形一脈相承,它無疑也應該改釋爲"慎"。璽文有"慎言"(《古璽彙編》4284—4291。以下引璽文凡逕注編號者均見此書)、"慎事"(4292—4296)、"慎行"(4313—4320)、"慎命"(4282—4283。又《吉林大學藏古璽印選》71)、"慎官"(4300—4304)、"慎生"(4311—4312。原誤釋爲"悊之")、"慎之"(4305—4310)、"慎尔(鐮)"(4320—327)、"慎"(4927—4969)、"慎禾(和)敬明(?)"(4900。又《天津市藝術博物館藏古璽印選》34)、"慎正司敬"(4901)等,把其中的"慎"讀爲"慎"都非常合適。"慎言、慎事、慎行"等説法都是古書中極爲常見的。秦箴言璽中有"慎原(愿)䢔(恭)敬"(《珍秦齋古印展》183)、"慎言敬愿"(《伏廬璽印》)、"壹心慎事""慎事"(並見《印典》3.2216"慎"字下,以上秦印慎字都寫作从心真聲)等,與上舉有"慎(慎)"字的諸璽文可以相印證。

　　《古璽彙編》(以下簡稱《璽彙》)4970"慎冬"(原誤釋爲"悊",入單字璽)、《天津市藝術博物館藏古璽印選》33"慎冬"(原誤釋爲"悊心"),顯然都應該讀爲古書中常見的"慎終"。著名的戰國鳥書箴銘帶鉤開頭説:"勿(?)可慎冬,册复(?)毋反(或釋"及")","慎冬"沒有問題也應該讀爲"慎終"。這兩句話有不能確識的字,意思還不太清楚,"慎終"的釋出當對進一步的研究有所幫助。

　　董珊《新見戰國古璽印一一七方》第 67 號(《中國古文字研究[第一輯]》第 144 頁。吉林大學出版社 1999 年 6 月)"慎身",比較罕見,當亦讀爲"慎身"。"慎身"的説法見於前引《詩經・邶風・燕燕》《禮記・文王世子》《淮南子・時則》等。又第 66 號及《璽彙》4297—4298、《湖南省博物館藏古璽印集》43 等"慎上",讀爲"慎上"似有困難。《璽彙》4228—4230"慎亦"(原釋"悊鐮"),如何解釋也有待進一步研究。

　　下面是《璽彙》2634"姓名私璽""行□"印:

《印典》1.473"誓"字下收有同文的另一方（校稿補記：即《璽彙》4694，原釋"行□"，收入"吉語璽"）：

它們也應該釋爲"誓（慎）行"。"誓"字作"訢"，與文首所揭郭店簡第 1 類寫法相同。

把西周金文和戰國璽印文字等中的"悊"和"誓"字與戰國璽印和郭店楚墓竹簡中的"訢、誣、訢、訢"相比較，考慮到它們相同的用法和形體上的明顯聯繫，很難想象"訢、訢"與"誓"會是不同的兩個字。前舉第 3 形"誣"，明顯是糅合"悊、誓"兩類寫法而成（第 4 形又省去左上角所從的部分），這也可以説明"訢""訢"二字與"悊、誓"的關係。現在惟一的問題是由"誓"發展爲"訢"和"訢"，在字形演變上暫時缺乏中間環節。我們知道，楚簡中"糸"經常寫作"糸"，"幺"經常寫作"幺"（看《楚系簡帛文字編》第 887—947 頁從系諸字）。"幺"和"幺"的關係，能否與訢形中的"幺"和訢形中的"幺"的關係聯繫起來考慮呢？不管字形演變的事實如何，我們認爲根據現有材料已經基本可以確定郭店簡中的"訢、訢、誣、誣"都來源於西周金文中的"誓"與"悊"，應該分析爲"從言（或又從心）"，"斤聲（或斤省聲）"。

在郭店簡中，絕大多數場合"慎"用"誓"及其異體表示，只有《語叢一》用"旾"表示。"旾"用作"慎"，此前只見於春秋時齊地（邾公華鐘、齊叔弓鎛、鐘）；而《語叢一》《語叢二》《語叢三》在郭店簡中又屬於從書寫風格到某些特徵字的寫法都獨具一格的一組。這是一個十分值得注意的現象。

最後要指出一點的是：從文字學的角度看，"悊"從意符"心"，"誓"從意符"言"，在古文字中又從一開始就表示"慎"這個詞，後來在絕大多數場合也都用作"慎"，它們極有可能就是"慎"的古字。"誓（慎）"從言，和"謹"從言道理是一樣。

《簡帛研究二〇〇一》頁 211—212

○**湯餘惠等**（2001）　（編按：集成 2840 中山王鼎）折。

《戰國文字編》頁 36

○**馬承源**（2001）　（編按：上博一·詩論 28）憖，從幺從心，以訢爲聲符，《説文》所無，竹簡多讀爲"慎"。

《上海博物館藏戰國楚竹書》（一）頁 158

○**濮茅左**（2001）　（編按：上博一·性情39）**書**，即"**斳**"之省文，讀作"慎"。《方言》第一："慎，思也。秦晉或曰慎，凡思之貌亦曰慎。"又《廣雅·釋詁二》："慎，思也。"《禮記·表記》："慎慮而從之。""慎""慮"連。"慎"或讀爲"誠"。

《上海博物館藏戰國楚竹書》（一）頁276

○**張光裕**（2002）　（編按：上博二·從甲4）"**斳**"，讀爲"慎"。

《上海博物館藏戰國楚竹書》（二）頁218

○**李零**（2002）　（編按：上博二·容成1）**斳**（神）戎（農）是（氏）。

《上海博物館藏戰國楚竹書》（二）頁250

○**裘錫圭**（2003）　楚簡中還有"｜"和"十"用作聲旁之例。郭簡中"慎"字的常見之形，右從"斤"，左下從"言"，左上有從"幺"的，也有從丨、丶、十的。陳劍《說慎》由於楚簡中"幺"可以寫作"彡"，懷疑楚簡"慎"字所從的"幺"可能與古文字中作"悆"形的"慎"字所從的"彡"有關，大概認爲這種"幺"就是由"彡"訛變的。上博簡《容成氏》有左上方作"彡"形的"慎"字，似可證成陳說。至於從丨或丶、十的"慎"字，我認爲應分析爲從"斳"（斳）省，"｜"聲或"十"聲。"慎"和"十"都是禪母字。"慎"屬真部，真、文二部極爲接近。與"｜、十"有密切關係的"羊"既可讀爲文部字或用爲文部字的聲旁，"｜"和"十"當然也可以用作"慎"字的聲旁。上博簡《性情論》中的"慎"字有簡作"書"的，可以分析爲從"言""十"聲。楚簡"十"字没有只作一豎而不加點或短横的，所以"慎"字所從的"｜"必須看作"針"的初文。（中略）

　　《說文》"｜"字有"囟、退"二音。"囟"與可以用"｜、十"爲聲的"慎"同屬真部，其聲母與可以用"羊"爲聲的"愻"（遜）同屬心母。"退"屬微部，微部與"寸、尊、愻、訓"等字所屬的文部有陰陽對轉關係（《廣韻》"｜"音古本切，屬文部）；其聲母屬透母，跟"｜、十、羊"等字的聲母很相近。由此看來，《說文》的"｜"應該就是"針"的初文，只不過許慎已經不知道這一點了。其"引而上行""引而下行"之說雖然難以相信，"囟"和"退"這兩個讀音還是有根據的。

《中國出土古文獻十講》頁298—299，2004；原載《古墓新知》

○**廖名春**（2003）　郭店楚墓竹簡"慎"字除寫作"貣"外，更有以下諸形：

（1）誋（《五行》簡17一見）

（2）斳（《老子》甲本簡11一見，《緇衣》簡15一見，簡30一見、簡32一見、簡33一見，《語叢四》簡4一見）

（3）愻（《五行》簡16一見）

（4）斱（《老子》丙本簡 16 一見,《成之聞之》簡 3 一見、簡 19 一見、簡 38 一見、簡 40 一見,《性自命出》簡 27 一見、簡 49 兩見）

（5）䜊（《老子》甲本簡 27 一見）

《上海博物館藏戰國楚竹書》（一）所載楚簡則寫作：

（2）訐（《緇衣》簡 16 一見、簡 17 一見,《性情論》簡 16 一見）

（6）𧪄（《性情論》簡 39 兩見）（中略）

古璽更有：

（11）紟（4286、4287、4288、4289、4300、4305、4312、4932、4936、4943、4947、4969）

（12）忞（4291、4294、4302、4303、4308、4313、4314、4315、4316、4317、4318、4319、4320）

（13）𢗗（4290、4293、4322、4323、4324、4325、4326、4327、4328、4329、4330）

（14）𢛳（4296、4307、4310、4711、4948、4949、4950、4951、4952、4955、4956、4957、4958、4959、4961、4962、4963、4964、4968）

（15）𧮫（4309、4311、4927、4928、4929、4930、4931、4937、4942、4943、4944、4679、4680）

（16）𢛳（4321、4970）

（17）𧮫（4938、4939、4940、4941）

（18）忞（2322、2321）

陳劍認爲：郭店簡中的“訐、斱、䜊、䜊”都來源於西周金文中的“𧪄”與“惑”，應該分析爲“從言（或又從心）”，“所聲（或所省聲）”。“惑”從意符“心”，“𧪄”從意符“言”，在古文字中又從一開始就表示“慎”這個詞，後來在絶大多數場合也都用作“慎”，它們極有可能就是“慎”的古字。按：陳説以郭店簡中的“訐、斱、䜊、䜊”諸形所從之“斤”爲“所省聲”，確爲卓見。但無見於“慎”字造字之本，致使“慎”字上述諸形的許多問題難以解釋。

先説郭店簡（3）“斱”、（4）“䜊”所從之“幺”。此部件當爲“慎”字聲符，實爲“玄”。古文字“幺、玄”同形。“玄”古音屬真部，與“所”音近，故可同爲聲符。

郭店簡、上海博物館藏楚簡（2）“訐”和（6）“𧪄”所從之“十”，當爲“玄”變化而來，（2）“訐”即（3）“斱”，（6）“𧪄”爲從言“玄”聲，較（3）“斱”少了重見之聲符“所”，與“𧪄”比較，只是換了聲符。

（5）"鋆"一般以爲是重文，筆者以爲乃（4）"譺"之省文。"＝"非重文符號或合文符，而是省文符號，代替心。這種寫法在簡帛文字中習見，如"强"字郭店楚簡多寫作"弝"，以"＝"代替了"虫"；"遲"字寫作"邌"，以"＝"代替了"犀"之下部；馬王堆帛書易傳"者"寫作"耂"，"著"寫作"荖"，"諸"寫作"諸"，以"＝"代替了"日"。（中略）

古璽（16）"忬"右上之構件"三"即"彡"，亦即"参"，爲"珍"之聲符，"真"爲"珍"之初文，"彡"音與"乚""所"同，故能與"所"之省聲"斤"同爲聲符。

古璽（14）"忬"與（16）"忬"近，只是聲符"三"省寫爲"二"。由（11）"紤"、（12）"忈"、（13）"志"、（14）"忬"四形可知"二"由"彡"來，而"彡"爲"彡"省。因此，（11）"紤"乃從"心"，從"所"省聲，亦從"彡"省聲。（12）"忈"乃從"心"，從"彡"省聲。而（17）"訴"乃（15）"訴"的進一步簡省，因此，也當是從"心"從"所"，"彡"省聲。（中略）

綜上可知，"慎"字義符本從"心"，或寫作言；其初文義符本從貝，或作鼎、玉；其聲符可爲"参"（或作"彡"，省作"彡""丿"）、"乚"（或作"乚"）、"所"（省作"斤"）、"玄"（又作"幺"，省作"十"）。而"惡、譬"都是形聲結構，表示"珍"義的義符已省略，不可能是"慎"的本字。（中略）

### 三　出土文獻"慎"字之訓詁

古璽多有"慎命"說。如《古璽彙編·吉語璽七》4282有"忬命"、4283有"訴命"，"忬命、訴命"即"慎命"。"慎命"非謹慎命，乃珍重命。《古璽彙編·吉語璽五》4225、4226、4227、4228、4229、4230有"敬命"。"敬命"即"慎命"，敬、慎可互訓，敬重命與珍重命義同。

《古璽彙編·吉語璽八》4305、4309、4311、4312有"紤生"，4306、4307有"忬生"，4308有"忈生"，4310有"忬生"，4679、4680有"訴生"。董珊《新見戰國古璽印一一七方》第64、65號有"紤生"。它們都是"慎生"的異文。"慎生"非謹慎生命，乃珍重生命。亦即貴生。《老子》七十五章有"貴生"説，《吕氏春秋》則以"貴生"爲篇名。可見"貴生"本爲春秋戰國時習語。《古璽彙編·吉語璽五》4243、4244、4245、4246有所謂"敬之"。其實，"之"當釋爲"生"。"敬生"即"慎生"，敬重生與珍重生義同。

《古璽彙編·吉語璽八》4297、4298、4299有"惡上"，董珊《新見戰國古璽印一一七方》第66號有"惡上"，《湖南省博物館藏古璽印集》43有"忬上"。陳劍認爲讀爲"慎上"似有困難，疑或可讀爲"順上"。其實，還是應讀爲"慎上"。"慎"訓"重"，"慎上"即"敬重上"。《古璽彙編·吉語璽八》4200—

4224 有“敬上、敬丌上”義同。

《古璽彙編·吉語璽八》4300、4301 有“訢官”，4302、4303、4304 有“忢官”。舊皆釋爲“悊官”。其實都當釋爲“慎官”。疑義與“慎上”近。“慎官”即“敬重官、敬重上”。

《古璽彙編·吉語璽三三》4900 有“訢禾敬明”，陳劍認爲可讀作“慎和敬明”。說是。“慎”“敬”義同，“慎和”即“重和”，不能釋爲“謹慎於和”或“順和”。

《古璽彙編·吉語璽三三》4901 有“訢正司敬”。應讀爲“慎正司敬”，即敬重正而執事敬。

《古璽彙編·吉語璽九》4321 有“忘爾”，4322—4327 有“忢爾”，原釋皆作“悊鑷”。陳劍作“惡亦”。“忘、忢”皆應釋作“慎”。4321—4327 之“爾”疑爲“亦”字之訛。而“亦”與“責”通。《說文》：“迹，或作蹟。”《爾雅·釋獸》：“其跡躔。”《釋文》：“跡，又作蹟。”《左傳·哀公元年》：“復禹之績。”《釋文》：“績，一本作迹。”《詩·大雅·文王有聲》：“豐水東注，維禹之績。”《左傳·襄公四年》：“茫茫禹迹。”《國語·齊語》：“遠績以成名。”《管子·小匡》“績”作“迹”。《後漢書·鄧晨傳》：“晨發積射士千人。”李注：“積與迹同，古字通用。”《說文》：“責，求也。从貝，朿聲。”“朿”形訛爲“亦”，故“責”“亦”混用。疑古璽“亦”當作“責”。“慎亦”即“慎責”，其義或爲“慎重於求責”，或爲“珍重責任”。

郭店簡《成之聞之》簡 38：“訢求之於己，而可以至天常矣。”又簡 40：“故君子訢六位以巳天常。”《郭店楚墓竹簡》一書將“訢”皆讀爲“慎”，至於“慎”義則無釋。郭沂將“慎”釋爲“謹慎”。涂宗流、劉祖信釋前者爲：“‘慎’，《爾雅·釋詁上》：‘慎，誠也。’相當於‘確實、確確實實’。”後一“慎”字則釋爲“謹慎”。其實，這兩個“慎”，既不能釋爲“誠”，也不能釋爲“謹慎”，都應釋爲“重”，“慎求至於己”即“重求之於己”，“慎六位”即“重六位”。

綜上可知，“慎”字本義當爲心裏珍重，而“謹、誠”皆爲引申義。傳世文獻和出土文獻裏的許多“慎”字，作“謹、誠”解，或者讀爲“順”，都難以文從字順，應該依其本義，解爲“重”或“珍重”。

《文史》2003-3，頁 185—193

○劉信芳（2003）　（編按：包山 145）訢：字又見郭店《老子》簡丙 12“訢終若始”，《緇衣》：“故上之好惡不可不訢也。”楚簡“慎”字皆如是作。

《包山楚簡解詁》頁 144

○李朝遠（2003）　（編按：上博三·中弓 20）“訢”，即“誓”，通假爲“慎”。上古音中,“誓”爲月部禪紐,“慎”爲真部禪紐:兩字雙聲,月、真旁對轉。

《上海博物館藏戰國楚竹書》(三)頁 278

○**陳偉**(2004)　(編按:包山 145“秦客陳訢”)雖然這個字的由來尚無定論,但在楚簡中讀爲“慎”則已成共識。

在上古音中,真、㐱二字爲章紐雙聲,真部疊韻,二字或所从得聲之字每相通假。高亨先生在《古字通假會典》中,即列有鬒與㐱、縝與袗、填與疹、鎮與珍、顚與㐱等字通假之例。傳世本《老子》五十六章的文句,馬王堆帛書《老子》甲本寫作“同其軫(从土)”,“軫(从土)”與通行本“塵”字和郭店竹書本“慎”字相對應,則是出土文獻中的例證。準此,在文字層面上,將“陳慎”讀作“陳軫”是没有問題的。

《古文字研究》25,頁 343—344

△**按**　中山王鼎的▨字,周波(《出土文獻與古文字研究》3 輯,復旦大學出版社 2010 年)讀爲“慎”,可信。

## 忠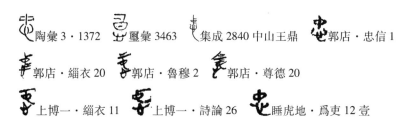

陶彙 3・1372　璽彙 3463　集成 2840 中山王鼎　忠 郭店・忠信 1
郭店・緇衣 20　郭店・魯穆 2　郭店・尊德 20
上博一・緇衣 11　上博一・詩論 26　睡虎地・爲吏 12 壹

○**吳大澂**(1884)　忠　忠　古玉鉢文。

《説文古籀補》頁 42,1988

○**丁佛言**(1924)　忠　忠　古鉢忠信。忠　古璽忠仁思士。

《説文古籀補補》頁 47,1988

○**高明、葛英會**(1991)　(編按:陶彙 3・1372)忠。

《古陶文字徵》頁 102

○**羅福頤等**(1981)　(編按:璽彙 1314、4502、4504、4503、4507、4879)忠。

《古璽文編》頁 261

○**何琳儀**(1998)　(編按:璽彙 2557)恳,从宀,忠聲。忠字繁文。

《戰國古文字典》頁 274

【忠仁】

○**羅福頤等**（1981）　（編按：璽彙4507、4508）忠仁。

《古璽彙編》頁411

【忠仁士】

○**王輝**（2001）　49.忠仁士（《秦印輯》61,鴨雄緑齋藏品）

49

四十九、忠仁士

　　秦吉語印多見"忠仁思士"（《集徵》圖版184·755—756,185·757）,"忠仁士"殆"忠仁思士"之省略。忠、仁爲儒家之道德理念。《論語·顏淵》:"子張問政,子曰:'居之無倦,行之以忠。'"又《里仁》:"君子無終食之閒違仁,造次必於是,顛沛必於是。"《述而》:"志於道,據於德,依於仁,游於藝。"戰國秦士吏亦深具此理念。《爲吏之道》:"以忠爲幹,慎前慮後。""仁能忍。""爲人臣則忠,爲人父則茲（慈）……"與印文意義接近。

《四川大學考古專業創建四十周年暨馮漢驥教授百年
誕辰紀念文集》頁302、303、309

【忠仁思士】

○**羅福頤等**（1981）　（編按：璽彙4879）忠仁思士。

《古璽彙編》頁442

○**王輝、程學華**（1999）　（755）忠仁思士（《十鐘》3.1）　本書圖版184

　　（756）忠仁思士（《故宮璽印選》478,鼻鈕）　本書圖版184

　　（757）忠仁思士（《十鐘》3.1）　本書圖版185

　　忠與仁是儒家所提倡的道德。《論語·顏淵》:"子張問政,子曰:'居之無倦,行之以忠。'"《里仁》:"君子無終食之閒違仁,造次必於是,顛沛必於是。"《述而》:"志於道,據於德,依於仁,游於藝。"

　　古書有"思士"一語。《列子·天瑞》:"思士不妻而惑,思女不夫而孕。"指思戀異性的男子,不過印文"思士"或與此有異。《集韻》:"思,慮也。"《論語·學而》:"學而不思則罔,

755　　756

思而不學則殆。"印文"思士"殆指善於思考的士吏。《爲吏之道》:"以忠爲幹,慎前慮後。""仁能忍。""爲人臣則忠,爲人父則茲（慈）……"與印文意義

接近。

《秦文字集證》頁 302—303

【忠心喜治】

○**王輝、程學華**(1999)　（765)（《珍秦齋》184,鼻鈕）　本書圖版 185

　　治訓修養,見上“正行治士”條説解。“忠心喜治”意爲内心喜
歡修養。“忠”讀爲中,《詩·小雅·隰桑》“中心藏之”,《韓詩外
傳》四引“中”作“忠”。“中心”就是心中,亦即内心。

《秦文字集證》頁 304—305

【忠臣】

○**何琳儀**(1998)　中山王鼎“忠臣”,見《荀子·儒效》:“忠臣誠能。”

《戰國古文字典》頁 274

【忠信】

○**羅福頤等**(1981)　（編按:璽彙 4502—4505)忠信。

《古璽彙編》頁 411

○**吳振武**(1983)　3463 𢘅·忠身(信)。

《古文字學論集》(初編) 頁 516

○**何琳儀**(1998)　燕璽“忠身”,讀“忠信”。

　　中山王方壺“忠諓”,讀“忠信”。

　　楚璽“忠信”,見中字 c。

《戰國古文字典》頁 274

　　楚璽“忠信”,讀“忠信”。見中字 c。

《戰國古文字典》頁 274

○**王輝、程學華**(1999)　（764)忠信(《珍秦齋》190,鼻鈕)　本書圖版 185

　　“信”字從“仁”從“言”,比較特殊。《説文》:“信,誠也。從人、
言。”信爲會意字,此從“仁”殆人之訛。

　　《爲吏之道》“吏有五善”,其中“一曰中( 忠)信敬上”,將“忠信”
放在首位。

《秦文字集證》頁 304)

## 愨　愨

睡虎地·語書 9

# 快 悜

珍秦 74　秦印　包山 82　包山 169

郭店·性自 12　郭店·尊德 35

上博一·性情 6

---

○劉釗（1998）　簡 82、169 有字作"、"，字表隸作"恭"。按字應直接釋爲"快"。"快"字見於《説文》，在簡文中用爲人名。

《東方文化》1998-1、2，頁 54

○何琳儀（1998）　包山簡快，人名。

《戰國古文字典》頁 905

○裘錫圭（1998）　（編按：郭店·尊德 35）"快"疑當讀爲"決"。

《郭店楚墓竹簡》頁 174

○荆門市博物館（1998）　（編按：郭店·語一 107）快（決）。

《郭店楚墓竹簡》頁 199

○陳偉（1999）　14.有其爲人之快（觖）如也，弗牧不可。　性自命出 47

　　快，疑當讀爲"觖"。《淮南子·謬稱》："禹無廢功，無廢財，自視猶觖如也。"許注："觖，不滿也。"牧，訓養。《易·謙》："'謙謙君子'，卑以自牧也。"王注："牧，養也。"孔疏："解'謙謙君子'之義，恆以謙卑自養其德也。"簡文似與《易》文有某種關聯，大意是説：自謙的人，必須注意修養。

《武漢大學學報》1999-5，頁 31

○劉昕嵐（2000）　（編按：郭店·性自 47）"快"，縱逸也。《荀子·大略》："賤師而輕傅則人有快，人有快則法度壞。"楊倞注："人有肆意。"《戰國策·趙策二》："恭於教而不快，和於下而不危。"高誘注："快，謂縱逸。"

《郭店楚簡國際學術研討會論文集》頁 346

○郭沂（2001）　（編按：郭店·性自 47）"快"，《説文》曰："喜也。""快如"，喜悦貌。

《郭店竹簡與先秦學術思想》頁 257

○濮茅左（2001）　（編按：上博一·性情 6）悜，即"怞"字，《正字通》："怞，俗忧字。"據文意似當讀作"囿"。《莊子·徐无鬼》："辯士無談説之序，則不樂；察士無淩誶之事，則不樂；皆囿於物者也。"

惥,《郭店楚墓竹簡·性自命出》作"快"。

《上海博物館藏戰國楚竹書》(一)頁 229

○**李零**(2002) 　(編按:上博一·性情6)簡 6,"快",原從右從心,對照下文簡 38 的"快"字(作"慧",兩者不同,只是省去了最上面的部分,並把"又"寫成"右"),應是"慧"字的省文。這兩個"慧"字都應讀爲"快"("快"是溪母月部字,"慧"是匣母月部字,讀音相近),不應讀爲"悶"。

《上博楚簡三篇校讀記》頁 69

○**白於藍**(2002) 　(編按:上博一·性情6)所謂"怗"字,原篆作"🜲",當釋爲"慧"。上引文字亦見於郭店楚簡《性自命出》篇,與此字相對應的字是"快"。上古音慧爲匣母月部字,快爲溪母月部字,兩字聲母同爲喉音,韻則疊韻,自可相通。《老子》十八章:"智慧出,有大僞。"漢帛書《老子》甲本慧亦作快。可證。郭店簡《性自命出》篇簡四十七有"有其爲人之快如也,弗牧不可"語,該句話亦見於上博簡《性情論》簡三十八,其中與"快"字相對應的字亦是"慧",原篆作"🜲"。"🜲"當即"🜲"之省形。

《華南師範大學學報》2002-5,頁 102—103

○**李天虹**(2002) 　三、快、慧

《性情論》六號簡釋文云:

惥(悶)於其者之胃(謂)兑(悅)。

三八號簡釋文云:

又(有)亓(其)爲人之慧女(如)也,弗牧不可。

惥,原文中間部位不甚清晰,約作 A:

A 🜲

慧,原文作 B:

B 🜲

與 A、B 相當之字,《性自命出》均作"快"。兩相比較,可以發現《性情論》整理者的釋文大概有訛誤。

古文字"夬"本象右手套扳指之形,最形象者如:

夬仰天湖 15 　夬曾磬上 3"馱"從 　夬包 49"翟"從

或將扳指與右手分開,都是扳指在上,右手在下,作:

夬曾磬上 4"馱"從 　夬曾鐘中 1.3"馱"從 　夬包 138"翟"從

又楚簡"快"字作:

包182　　　郭《尊》35　　　郭《性》12

對比來看,A 可能與《性自命出》相當之字一樣,也是"快"字。它把"夬"旁所從的"扳指"和"手"形調換了位置,扳指位下,右手位上,遂致形體與"右"近似。這使我們聯想起郭店簡中的"守"字。《唐虞之道》12 號簡"守"字作" ",所從" "可能是"肘"的指事字。《老子》甲本 13 號將指事筆畫" "移到手形之上,變作" ",使形體看上去比較怪異。但帛書和傳世本《老子》相當之字均作"守",證明釋" "爲守不誤。A 的寫法與《老子》"守"情形相同。另外,將 A 釋爲"快"於文義也十分貼切,而隸定爲"忌",讀作"圉"卻很難講通。

通過對 A 的字形分析,我認爲不能將 B 簡單地釋爲"慧"。

《説文》又部:"彗,掃竹也。從又持甡。"B 上部的" "即相當於篆文的" "。"彗"字金文作" "(《金文編》538 頁"雪"從),馬王堆漢墓帛書作" "(《秦漢魏晉篆隸字形表》197 頁),所從" 、 "與 B 上部基本相同。它們和篆文的" "一樣,應當都是掃竹之形的訛變。

《性情論》"心"及從"心"之字多見,一般作" 、 、 、 "等形,無一例作" "。因此,B 下部的" "很可能是由"夬( )"與"心( )"兩個偏旁併筆而成,"夬"的寫法與 A 相同。

綜上,B 似乎應該隸定爲"慧",下部即"快"字,上部"卉"係"彗"的省形。古彗、快音近可通,整理者在注釋中已有説明。那麼,僅從字形來看,B 是個雙聲符字,既可以釋爲"快",也可以釋爲"慧"。從文義考慮,讀作"慧"可能更爲恰當。

《郭店竹簡〈性自命出〉研究》頁 258—260

○陳偉(2003)　(編按:郭店·性自 47)"快"難以讀解,似有三種可能:(1)如字讀,指愉快或者放肆;(2)讀爲"觖",不滿義;(3)讀爲"慧",指聰明或者狡黠。

《郭店竹書別釋》頁 206

○裘錫圭(2003)　(編按:上博一·性情 6)上 6"忌於己者之謂悦",郭 12 作"忝(快)於己者之謂悦"。《上博》讀"忌"爲"圉",文義不可通。或以此字爲"慧"之省文,讀爲"快"(李文及白於藍《〈上海博物館藏戰國楚竹書[一]〉釋注商榷》,後者亦發表於簡帛研究網站),似亦難信。"右、夬"皆從"又",其另一組成部分形亦相近,疑"忌"即"忝"之誤字。

《華學》6,頁 53

○黃德寬等(2007)　包山簡快,人名,《郭店·性自》一二快,喜也,樂也。《戰

國策・秦策五》：“文信侯去而不快。”高誘注：“快，樂也。”《尊德》三五快，或
讀決，或讀慧。馬王堆帛書《老子》甲“知快出”，《老子》乙作“知慧出”，可以
爲證。

《古文字譜系疏證》頁 2396

念  悆

十鐘　　集成 2840 中山王鼎　　集成 121 者汈鐘

郭店・語二 13　　郭店・成之 2　　上博五・鬼神 7

○**吳大澂**（1884）　　念　　者汈鐘。

《說文古籀補》頁 42，1988

○**丁佛言**（1924）　　念　　古鉢相念。

《説文古籀補補》頁 47

○**强運開**（1935）　　念　　者汈鐘，吳書已入録，惟摹寫微誤。

《説文古籀三補》頁 53，1986

○**張政烺**（1979）　　（編按：集成 2840 中山王鼎）念，从心，含聲。鼎銘以含爲今，此即
念字。《説文》：“念，常思也。从心，今聲。”

《古文字研究》1 頁，229

○**孫稚雛**（1979）　　（編按：集成 2840 中山王鼎）又鼎銘“念之哉”的念寫作，與金文
和小篆的寫法也不相同，可見“口”作爲增加的部分，可能性似乎更大一些。

《古文字研究》1，頁 283

○**何琳儀**（1989）　　（編按：集成 121 者汈鐘）“念”，原篆作“”，與三體石經《君奭》
形吻合。

《古文字研究》17，頁 151

○**荆門市博物館**（1998）　　（編按：郭店・成之 2）悆（含）。

《郭店楚墓竹簡》頁 167

○**裘錫圭**（1998）　　（編按：郭店・成之 2）“能”下一字也有可能當讀爲“念”。

《郭店楚墓竹簡》頁 168

○**荆門市博物館**（1998）　　（編按：郭店・語二 13）悆（念）。

《郭店楚墓竹簡》頁 203

○**何琳儀**（1998）　　悆，从心，含聲。疑念之繁文。《説文》：“念，常思也。从

心,今聲。"又《集韻》之"恔,疎縱也"與意並非一字。

中山王鼎意,讀念。

《戰國古文字典》頁 1389

○李零(1999)　(編按:郭店·語二 13)2:1 貪生於欲。

《道家文化研究》17,頁 538

○張桂光(2001)　[圖],見《成之聞之》第 2 簡。辭云:"民不從上之命,不信其言,而能[圖]德者,未之有也。"釋文隸作"含"。裘錫(編按:脱"圭"字)按語以爲"也可能當讀爲'念'"。

"含德"費解,讀作"念德"自然要順暢一些。但從字形上分析,其字所从之[圖]似非"今"或"含"。本人於《古文字考釋六則》一文中曾將[圖]釋爲"詢"字,以爲[圖]之爲字,當釋爲"勻"而不釋"今"。楚簡中"今""勻"形近而有別,即以郭店楚簡言,"今"之作"[圖]"者(如《太一生水》第 25 簡[圖]字所从)自與"勻"之作[圖]者判然有別,其作[圖]者,如[圖](《語叢》四第 16 簡"陰"字)、[圖](《性自命出》第 52 簡"含"字)、[圖](《語叢》一第 38、40 簡用作"今"的"含"字),所增之短筆均在字左側,且呈外撇之勢;而从"勻"之[圖](《尊德義》第 34 簡"均")字、[圖](《語叢》三第 19 簡用作"均"的"昀"字)、[圖](《唐虞之道》第 2 簡用作"均"的"勢")),標示與[圖]區別之短筆均在字之右內側,且無外撇之勢,區別還是挺明顯的。[圖]字既當釋"詢",則[圖]字便當釋"恂"了。《説文》:"恂,信心也。"《書·立政》:"迪知忱恂於九德之行。"孔安國傳:"禹之臣蹈知誠信於九德之行。"所謂"恂德"即指誠信於德,"民不從上之命,不信其言,而能誠信於德者,未之有也。"於文義正合。

《簡帛研究二○○一》頁 188

○劉釗(2003)　(編按:郭店·語二 13)"意"和"念"皆从"今"聲,疑讀爲"貪"。

《郭店楚簡校釋》頁 204

○黃德寬等(2007)　郭店簡念,或讀貪。秦印"相念",吉語璽。

《古文字譜系疏證》頁 3880

# 憲　[圖]

[圖]十鐘　[圖]近出 1175 六年陽城令戈　[圖]新蔡甲三 25　[圖]睡虎地·秦律 193

[圖]璽彙 0751

○**河南省文物研究所**（1991）　五號戈：鑄造陰文兩列十一字，銘文的位置在內穿的下部，自上而下，由右向左依次隸爲：

圖四，5

　　六年陽城命（令）

　　韓季（？）□憲治□（圖四，5）

《華夏考古》1991-3，頁 31

○**何琳儀**（1998）　憲，春秋金文作🔲（秦公鎛）。从心，𡩋聲。憲，曉紐元部；𡩋，曉紐月部。月、元入陽對轉，諧聲吻合。憲爲𡩋之準聲首，音轉入元部。

《戰國古文字典》頁 899

○**田煒**（2006）　一、釋古璽中的"憲"（兼釋天星觀楚簡中的"𡩋"）

　　下列古璽見於《古璽彙編》（下文簡稱《璽彙》），

　長
　□

0751 衡集

左字缺釋，《古璽文編》（下文簡稱《璽文》）將其收入附錄，施謝捷先生釋爲"盲"，何琳儀先生在《戰國古文字典》中改釋爲"𡩋"（憲）。囿於體例，何先生並沒有展開論述。正因爲知之不詳，所以有些學者對他的觀點還有所保留。因此，我們認爲有必要對這個字的字形演變軌迹作進一步的說明。

　　"憲"，西周金文作🔲（牆盤），春秋時或从心作🔲（秦公鎛），戰國時作🔲（六年陽城令戈），上部省變頗甚。在隨縣曾侯乙墓出土的鐘磬銘文中，律名"姑洗"的"姑"有很多種寫法，其中就有从𡩋的。下面我們列出其中兩個形體，並對其中"牢"的結構進行簡單分析：

　　𡩋 A1 🔲　　　A2 🔲　　　𧕍 B1 🔲　　　B2 🔲

A2、B2 兩個形體豎筆皆被省略，A1、B1 則保留豎筆；A2 省去橫筆，其餘三形則保留；A1、A2、B2 中的"宀"，A2 變成了"冖"。上述六年陽城令戈中的"憲"字簡省最甚，只保留冖形。經過對比，我們知道🔲字所从的"牢"實際上是省略了橫筆，保留了豎筆，而且所从的"宀"也和 A2 一樣變成了"冖"。戰國文字中，把"宀"寫成"冖"的例子很多，如：

容　🔲郭店簡·語叢一　　　　客　🔲陳喜壺　　　宋　🔲《璽彙》1410

室　🔲《考古與文物》1997.1　　宗　🔲《秦文字集證》1333·15

例不勝舉。綜上所述,我們認爲把這個字釋爲"憲"更加合理。根據"長"字的寫法,我們初步認爲這是一方晉系古璽。

　　下面我們再來看看《璽彙》2252 號印中左邊的字。

2252 陳畏

《璽文》把這個字入附録,施謝捷先生也把該字釋爲"盲"。該字上部與"亡"字不相類,釋"盲"非是。或釋爲"际"。戰國文字"示"字没有作此形者,故亦不確。戰國文字中有一種特殊寫法,就是把由筆畫圍閉的形體填實,如"餘子"之作𪊽(《璽彙》0907)、"豫"之作𧰼(《璽彙》2083)等,李家浩先生對此已有精闢的論述,不贅。所以𪊽也應該是"憲"字。在上述的兩方古璽中,憲皆用爲人名。衆所周知,孔子有一個弟子叫原憲,可見先秦時期確實有以憲爲人名的。

《康樂集》頁 223—224

○**黄德寬等**(2007)　　秦印憲,姓氏。《通志・氏族略》四"憲氏,《姓纂》云,周之憲官,司寇之屬也。《急就篇》有憲義渠"。

《古文字譜系疏證》頁 2376

○**王恩田**(2007)　　憲。

《陶文字典》頁 276

**【憲盜】**睡虎地・秦律 193

○**睡簡整理小組**(1990)　　憲盜,據簡文,係一種捕"盜"的職名,《法律答問》作害盜,"憲"字《説文》云"害省聲",故與"害"字通假。

《睡虎地秦墓竹簡》頁 63

○**何琳儀**(1998)　　睡虎地簡"憲盜",或作"害盜",均讀"摲盜"。疑捕盜之官吏。《通俗文》:"束縛謂之摲。"

《戰國古文字典》頁 899

# 戁　戁

戁 秦駰玉版　　戁 郭店・老甲 16　　戁 郭店・六德 49　　戁 上博五・弟子 4

○**荆門市博物館**(1998)　　(編按:郭店・老甲 16)戁(難)。

《郭店楚墓竹簡》頁 112

○裴錫圭（1998）　（編按：郭店·性自 25）末一字疑當讀爲“欷”。

　　（編按：郭店·語四 14—15）“唯戁之”疑應讀爲“雖難之”。

《郭店楚墓竹簡》頁 183、218

○李零（1999）　（編按：秦駰玉版）“嘆”字从心从難，與此同。

《國學研究》6，頁 531

○曾憲通、楊澤生、蕭毅（2001）　（編按：秦駰玉版）“戁”，李文讀爲“嘆”；我們認爲指恐懼，《詩·商頌·長發》：“不戁不竦，百禄是總。”毛傳：“戁，恐。”

《考古與文物》2001-1，頁 51

○李家浩（2001）　（編按：秦駰玉版）“永戁憂嫠”，《研究》將“永戁”讀爲“詠欷”，説是長歎，並引《禮紀·樂紀（編按：“紀”當是“記”之誤）》“詠歎之”爲證。按《禮記·樂記》的“詠歎”指歌的長言唱歎，銘文的“永戁”當非此義。不過《研究》把“戁”讀爲“欷”，則是可取的。《詩·小雅·小弁》：“假寐永歎，維憂用老。”銘文的“永歎”與此同義。

《北京大學中國古文獻研究中心集刊》2，頁 102

○連劭名（2001）　（編按：秦駰玉版）“難”，原文以（編按：疑“以”爲“从”字之誤）“心”，“難”，《左傳·哀公十二年》云：“而藩其君舍以難之。”杜注：“難，困苦也。”

《中國歷史博物館館刊》2001-1，頁 50

○王輝（2001）　（編按：秦駰玉版）《爾雅·釋詁下》：“戁，懼也。”“戁憂”即憂懼、恐懼。《韓非子·奸劫弒臣》：“故劫殺死亡之君，此其心之憂懼，形之苦痛也，必甚厲矣。”

《考古學報》2001-2，頁 147

○李朝遠（2003）　（編按：上博三·中弓 12）“戁”，《説文·心部》：“敬也，从心，難聲。”讀爲“難”。《郭店楚墓竹簡·老子甲》等數處有此字，均讀爲“難”。

《上海博物館藏戰國楚竹書》（三）頁 272

忻 忻

璽彙 0383　　璽彙 2322　　包山 39　　郭店·性自 32

新蔡乙三 6　　上博二·容成 25　　上博七·凡甲 12

○丁佛言（1924）　忻　𝌺　古鉢釜忻。

《説文古籀補補》頁 47,1988

○羅福頤等（1981）　（編按：璽彙 2322、2321）悲。

《古璽文編》頁 262

○吳振武（1983）　0382 王𝌺・王忻　0383 同此改。

《古文字學論集》（初編）頁 492

○吳振武（1984）　［二八六］261 頁，悲，璽文二三一二、二三二一號作𝌺。

今按：此字釋悲誤，丁佛言在《説文古籀補補》中釋爲忻，甚確。古璽中悲字極多，一般作𝌺，或省作𝌺，從未見有作𝌺形的（看本條及 23 頁悊字條下所録其他璽文悲字）。古璽忻字作𝌺（《彙》三二七五），與此字同。忻字見於《説文・心部》。

《〈古璽文編〉校訂》頁 130,2011

［五九三］452 頁第六欄，𝌺

今按：此字從心從斤，應釋爲忻。古璽新字所從之斤或作𝌺（336 頁），悲字所從之斤或作𝌺（261 頁），皆與此字𝌺旁極近。原璽全文作“競忻厶（私）鉨”，古璽中名“忻”者亦習見，參本文［五八三］條。故此字應和 261 頁悊字條下二三二二、二三二一號璽文𝌺及 447 頁第六欄—448 頁第一欄𝌺同列一欄並釋爲忻。忻字見於《説文・心部》。

《〈古璽文編〉校訂》頁 231—232,2011

○何琳儀（1998）　楚器忻，人名。

《戰國古文字典》頁 1317

○荊門市博物館（1998）　（編按：郭店・性自 41）忻（近）。

《郭店楚墓竹簡》頁 180

○劉昕嵐（2000）　（編按：郭店・性自 32）忻，《玉篇・心部》：“忻，喜也。”嵇康《聲無哀樂論》：“……或忻然而歡……”

《郭店楚簡國際學術研討會論文集》頁 341

○李零（2002）　（編按：上博二・容成 25）忻（沂）。

《上海博物館藏戰國楚竹書》（二）頁 269

○賈連敏（2003）　（編按：新蔡甲 1・21）忻（祈）。

《新蔡葛陵楚墓》頁 187

○李零（2005）　（編按：上博五・三德 1）“忻”，喜歡，與“惡”含義相反。

《上海博物館藏戰國楚竹書》（五）頁 288

# 惇 憳

惇 郭店・窮達 15

○**荊門市博物館**(1998)　（編按：郭店・窮達 15）惇。

《郭店楚墓竹簡》頁 145

○**顔世鉉**(1999)　六、窮達以時，幽明不再。故君子憳（惇）於反己　《窮達以時》簡一五

　　憳，讀作"惇"，《説文》："憳（惇），厚也。从心，𩑹聲。"朱駿聲《説文通訓定聲》云："經傳皆以敦爲之，《左僖廿七傳》：'説禮、樂而敦《詩》《書》'，……《漢書・鮑宣傳》：'敦外親小童'，注謂'厚重也'。"又《漢書・成帝紀》詔曰："惇任仁人，退遠殘賊。"顔師古《注》："惇，厚也。遠，離也。"惇有崇尚、重視之意，簡文"君子惇於反己"，意爲：君子特別著重内在自我反省的工夫。《論語・學而》載曾子曰："吾日三省吾身：爲人謀而不忠乎？與朋友交而不信乎？傳不習乎？"此即曾子"反己"的工夫。《易・蹇卦・象傳》："山上有水蹇，君子以反身修德。"王弼《注》："山上有水，蹇難之象。""除難莫若反身修德。"境有順、逆，人有遇與不遇之時，身處逆境，更當反身修德以待時。

　　《六德》簡二一－二二："會墇長材以事上，謂之宜（義）。"墇通埻，讀作"敦"，敦有會聚之義。《詩・大雅・行葦》："敦彼行葦，牛羊勿踐。"毛《傳》："敦，聚貌。"簡文此謂會聚長材以事其長上，謂之義，此乃爲人子之道。

　　《成之聞之》簡四："君子之於教也，其道民也不憲，則其淳也弗深矣。"《郭簡》注："裘按：'憲'疑當讀爲'浸'。《易・遯》象傳'浸而長也'正義：'浸者，漸進之名。'其下一字或可釋'淳'。"按，裘先生將淳釋爲淳，是也。周師鳳五釋此則簡文云："字'憲'當讀作'湛'，深也；謂君子教導人民不深入，其教化浸漬於民者亦不深入矣。'淳'訓漬，見《廣雅・釋詁二》。"班固《漢書・地理志下》感歎齊地民風之變，就會説："道民之道，可不慎哉！"

《張以仁先生七秩壽慶論文集》頁 387—388

○**黄人二**(1999)　憳，惇也。《漢書・五行志》"盡力莫如惇篤"，《左傳・成公十三年》作"盡力莫如敦篤"；《汗簡》卷四心部"敦"字古文作"𩑹"，正"惇"字也。末句意如《論語・衛靈公》"君子求諸己"。

《出土文獻論文集》頁 42,2005；原載《古文字與古文獻》（試刊號）

○**李零**（1999）　（編按：郭店·窮達 15）幽明不再，故君子敦於反己。

《道家文化研究》17，頁 494

○**池田知久**（2000）　惇（淳）。

《池田知久簡帛研究論集》頁 85，2006；原載《古今論衡》5

○**湯餘惠等**（2001）　惇。

《戰國文字編》頁 703

○**劉釗**（2003）　惇《説文》訓爲“厚心”。

《郭店楚簡校釋》頁 176

○**李守奎**（2003）　慵。

《楚文字編》頁 619

○**李鋭**（2006）　（編按：郭店·窮達 15）恐皆不若“敦”字合適。《申鑒·雜言上》：“君子何敦夫學？”“敦夫學”即是“敦於學”，句式近於簡文的“敦於反己”，“敦”之義爲勤勉。此處“惇”字“亯”形之下省訛，難以斷定確實从“羊”。

《華學》8，頁 178

## 彗　彗

集粹　　　上博一·性情 38　　　睡虎地·日甲 82 背

○**何琳儀**（1998）　彗，甲骨文作䍺（前七·二三·一），象二帚掃塵土之形。甲骨文雪作霝，即从彗聲。彗或省作羽（前六·一七·七），遂與羽字混同。金文作彗（王仲皇父盉借作彗），省一帚作屮，亦象形，下加又旁見持帚之義。戰國文字承襲商周文字。或移塵土於帚柄作羽，與羽字有別。

　　睡虎地簡彗，人名。

《戰國古文字典》頁 1182

○**濮茅左**（2001）　（編按：上博一·性情 38）慧，《郭店楚墓竹簡·性自命出》作“快”，“慧”“快”兩字古通。

《上海博物館藏戰國楚竹書》（一）頁 274

## 恚　恚

集成 261 王孫遺者鐘　　　上博五·三德 11

○**李零**（2005）　(編按:上博五·三德 11"居毋惹")"惹"，疑讀"惰"（"惰"是定母歌部字，"惹"是端母月部字，讀音相近）。

《上海博物館藏戰國楚竹書》（五）頁 296

△**按**　上博五《三德》簡 11 的"惹"字，范常喜（《〈上博五·三德〉札记六則》，簡帛網 2006 年 5 月 18 日）讀爲"適"，王晨曦（《上海博物館藏戰國竹書〈三德〉研究》73—74 頁，復旦大學 2008 年碩士學位論文）讀爲"泰"，可參。

# 恬 恬

吉大 142

---

○**何琳儀**（1998）　秦璽恬，人名。

《戰國古文字典》頁 1447

○**湯餘惠等**（2001）　恬。

《戰國文字編》頁 703

# 恢 恢

上郡守戈　秦印　睡虎地·編年 25 貳

---

○**何琳儀**（1998）　秦璽恢，人名。

《戰國古文字典》頁 14

○**湯餘惠等**（2001）　恢。

《戰國文字編》頁 703

# 恭 蔥 恭

鐵雲 58·1　璽彙 5389　楚帛書

郭店·緇衣 8

---

○**李學勤**（1982）　(編按:楚帛書)"恭民殊智"，對神恭敬且有大智的人。

《簡帛佚籍與學術史》頁 41,2001;原載《湖南考古輯刊》1

○**黃盛璋**（1983）　"恭"（䢼）字寫法見於燕"恭昌"幣與燕《恭陰都》諸官印

中,或釋爲"益",然下從"心",當是"恭"非"益","恭陰都"印所見有"恭陰都司徒、恭陰都左司馬"等,"都"字從"旅"作"𢓊",乃燕印特有寫法,故皆爲燕官印無疑。此"恭"字爲燕國特有寫法,他國没有。

《内蒙古師範大學學報》1983-3,頁 51

○吴振武(1983)　　5389 恭・恭。

《古文字學論集》(初編)頁 525

○李零(1985)　　(編按:楚帛書)恭,讀爲恐。這兩句是説,慮民不知天變,把已經不可靠的曆法當作定則,死守住不敢加以改易變通。

《長沙子彈庫戰國楚帛書研究》頁 60

○何琳儀(1986)　　(編按:楚帛書)"恭",讀"恭"。《説文》:"恭,戰慄也。"《方言》六:"蛩恭,戰慄也。荆吴曰蛩恭。蛩恭,又恐也。"郭注:"蛩恭"者,"鞏恭兩音",此楚方言"恭""恭"同音訓"恐"之明證。又"恭民未智"與魚鼎匕銘"下民未智"句式相同。

《江漢考古》1986-1,頁 55

○嚴一萍(1990)　　(編按:楚帛書)《説文》:"恭,肅也。從心,共聲。"《説文拈字》謂:"古文恭止作共,秦人始加心,古實無此字也。"按臆説也。今繒書有恭字,而經典則恭共每互用。

《甲骨古文字研究》3,頁 265

○高明、葛英會(1991)　　恭。

《古陶文字徵》頁 103

○饒宗頤、曾憲通(1993)　　(編按:楚帛書)李、何皆讀恭爲恐,是。《魚匕》"下民無智,參蚩(蚩)蚘(尤)命"與"恭民未智"語同。

《楚地出土文獻三種研究》頁 261

○陳茂仁(1996)　　(編按:楚帛書)恭(恭、恐),從共從心,隸作恭。李零讀爲"恐",其是。恭,古音見紐東部;恐,古爲溪紐東部,二者音近可假借,恐,表疑慮之詞,作"擔憂"解。《左傳・成公十七年》:"余恐死,故不敢占也。"《論語・季氏》:"季孫之憂不在顓臾,而在蕭牆之内也。"

《楚帛書研究》頁 225

○何琳儀(1998)　　帛書恭,讀恭或恐,《説文》:"恭,戰慄也。從心,共聲。"《方言》六:"蛩恭,戰慄也。荆吴曰蛩恭。蛩恭,又恐也。"注:"蛩恭,鞏恭兩音。"

古璽恭,姓氏。晉太子申生諡恭君,其後以爲氏。見《尚友録》。

《戰國古文字典》頁 417

○**何琳儀**(1998)　(編按:鐵雲 58·1)齊陶憖,人名。

《戰國古文字典》頁 916

○**荊門市博物館**(1998)　(編按:郭店·緇衣 8)恭。

《郭店楚墓竹簡》頁 128

○**孔仲温**(2000)　《緇衣》簡 8 有㤸字,釋文隸定作"恭",簡文作:

《少(小)頤(雅)》員(云):"非其止之共唯王恭。"

《郭店》注云:"以上詩句今本作'匪其止共,惟王之邛'。見於《詩·小雅·巧言》。"該書指出簡文出處,是正確的,但存有部分問題未能深入。首先,簡文引《小雅》詩句,句式不同,文字有錯置的可能。今本"之"字在"王""邛"之閒,《詩經》亦然,而《詩經》多屬四言詩,考《巧言》三章云:"君子屢盟,亂是用長;君子信盜,亂是用暴;盜言孔甘,亂是用餤;匪其止共,維王之邛。"四言形式非常整齊,是疑簡文錯置。其次,"恭"字是否即今本的"邛"字呢?本文以爲應非一字,蓋"恭"應是"恐"之異體。《說文》:"恐,懼也。從心,巩聲。忎,古文。""恭"較"忎"多"共"的形符,而在音義均能與"恐"相通。"恐"字從心巩聲,"巩"從丮工聲。丮,《說文》云:"丮,持也,象手有所丮據也。"且考"共"字,《說文》固釋其形義爲:"共,同也。從廿卄。"與"丮"義略遠,然近世學者,從早期金文作𠬞,戰國金文作𠬞,以爲𠬞實𠬞之變,故《說文》所釋本形本義爲非是。方濬益、郭沫若、商承祚等學者都認爲𠬞字象兩手捧物之形。因此"丮"與"共"均有以手捧持物件的意思,其義相通。且"共"與"恐"上古同音,"共",上古音屬見母 *k-東部 *auŋ,"恐"追究其聲母"工"聲,上古音也是見母 *k-東部 *auŋ。但是"忎"爲"恐"的古文異體,"忎"從心工聲,爲何"恭"亦從"共"聲也爲"恐"的異體,"恭"字同時具有雙聲符,這種情形其實也見於戰國其他文字,例如包山楚簡:"兄"作𧥾,"㞱、兄"兩者皆爲聲符;又如中山王響鼎銘文之"𤔲"讀爲"哉","𤔲"所從"絲"與"才"同時爲聲符,因此"恭"與"忎"均爲"恐"的異體。簡文"恭",今本《緇衣》與《詩經》均作"邛","邛"應爲"恐"的假借。今簡文或可暫改作"非其止共,唯王之恭(恐)",其文意是指爲惡的臣子,不能恭敬誠篤,這只會給君王帶來憂懼。

《古文字研究》22,頁 244

○**徐在國**(2001)　《緇衣》簡 8 有字作㤸,簡文爲:"《少(小)頤(雅)》員(云):非其止之共,唯王㤸。"原書隸此字爲"恭",可從,但無説。注釋 24"以上詩句今本爲'匪其止共,唯王之邛'。見於《詩·小雅·巧言》"。"恭"字可分析爲从"共"从"忑","忑"即恐字。《説文》"恐"字古文作𢙌,中山王𢧑鼎"恐損社稷之光"之"恐"字作"𢙌"(《金文編》722 頁),江陵九店楚墓 b21 所出土的竹簡"恐懼"之"恐"字亦作𢙌。凡此均證"忑"即恐字。"恭"字是個雙聲符字,因爲古音共屬群紐東部,恐屬溪紐東部,二字韻部相同,聲紐均屬見系。古文字中雙聲符的字很多,陳偉武先生曾有專文詳論。此字在簡文中應讀爲"邛",邛字古音屬群紐東部。《詩·小雅·巧言》:"匪其止共,唯王之邛。"鄭玄注:"邛,病也,小人好爲言佞,既不供其職事,又爲王作病。"

《簡帛研究二〇〇一》頁 178

○劉信芳(2001)　(編按:楚帛書)"恭民",諸家多謂"恭"讀如"恐"。按:讀如字,蓋先民祀神必出以恭敬,此《國語·楚語下》"戰戰兢兢,以祀百神"是也,"恭民"猶後世之"善男信女"。《詩·小雅·小宛》:"溫溫恭人,如集於木,惴惴小心,如臨於谷。"又《詩·大雅·抑》:"溫溫恭人,惟德之基。"恭民即恭人也,恭,敬也。

《華學》5,134—135

○陳久金(2001)　(編按:楚帛書)"恭民未智,厤目爲則,毋童",恭釋恐,智釋知,義爲恐怕人民不知道。"厤"釋爲"擬",毋童即毋動,即以固有的法則,不變動。

《帛書及古典天文史料注析與研究》頁 80

○湯餘惠等(2001)　恭。

《戰國文字編》頁 725

○李守奎(2003)　恭　恭。

《楚文字編》頁 609

## 憼　憼

𢝊 集成 9735 中山王方壺　　𢜩 集成 285 叔夷鎛

○張政烺(1979)　(編按:集成 9735 中山王方壺)此銘敬省口旁,與古璽文同。憼,讀爲警,戒也。

《古文字研究》1,頁 211

○張克忠(1979)　(編按:集成 9735 中山王方壺)"以憼(警)嗣王",《説文》:"憼,敬也,从心、敬。"段注:"敬之在心者。又'警,言之戒也,从言敬'。《常武》:'既敬既戒。'箋云:'敬之言警也。'亦作儆。"以此文律之,警本作憼。

《故宮博物院院刊》1979-1,頁 44

○商承祚（1982）　　（編按：集成 9735 中山王方壺）憼，《説文》訓敬，從此銘看，應是憼戒之憼。

《古文字研究》7，頁 63

○陳邦懷（1983）　　（編按：集成 9735 中山王方壺）按，《説文》心部：“憼，敬也，從心從敬，敬亦聲。”壺銘憼讀爲警，同音假借也。

《天津社會科學》1983-1，頁 66

○馬承源（1990）　　（編按：集成 9735 中山王方壺）憼，通作儆，《説文·人部》：“儆，戒也。”

《商周青銅器銘文選》4，頁 575

○何琳儀（1998）　　中山王方壺憼，讀儆。《説文》：“儆，戒也。從人，敬聲。”或作警。《廣韻》：“警，戒也。儆同。”

《戰國古文字典》頁 784

○湯餘惠等（2001）　　憼。

《戰國文字編》頁 704

# 怡　

陶彙 3·73

○高明、葛英會（1991）　　（編按：陶彙 3·73）怡。

《古陶文字徵》頁 103

○何琳儀（1998）　　齊陶怡，人名。

《戰國古文字典》頁 57

○湯餘惠等（2001）　　怡。

《戰國文字編》頁 704

# 慈　慈慧愆

集成 9735 中山王方壺　　郭店·老甲 30　　上博三·中弓 7

上博四·內豊 4

陶彙 3·189　　陶錄 2·241·3

○李學勤、李零（1979）　　（編按：集成 9735 中山王方壺）第八行“慈孝宣惠”，與《左傳》文十八年"宣慈惠和"句似。

《考古學報》1979-2,頁 151

○**高明、葛英會**(1991) （編按:陶彙 3・189）慈 《古文四聲韻》引碧落文"慈"作
"慈"。

《古陶文字徵》頁 106

○**何琳儀**(1998) 慈,从心,孜聲。(《説文》:"孜,孜孜,汲汲也。从攴,子
聲。")慈之異文。《古文四聲韻》上平二十一慈作慈。

齊陶慈,人名。

中山王方壺"慈孝",見《國語・齊語》"慈孝於父母"。

《戰國古文字典》頁 89、92

○**荊門市博物館**(1998) （編按:郭店・老甲 30）慈(滋)。

《郭店楚墓竹簡》頁 113

○**陳佩芬**(2001) （編按:上博一・緇衣 13）經籍"慈""子"通用。《禮記・樂記》:
"則易直子諒之心,油然生矣。"《韓詩外傳》卷三"子諒"作"慈良"。又《晏子
春秋・外篇下》:"不可使子民。"《墨子・非儒下》"子"作"慈"。郭店簡
作"孳"。

《上海博物館藏戰國楚竹書》(一) 頁 189

○**李朝遠**(2004) （編按:上博四・内豊 4）"慈",《説文》所無。《中山王䤸鼎》、
《䤸壺》銘文中有"孳"字,釋爲"哉"。簡文从孳从心,與"慈"通。

《上海博物館藏戰國楚竹書》(四) 頁 223

○**陳思婷**(2007) （編按:上博四・内豊 4）"孳"字从絲(玆的古字)聲,又从才聲,
是一個兩聲字,因此"慈"字與"慈"字相同,應該就是"慈"的異體字。

《〈上海博物館藏戰國楚竹書(四)〉讀本》頁 110

○**王恩田**(2007) 慈。

《陶文字典》頁 281

△按 慈,"慈"字異體,《字彙》(《字彙 字彙補》159 頁,上海辭書出版社
1991 年)心部:"慈同慈。"

# 恩 恩

恩郭店・五行 13 恩郭店・五行 32 恩上博五・姑成 9

○**荊門市博物館**(1998)　(編按:郭店・五行 13)恖(溫)。

《郭店楚墓竹簡》頁 149

○**張光裕**(1999)　(編按:郭店・五行 13)恩。

《郭店楚墓竹簡・文字編》頁 195

○**劉信芳**(2000)　(編按:郭店・五行 13)盈:郭店隸作"恖",讀作"溫",其字帛本作"溫"。按原簡字形从心从盈省,不可隸作"恖"。若隸作"恖",則與"恩"字相混。其字與釋爲"怨"之"愠"亦不是一字。《説文》:"盈,仁也。"段注:"凡云溫和、溫柔、溫暖者,皆當作此字,溫行而盈廢矣。"《詩・邶風・燕燕》:"終溫且惠。"鄭《箋》:"溫,顏色和也。"《論語・季氏》:"色思溫。"盈乃仁之外顯,參第十六章小結。

《簡帛五行解詁》頁 35

○**陳偉**(2003)　12—13 號簡原釋文云:"仁之思也清,清則察,察則安,安則恖(溫),恖(溫)則悦,悦則戚,戚則親,親而愛,愛則玉色,玉色則型,型則仁。"又 32 號簡釋文云:"顏色容貌恖(溫)變也。"對於"安則"與"容貌"後一字,張光裕先生改釋爲"恩";劉信芳先生則説:"盈,郭店隸作'恖',讀作'溫',其字帛本作'溫'。按原簡字形从心从盈省,不可隸作'恖'。若隸作'恖',則與'恩'字相混。其字與釋爲怨之'愠'亦不是一字。"楚簡中的"因"字,有與此字上部類似者。不過,此字上部頂端有一向右斜出的筆畫,則爲"因"字所無。在《性自命出》中也出現過"愠"字,見於 34、35 號簡。其上部與此字上部的區別,更是顯而易見。

　　此字上部疑當隸作"函",通作"函"。甲骨文、金文中的"函"字作矢在函中。其中的矢多倒置,但亦見有作正立者。簡文此字上部似即作矢正置函中之形,應可釋爲"㽿"。函有包含、容納之義。以此理解簡書,大致也是通順的。

表 6-1　函、因、愠

| | | ![](因/六德14) | ![](因/性自命出19) | ![](愠/性自命出34) | ![](愠/性自命出35) |
|---|---|---|---|---|---|
| 五行 13 | 五行 32 | 因<br>六德 14 | 因<br>性自命出 19 | 愠<br>性自命出 34 | 愠<br>性自命出 35 |

　　作爲另一種可能,㽿也許借爲"溫"。在上古音中,函是匣母侵部字,盈是影母文部字,讀音相近。所以有學者認爲:"盈,从人,从函省,會包蕴之義。函亦聲。"在這個意義上,簡文"㽿"應可讀爲"溫",從而與帛書本一致。

《郭店竹書別釋》頁 52—53

○**劉釗**（2003）　（編按：郭店·五行 13）“悤”即“慍”字，從“𡆧”（盅之初文）從“心”，讀爲“溫”。“𩖲”乃“就”字，古“就”“戚”於音可通，所以可讀爲“戚”。“溫”即“溫良恭儉讓”之“溫”，意爲“溫柔寬緩”，也指臉色之和柔。

《郭店楚簡校釋》頁 76

○**魏啟鵬**（2005）　（編按：郭店·五行 13）安則悃（溫）

按：“悃”字乃“恩”之別構，張光裕教授隸簡文此字爲“恩”。恩、溫，古音同爲文部影紐，故得通借（從周祖謨先生説，“恩”隸文部）。參見《大戴禮記·曾子立孝》：“盡力而有禮，莊敬而安之……居處溫愉，著心於此，濟其志也。”

《簡帛文獻〈五行〉箋證》頁 12

○**李朝遠**（2005）　（編按：上博五·姑成 9）公恩，人名。

《上海博物館藏戰國楚竹書》（五）頁 248

## 憖　憖　�

《包山 15 反　　　　包山 194

包山 172

○**劉彬徽、彭浩、胡雅麗、劉祖信**（1991）　（編按：包山 15 反）憖，簡文作�、�。《説文》有憖字作�，與簡文形似。《説文》：“一曰説也。”

（編按：包山 172）�，簡文作�。簡 14 反（編按：簡 14 反當爲簡 15 反之誤）有憖字，作�。疑爲同一字之異體。

《包山楚簡》頁 42、52

○**劉信芳**（1998）　包山簡 16：“新佳迅尹不爲僕劃，僕袾佰履事將澞，不𢤱新佳迅尹。”又簡 15 反：“新佳迅尹不爲其謹，不希。”

“𢤱”字簡文作“𢤱”，或隸定爲“𢤱”，已不成字，按該字即希之異體，應隸定爲𢤱。《説文》：“㹜，犬張斷怒也，從犬，來聲，讀又若銀。”由此可知𢤱從㹜從斷省，“斷”是附加聲符，與“憖”實爲一字。𢤱、憖二字前後文例可對照，僅從校勘學的角度亦可知是一字。“不憖”是古代常用語，《詩·小雅·十月之交》：“不憖遺一老。”鄭義：“憖者，心不欲自强之辭也。”平輿令薛君碑：“不憖遺君。”《國語·楚語上》：“下毅雖不能用，吾憖置之於耳。”韋昭注：“憖，猶願也。”“不憖新佳迅尹”，意謂不願再勉强新佳迅尹斷案。簡 15 反是概括復述

簡 16 的内容,互文見義。

又包山簡 172 有"郱郢少司馬陳蘽",蘽可視爲"憖"之異體,用爲人名。

《容庚先生百年誕辰紀念文集》頁 616—617

○**何琳儀**(1998)　包山簡憖,問。見《説文》。

《戰國古文字典》頁 1324

(編按:包山 172)膰,從肉,憖聲。

包山簡膰,人名。

《戰國古文字典》頁 1324

○**史傑鵬**(2005)　我們認爲,這個字的意思應該和與這個案件有關的 15 號簡反面的簡文"憖"字有關:

新偌迅尹不爲其察,不憖。　　(15 反)

這條簡文實際上是楚王給中央主管司法的官員左尹的批示,要他查處此案。文中的"不憖"和 16 號簡的"不檔"應該是相同或相近的意思。"檔"字不見於字書,不好解説。但"憖"字卻是典籍中常見的。《説文·心部》:"憖,問也……一曰説也,一曰甘也。"段玉裁等《説文》學家認爲"甘"是"且"的誤字。我們認爲這不是什麼誤字。《説文》中的"説也"和"甘也"的意思有相通之處,也就是表示"滿足"的意思。《左傳·文公十二年》的"兩君之士皆未憖也",也就是説雙方的士兵都没有滿足,還想再戰。杜預訓爲"缺也"並不合乎原意。同樣,這條簡文也是説,五師宵倌之司敗認爲新偌迅尹不爲其主持公正,他心裏不很滿足。

《湖北民族學院學報》2005-3,頁 63

○**林素清**(2007)　《包山楚簡》有𢜫,從猒從心,見簡 15 反,簡文爲:

五師之司敗告謂:"邵行宵倌之大夫吟執其倌人,新造卜尹不爲其察,不憖。"

《包山楚簡》考釋云:

憖,簡文作𢜫、𢝫。《説文》有憖字作𢝡,與簡文形似。《説文》:"一曰説也。"

是已認識"憖"字,但説解則直接引《説文》"説也",未能作出具體解釋。隸定爲憖是正確的,但字義説解爲"不説"恐怕未必恰當。《包山楚簡》簡 14—17,是一組完整的文書,有標題"集書言"(簡 14)、事由敘述(簡 15—17)、文書處理流程摘要(簡 15—17 反)。簡文抄録如下:(中略)

"新造卜尹不爲其察,不憖"之"不憖"爲當時司法術語,其義似與《詩》

《左傳》“不憖遺一老”之“不憖”接近，有“不肯、不甘、不願”義，爲“心不欲，自彊之辭”義，也是下對上、臣對君時用語。簡文大義爲：五師宵倌之司敗若對新造卜尹不爲斷案一事，不願接受，故有再提上告之舉。

《古文字與古代史》1，頁 521—522

△按　清華貳《繫年》簡 45“憖”字作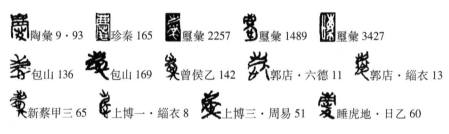形，清華叁《芮良夫毖》簡 15“憖”字作形，可參。上博九《靈王遂申》簡 1 有字作，整理者陳佩芬（《上海博物館藏戰國楚竹書》[九] 159 頁，上海古籍出版社 2012 年）隸定爲“憖”，其認爲“‘憖’，字形不清，疑隸定爲‘憖’，字書所無，待考”。蘇建洲（《初讀〈上博九〉札記》[一]，簡帛網 2013 年 1 月 6 日）釋爲“憖”，正確可從。

# 慶　慶

○吳大澂（1884）　慶　　古鉢文。

《説文古籀補》頁 42，1988

○丁佛言（1924）　慶　　古鉢卓慶。　古鉢慶。　古璽慶信鉢。古匋蔓陽匋里人慶。　古匋□里□慶。

《説文古籀補補》頁 47，1988

○强運開（1935）　慶　　古鉢慶沽。

《説文古籀三補》頁 53，1986

○羅福頤等（1981）　慶。

《古璽文編》頁 262

○吳振武（1983）　0236 瘦信鉥·瘦慶信鉥。

　　1269 辛言鉥·辛慶忌鉥。

　　3427 大□·大□慶。

《古文字學論集》（初編）頁 490、497、515

○陳漢平（1989）　古璽文有字作（0236）、（3427）、（5676），《文編》收入附錄。按此三字从心，从鹿省，《説文》：“慶，行賀人也。从心从夊。吉禮以鹿

皮爲贄,故从鹿省。"知此三字當釋爲慶。

《屠龍絶緒》頁 276

○**林素清**（1990） 附録六五[慶]、[慶]皆慶字,參考（103）條。1269、3427 璽文分別是"辛慶忌林、大[慶]慶"。（中略）

附録七八[慶]亦慶字,璽文作"高慶忌",慶忌爲先秦常見名字,參考（103）（152）。

《金祥恆教授逝世周年紀念論文集》頁 113、115

○**高明、葛英會**（1991） 慶 《汗簡》引《尚書》慶作[慶],《類篇》作[慶],與此同。

《古陶文字徵》頁 106

○**葛英會**（1992） 四 釋慶

《説文》心部慶:"行賀人也。从心、夊,吉禮以鹿皮爲摯,故从鹿省。"按金文慶字,作圖四 11—14 諸形,从心,不从夊,从鹿不省。陶文有圖四 1 所揭之字,《陶文編》入於附録,無釋。按此亦从心从鹿,應爲古文鹿的或體。

陶文鹿字作圖四 6—8 所出之形,與圖四 1 所从鹿字相近。古璽文有麃字（圖四 9）所从鹿字亦與圖四 1 相近。《古文四聲韻》所引《古尚書》《古孝經》慶字（圖四 2、3）及《汗簡》所録《古尚書》慶字（圖四 4）,亦皆與圖四 1 陶文相近或相同。《類篇》隸定的古文慶字（圖四 5）也與圖四 1 陶文相同。此陶文慶字的認定,反過來證明《汗簡》《古文四聲韻》所録古文典籍之慶字是信而有徵的。

陶文慶字,形體可分爲三類:第一類如圖四 10 所揭,與金文（圖四 11—14）同;第二類即如圖四 1 所揭,先秦時代只見於陶文。以上兩類形體雖有差別,然皆从心从鹿,第三類如圖四 15 所揭,从心从夊从鹿。構字成分與《説文》同。

陶文慶字與古愛字、古憂字有着相同的發展軌迹。金文愛字、憂字如圖四 16、17 所揭,皆不从夊,見於睡虎地秦墓竹簡的愛字、憂字（圖四 18、19）,均已从夊作,這一變體的緣由尚不可知。

1、6、15.《季木藏陶》13.3、76.4、65.10 2.《古文四聲韻》引《古孝經》 3.《古文四聲韻》引《古尚書》 4.《汗簡》引《古尚書》 5.《類篇》心部 7、8.《陶文編》10.69 9.《古璽彙編》0360 10.《鐵雲藏陶》89.1 11.陳公子仲慶匜 12.召伯簋 13.五祀衛鼎 14.武叔慶父鬲 16 中山王響鼎 17 盎壺 18、19.《睡虎地秦墓竹簡》爲吏之道

《考古學研究》1,頁 315—316 圖四

○**周寶宏**（1996） 五年龔令思戈銘文見於《殷周金文集成》,與此基本相同的

銘文見於黃盛璋先生《試論三晉兵器的國別和年代及其相關問題》。黃先生釋爲：五年龔斾（令）寧，左庫工帀（師）長克虘、右數□。其中“虘”字與五年龔令戈銘文完全相同，皆作㣎形。按：㣎形上部與“虍”字旁形體不符。古璽文、古陶文、戰國金文、楚簡等文字中的“虍”字旁没有作㣎形的。㣎爲麃字。金文瀘字从麃作㣎（師酉簋）、㣎（中山王礜壺）。金文慶字从麃作㣎（慶孫之子㠱）、㣎（蔡侯龖鐘）。古璽文慶字作㣎（《古璽彙編》3011）、㣎（2340）。中山王礜器文字虘字作㣎（見張守中先生《中山王礜器文字編》）。包山楚簡慶字作㣎（《包山楚簡》179）。上列諸形體可證㣎字旁爲麃字無疑。㣎當隸作䶂，此字不見字書。

　　　　　　　　　　　　　　　　　　　《于省吾教授百年誕辰紀念文集》頁 283

○何琳儀（1998）　（編按：璽彙 2257）䴧，从鹿，蜀聲。疑䮎之異文。《廣韻》：“䮎，驢䮎，野馬。”或“鹿屬”（驢䮎）合文。

　　楚璽䴧，人名。

　　　　　　　　　　　　　　　　　　　　　　　《戰國古文字典》頁 378

　　慶，甲骨文作㣎（類纂一九一四）。从麃从心（♡之倒文），會麃心正直善美之意。參《説文》：“麃，解㢼獸也。似山牛，一角。古者訣訟令觸不直。象形。从豸省。”（十上七）或説慶本从麃，从角（令觸不直），角訛變爲心。《廣雅·釋詁》一：“慶，善也。”西周金文作㣎（五祀衛鼎），春秋金文作㣎（陳公子仲慶簠）。戰國文字承襲兩周金文。心或訛作□形，或省心。麃或省尾部↑。楚系文字或作㣎，麃訛作鹿爲小篆所本。秦系文字麃之尾部↑訛作夂形，爲小篆所本。

　　晉璽、韓兵、趙兵慶，姓氏。出嬀姓，陳桓公五世孫，亦爲桓氏。見《潛夫論》。

　　包山簡慶，姓氏。

　　秦陶慶，姓氏。睡虎地簡慶，見《詩·小雅·楚茨》“孝孫有慶”，箋：“慶，賜也。”

　　　　　　　　　　　　　　　　　　　　《戰國古文字典》頁 644—645

○王輝（2001）　㣎42

　　42.郝慶（《秦印輯》39，《中二》26 頁）（中略）

　　　　　　　　　　　　　　　四十二、郝慶

　　《珍秦》35 正面“郝氏”，游國慶隸作郝。讀爲奕，不確。《廣韻·鐸部》：“郝，姓也。殷帝乙時有子期封太原郝鄉,後因氏焉。”咸陽出土秦陶文有“咸高里郝”(《類編》452)。“慶”字同《珍秦》49“王慶”,《秦陶》479 墓志瓦文“東武居貲造慶忌”慶字亦近。六國古璽慶字多作“䔍”(《古璽文編》10·9),差距較大。

《四川大學考古專業創建四十周年暨馮漢驥教授
百年誕辰紀念文集》頁 302、303、308

○陳佩芬(2001)　(編按:上博一·緇衣 8)慂(慶)。

《上海博物館藏戰國楚竹書》(一)頁 182

○濮茅左(2003)　(編按:上博三·周易 51)“慶慇”,福慶安舒。

《上海博物館藏戰國楚竹書》(三)頁 206

【慶李】包山 133

○劉信芳(2003)　慶李:讀爲“卿理”,職官名。曾侯乙簡 62、142“慶事”,172、199 作“卿事”,文獻作“卿士”。《左傳》隱公三年:“鄭武公、莊公爲平王卿士。”卿理應與卿士相類。

《包山楚簡解詁》頁 131

【慶忌】

○羅福頤等(1981)　䜌5571。

《古璽文編》頁 398

○孫貫文、趙超(1981)　王慶忌一印方形陽文,長寬各 1.4 釐米,爲戰國時所常見的小型陽文璽印。印文三字橫列,見圖一〇,字體與其他戰國文字相同。

《考古》1981-4,頁 337

○吳振武(1983)　1146 高㦣忌·高慶忌。

1269 辛㦣忌鉥·辛慶忌鉥。

5587 王䜌·王慶忌。

《古文字學論集》(初編)頁 497、526

○陳漢平(1989)　古璽文有人名作㦣忌(1146:高△△)、㦣忌(1269:辛△△鉥)、䜌(5587:□△△),此人名前一字乃慶字,後一字從己從心,乃忌字,此人名當釋爲慶忌。慶忌爲周代至漢代常見人名,東周有要離刺慶忌之著名故事,《漢書》有《辛慶忌傳》。

《屠龍絕緒》頁 276

○林素清(1990)　附録六五㦣、㦣皆慶字,參考(103)條。1269、3427 璽文分別是“辛慶忌鉥、大德慶”。

《金祥恆教授逝世周年紀念論文集》頁 113

○**何琳儀**（1998）　齊璽“慶忌”，習見人名。

秦璽“慶忌”，習見人名。

《戰國古文字典》頁 645

△按　田煒（《古璽探研》138—139 頁，華東師範大學出版社 2010 年）結合璽印材料和傳世文獻，對“慶忌”一語詳加討論，可參。又清華肆《筮法》第二十九節“爻象”有“鳶忑”一語，郭永秉（《說“鳶忑”》，復旦網 2014 年 1 月 8 日）讀爲“慶忌”，可參。

【慶事】曾侯乙 62、142

○**裘錫圭、李家浩**（1989）　“慶”上一字不識。“慶事”亦見於 142 號簡，即 172 號、199 號簡“卿事”的異文。“慶”“卿”古音相近可通。如《史記·虞卿傳》的“虞卿”，《韓非子·外儲說左上》作“虞慶”。《史記·天官書》的“卿雲”，《漢書·天文志》作“慶雲”。“卿事”見於作冊令尊、毛公鼎等銘文，古書作“卿士”。《左傳》隱公三年“鄭武公、莊公爲平王卿士”，杜預注：“卿士，王卿之執政者。”

《曾侯乙墓》頁 518

○**何琳儀**（1998）　隨縣簡“慶士”，讀“卿士”。《史記·高祖本紀》“項羽矯殺卿子冠軍”，集解引徐廣曰：“卿一作慶。”《史記·燕召公世家》：“卿秦攻代。”《戰國策·燕策》三作“慶秦”。是其佐證。《書·洪範》“謀及卿士”，疏：“卿士，六卿掌事者。”又《禮記·祭統》：“作率慶士。”

《戰國古文字典》頁 645

愻

集成 126 者汈鐘　郭店·緇衣 26

○**強運開**（1935）　（編按：集成 126 者汈鐘）愻。

《説文古籀三補》頁 53，1986

○**郭沫若**（1958）　（編按：集成 126 者汈鐘）“愻學趄趄，哉弼王宅，宔玫庶戲”者，言諸咎謙遜好學而又有武勇。

《考古學報》1958-1，頁 3

○**何琳儀**（1989）　（編按：集成 126 者汈鐘）“愻”，見《説文》：“愻，順也；从心孫聲。《唐書》曰，五品不愻。”今本《書·舜典》作“五品不遜”。饒引《書·兑命》“惟學遜志務時敏”，蔡傳“遜，謙抑也”，以證本銘“愻學”，甚是。

《古文字研究》17，頁 150

○**董楚平**（1992）　（編按：集成 126 者汈鐘）愻，古遜字。《説文》：“愻，順也。”《禮記·學記》“入學鼓篋，孫（遜）其業也”，鄭玄注：“孫，恭順也。”又“不陵節而施之謂孫”，《説苑·建本》作“不陵節而施之曰馴”。本銘“愻學”當出於《學記》。“考之遜學”，意謂要注意恭馴，虛心向長者學習。

《吳越徐舒金文集釋》頁 182

○**何琳儀**（1998）　者汈鐘“愻學”，參《書·兑命》“惟學遜志務時敏”，蔡傳：“遜，謙抑也。”

《戰國古文字典》頁 1354

○**荊門市博物館**（1998）　（編按：郭店·緇衣 26）愻（遜）。

《郭店楚墓竹簡》頁 130

○**龐樸**（2000）　再如《緇衣》篇 26 簡“恭以蒞民，則民有☆心”。心前的☆字，簡文從心從孫；傳世本徑作“孫”；釋文則定爲從辶從孫的“遜”；其實此字應該隸定爲愻。蓋孫而從心、從辶，意思是不一樣的，一個是説心態的謙順，另個是説行爲的馴順。《論語》上“孫以出之，信以成之”“惡不孫以爲勇者”，皆是就心態而言的假孫爲愻的實例。從文字的孳乳看，當是原本只有“孫”字；而後，由於區別心態和行爲的必要，遂生出從心之愻與從辶之遜兩個字來；再後，從辶的字專行，從心的字漸廢，復歸於一，如今日所見。

《郭店楚簡國際學術研討會論文集》頁 37

# 寋 寋

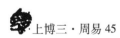
上博三·周易 45

○**濮茅左**（2003）　“寋”，《説文·心部》：“實也，從心，宷聲（編按：《説文》原文爲“寋省聲”）。”或讀爲“愆”，《説文·心部》：“愆，過也，從心，衍聲。”《集韻》：“愆，過也，或從寒省。”《玉篇》：“愆，過也，失也。”“心寋”，心中過失，追悔之意。凡患生於心，愆必由己，當清心除患，潔志消愆。

《上海博物館藏戰國楚竹書》（三）頁 197

○**李零**（2006）　寋，馬王堆本作塞，今本作惻。此字有安、塞之義，惻是悲痛之義，含義不同，但寋、塞是心母職部，惻是初母職部，讀音相近。簡文惻，有時還用爲賊。這裏是用前一種讀法。濮注或讀愆,是誤以爲此字從寒得聲。

《中國歷史文物》2006-4,頁 63

○**何琳儀**(2007)　　"寋",帛本作"塞",今本作"惻",韻母同屬之部。

《上海博物館藏楚竹書〈周易〉》頁 106,《儒藏》精華編二八一

# 恂

陶彙 3·1052　　陶彙 3·1054

○**吳大澂**(1884)　　 古陶器文,《説文》所無。

《説文古籀補》頁 43,1988

○**丁佛言**(1924)　　恂　 古匋,原書謂《説文》所無。按:勹古文有作者,蓋勹之異文。古匋。

《説文古籀補補》頁 47,1988

○**顧廷龍**(1936)　　恂,《説文》:"信心也。从心,旬聲。"按鉢文从旬之字均作、,疑即之異。

《古匋文香録》卷 10,頁 2,2004

　　惷。按即屯之異。《説文》:"惷,亂也。从心,春聲。《春秋傳》曰:'王室日惷惷焉。'一曰厚也。"

《古匋文香録》卷 10,頁 2,2004

○**金祥恆**(1964)　　恂。

　　惷,愚也。从心,春聲,丑江切。

《匋文編》頁 71、72

○**高明、葛英會**(1991)　　恂　《古文四聲韻》引《古老子》均字所从旬旁作,與此所从同。

《古陶文字徵》頁 103

○**何琳儀**(1998)　　齊陶恂,人名。

《戰國古文字典》頁 1111

○**裘錫圭**(2004)　　在釋字方面,《香録》也仍有勝於這兩部後出之書的地方。例如陶文中有一個从"心"聲的字,吳大澂《説文古籀補》以此字爲"論(編按:"論"當爲"説"之誤)文所無"(十·七下);丁佛言《説文古籀補補》以其聲旁爲

“旬”之異,釋此字爲“恂”(十・六下);《畚録》則以其上部𦥑爲“屯”之異,釋此字爲《説文・心部》訓爲“亂”的从“𦱤”聲的“惷”字(十・二下。“春”字篆文从“艸”从“日”“屯”聲)。丁、顧二説究竟何者爲是,尚可研究(《文字徵》103頁釋“恂”),但釋“惷”至少可備一説。《陶文編》釋此字爲《説文・心部》訓爲“愚”的从“春”聲的“惷”字(71頁下),就顯然錯了。

《古匋文畚録・重印序言》頁 2—3

# 惟 愇 㥁

集成 4649 陳侯因資敦　　郭店・尊德 21　　上博六・用曰 6

○**徐中舒**(1933)　（編按:集成 4649 陳侯因資敦）愇,孫詒讓《古籀餘論》讀惟,以“其惟”屬下文爲句,極是。愇即惟字,从心,唯聲,不省口。

《徐中舒歷史論文選輯》頁 410,1998;原載《史語所集刊》3 本 4 分

○**强運開**(1935)　　惟　㥁　陳侯因資敦,其惟因資揚皇考紹練高祖。从心从唯。

《説文古籀三補》頁 53,1986

○**何琳儀**(1998)　　㥁,从心,唯聲。惟之繁文。

　　因資錞（編按:脱“㥁”字）,讀惟。

《戰國古文字典》頁 1205

○**李零**(1999)　（編按:郭店・尊德 21）行矣而無違。

《道家文化研究》17,頁 522

○**陳偉**(2000)　（編按:郭店・尊德 21）行矣而亡㥁。

《郭店楚簡國際學術研討會論文集》頁 70

○**陳偉**(2001)　（編按:郭店・尊德 21）惟,思慮,度量。

《中國哲學史》2001-3,頁 120

○**李鋭**(2003)　　13.《尊德義》簡 21:行矣而亡㥁

　　“亡㥁”,李零先生釋爲“無違”。陳偉先生《調整》讀爲“亡㥁”;《校釋》則連下文讀爲“形矣,而亡惟兼(養)心於子(慈)良”。

　　按:此字从心从唯,近於陳侯因資錞所釋“惟”字,疑即“惟”之繁構。“惟”(喻紐微部字)與“違”(匣紐微部字)、“㥁”(泥紐元部字)音較遠。“惟”與“爲”古通,此處疑讀爲“無僞”。

　　《尊德義》簡 28:“爲古衛民向方者。”原釋文釋爲“爲故率民向方者”,李

零先生釋爲“爲古率民向方者,唯德可”。陳偉先生讀“爲”爲“化”上接簡 16,連讀爲“安化。故率民向方者,唯德可”。

　　按:“爲”與“惟”古通,此疑讀爲“惟”,發語詞,《尚書·秦誓》:“惟古之謀人。”疑此爲《尊德義》簡文全篇之首。

《華學》6,頁 90

○劉釗(2003)　　（編按:郭店·尊德 21）“慝”疑讀作“遺”,古音“唯、遺”皆在喻紐微部,於音可通,《詩·齊風·敝笱》:“其魚唯唯。”《釋文》:“唯唯,《韓詩》作‘遺遺’。”可證。

《郭店楚簡校釋》頁 131

## 懷 儇 罞

懷 睡虎地·日甲 112 背　　懷 睡虎地·封診 84
　璽彙 3929　　罞 璽彙 2712　　罞 郭店·尊德 33　　罞 上博五·季庚 22

---

○劉釗(1991)　　[48]懷

古璽文有下揭一字:

　　　1 罞 3929　　　2 罞 2712

《璽文》以不識字列於附録。按字下部从心,上部从“罞”。所從目旁已變爲从田,與下列繯、澤二字所從目旁的演變相同:

　　　繯 罞 2603　　　澤 罞 0362

　　故古璽“罞”字可隸作“慄”,應是从心罞聲的一個字。在戰國文字中,从衣旁的字有時可以省去衣旁,如古璽文讓字作“罞”(2781),又作“罞”(0986)。從古文字演變規律來看,襄與襄所从之“罞”本爲一字,原本作“罞”“罞”,發展到金文始加土旁、支旁和衣旁,作“罞”“罞”“罞”“罞”“罞”。襄字的演變與襄字很相似。襄字也應該是由罞字加形旁“衣”分化出的一個字。襄从罞聲,故从襄聲的字自然可从罞得聲。《説文》壞字古文作“罞”,即是證明。所以古璽文“罞”就應隸作“罞”而釋爲“懷”。懷字於璽中都用爲人名。

《古文字構形學》頁 296,2006

○荊門市博物館(1998)　　（編按:郭店·尊德 33）罞。

《郭店楚墓竹簡》頁 174

○**裘錫圭**(1998)　(編按:郭店・尊德33)悳,裘按:疑當釋爲"懷"。

《郭店楚墓竹簡》頁 175

○**李守奎**(2003)　(編按:郭店・尊德33)懷　悳。

《楚文字編》頁 610

○**李守奎、曲冰、孫偉龍**(2007)　(編按:上博五・季庚22)懷　悳　按:疑从裏之省形。

《上海博物館藏戰國楚竹書(一——五)文字編》頁 485

# 懼 懼　愳 惽

璽彙 2813　　陶彙 3・234　　陶録 2・218・4

玉印 26　上博二・從乙 3

集成 2840 中山王鼎　　九店 621・13　　上博六・鄭壽 3　　睡虎地・爲吏 7 肆

○**丁佛言**(1924)　　柯昌泗謂是古畏字。古鉢韓畏。

《説文古籀補補》頁 69,1988

○**商承祚**(1982)　(編按:集成 2840 中山王鼎)《説文》愳,古文懼。

《古文字研究》7,頁 58

○**高明**(1990)　3.234 蒦圉匋里人惽。

《古陶文彙編》頁 17

○**李家浩**(2000)　(編按:九店 621・13)"懼"字原文把"心"旁寫在"瞿"旁所从"眲"之下,與"佳"並列,跟戰國文字会(佰)、鏤(鏤)羅(斟)等字結構同類(《古璽文編》210、335、506 頁)。

《九店楚簡》頁 143—144

○**何琳儀**(1998)　中山王鼎懼,恐懼。

《戰國古文字典》頁 483

惽,从心,睪聲。愳之繁文。
戰國文字惽,人名。

《戰國古文字典》頁 483

○**吳良寶**(1999)　《璽彙》二八一三、三四一三號有字作下揭 a1、a2、a3 形,原書缺釋。丁佛言《説文古籀補補》(中華書局 1988 年 2 月版)引柯昌泗謂 a2

"是古畏字"（見該書附録十三，頁 69 上），不可信。同樣的形體還見於《陶彙》三·二三四，作 a3 形，《陶徵》一書置於附録（297 頁）。

🔲 a1    🔲 a2    🔲 a3

今按，a1—a3 各字應分析爲从眀从于从心，可隸作"愭"。戰國文字中"目"形如：

🔲"日"《陶彙》三·七〇一      🔲"督"《璽彙》三五六六

🔲"緩"《璽彙》一二八八      🔲"看"《陶彙》四·一五

例不多舉。根據《説文》"懼"字古文，李天虹先生認爲 a1、a2 是"懼"字異體（《〈説文〉古文校補疏證》，吉林大學碩士學位論文，1990 年 5 月），其説可從。"愭"可以分析爲从心，眀聲，于亦聲。上古音"懼"屬群母魚部，"于"屬匣母魚部。二字韻部相同，聲母喉牙可通轉，因此，"于"作爲"思（懼）"的疊加聲符是可行的。戰國文字本有形體不省的"懼"字，可參下揭各形：

🔲中山王鼎      🔲江陵九店楚簡      🔲郭店楚簡

和"愭"形相比，只不過是將"隹"形符换成了"于"聲符。這種現象在戰國文字中也很常見。因此將"愭"視作"懼"之異構是可行的。

《中國古文字研究》1，頁 153—154

○王恩田（2007）   （編按：陶録 2·153·3）罢。

《陶文字典》頁 287

△按  《陶文圖録》2·153·3 之形，王恩田隸定爲"罢"，徐在國認爲："此字應隸定爲'罢'，李天虹先生釋爲'懼'。"詳見《〈陶文字典〉中的釋字問題》（《出土文獻》2 輯 196 頁，中西書局 2011 年）。

# 怙 怗

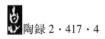陶録 2·417·4

○王恩田（2007）    怗。

《陶文字典》頁 285

# 恃 恃

🔲陶彙 3·1273      🔲侯馬 156:4      🔲信陽 1·2      🔲郭店·語一 38

○**何琳儀**(1998)　(编按:陶彙 3·1273) 恃

《戰國古文字典》頁 45

　　侯馬盟書恃,見《説文》。

《戰國古文字典》頁 45

○**裘錫圭**(1998)　(编按:郭店·語一 38)"恃"疑讀爲"志"或"詩"。

《郭店楚墓竹簡》頁 200

○**饒宗頤**(2000)　"詩言志"語,初見於今文《尚書·堯典》,爲中國學術史、文學史上一大課題,多年來已有學人仔細討論過。郭店楚簡裏面,提供一些"詩"和"志"有關的嶄新的文學語言,使我們對這一問題可以重新考慮。

　　《語叢一》説:

　　　　《易》所以會天道、人道也。

　　　　《詩》所以會古含(今)之恃(志)也者。

　　　　《春秋》所以會古今之事也。

"恃"字從心從寺,此處應是"志"字的繁寫。從心從寺與從㞢相同,讀爲"恃"或直釋爲"詩",都不甚妥當。《詩》(經)是一部會集古今人之"志"的詩篇。《春秋》是一部會集古今之事的著作。"志"與"事"對言,這和所謂記事、記言同例,《詩》是另一類記"志"的書,以表示之:

　　　　書——記"言"　　　詩——記"志"　　　春秋——記"事"

言、事、志三者,古代似是分開的,古人對"志"非常重視。

　　《語叢一》又説:

　　　　讲(察)天道以憍(化)民燓(氣)。

　　　　凡又(有)血燓(氣)者,皆又喜,又有怒……

　　　　其豐(體)又容又頷又聖(聲)又臭(嗅)又未(味)又燓又志……

　　　　容絶(色),目殹(司)也,聖,耳殹也。臭,鼻殹也。未(味)口殹也。燓(氣),容殹也。志,心殹。

能觀察天道,便可變化民"氣",有點像後來所謂變化氣質。楚人習慣"氣"字寫作燓,見於楚帛書皆相同。氣與志駢列,氣與志凡是血氣之倫之所同有,與五蘊衆覺的眼、耳、口、鼻並生。氣爲容所司,而志爲心所司。故凡民皆有氣有志。志與氣的相互關係於茲可見其重要性。孟子因之有"志,氣之帥也"的説法。古人極重視"志"。"志"爲"心"所主宰,故云"志,心殹"。"志"可説是一種"中心思維",思想上具有核心作用。《尚書·殷庚》三篇有兩處言及"志"云:

　　若射之有志。（上篇）

　　各設中於乃心。（中篇）

“中”是旗幟，設旗幟於心，作行爲之指導。旗幟淵源甚古。《世本》云：“黄帝作旆。”殷卜辭屢見“立中亡風”之占，“立中”可讀爲“位中”。“設中於心”便是“志”。立志是儒家思想起點的要義，故曰“志於道”，語見《論語》，郭店簡亦見之（3:1）。簡又云：

　　恃由敬作。（21:1）

　　敬生於厰（儼）。

　　仁生於人，義生於道，或生於内，或生於外。（11:1）

孟子因之有集義養氣之論。“恃”字可讀爲“持”。故曰“持其志無暴其氣”，持志必小心翼翼，故云“持由敬作”。持即持志之持。舉動詞作爲名詞。於心中立旗幟以指揮行動。“象物而動”一語，爲能用兵的象徵（《左傳》記蔿敖爲宰事）。物是雜色旗。劉熙《釋名》：“將帥之所建也。”志所以爲氣之帥，正如“旗、物”之爲兵之帥，軍隊之立旗，與心指設“中”，道理没有二致的。

　　嬜——容之所司　　　　志——心之所司

孟子（《公孫丑章》）所以“志至焉，氣次焉”，又曰“持其志，無暴其氣”“配義與道，無是餒也”。楚簡云“其體有容有色有聲有嗅有味有氣有志”，證以孟子説“氣，體之充也”，可作這段話的注解。持志必注敬，“敬生於厰”，厰即嚴，讀爲儼。《曲禮》云“儼若思”，是其義。

《郭店楚簡國際學術研討會論文集》頁 8—9

○**陳松長**（2000）　“🖊”，該字見於《語叢一》簡 38，釋文隸定爲“恃”。裘按，“恃”疑讀爲“志”或“詩”。

　　按，裘先生所疑當爲確解。從文意上看，“詩所以會古今之恃也者”，如果不將“恃”讀爲“詩”或“志”，顯然不好理解。這裏想補充的是，在字形上，其下側所从之“心”旁，疑是“口”字之訛。香港中文大學文物館所藏楚簡中有將“詩”寫作“𫟛”者，即从止从口。對此，黄錫全先生曾推論説：“詩字从止从口，止爲聲符。口、言偏旁義近，如《説文》讀或作嘖，訡或作吟，謀或作呣，信或作㐰，詠或作咏等。因此，𫟛可能爲詩字省形，但也可能是借訨爲詩。”

《古文字研究》22，頁 257

○**劉釗**（2003）　（編按：郭店·語叢1·38）“恃”讀爲“志”。

《郭店楚簡校釋》頁 191

憮 憮

𢙁 上博六·用曰 2

○張光裕（2007）　憮。

《上海博物館藏戰國楚竹書》（六）頁 287

㤅 㤅 㤅

㤅 璽彙 4655　㤅 集成 9734 䶎𥂴壺　㤅 集成 9735 中山王方壺　㤅 集成 10583 郾侯載器

㤅 包山 239　㤅 郭店·語一 92　㤅 郭店·語三 35　㤅 郭店·緇衣 25　㤅 郭店·尊德 26

㤅 郭店·老甲 36　㤅 郭店·五行 21　㤅 郭店·唐虞 6　㤅 郭店·唐虞 6

㤅 上博二·魯邦 3　㤅 上博四·内豊 1　㤅 上博二·容成 35　㤅 上博六·競公 3

○丁佛言（1924）　愛　㤅 古鉢自愛。㤅 古鉢中愛。

《説文古籀補補》頁 48，1988

○張政烺（1979）　（編按：集成 9735 中山王方壺）《説文》：“㤅，惠也，从心，旡聲。”古書常假愛爲之。

（編按：集成 9734 䶎𥂴壺）㤅，从心，欠聲，字書不見，疑讀爲坎。《爾雅·釋言》“坎、律，銓也”，注：“《易》坎卦主法。法、律皆所以銓量輕重。”（參考郝懿行《爾雅義疏》）

《古文字研究》1，頁 220、235

○趙誠（1979）　（編按：集成 9735 中山王方壺）愛字與《説文》形近，當是變體。

《古文字研究》1，頁 253

○李學勤、李零（1979）　（編按：集成 9735 中山王方壺）《説文》愛本字作㤅，正始石經即以㤅爲愛字古文。

《考古學報》1979-2，頁 153

○羅福頤等（1981）　愛　㤅 4655《汗簡》愛作㤅，與璽文近。

《古璽文編》頁 262

○**劉彬徽、彭浩、胡雅麗、劉祖信**（1991）　（編按：包山 207 "少惡"）惡，燹字異體，讀作氣。

《包山楚簡》頁 55

○**李天虹**（1995）　《説文》："惡，古文。"段玉裁注："既者，旡聲，即旡聲也。"

按：《説文》有慨篆，疑惡本慨字，古文假爲惡，但也可能是異字同形。既字旨鼎作𣪧，石鼓文作𣪧，侯馬盟書作𣪧（156:20）；旡字《説文》古文作𣨜，旡字形體均和惡字古文所從不同。疑此古文與煙字古文的情形相同，亦是傳抄者誤改從小篆。

《江漢考古》1995-2，頁 79

○**陳偉**（1996）　（編按：包山 207、223）"少氣"亦見於《黄帝内經》，如《氣交變大論》云"民病瘧少氣咳喘"，王冰注："少氣謂氣少不足以息也。"

《包山楚簡初探》頁 154

○**何琳儀**（1998）　晉璽"中惡"，讀"忠愛"。中山方壺"脒惡"，讀"德愛"。中山王圓壺"芧惡"，讀"慈愛"。

包山簡慨，讀旡。《説文》："旡，飲食氣屰（逆）不得息曰旡。"

《戰國古文字典》頁 1195、1196

○**劉釗**（1998）　簡 139 等有字作"𢛳"，字表隸作"惡"。按字從心從既，應直接釋作"愛"。簡文"愛"借作"氣"。

《東方文化》1998-1、2，頁 68

○**白於藍**（1999）　［一六六］162 頁"慨"字條，"𢛳"（236）、"𢛳"（207）等七例，從心既聲，從表面上看，將此字釋爲慨似不誤，但《説文》惡字古文作"𢛳"，亦從心既聲。筆者以爲包山簡既爲戰國楚簡，其時代正與六國古文相合，故此字應以釋惡爲宜。《説文》："惡，惠也。"《説文·夊部》又有愛字，後世假愛爲惡，而惡字廢。

《中國文字》新 25，頁 196

○**李零**（1999）　（134）797 頁：惡。

按：《説文》"惡"（愛）字古文作"𢝰"（編按："惡"字古文作"惡"，"𢝰"當是"惡"之誤），簡文借爲"燹"（氣），字頭應作"𢝰"。

《出土文獻研究》5，頁 149

○**劉信芳**（2003）　惡：簡 218、220 等作"既"，整理小組讀爲"氣"。按"惡"即《説文》"惡"之古文，郭店簡"惡"屢見，多讀爲"愛"。《説文》云："旡，飲食屰氣不得息曰旡。"知"悘"讀爲"旡"。讀"悘、慨"爲"氣",亦通。楚帛書、郭店簡"慨"皆讀爲"氣"。

據簡文内容分析,昭佗應是患胃病而死,簡 218:"以其下心而疾,少慨。"下心指胃部,少慨謂稍有氣逆之癥。簡 221:"既有病,病心疾,少悘,不入食。"古人所謂心疾多指胃病。至楚懷王十三年,簡 236 記云:"上悘。"胃病氣逆已重。《史記・扁鵲倉公列傳》:"齊王故爲陽虛侯時,病甚,衆醫皆以爲蹷。臣意(淳于意)診脈,以爲痺,根在右脅下,大如覆杯,令人喘,逆氣不能食。臣意即以火齊粥且飲,六日氣下;即令更服丸藥,出入六日,病已。"昭佗與陽虛侯病癥相類似,"少悘"即所謂"喘","上悘"即所謂"逆氣","飲粥而氣下",其爲胃病可知。

《包山楚簡解詁》頁 223

△按　鄎王載篙的"悉",董珊(《戰國題銘與工官制度》79 頁,北京大學 2002 年博士學位論文)改釋爲"悉",可從。

【悉人】集成 10583 鄎侯載器

○何琳儀(1998)　鄎侯庫篙悉,讀茂。《書・皋陶謨》:"懋哉懋哉。"《漢書・董仲舒傳》引懋作茂。《書・康誥》"懋不懋",《左・昭八年》引懋作茂。均其佐證。"悉人",相當"茂士"。《漢書・循吏・朱邑傳》"廣延茂士",注:"茂,善也。"

《戰國古文字典》頁 257

○馮勝君(1999)　悉人,疑讀牧人。悉,從矛得聲,明母幽部字,牧,明母之部字。二字雙聲,韻爲旁轉,古音相近,聲系相通(參《古字通假會典》442 頁)。牧人,職官名。《周禮・地官・牧人》:"掌牧六牲而阜蕃其物,以共祭祀之牲牷。"顧炎武《日知錄》卷五"六牲"條謂:"古之爲禮以祭祀燕享,故六牲之掌特重。"可知牧人一職,於當時必頗受王室倚重,故銘載燕成公思欲夾輔於牧人。

《中國古文字研究》1,頁 184

惰　惰　恾

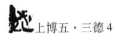
上博五・三德 4

○**李零**（2005）　（編按：上博五·三德4）忬達之宋,待考。

《上海博物館藏戰國楚竹書》（五）頁291

○**陳偉**（2006）　二、疏達之次（4號簡）

原釋文:"憂懼之閒,疋（从↑）達之宋,毋謂之……"原考釋:"疋（从↑）達之宋,待考。"

"疋（从↑）達"似即古書中的"疏達"。《禮記·樂記》:"廣大而靜,疏達而信者,宜歌《大雅》。"《孔叢子·陳士義》:"今東閭子疏達良直,大丈夫也。"爲豁達、開朗之義,與"憂懼"略成對舉。

《新出簡帛研讀》頁248,2010

○**李守奎、曲冰、孫偉龍**（2007）　惰　忬。

《上海博物館藏戰國楚竹書(一──五)文字編》頁486

# 恣

陶彙3·469　　陶錄2·134·3　　璽彙2325

○**羅福頤等**（1981）　（編按:璽彙2325）恣。

《古璽文編》頁263

○**高明、葛英會**（1991）　（編按:陶彙3·469）恣。

《古陶文字徵》頁102

○**何琳儀**（1998）　戰國文字恣,人名。

《戰國古文字典》頁1364

○**湯餘惠等**（2001）　恣。

《戰國文字編》頁707

○**王恩田**（2007）　（編按:陶錄2·134·3）恣。

《陶文字典》頁277

# 慔

集成4649 陳侯因䏎敦

○**吳大澂**（1884）　慔　　古慕字,陳侯因䏎敦。

《説文古籀補》頁42,1988

○于省吾（1932）　慕（謨）。

《雙劍誃吉金文選》頁 207,2009

○郭沫若（1932）　慕（謨）。

《郭沫若全集·考古編》8,頁 464,2002

○徐中舒（1933）　（10）慕疑與墓同。墓有慕意,《釋名·釋喪制》云:"墓,慕也,孝子思慕之處也。"《禮記·檀弓》云:"其往也如慕。"《問喪》云:"其往送也如慕。"是墓即從慕得名。且此器下文云"克成",文義相承,必有所指,故慕當作名詞解;如釋慕爲思慕繀往,則"克成"句即爲不詞。

《徐中舒歷史論文選輯》頁 410,1998;原載《史語所集刊》3 本 4 分

○江淑惠（1990）　🔣,從心從莫,即慕字。孫詒讓讀如本字,于省吾、郭沫若讀作"謨",徐中舒則以:"慕疑與墓同。墓有慕意,《釋名·釋喪制》云:'墓,慕也,孝子思慕之處也。'《禮記·檀弓》云:'其往也如慕。'《問喪》云:'其往送也如慕。'是墓即從慕得名。且此器下云'克成',文義相承,必有所指,故慕當作名詞解;如釋慕爲思慕繀往,則'克成'句即爲不詞。"

　　按慕當以于、郭讀作"謨"爲是。古文字偏旁從言或從心者,常見互替,如詩古文作🔣,訊古文作🔣,信古文作🔣,諅或體作🔣,訴或作🔣,則慕應是謨字。謨即謨業,謨勳。"大謨克成"指陳侯午能够完成建國勳業。

《齊國彝銘彙考》頁 281

○湯餘惠（1993）　慕,通謀;大謀克成,指前 374 年,田午弑其君田剡及孺子喜自立爲公而言。

《戰國銘文選》頁 14

○何琳儀（1998）　因育錞慕,讀謀。《詩·小雅·皇皇者華》"周爰諮謀",《淮南子·修務》引謀作謨。《周禮·秋官·大行人》"夏宗以陳天下之謨",《大戴禮·朝事》謨作謀。是其佐證。

《戰國古文字典》頁 720—721

○湯餘惠等（2001）　慔。

《戰國文字編》頁 707

愧　愧　忘

🔣郭店·唐虞 7

○**荊門市博物館**（1998）　（編按：郭店·唐虞7）忚，从“乚”聲，亦通作“隱”。

《郭店楚墓竹簡》頁 159

○**湯餘惠等**（2001）　恖。

《戰國文字編》頁 717

○**劉釗**（2003）　（編按：郭店·唐虞7）“恖”字从“心”“乚”聲，《説文》：“乚，匿也，象迟曲隱蔽形，凡乚之屬皆从乚，讀若隱。”

簡文此句謂孝之減削，就會澤及天下萬民；禪讓流布，世閒就不會再埋没賢人。

《郭店楚簡校釋》頁 153

○**李守奎**（2003）　愧　恖　《玉篇·心部》：“忚同愧。”

《楚文字編》頁 612

○**張靜**（2004）　《唐虞之道》七號簡有字作🔲，注釋隸作“忚”，从“乚”聲，通作“隱”。按此字从心，曲聲，釋爲“怵”。

曲，郭店簡中作🔲（《六德》四十三號簡），《説文》古文“曲”作🔲，二者形似。古文字中，單筆與雙鉤無別，郭店楚簡中，“少”既作少（《老子》甲篇二號簡），又作少（《窮達以時》八號簡）；植所从“直”，既作🔲（《緇衣》三號簡），又作🔲（《五行》三十四號簡）；“生”既作🔲（《太一生水》九號簡），又作🔲（《唐虞之道》十四號簡）；“土”既作上（《緇衣》十三號簡），又作上（《唐虞之道》十號簡）。故“曲”既作🔲（《六德》四十三號簡），又作🔲（《唐虞之道》七號簡“怵”从）屬同類現象。

簡文云“徝（禪）之流，世無怵德”，“怵”讀爲“曲”，《玉篇·曲部》：“曲，枉也。”《楚辭·離騷》：“背繩墨以追曲兮，競周容以爲度。”《戰國策·趙策二》：“窮鄉多異，曲學多辨。”與本簡之“怵（曲）”並有“邪曲不正”之意。故簡文可理解爲：隨着禪讓的流傳，世上便不會有邪曲不正的德行。

《古文字研究》25，頁 362

△**按**　《玉篇》心部：“忚同愧。”《集韻》祭韻：“愧，《説文》：‘習也。’或作忚。”恖，“愧”字異體。

懋 戀 悉

郭店·性自 47　　上博一·性情 38

上博三·中弓 15　　上博三·彭祖 7

○**荊門市博物館**(1998) (編按:郭店·性自47)忞。

《郭店楚墓竹簡》頁 181

○**李零**(1999) (編按:郭店·性自47)"侔",原从人从矛。

《道家文化研究》17,頁 510

○**趙建偉**(1999) (編按:郭店·性自47)"忞"可能應釋爲"侔"。《禮記·樂記》"粗厲猛起奮末廣賁之音作而民剛毅",人無奮作剛毅之情而只知悅然安和則會受到傷損侵侔。

《中國哲學史》1999-2,頁 38

○**郭沂**(2001) (編按:郭店·性自47)"悔"原从矛从心。《老子》丙組第一簡从矛从人的字讀爲"侔",故此字當讀爲"悔"。李校讀爲"侔",蓋誤。

《郭店竹簡與先秦學術思想》頁 257

○**濮茅左**(2001) (編按:上博一·性情38)忞,即"懋",讀作"侔"。

《上海博物館藏戰國楚竹書》(一)頁 274

○**李天虹**(2002) 忞,趙建偉、李零讀爲"侔"。郭沂讀爲"悔"。
　　按:當讀爲"悔"。

《郭店竹簡〈性自命出〉研究》頁 181

○**陳偉**(2003) (編按:郭店·性自47)柔(字本从矛从心),柔弱。

《郭店竹書別釋》頁 206

○**劉釗**(2003) "忞"讀爲"瞀","瞀"意爲"昏亂"。

《郭店楚簡校釋》頁 102

○**李朝遠**(2003) (編按:上博三·中弓15)"忞",同"懋",勤勉也。

《上海博物館藏戰國楚竹書》(三)頁 274

○**李零**(2003) (編按:上博三·彭祖7)"忞",疑讀"務"。

《上海博物館藏戰國楚竹書》(三)頁 308

○**李守奎、曲冰、孫偉龍**(2007) 懋 忞 按:《說文》或體作"忞"。簡文中多讀爲"務"。

《上海博物館藏戰國楚竹書(一—五)文字編》頁 486

△按 忞,"懋"字或體。《說文》:"懋,勉也。从心,楙聲。《虞書》曰'時惟懋哉'。忞或省。"《集韻》候韻:"懋,或省。"

## 悇 悇

𤕟 璽彙 3374　𤕟 侯馬 153:1

○**李裕民**（1981）　十六、《侯馬盟書》宗盟類四之一五三：一。

字上部謂隶，《邵鐘》作；下部爲心。隸定爲悷。古璽作（《徵》十·六），與此同形。《説文》："悷，肆也。从心，隶聲。"悷爲參盟人名。

《古文字研究》5，頁 298

○**羅福頤等**（1981）　悷。

《古璽文編》頁 263

○**何琳儀**（1998）　晉器悷，人名。

《戰國古文字典》1245

○**湯餘惠等**（2001）　悷。

《戰國文字編》頁 707

# 懇    譽    忥

陶彙 3·532　郭店·成之 3　上博三·周易 51　上博三·中弓 7

郭店·語二 42　集成 11714 十七年春平侯鈹

---

○**高明、葛英會**（1991）　（編按：陶彙 3·532）懇。

《古陶文字徵》頁 107

○**何琳儀**（1998）　懇，从心，輿聲。懇之繁文。《説文》："懇，趣步懇懇也。从心，與聲。"亦可直接釋懇，口爲裝飾部件。

齊陶懇，人名。

《戰國古文字典》頁 542

○**李零**（1999）　（編按：郭店·語二 42）"譽"，原从心旁。

《道家文化研究》17，頁 540

○**廖名春**（2000）　（編按：郭店·成之 39）"懇"，今本作"赦"。"懇"爲魚部喻母，"赦"爲鐸部書母，聲韻皆近，故可通用。"赦"當爲本字。

《郭店楚簡國際學術研討會論文集》頁 121

○**劉釗**（2003）　（編按：郭店·成之 39）"懇"讀爲"赦"，古音"懇"在喻紐魚部，"赦"在書紐鐸部，聲爲一系，韻爲對轉，於音可通。

（編按：郭店·語二 42）"忥"疑讀爲"與"，"與"古代有稱贊稱揚的意思。

簡文説凡是喜悦，都興起於稱贊。

《郭店楚簡校釋》頁 147、206

○濮茅左（2003）　（編按：上博三·周易 51）"愳"，恭敬，行步安舒貌。

《上海博物館藏戰國楚竹書》（三）頁 206

○李朝遠（2003）　（編按：上博三·中弓 2）"愳"，從與從心。《説文》心部："愳，趣步愳愳也。從心，與聲。"桂馥《義證》："或作懙。"簡文讀作"與"。

《上海博物館藏戰國楚竹書》（三）頁 265

# 慆　慆

郭店·性自 34　　上博一·性情 19

○陳來（1999）　（編按：郭店·性自 34）竹簡本"喜斯慆"的慆字從心，與"陶"相通，不能讀"蹈"。蹈是喜之終，故喜之始應爲陶。

《中國哲學》20，頁 312

○彭林（1999）　（編按：郭店·性自 34）慆，今本作"陶"，鄭玄以"鬱陶"釋之。按：《孟子·萬章上》："象曰：'鬱陶思君爾。'忸怩。"《方言》："鬱悠，思也。晉、宋、衛、魯之閒謂之鬱悠。"郭注："鬱悠，猶鬱陶也。"鬱陶訓思，屢見於文獻，如《楚辭·九辯》"豈不鬱陶而思君兮"、魏文帝《燕歌行》"鬱陶思君未敢言"等皆其例。閻若璩《尚書古文疏證》泥於《檀弓》"人喜則思陶"之語，釋鬱陶爲"喜"，王念孫《廣雅疏證》駁之甚詳，此略引其説。王念孫云，鬱陶既訓爲思，又訓爲憂，屬一字兩訓而反復旁通者，"是故喜意未暢謂之鬱陶"，"憂思憤盈亦謂之鬱陶"。然以王氏之説釋"喜則陶"，終覺文意未安。揆諸文例，陶之狀態當高於"喜"，不當仍在"喜意未暢"之境界。今郭店簡出，知"陶"字當作"慆"，《説文》："慆，説（悦）也。從心，舀聲。"《尚書大傳》"師乃慆"注："慆，喜也。"簡云："人喜則斯慆。"字義暢達，絶無"鬱陶"之繁縈。

《中國哲學》20，頁 318

○趙建偉（1999）　（編按：郭店·性自 34）"慆"與"陶"同，喜貌（《書大傳》注"慆，喜也"、《廣雅·釋言》"陶，喜也"）。

《中國哲學史》1999-2，頁 38

○**李零**（1999）　　（編按：郭店·性自34）按"陶"原从心从舀。

　　　　　　　　　　　　　　　　　　　　　　《道家文化研究》17，頁 510

○**陳偉**（2003）　　（編按：郭店·性自34）慆，《禮記·檀弓下》作"陶"，彭林先生以爲作"慆"是。《淮南子·本經訓》云："凡人之性，心和欲得則樂，樂斯動，動斯蹈，蹈斯蕩，蕩斯歌，歌斯舞，歌舞節則禽獸跳矣。""蹈"似爲"慆"之誤。如然，《本經訓》此字同於簡書而異於《檀弓下》。

　　　　　　　　　　　　　　　　　　　　　　《郭店竹書別釋》頁 195

○**劉釗**（2003）　　（編按：郭店·性自34）"慆"讀爲"陶"，"陶"即"陶然"之"陶"，即"喜悦快樂貌"。

　　　　　　　　　　　　　　　　　　　　　　《郭店竹簡校釋》頁 99

△**按**　馮勝君（《郭店簡與上博簡對比研究》225 頁，線裝書局 2007 年）將郭店簡《性自命出》簡 34"𢝊"隸定爲"慰"，清華壹《耆夜》簡 7 稻字作𪏮形，該字右邊字形可與慆字上部分字形參看。

# 怕　帕

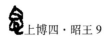上博四·昭王 9

○**陳佩芬**（2004）　　（編按：上博四·昭王 9）"息"，同"怕"。《集韻》："怕，古書作息。"

　　　　　　　　　　　　　　　　　《上海博物館藏戰國楚竹書》（四）頁 190

○**李守奎、曲冰、孫偉龍**（2007）　　（編按：上博四·昭王 9）怕　息　按：《類篇·心部》："怕，古書作息。"簡文中讀"霸"。

　　　　　　　　　　　　　　《上海博物館藏戰國楚竹書（一—五）文字編》頁 487

△**按**　息，孟蓬生（《上博竹書[四]閒詁》，簡帛研究網 2005 年 2 月 15 日）讀爲"霸"，陳劍（《上博竹書〈昭王與龏之脽〉和〈柬大王泊旱〉讀後記》，《戰國竹書論集》127 頁，上海古籍出版社 2013 年）"疑此字上半所从乃'夬'之省形"，釋爲'快'，讀爲獪。侯乃峰（《〈昭王與龏之脽〉第九簡補説》，簡帛研究網 2005 年 3 月 20 日）亦釋爲"怕"，讀爲"霸"，認爲"霸君"並非褒稱。范常喜（《讀〈上博四〉札記四則》，簡帛研究網 2005 年 3 月 31）認爲是"思"字之誤，讀爲"使"。周鳳五（上博四〈昭王與龏之隼〉新探》初稿，2005 年 2 月 17 日"新出土楚竹書研讀會"講義，2005 年 5 月 23 日修訂）認爲該字"从心，白聲，

讀爲暴"。此字上部分字形與"白"字不類,姑且闕疑待考。

## 恤　恤

侯馬 98：9

○山西省文物工作委員會(1976)　恤　宗盟類參盟人名恤逤。

《侯馬盟書》頁 317

○湯餘惠等(2001)　恤。

《戰國文字編》頁 707

## 忓　忓

集成 2794 楚王酓忓鼎　　陶彙 9·24

○胡光煒(1934)　楚王酓下一字作𦥑,其立字从心从羊。晚周書體,繁省無準,作"羊"即"干"。《説文·心部》:"悍,从心,旱聲。"《日部》:"旱,从日,干聲。"悍之聲母本爲"干"。古从旱聲字,亦或从干。如禾部之稈,或从干作秆。此作忓,蓋即《楚世家》之悍。《六國表》作悼,乃由悍形近而訛。《春申傳》索隱用同聲字作捍。《高祖紀》索隱又由捍之形近訛擇。得鼎證之,知《世家》作悍不誤。

《胡小石論文集三編》頁 174,1995;原載《國風》4 卷 3 期

○高明、葛英會(1991)　(編按:陶彙 9·24)忓。

《古陶文字徵》頁 101

○何琳儀(1998)　楚王酓忓鼎"酓忓",讀"熊悍",楚幽王名,見《史記·楚世家》。

(編按:陶彙 3·709)忓。

《戰國古文字典》頁 993、1548

## 懽　懽

集成 4630 陳逆簠　　集成 11303 高都令戈　郭店·緇衣 24　郭店·尊德 16

郭店·性自 52　　上博二·從乙 1　　上博四·相邦 3　　上博四·曹沫 60

○李學勤（1959）　（編按：集成 11303 二十九年高都令戈）廿九年，高都令陳愈，工師華，冶無。

《文物》1959-8，頁 61

○馬承源（1990）　（編按：集成 4630 陳逆簠“懂卹宗家”）懂，《説文·心部》：“懂，喜歕也。从心，蓳聲。《爾雅》曰：‘懂懂慆慆，憂無告也。’”懂與卹都有憂義。

《商周青銅器銘文選》4，頁 553

○高明（1996）　（編按：集成 11303 二十九年高都令戈）（7）“廿九年高都命（令）陳憮，工師□，冶□”（《小校經閣金文拓本》10、52，戈）。

《中國古文字學通論》頁 444

○荆門市博物館（1998）　（編按：郭店·緇衣 24）懂，其上部爲“蓳”的異體，讀作“歡”。今本作“格”。

《郭店楚墓竹簡》頁 134

○裘錫圭（1998）　（編按：郭店·緇衣 24）“懂”也有可能讀爲“勸”。勸，勉也。
　（編按：郭店·尊德 32）“懂”疑當讀爲“勸”。
　（編按：郭店·性自 52）“懂”當讀爲“勸”，“福”疑當讀爲“富”。

《郭店楚墓竹簡》頁 134、175、183

○何琳儀（1998）　（編按：集成 4630 陳逆簠“懂卹宗家”）陳逆臣“懵血”。讀“懵恤”，憂恤。

《戰國古文字典》頁 125

○徐在國（2000）　《集成》第 17 册 11302 號戈銘文如下：
　　二十九年高都命（令）陳懂工市（師）□冶勝（圖五）
《集成》17.11303 號戈、18.11652—11653 號劍銘文與此戈同。

　　高都是地名，戰國時韓、魏均有高都。黄盛璋先生認爲此戈銘之“高都”乃屬魏國。《史記·秦本紀》：“莊襄王三年蒙驁攻魏高都、汲，拔之。”《集解》引《括地志》：“高都故城，今澤州是。”漢爲高都縣，故城今山西晉城北之高都鎮。廿九年，魏安釐王二十九年，與秦攻高都時間符合。這些意見都是正確的。我們這裏要討論的是高都令的名字。“陳”後一字，或釋“愈”，或釋“憮”，均誤。諦審戈、劍銘文拓本，此字當從“↑”從“吅”從“隹”從“心”，應隸作“懂”，釋爲“懂”。此字見於新出郭店楚簡

《尊德義》16.32、《緇衣》24.28、《性自命出》52 等簡中,在簡文中或讀作"歡",或讀作"勸、權",形體與戈銘"懽"字相近。《説文・心部》:"懽,喜欵也。从心,雚聲。"字在戈劍銘文中均用作人名。

《古文字研究》22,頁 118

○張光裕(2002)　(編按:上博二・從乙 1)"懽",讀若"勸"。

《上海博物館藏戰國楚竹書》(二)頁 234

○李朝遠(2003)　(編按:上博三・中弓 22)"懽"同"歡",歡喜。

《上海博物館藏戰國楚竹書》(三)頁 279

○張光裕(2004)　(編按:上博四・相邦 3)"懇",當讀爲"勸"。"百工勸於事",猶言百工勉力於事也。

《上海博物館藏戰國楚竹書》(四)頁 236

○馮勝君(2007)　(編按:郭店・緇衣 24)1、懽(𪠿):昱(𣍘):格

郭店簡本"懽",整理者讀爲"歡",裘錫圭先生讀爲"勸",訓爲勉。今本作"格",格,來也,與下文訓爲遁、逃的"免"字相對,從文義上看,自然是今本作"格"更加合理。從"雚"得聲的字均在喉牙音元部,"格"爲見紐鐸部。我們在本節 No.10 中已經提到,"戟"字在古文字材料中或從"各"聲,或從"㞷"聲,或從"建"聲,因此從"各"得聲的字與喉牙音月、元二部都有相通的迹象,所以我們懷疑郭店簡本的"懽"也可能讀爲"格",訓爲來。

《郭店簡與上博簡對比研究》頁 147

○李守奎、曲冰、孫偉龍(2007)　(編按:上博三・中 22)懽　蕫　按:讀"勸"。楚之"蕫"或即《説文》之"勸"字,卷十三力部重見。

《上海博物館藏戰國楚竹書(一—五)文字編》頁 487

　(編按:上博四・相邦 3)懽　慂　按:雙毛角簡化爲單毛角與"宀"旁訛混。讀"勸"。

《上海博物館藏戰國楚竹書(一—五)文字編》頁 487

　(編按:上博二・從乙 1、上博二・容成 6、上博四・曹沫 61)懽　慂　按:上部訛爲"人"。讀"勸"。

《上海博物館藏戰國楚竹書(一—五)文字編》頁 487

　(編按:上博四・曹沫 60)懽　慂　按:"隹"旁訛作"雅"。

《上海博物館藏戰國楚竹書(一—五)文字編》頁 487

# 怘

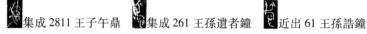集成 203 沇兒鎛　　集成 245 黿公華鐘

集成 2811 王子午鼎　　集成 261 王孫遺者鐘　　近出 61 王孫誥鐘

---

○**强運開**（1935）　怘　　王孫鐘,怘于威義叚厶淑。　黿公華鐘。

《説文古籀三補》頁 53,1986

○**劉釗**（1991）　［41］怘

齊陶文有字作下揭形:

《陶彙》3·168　　　　《陶彙》3·169

字從“心”從“岗”“岗”。“岗”或作“岗”,右側帶有一個筆畫,是齊國文字典型的飾筆。按古璽文“朮”字作:

1514　　0046　　2268　　2893　　0680

比較可知,陶文“岗”“岗”所從之“岗”“岗”應爲“朮”字。古“朮”“叔”一字,陶文此字從“心”從“朮”,應釋爲“怘”。“怘”字見於《説文》,在陶文中用爲人名。

《古文字構形學》頁 289—290,2006

# 毳

毳侯馬 85:15

---

○**山西省文物工作委員會**（1976）　毳　宗盟類參盟人名尋毳。

《侯馬盟書》頁 350

○**何琳儀**（1998）　毳,金文作（守宮盤）。從三毛,會毛細之意。戰國文字承襲金文,或於豎筆上加飾點。

侯馬盟書毳,人名。

《戰國古文字典》頁 943

○湯餘惠等（2001）　　憑。

《戰國文字編》頁 708

## 急 𢞷

𢞷 睡虎地・秦律 54　　𢞷 睡虎地・爲吏 7 伍　　𢜺 上博五・弟子 5

○劉樂賢（1994）　　（編按：睡虎地・日甲 140 正 1）按："急"是困難、窘迫的意思。《禮記・王制》："國無九年之蓄曰不足，無六年之蓄曰急。"《管子・問》："舉知人急，則衆不亂。"尹注："急，謂困難也。"飲食急，即生活困難。

《睡虎地秦簡日書研究》頁 182

○吳小强（2000）　　（編按：睡虎地・日甲 140 正 1"甲戌生子，飲食急"）甲戌日出生的孩子，飲食吃喝很着急。

《秦簡日書集釋》頁 104

○張光裕（2005）　　（編按：上博五・弟子 5）伋（及）。

《上海博物館藏戰國楚竹書》（五）頁 270

## 恆 𢘆

𢘆 侯馬 200:40　　𢙯 上博一・性情 37　　𢘆 上博三・亙先 12

○何琳儀（1998）　　侯馬盟書"恆睍"，讀"極視"。

《戰國古文字典》頁 33

○李零（2003）　　"恆"，亦指道。

《上海博物館藏戰國楚竹書》（三）頁 298

○李守奎、曲冰、孫偉龍（2007）　　（上博一・性 37、上博三・亙 12）恆　愻　愻。

《上海博物館藏戰國楚竹書（一—五）文字編》頁 488

## 悝 悝

悝 陶録 2・83・1　　悝 郭店・尊德 34

○强運開（1935）　　悝　𤲬　古匋蒦圖南里公孫𤲬。運開按：此篆乃从心从里。

古匋里字有作👥等形者,古心字或亦作🜨,是古悝字也。

《説文古籀三補》頁 53,1986

○李零(1999)　(編按:郭店·尊德34)"悝",是惱恨之義。

《道家文化研究》17,頁 524

○劉信芳(2000)　(編按:郭店·尊德34)"惡"讀爲"淫"。

《江漢考古》2000-1,頁 45

○陳偉(2003)　(編按:郭店·尊德34)悝,李零先生如字讀,訓爲恨。也可能讀爲"輕",指輕視。

《郭店竹書別釋》頁 165

○劉釗(2003)　(編按:郭店·尊德34)"悝"意爲"恨"。

《郭店楚簡校釋》頁 129

○王恩田(2007)　(編按:陶録2·83·1)"悝"。

《陶文圖録》1,頁 171

## 悁 𢛈

🔑璽彙 0694　　🔑璽彙 0695

---

○丁佛言(1924)　悁　𢛈　古鉢江悁。

《説文古籀補補》頁 48,1988

○强運開(1935)　悁　𢛈　古鉢周悁。

《説文古籀三補》頁 54,1986

○羅福頤等(1981)　(編按:璽彙 0894、0695)悁。

《古璽文編》頁 263

○何琳儀(1998)　晉璽悁,人名。

(編按:璽彙 0356)悁。

《戰國古文字典》頁 1370、1560

○湯餘惠等(2001)　悁。

《戰國文字編》頁 719

# 惀  㦩

陶彙 6·67　　㙋彙 1122　　包山 5

○**吳大澂**（1884）　惀　古陶器。

《說文古籀補》頁 43，1988

○**金祥恆**（1964）　惀。

《匋文編》頁 72

○**羅福頤等**（1981）　（編按：㙋彙 1122）㦩。

《古㙋文編》頁 267

○**高明、葛英會**（1991）　（編按：陶彙 3·991、6·67）惀。

《古陶文字徵》頁 104

○**劉彬徽、彭浩、胡雅麗、劉祖信**（1991）　（編按：包山 5）㦩。

《包山楚簡》頁 17

○**陳漢平**（1989）　七五、釋㦩、惀

古㙋文有人名字作（1122：高△），《文編》隸定爲㦩而無説。《説文》：
“余，語之舒也。从八，舍省聲。”故知此字當釋爲惀。《説文》：“惀，忘也，嘾
也。从心，余聲。《周書》曰：‘有疾不惀。’惀，喜也。”

《屠龍絶緒》頁 313

○**張守中**（1996）　（編按：包山 5）㤖。

《包山楚簡文字編》頁 167

○**何琳儀**（1998）　㦩，从心，舍聲。疑惀之繁文。
戰國文字㦩，人名。

《戰國古文字典》頁 534

○**劉釗**（1998）　（編按：包山 5）[6] 簡 5 有字作“”，釋文隸作“㦩”。按字从
“舍”从“心”，應隸作“㦩”。古文字“余”“舍”乃一字之分化。簡文中“舒”字
从余作“”，中山器“今舍方壯”，借舍爲余皆是確證。故此字可釋爲“惀”。
“惀”字見於《集韻》《廣韻》等書，在簡文中用爲人名。

《東方文化》1998-1、2，頁 48

○**李零**（1999）　（編按：包山 5）應釋“惀”，用爲舒氏之舒。

《出土文獻研究》5，頁 150

○**白於藍**（1999）　（編按:包山5）［一七三］167 頁"惉"字條，"𢗭"（5），即《説文》
悆字。余、舍一字分化，包山簡舒字作"𢑛"（76），即从余。

《中國文字》新 25，頁 196

○**湯餘惠等**（2001）　悆。

《戰國文字編》頁 709

○**王恩田**（2007）　悆。

《陶文字典》頁 277

## 忒

忒 侯馬 1:94

○**山西省文物工作委員會**（1976）　忒。

《侯馬盟書》頁 317

○**李家浩**（1980）　（五）忒：忒敢不闢丌（其）腹心，台（以）事六宗（《侯馬盟
書》180 頁一:九四）。此字當是"忒"字，在盟書中爲人名。

《古文字研究》3，頁 161—162

○**何琳儀**（1998）　侯馬盟書忒，人名。

《戰國古文字典》頁 70

○**湯餘惠等**（2001）　忒。

《戰國文字編》頁 709

## 愉 愉

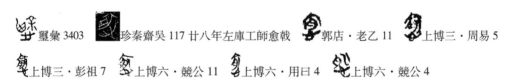

璽彙 3403　　　珍秦齋吳 117 廿八年左庫工師愈戟　　　郭店·老乙 11　　　上博三·周易 5

上博三·彭祖 7　　　上博六·競公 11　　　上博六·用曰 4　　　上博六·競公 4

○**吳振武**（1986）　《古璽彙編》三四〇三著録下列一方單字璽:

（原璽反書）

此字舊不識，《古璽彙編》收入附録（453 頁第二欄）。《古璽彙編》雖認爲它
是一個字，但又不入該書"單字璽"類而入"姓名私璽"類。今按此字从"舟"

從"余"從"心",應釋爲"愉"("俞"本從"舟""余"聲。參看于省吾先生《甲骨文字釋林》第74頁)。"愉"有樂、喜、悅、歡、和等義。因此,從內容和風格上看,此璽當屬戰國吉語璽而非姓名私璽。字所從的（反書）似乎介於、二形之閒。可見"舟"字由而,又由而的遞變痕迹是十分顯的。

《古文字研究》14,頁51

○**濮茅左**(2003)　(編按:上博三・周易5)"愈",讀爲"渝",《詩・鄭風・羔裘》:"彼其之子,舍命不渝。"《爾雅・釋言》:"渝,變也。"

《上海博物館藏戰國楚竹書》(三)頁143

○**濮茅左**(2007)　(編按:上博六・競公4)"愈",從心,俞省聲,同"愈",《集韻》:"愈,勝也,益也。""愈"亦通"俞、愉"。《呂氏春秋・知分》:"俞然而以待耳。"《爾雅・釋詁》:"愉,樂也。"《玉篇》:"愉,悅也。"

《上海博物館藏戰國楚竹書》(六)頁174

## 愚

集成2840中山王鼎　　睡虎地・爲吏32壹　　上博三・中弓26

○**何琳儀**(1998)　中山王鼎愚,愚鈍。

《戰國古文字典》頁353

○**李朝遠**(2003)　(編按:上博三・中26)"愚",謙詞,自稱。

《上海博物館藏戰國楚竹書》(三)頁282

## 悆

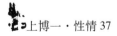上博一・性情37

○**濮茅左**(2001)　(編按:上博一・性情37)悆,讀爲"窸",引申爲輕微、細小之意。

《上海博物館藏戰國楚竹書》(一)頁272

○**李守奎、曲冰、孫偉龍**(2007)　悆　悉　按:郭店簡作"采"。

《上海博物館藏戰國楚竹書(一—五)文字編》頁488

# 惷　

秦駰玉版

---

○**李零**（1999）　　"若惷"，《説文》卷十下："惷，愚也。"

《國學研究》6，頁 533

○**曾憲通、楊澤生、蕭毅**（2001）　　惷，《説文・心部》："愚也。"《禮記・哀公問》："寡人惷愚冥煩。"或説惷同"忡"，憂愁貌，《詩・邶風・擊鼓》："不我以歸，憂心有忡。"

《考古與文物》2001-1，頁 52

○**連劭名**（2001）　　《廣雅・釋沽（编按：沽當爲詁之誤）》三："惑，亂也。"又云："惷，亂也。"《淮南子・氾論》云："愚夫惷婦。"高注："惷，亦愚無知之貌也。"

《中國歷史博物館館刊》2001-1，頁 51

○**王輝**（2001）　　《説文》："惷，愚也。"《周禮・秋官・司刺》："三赦曰惷愚。"鄭玄注："惷愚，生而痴騃童昏者。"

《考古學報》2001-2，頁 148

# 悍　悍　諽

睡虎地・爲吏 5 叁　　　　吉大 127　　　　珍秦 123

陶録 2・15・5　　　陶録 2・219・3

---

○**何琳儀**（1998）　　（编按：陶彙 3・52）齊陶悍，人名。

《戰國古文字典》頁 993

○**湯餘惠等**（2001）　　悍。

《戰國文字編》頁 709

○**何琳儀**（2003）　　陶文原篆作"諽"。吳大澂云："諽即言，見《説文》。諽或諽或諽。"（引自《盦録》17）按，吳所釋古文"言"似爲"心"之變，"諽"爲"旱"，然則陶文應隸定"悍"。

《戰國文字通論》（訂補）頁 57

○**王恩田**（2007）　　《説文》："悍，勇也。从心，旱聲。"陶文右旁所从與子禾子釜桿字偏旁❺相近。左旁所從即心字象形。與《説文》所引古文詩、謀等字所從的言旁相同。言旁字也可以從心，故即"悍"。齊官量陶文陽文"陳悍"，人名。即見於《戰國策》齊閔王大臣司馬悍。此陶文殘片出於"即墨古縣"，"陳悍"應即田單。

《陶文字典》頁 279

○田煒（2006）

| 頁碼 | 字形 | 出處 | 原釋 | 校訂 |
|------|------|------|------|------|
| 798 頁 |  | 陶彙 5·132、秦陶 452、雲夢·日乙 100 | 捍 | 悍 |

《湖南省博物館館刊》3, 頁 217

○黃德寬等（2007）　齊陶悍，人名。秦簡"橋悍"，讀"驕悍"。

《古文字譜系疏證》頁 2608

# 怪 𢛰

怪 睡虎地·答問 69　　怪 睡虎地·日甲 82 背

---

【怪物】睡虎地·答問 69

○睡簡整理小組（1990）　有怪物其身及不全，指嬰兒有先天畸形。

《睡虎地秦墓竹簡》頁 110

○何琳儀（1998）　睡虎地簡"怪物"，見《史記·大宛傳》"出奇戲諸怪物"。

《戰國古文字典》頁 13

# 怠𢜔　㤯𢝊

集成 9735 中山王方壺　璽彙 2899　郭店·老甲 36　郭店·性自 45

郭店·語一 67　上博五·三德 16　上博七·武王 4

璽彙 0326

---

○丁佛言（1924）　怡　𢜔　古鉢孟怡。

《説文古籀補補》頁 47, 1988

○趙誠（1979）　（編按：集成 9735 中山王方壺）㤯爲怠字之異構。金文㠯字作厶，或作台,可證。

《古文字研究》1,頁 247

○**羅福頤等**(1981)　　忩。

《古璽文編》頁 265

○**商承祚**(1982)　　（編按:集成 9735 中山王方壺）厇爲怠之別構。《詩·商頌·殷武》:"不敢怠遑"(假遑爲荒)。

《古文字研究》7,頁 63

○**吳振武**(1983)　　0326 青□𢀜·青□恂。

《古文字學論集》(初編)頁 492

　　0384 王忩·王怡　　0385 同此改。

《古文字學論集》(初編)頁 492

○**吳振武**(1984)　　[二九三]265 頁,忩,璽文作𢆷、𢆷,《説文》所無。

　　今按:此字丁佛言在《説文古籀補補》中釋爲怡,可信。目、台故本一字,古文字從目從台往往無別,如古璽始字既作𢀜,又作𢆷(290 頁)。怡字見於《説文·心部》。

《〈古璽文編〉校訂》頁 133,2011

○**陳漢平**(1985)　　古璽文有字作𢆷(0384)、𢆷(0976)等諸體,舊不識,《古璽文編》隸定爲怠。按中山王銅方壺銘:"嚴敬不敢怠荒。"怠字作厇,所從與此璽文相同,知此字當釋爲怠。《説文》:"怠,慢也。從心,台聲。"又疑此字當釋怡,附此存疑。"怡,和也"。

《出土文獻研究》頁 237

○**何琳儀**(1998)　　（編按:璽彙 3374）晉璽怠,讀怡,姓氏。神農氏其後有怡氏。見《史記·三皇紀》(編按:原稿如此)。

《戰國古文字典》頁 57

　　悬,從心,目聲。疑怠之省文。見怠字。
　　晉璽悬,人名。

《戰國古文字典》頁 58

　　厇,從尸,悬聲。疑怠之繁文。
　　中山王方壺"厇荒",讀"怠荒"。《禮記·曲禮》上"毋怠荒",注:"怠荒,放散身體也。"《史記·秦始皇紀》:"莫敢怠荒。"

《戰國古文字典》頁 58

　　（編按:璽彙 0326）恂,從心,句省聲。《玉篇》:"恂愁,愚貌。"

古璽忻,人名。

《戰國古文字典》頁 345

○趙建偉（1999） （編按：郭店·性自 45）“怡”當讀爲“始”。

《中國哲學史》1999-2,頁 38

○湯餘惠等（2001） （編按：璽彙 0326）忻。

《戰國文字編》頁 718

○廖名春（2001） （編按：郭店·性自 45）“忩”疑讀爲“殆”。訓爲危險；這是説爲人寬大,但如果没有常危之志,没有憂患意識,就會輕慢而不上心。

《新出楚簡試論》頁 161

○陳偉（2003） （編按：郭店·性自 45）怡,和悦。上博本作“忻”,辭義相近。

《郭店竹書別釋》頁 205

△按 《古璽彙編》0326 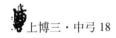,施謝捷(《説“叴(訇旬訇)”及相關諸字》上,《出土文獻與傳世典籍的詮釋:紀念譚樸森先生逝世兩週年國際學術研討會論文集》63—64 頁,上海古籍出版社 2010 年)釋爲“叴”,指出“叴”爲“怠”字異體,可信。

# 憜 憜 隓

上博三·中弓 18

○湯餘惠等（2001） 憜。

《戰國文字編》頁 710

○李朝遠（2003） （編按：上博三·中弓 18）“隓”,《包山楚簡》中有“陏”,爲“隋”字(見《楚系簡帛文字編》第 345 頁)。故“隓”似可釋爲“隤”,同“憜”。《集韻·過韻》：“憜,亦書作隤。”作懈怠解。《廣雅·釋詁二》：“憜,懶也。”

《上海博物館藏戰國楚竹書》(三)頁 276

○李守奎、曲冰、孫偉龍（2007） （編按：上博三·中弓 18）憜　隓。

《上海博物館藏戰國楚竹書(一—五)文字編》頁 488

# 佛 怫 愲

上博三·周易 24　　上博三·周易 25

○濮茅左（2003）　（編按：上博三·周易 24）"﨟"，《説文》所無，馬王堆漢墓帛書《周易》作"梻"，今本《周易》作"拂"，阜陽漢簡《周易》作"弗"，讀爲"弗"。

《上海博物館藏戰國楚竹書》（三）頁 170

○徐在國（2006）　3.《周易》第 24 簡有字作𢖑。馬王堆漢墓帛書本作"梻"，阜陽漢簡本作"弗"，今本作"拂"。

按：此字作者隸作从"弜、隹、心"，是正確的。"弜"字似應從王國維之説爲"柲"之本字。《説文》"弼"字古文或作彂，學者多認爲"弜"是聲符。"弼"字也以"弜"爲聲符。弼、拂二字古通，例極多。詳見高亨《古字通假會典》602頁。上古音弗爲幫紐物部字，惟爲喻紐微部字，物、微對轉。此字當是一個雙聲符的字，"弜、惟"均是聲符，與"梻、弗、拂"爲通假關係。

《康樂集》頁 130

○何琳儀（2007）　"﨟"，帛本作"梻"，阜本作"弗"，今本作"拂"，韻母同屬脂部。以下同。

《上海博物館藏楚竹書〈周易〉》頁 89，《儒藏》精華編二八一

○李守奎、曲冰、孫偉龍（2007）　佛　﨟　按：帛本作"梻"，今本作"拂"。

《上海博物館藏戰國楚竹書（一—五）文字編》頁 488—489

## 忞　

璽彙 1289　集成 11298 二年州句戈

○施謝捷（1998）　1289 余𡥓·余忞。

《容庚先生百年誕辰紀念文集》頁 646

○何琳儀（1998）　戰國文字忞，人名。

《戰國古文字典》頁 903

○湯餘惠等（2001）　忞。

《戰國文字編》頁 710

## 忽　

集成 2840 中山王鼎

【忽然】集成 2840 中山王鼎

○**朱德熙、裘錫圭**(1979)　《後漢書·文苑·趙壹傳》"乃今方遇而忽然",李賢注:"謂死也"。

《文物》1979-1,頁 50

○**商承祚**(1982)　忽然《後漢書·文苑·趙壹傳》:"乃今方遇而忽然。"李賢注:"謂死也。"

《古文字研究》7,頁 58

○**何琳儀**(1998)　中山王鼎"忽然",見《後漢書·文苑列傳·趙壹傳》"乃今方遇而忽然,奈何命也",注:"忽然,謂死也。"

《戰國古文字典》頁 1306

# 忘　🉀

集成 4647 十四年陳侯午敦 　　集成 9735 中山王方壺 　　集成 9734 妘𨟭壺

郭店·尊德 14 　　郭店·語二 16 　　上博三·周易 20

上博四·內豊附簡 　　上博七·凡乙 19 　　睡虎地·爲吏 5 伍

---

○**丁佛言**(1924)　忘　🉀　陳侯鐘。

《説文古籀補補》頁 48,1988

○**強運開**(1935)　忘　🉀　陳侯午敢。

《説文古籀三補》頁 53,1986

○**牛濟普**(1989)　東周陶文"忘"字(圖五:1),原釋爲"步",我以爲不確,應爲"忘"字。凡步字皆從兩止(腳形),而這個陶文上部是亡的篆法,與止無涉。下部字形也不是止而是心的篆字結構,由於橫筆左邊沒有刻出頭,字形與止相近易混。貨布文字恭字,下部的心字有兩例與這個陶文"忘"字下部的心結體相同(圖五:2、3),金文陳侯午敦"忘"字寫法與此陶文也近(圖五:4),可證這個陶文應釋爲"忘"字。這個陶文是刻劃在春秋時代的一個陶拍正面,上面有繩紋,在使用陶拍印製陶器花紋時理應印出這個"忘"字來。雖沒有發現這類實物,但它的研究價值仍是很高的,爲東周印陶藝術提供了一件春秋時代印刷工具的實物。

圖五

《中原文物》1989-2,頁 36

○**牛濟普**(1989) 陶拍上的陶文原釋爲"步",我釋爲"忘"字。因這個陶文上

48

從凵(亡),下从廿(心),是"忘"字,而不是从兩"止"的"步"(圖:48)

《中原文物》1989-4,頁 90

○**何琳儀**(1998) 戰國文字忘,見《廣韻》:"忘,遺忘。"

《戰國古文字典》頁 728

○**龐樸**(2000) 還有一個"亡"字,亦復如此。亡下加心而成忘,是現在仍在通行的表示心態的一個字,如《語叢二》16 簡"忘生於旴"之忘便是。此外另有从辶的亡字,表示行爲的,如中山三器的鼎銘"猶迷惑於子之而辶其邦"和方壺的"故邦辶身死"的辶字,都是强調行爲所導致的喪失,與忘字是不一樣的。

《郭店楚簡國際學術研討會論文集》頁 38

○**陳斯鵬**(2007) (編按:上博三·彭祖1)忘,《李釋》無説。按:疑當讀爲"妄"。《周易·無妄》之"妄",楚簡本均借"忘"字爲之,可參。"執心不忘"謂執持心志而不妄亂。

《簡帛文獻與文學考論》頁 84

## 憧 憧

上博三·中弓 4

○**李朝遠**(2003) (編按:上博三·中弓4)憧,字形爲从童从心,讀爲从重从心之"憧"。"童"與"重"形近義通。"憧",遲緩,《説文·心部》:"憧,遲也。"

《上海博物館藏戰國楚竹書》(三)頁 266

## 悝 悝

印典

○**湯餘惠等**(2001) 悝。

《戰國文字編》頁 710

## 悦 悦

璽彙 0014　　璽彙 0052　　璽彙 2319

陶録 4·163·3　　貨系 2338　　貨系 1018

○**丁佛言**（1924）　恭　 古鉢明恭邦。 古鉢恭陰都左司馬。 古璽長恭。　恭昌幣。

《說文古籀補補》頁 47,1988

○**羅福頤等**（1981）　恭

《古璽文編》頁 262

○**吳振武**（1984）　［二八七］262 頁,恭,璽文作，下云:"于省吾釋恭。"

　今按:本條字頭隸定作恭誤,應隸定爲恭。又注語中的"恭"字亦爲"恭"字之誤。

《〈古璽文編〉校訂》頁 130,2011

○**湯餘惠等**（2001）　悅。

《戰國文字編》頁 710

○**王恩田**（2007）　(編按:陶錄4·163·3)恭。

《陶文字典》頁 276

△按　《陶文圖錄》4·163·3 之形,王恩田釋爲"恭",徐在國(《〈陶文字典〉中的釋字問題》,《出土文獻》2 輯 195 頁,中西書局 2011 年)指出:"此字燕璽中常見,舊多釋'恭',何琳儀先生改釋爲'悅'。"其說可從。

【悅昌】

○**黃錫全**（1993）

| 編號 | 幣文 | 原釋 | 今釋 | 簡注 | 國別 | 幣形 |
|---|---|---|---|---|---|---|
| 2334—2339 | 昌夢 | 益昌 | 悅(廣)昌 | 河北淶源縣北 | 燕 | 方 |

《第二屆國際中國古文字學研討會論文集》頁 368

○**梁曉景**（1995）　【恭昌·平襠方足平首布】戰國晚期青銅鑄幣。鑄行於燕國,流通於三晉等地。屬小型布。面文"恭昌",或釋"益昌"。背平素。"恭昌",古地名,戰國燕邑,地望無考。1963 年山西陽高、內蒙古赤峰等地有出土。一般通長 4—4.2、身長 28、肩寬 2.3—2.5、足寬 2.5—2.7 釐米,重 5.2—6 克。

恭昌·平襠方足平首布
1 拓本　2 面文字形

《中國錢幣大辭典·先秦編》頁 290

○**何琳儀**（1998）　燕方足布“悅昌”，讀“廣昌”。帛書《十六經・立命》“吾愛地而不兄”，釋文兄讀曠。是其佐證。《史記・樊酈滕灌列傳》：“軍於無終、廣昌。”在今河北淶源。

《戰國古文字典》頁 622

○**何琳儀**（2002）　廣昌　2334

“悅昌”（圖7）。“悅”，原篆大致可分三類：

　　A 2334　　　2337
　　B 2338　　　2339
　　C 東亞4・13　　東亞3・13

以往對此字的解釋，《辭典》下 22 頁計收釋“恭、益、燕、穀、偶”等説。

　　首先分析“恭”字説。此字下方確從“心”，但上方並不從“共”（參叔夷鎛，《璽彙》0749、1880，《貨系》1438，舍肯鼎，楚帛書等）。戰國文字“恭”作：

楚帛書　　　　璽彙5389

與燕布所謂“恭”字相較，了不相涉。另外，地名“恭昌”不見文獻記載，也是此説不能成立的重要障礙。

　　其次分析“益”字説。或將《説文》“嗌”之籀文（亦見齊圓錢“賹”旁）與此字上部比較：

籀文　　　　2338

然而，“嗌”所從毛狀物省略，就不成爲“嗌”，古文字中亦無此同類例證。所以這種似是而非的比附，也難以令人置信。儘管燕國境內確有地名“益昌”，然而從字形分析，釋“益”説仍不能成立。

　　其他三説，無論從字形，抑或從地望分析，都一無可取，可以不論。

　　按，此字上從“兄”，其下兩筆一長一短，方向不拘。A 式參見伯公父臣“兄”字作：

對稱 A 式其下兩筆即成 B 式，收縮 B 式兩筆即成 C 式，C 式參見下列戰國文字“兄”：

　　璽彙2400　　　　侯馬304　　　　貨系10

總之，此字從“心”從“兄”，應隸定“悅”。《説文》：“悅，狂之貌。從心，兄聲。”

　　“兄”與“黃”音近可通，古文字和古文獻均有佐證。王孫鐘“兄”作“貺”，疊加“坒”聲；叔加父臣“眖”作“䀠”，疊加“黃”聲。“忽悅”或“忽恍”，許瀚謂

"駃"字"加光則爲諧聲"（引《攈古》2、1、39），而《説文》"黄"許慎謂"光亦聲"。又帛書《老子》乙本卷前古佚書《十六經·立命》"吾愛地而不兄"，釋文兄讀曠。故"怳"可讀"廣"。

"怳昌"應讀廣昌，見《史記·樊酈滕灌列傳》："破得綦毋卬、尹潘軍於無終、廣昌。"《漢書·地理志》隸代郡，在今河北淶源。漢初廣昌在燕、趙交壤，所謂"常山之北"。《戰國策·趙策》二"燕守常山之北"，程恩澤引胡三省云："燕之西南界。"又云："常山之北爲今易州宣化之地，即燕上谷郡。"

檢《水經注·滱水》引《竹書紀年》："燕人伐趙，圍濁鹿。趙武靈王及代人救濁鹿，敗燕師於勺梁。"程恩澤云："今廣昌東嶺之東有山，俗名之曰濁鹿邏。"既知濁鹿地處燕、趙交壤，廣昌地望也可以推知。又檢《水經注·易水》："是水（南易水）出代郡廣昌縣，東南郎山東北燕王仙臺東……燕昭王求仙處。"此亦廣昌一度屬燕之旁證。

《古幣叢考》（增訂本）頁 38—40

【怳釒】

○**何琳儀**（1998）　燕璽"怳釒"，讀"廣陰"。地名。燕地"廣陽"是否與"廣陰"有關，待考。

《戰國古文字典》頁 622

# 悸 悸

上博一·性情 15　　上博三·周易 48

○**何琳儀**（1998）　（編按：包山 90）包山簡悸，人名。

《戰國古文字典》頁 1197

○**濮茅左**（2001）　（編按：上博一·性情 15）悸，《説文》："悸，心動也。"《集韻》："悸，或作愧。"又："愧，愧愧，悚悸也。"

《上海博物館藏戰國楚竹書》（一）頁 241

○**濮茅左**（2003）　（編按：上博三·周易 48）悸，《説文·心部》："悸，心動也。從心，季聲。"

《上海博物館藏戰國楚竹書》（三）頁 201

# 憿 憿

㦳 詛楚文　　㦳 崇源澳門國際拍賣會‧中國古董 2008,頁 28

---

○**何琳儀**(1998)　　詛楚文憿,讀憿。

《戰國古文字典》頁 330

# 愸 愸　　愸 愸

㦳 集粹　　㦳 集成 1803 客豊愸鼎　　㦳 包山 85　　㦳 侯馬 185∶7

㦳 侯馬 156∶19　　㦳 侯馬 156∶21　　㦳 侯馬 3∶26

---

○**李家浩**(1984)　　②關於"鄩粟客璽"的考釋,見拙文《戰國文字札記(一)》(待刊)。我在該文講到楚官名"客"的時候,漏引壽縣楚鼎銘文"客愸"的資料(《三代吉金存》2.35 上—36 上),附記於此。

《著名中年語言學及自選集‧李家浩卷》頁 136,2002;原載《江漢考古》1984-2

○**韓自强、馮耀堂**(1991)　　㦳,與楚鼎銘㦳字和《季木藏陶》裏的陶文㦳字相同,釋爲愸字。(李零同志在《出土文獻研究續集》有專文。)

《東南文化》1991-2,頁 260

○**張亞初**(1989)　　30、㦳(《三代》2.35.2—4)

此字從水從心,從左右兩阜。左右兩阜以單雙無別例之,可省作阜。此字可隸定爲愸或愸。在商代卜辭和商周銘文中,有愸無愸(《綜類》179 頁)。戰國時期的愸或愸,可能是早期愸字的後起繁體字。沁亦從心聲,故愸愸爲同字。這個字不但見於楚國銅器銘文,也見於晉國的侯馬盟書的參盟人名(61 頁)。說明這是戰國時期通行的文字。

《古文字研究》17,頁 260

○**李零**(1989)　　在該文中,我們所提供的線索是:

1.戰國邾、滕單字陶文(邾、滕陶文多作一字)有此字,寫法全同青川木牘。

2.朱家集楚銅器群有一組鼎,共五件,一件大鼎,銘文作"㦳";四件小鼎,銘文作"客㦳 㦳"。

3.《古璽文編》419 頁第三字作㦳。

這三條線索中,就邾、滕陶文的多數情況看,例1很可能是人名(但也不排斥是地名);例2是銅器監造者名。“客”是“鑄客”的省稱。楚國的銅器監造制度,雖不像三晉和秦的兵器那樣一目了然,但大致也有省、主、造三級。朱家集楚器上大多都有“鑄客”二字,鑄客就是這批銅器的監造者。他的名字,字,據鄂君啟節“澧水”之澧所从,可知是“豊字(編按:“字”當爲衍字)”字,即古代的禮氏,新出《金文編》911頁誤收爲“鑄”字;下面一字,下半从心,上半應即例1提到的那個字(只不過它所从的已省體作),新出《金文編》345頁誤收爲“盥”字。例3也是人名用字,但从,不从心。

對於認識上面提到的這兩個字,現在看來,最重要的線索還是《侯馬盟書》。

《侯馬盟書》“委質類”,“被盟詛人名”中有不少是屬於“兟”氏(先氏)。“兟”氏諸名中,有一名“㥶”(亦作:䛾、諐、㦐、愆),他的名字有時也寫成或,把亻旁或彳旁換成阜旁,爪換成水。

㥶字,過去曾見於蔡侯申墓出土的一件編鎛,文作“不㥶不貣(忒)”,陳夢家先生已指出,此字同於《説文》愆字的籀文,應釋愆,新出《金文編》721頁亦隸於愆字下,這都非常正確。

既然《侯馬盟書》中的㥶字就是愆字,而㥶字又同於或字,可見後者也就是愆字,而例1不从心,則應直接釋爲衍字。

《出土文獻研究續集》頁120—121

○董蓮池(1995) [157]0796號 三四五頁第四欄金文

此二字見戰國楚器客豊○鼎。第四版《金文編》所增收,釋如此。

今按:客豊○鼎銘有四,見《三代吉金文存》二·三十五—二·二十六。第一銘字作“”,二作“”,三作“”,四作“”(爲前三之省)。《金文編》所録爲第一、三銘中形體。它們均係一字異體没有問題,但有問題的是這幾個形體除了从“水”與“盥”字相同外,其他並無相同之處。上所从的“”根本不是相向作捧持形的二“手”,它們與相向作捧持形的二“手”有明顯的形體上的區别,這只要與盥字所从的二“手”相比即可清楚。它們是相對作的二“阜”,其寫法與商代甲骨文將“阜”或寫作“”、西周金文將“阜”寫作“”完全相同。下所从的“”以及“”也不是“皿”字,古文字中乃至《説文》小篆“皿”決無寫作此種形體者。它們是“心”字。春秋以後“心”旁經常寫作“、”,與此同,因此這個字應隸作“𢟍”。“𢟍”不見字書。李零先生在《釋“利津𨽍”和戰國人名中的與字》(載《出土文獻研究續集》)一文中根據愆字籀文寫作"訇",有時又寫作"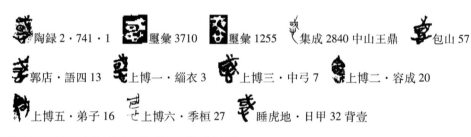",與此器銘省體""相同,指出這個字就是"愆"字。其說可信。

《〈金文編〉校補》頁 155—156

○**何琳儀**(1998)　戰國文字愆,人名。

《戰國古文字典》頁 1007

○**湯餘惠等**(2001)　愆。

《戰國文字編》頁 711

○**劉信芳**(2003)　愆:《説文》"衍(編按:"衍"當是"愆"之誤)"之籀文作"訇",郭店《緇衣》32"侃",今本作"訇",《詩·大雅·抑》作"愆",可知"愆"即"愆"之異構。

《包山楚簡解詁》頁 82

# 惑 惑 賦 憲

○**羅福頤等**(1981)　惑。

《古璽文編》頁 263

○**高明、葛英會**(1991)　惑。

《古陶文字徵》頁 105

○**何琳儀**(1993)　(編按:包山 57)惑(編按:原文以△代替)原篆作<font>,應釋"慁"。"國"作<font>135 是其確證。"周慁"又作"周國"45,可知"慁"爲"國"之繁文。《廣韻》有"惆,恨也",似與"慁"無關。

《江漢考古》1993-4,頁 56

○**何琳儀**(1998)　中山王鼎"覎惑",讀"迷惑"。

《戰國古文字典》頁 19

惆,從心,國聲。《廣韻》有"惆,恨也"。
包山簡惆,人名。或作國。

《戰國古文字典》頁 20

○荊門市博物館(1998)　（編按:郭店·緇衣5)“賦”,從“視”“或”聲,讀作“惑”。

《郭店楚墓竹簡》頁132

○曾憲通、楊澤生、蕭毅(2001)　（編按:秦駰玉版)“惑”,疑惑、糊塗、迷亂。

《考古與文物》2001-1,頁52

○連劭名(2001)　（編按:秦駰玉版)《廣雅·釋詁(編按:“詁”當爲“詁”之誤)》三:“惑,亂也。”

《中國歷史博物館館刊》2001-1,頁51

○李零(2002)　（編按:上博二·容成20)惎(惑)。

《上海博物館藏戰國楚竹書》(二)頁265

○陳偉武(2003)　賦:字見郭店簡《緇衣》5、6,《紂衣》簡作“惑”,見物而疑爲“惑”,故字從“見”,目有所見則以心斷之,從“心”從“見”因可通用。

《華學》6,頁101

○李守奎(2003)　（編按:包山57)惑　或可釋憿,字見《玉篇·心部》。

《楚文字編》頁614

○李朝遠(2003)　（編按:上博三·中弓7)“惑”通“赦”,寬免。“赦”,鐸部書紐;“惑”,職部匣紐:職、鐸對轉。

《上海博物館藏戰國楚竹書》(三)頁268

○張光裕(2005)　（編按:上博五·弟子16)覞(惑)。

《上海博物館藏戰國楚竹書》(五)頁277

○王恩田(2007)　（編按:陶錄2·741·1)惑。

《陶文字典》頁279

○李守奎、曲冰、孫偉龍(2007)　（編按:上博三·中弓7)惑　按:《玉篇·心部》:“憿,心亂也。”“憿”與“惑”當爲一字異體。

《上海博物館藏戰國楚竹書(一—五)文字編》頁490

## 惛　惛　愍

郭店·性自64　上博六·競公6
上博二·從乙3

○李零(1999)　（編按:郭店·性自64)昏。

《道家文化研究》17,頁507

○劉信芳（2000）　一八、惛

《性自命出》64：“惡（憂）谷（欲）僉而毋惛。”“惛”應讀爲“悶”，“惛”字從昏聲，“悶”字從門聲，馬王堆漢墓帛書《老子》甲 30“啟其悶”，傅奕本“悶”作“昏”（實乃釋爲宮門之“閽”），可知從“昏”聲與從“門”聲無別。

《江漢考古》2000-1，頁 45—46

○劉昕嵐（2000）　（編按：郭店·性自64）“惛”，劉信芳《郭店竹簡文字考釋拾遺》曰：“‘惛’應讀爲‘悶’，‘惛’字從昏聲，‘悶’字從‘門’聲，馬王堆漢墓帛書《老子》甲 30‘啟其悶’，傅奕本‘悶’作‘昏’（實乃釋爲宮門之‘閽’），可知從‘昏’聲與從‘門’聲無別。”昕嵐按：“悶”，煩悶不爽、憤怨不平。《説文·心部》：“悶，懣也。”《易·乾》：“遁世無悶，不見是而無悶。”

《郭店楚簡國際學術研討會論文集》頁 352

○濮茅左（2007）　（編按：上博六·競公 6）“惛”，《經典釋文》：“惛，音昏，本亦作昏。”古“昏、昏”通。“惛”，昏昧、糊塗。《管子·四稱》：“寡人幼弱惛愚。”

《上海博物館藏戰國楚竹書》（六）頁 177

## 忌 忌 忌

陶録 6·296·2　秦陶 372　璽彙 0974　郭店·太一 7

睡虎地·日甲 18 正叁

璽彙 1146　璽彙 1269

郭店·尊德 1

○羅福頤等（1981）　忌。

《古璽文編》頁 263

○吳振武（1983）　1146 高▨忌·高慶忌。

1269 辛▨忌鉨·辛慶忌鉨。

5587 王▨·王慶忌。

《古文字學論集》（初編）頁 497、526

○陳漢平（1989）　四、釋慶忌

古璽文有字作▨（0236）、▨（3427）、▨（5676），《文編》收入附録。按此三字從心從鹿省，《説文》：“慶，行賀人也。從心從夊。吉禮以鹿皮爲贄，故從鹿省。"知此三字當釋爲慶。

　　古璽文又有字作 𡉙(1475),《文編》亦收入附錄。按此字與魏《三體石經》己字古文作 𡉙 形同,當釋爲己。

　　古璽文有人名作 𡉙(1146:高△△)、𡉙(1269:辛△△鈢)、𡉙(5587:□△△),此人名前一字乃慶字,後一字從己從心,乃忌字,此人名當釋爲慶忌。慶忌爲周代至漢代常見人名,東周有要離刺慶忌之著名故事,《漢書》有《辛慶忌傳》。

《屠龍絶緒》頁 275—276

○**林素清**(1990)　附錄四二下 𡉙、附錄四三 𡉙,皆忌字,兩璽文分別爲"辛慶忌鈢、高慶忌"。

《金祥恆教授逝世周年紀念論文集》頁 111

○**高明、葛英會**(1991)　忌。

《古陶文字徵》頁 102

○**何琳儀**(1998)　陳貯簠蓋"愧忌",讀"畏忌"。
　　晉璽"亡忌",讀"無忌",習見人名。

《戰國古文字典》頁 29

○**荊門市博物館**(1998)　(編按:郭店·太一7)忌,讀作"紀"。

《郭店楚墓竹簡》頁 126

○**裘錫圭**(1998)　(編按:郭店·太一7)疑"忌"讀爲"己"。自"太一藏於水"至此一段,似可讀爲:"太一藏於水,行於時。遒而或□,〔以己爲〕萬物母;一缺一盈,以己爲萬物經。"

《郭店楚墓竹簡》頁 126

○**荊門市博物館**(1998)　(編按:郭店·尊德1)慞。

《郭店楚墓竹簡》頁 173

○**顏世鉉**(1999)　(編按:郭店·尊德1)慞通"忌",《説文》:"忌,憎惡也。"《詩·召南·小星》毛《序》"夫人無妬妒之行",鄭《箋》:"以色曰妬,以行曰忌。"《楚辭·離騷》:"羌内恕己以量人兮,各興心而嫉妬。"王逸《注》:"害賢爲嫉,害色爲妬。"嫉之義通忌。勑讀作勝,《郭簡》多有此例,如《老子乙》簡一五:"燥勑(勝)蒼(滄),清勑(勝)熱。"簡文"改忌勝"爲改正忌惡他人道德才能勝於己的個性,亦即爲人上者不要忌惡屬下道德才能勝於己。《語叢二》簡二五一二七:"惡生於性,怒生於惡,乘生於怒,甚生於轋(乘),惻(賊)生於甚。"甚通忌,"忌生於乘"謂人之忌惡之心起於人有好勝之心。《荀子·成相》:"主忌苟勝,群臣莫諫必逢災。"楊倞注:"主既猜忌,又苟欲勝人也。"

《張以仁先生七秩壽慶論文集》頁 393—394

○**李零**(1999) （編按:郭店·尊德1)"改惎勝",第二字,原釋"慓",應即"惎"的異體。"惎"是刻毒之義,"勝"是好勝之義。參看《語叢二》簡 26、27"勝生於怒,惎生於勝,賊生於惎"。這兩句似指去除或改變民性中的暴戾恣睢。

《道家文化研究》17,頁 523

○**劉釗**(2000) 《尊德義》説:

　　濰忿蠻,改慓勝,爲人上者之務也。

此句《郭店楚墓竹簡》一書未作解釋。按"忿"即讀如本字。"濰、蠻"二字如何讀待考。"慓勝"應讀作"期勝"。睡虎地秦簡《爲吏之道》説:

　　毋復期勝,毋以忿怒決。

《睡虎地秦墓竹簡》一書注釋"毋復期勝"謂:"不要一味想壓過別人。"《荀子》一書有如下論述:

　　不恤是非,不論曲直,以期勝人爲意,是役夫之知也。(《荀子·性惡》)

　　不恤是非,然不然之情,以期勝人爲意,是下勇也。(《荀子·性惡》)

　　主忌苟勝,群臣莫諫,必逢災。(《荀子·成相》)

　　直立而不見知者,勝也……此小人之所務,而君子之所不爲也。(《荀子·榮辱》)

由上可知"期勝"是小人性惡的體現,爲君子所不爲。所以簡文説要"改期勝",並指出這是"人上者之務也"。

《郭店楚簡國際學術研討會論文集》頁 86

○**陳偉**(2001) 忌,從己從丌從心,郭店簡"己"或從丌,如同篇簡5、《緇衣》簡11,故可徑釋爲"忌",憎惡、妒忌的意思。乘,郭店簡中多讀爲"勝",如《老子》乙組簡15、丙組簡10、《成之聞之》簡9等。在此亦應讀爲"勝",爲超過、壓倒之意。《荀子·榮辱》所舉"小人之所務而君子之所不爲"諸事中,即有"直立而不見知者,勝也"。楊倞注:"直立,謂己直人曲。勝,謂好勝人也。"《語叢二》簡25—27説:"惡生於性,怒生於惡,乘(勝)生於怒,惎(忌)生於乘(勝),惻(賊)生於惎(忌)。"可與本篇參讀。"爲人上者",同"爲君",古書習見。

《中國哲學史》2001-3,頁 109

○**李守奎**(2003) （編按:郭店·尊德1)忌 惡 己、丌雙聲,二字借筆。

《楚文字編》頁 614

○劉釗（2003）　（編按：郭店·尊德1）"忌"即"惎"字，"惎"意爲忌妒。

《郭店楚簡校釋》頁 125

○王恩田（2007）　忌。

《陶文字典》頁 278

## 忿 忿

忿 陶彙5·10　　忿 包山 172　　忿 郭店·尊德1　　忿 睡虎地·爲吏 11 壹

○高明、葛英會（1991）　忿。

《古陶文字徵》頁 102

○何琳儀（1998）　戰國文字忿，人名。

《戰國古文字典》頁 1357

○顧史考（2003）　（郭店·尊德1）此説若能成立，則"忿繺"二字似該讀爲"紛亂"較妥。按，顏氏"忿懑"之説，於聲極近，且於意也妥，也許並不誤；只是"忿懑"一詞雖於後代常見，但於先秦文獻中並無前例。至於李氏"忿戾"之説，於聲音亦可通，於意義也有道理，然而"忿戾"一詞雖於先秦文獻有兩例，但亦堪稱罕見。以"紛亂"爲詞組雖也遲至《戰國策》才見，然而"紛"與"忿"均爲滂母文部，"亂"與"繺"亦皆爲來母元部，聲音完全一致，且"紛"與"忿"本即可通假，而"亂"與"繺"二字聲系亦有通假之例。再説《孫子兵法·勢》云："紛紛紜紜，鬥亂，而不可亂也。"則已以"紛"來形容"亂"。《戰國策·趙策三》則引魯連之言曰："所貴於天下之士者，爲人排患、釋難、解紛亂而無所取也。"彼以"解紛亂"爲士者所貴，此則以"濟紛亂"爲人上者之務。且"濟亂"一詞亦於先秦文獻中偶見，如《管子·君臣下》所云："施捨優猶以濟亂，則百姓悦。"然則此"濟紛亂"，或乃解紛救亂之意，即解救人民中之糾紛、濟拔百姓中之暴亂，與下句"改忌勝"，即改變人民中嫉妒好勝之心理，正可相互搭配。

《第四屆國際中國古文字學研討會論文集》頁 322—323

## 悁 悁 𢝊 𢝊

悁 集粹　　悁 陶彙 5·273

悁 上博一·詩論 18　　𢝊 上博一·詩論 3

**犕**包山 138 反　　**犕**郭店·尊德 34　　**犕**上博二·從甲 5　　**犕**上博四·曹沫 17

---

○**高明、葛英會**（1991）　　悁。

《古陶文字徵》頁 104

○**劉彬徽、彭浩、胡雅麗、劉祖信**（1991）　（編按：包山 138 反）悁。

《包山楚簡》頁 27

○**李運富**（1997）　　其實，上述各字所從之**夗**、**夗**、**夗**就是《説文》的“肙”，因而從心的當釋“悁”，從邑的當釋“郋”，從糸的當釋“絹”。（中略）

釋“悪”爲“悁”、“絹”爲“絹”、“郋”爲“郋”，投之簡文句意，皆能暢通無礙。如簡 138 反的“又悪”即“有悁”，“悁”當訓仇怨。《説文·心部》：“悁，忿也。”《史記·魯仲連鄒陽傳》“棄忿悁之節，定累世之功”，《楚辭·九歎·逢紛》“腸憤悁而含怒兮”，所用“悁”皆怨恨之義。“有悁，不可證”者，言與乙方有仇怨之人，不可爲甲方作證説話。這樣理解正好跟後兩句言有親情關係者不可爲親友作證的意思相對並列。

《古漢語研究》1997-1，頁 91—92

○**陳偉**（1998）　　包山簡 138 反面説“有悁不可證”，大概是指“（對當事人）懷有忿恨的人不能充當證人”。此外，“肙、夗”二字古音同爲元部影紐，從這兩個字得聲的字也許可以通假。因而包山簡中的這句話也可能應讀作“有怨不可證”，具體含義與讀“悁”略同。

《新出簡帛研讀》頁 3—4，2010；原載《武漢大學學報》1998-6

○**何琳儀**（1998）　　秦陶悁，讀垣。《説文》：“垣，徒隸所居也。從土，肙聲。”

（編按：包山 138 反）悁。

《戰國古文字典》頁 974、1517

○**荆門市博物館**（1998）　（編按：郭店·緇衣 10）悁。

《郭店楚墓竹簡》頁 129

○**裘錫圭**（1998）　（編按：郭店·緇衣 10）此字應從今本釋作“怨”，字形待考。此字又見於二二號簡，今本亦作“怨”。

《郭店楚墓竹簡》頁 133

○**黄德寬、徐在國**（1998）　　緇 10 有字作**悪**，又見於緇 22 作**悪**，原書隸作“悁”。注釋 32：“悁，裘按：此字應從今本釋作‘怨’，字形待考。此字又見於二二號簡，今本亦作‘怨’。”（133 頁）我們認爲此字應該分析爲從心肙聲，釋爲“悁”。

"𢖤"乃楚文字之"𦣹"，緇46"我龜既猒（厭）"，"猒"從"𦣹"作𢖤可證。"悁"讀爲"怨"。悁、怨古音同屬影紐元部，故悁字可借爲怨。包山簡138反有字作𢖤，《簡帛編》隸作"悁"（803頁），我們認爲此字亦應釋爲"悁"，讀爲"怨"。簡文"又悁不可諆"即"有怨不可諓"。

　　　　　　　　　　《吉林大學古籍整理研究所建所十五周年紀念文集》頁102

○**李零**（1999）　"怨"，原從心從肎，疑與"悁"字有關，《老子》甲本簡4"厭"字作"詀"，下文簡46"厭"字作"猒"，皆從占得聲，與西周金文從犬從肙寫法不同。包山楚簡亦有此字，辭例作"有～不可證"（簡138反），應讀"冤"。又包山楚簡有邑名和氏名，聲旁相同，從邑（簡92、93、133、134、139反、164、170、183、192），應即楚縣宛（在今河南南陽市）；有絲織品名，聲旁相同，從糸（簡267、268、271、275、277，望山楚簡也有此字），應即"絹"字。

　　　　　　　　　　　　　　　　《道家文化研究》17，頁485—486

○**廖名春**（2000）　兩"悁"字，《郭店楚墓竹簡》皆隸定爲"悁"。裘錫圭認爲字應從今本釋作"怨"，字形待考。李家浩認爲"悁"爲"悁"之訛體。其説是。《説文·心部》："悁，忿也。""悁""怨"義近，古音又同屬元部，故可通用。

　　　　　　　　　　　　《郭店楚簡國際學術研討會論文集》頁112

○**魏宜輝、周言**（2000）　郭店楚簡中多見與𢖤相關的一些字，如：

　A 𢖤《緇衣》10　　　B 𢖤《緇衣》10　　　C 𢖤《緇衣》22

　D 𤠪《緇衣》46　　　E 𢖤《尊德義》34

A、B、C、E 釋文隸定作"悁"，裘錫圭先生指出此字應從今本釋作"怨"。黄德寬、徐在國先生認爲：

　　　此字應該分析爲從心肎聲，釋爲"悁"。"𢖤"乃楚文字之"𦣹"，緇46"我龜既猒（厭）"，"猒"從"𦣹"作𢖤可證。"悁"讀爲"怨"。悁、怨古音同屬影紐元部，故悁字可借爲怨。包山簡138反有字作𢖤，《簡帛編》隸作"悁"（803頁），我們認爲此字亦應釋爲"悁"，讀爲"怨"。簡文"又悁不可諆"即"有怨不可諓"。

　　我們認爲黄、徐的字形分析欠妥，楚簡文字中的"𢖤"當從猒省，這一點由D可證：郭店楚簡《緇衣》簡46引詩"我龜既猒（厭）"，"猒"字即寫作"𤠪"。𢖤即"猒"之左半"肙"，而絕非"𦣹"字。"𦣹"寫作"𢖤"，可能是楚系文字的一種習慣寫法。"肙"上從甘（楚系文字中其上從占），"𦣹"上從"口"，二字字形相近,有時容易混淆(金文中的"猒"字所從的"甘"有的省减作"口",而與"冐"同),在考察時須審慎。我們認爲字非"冐"字的另一個理由是:楚簡文字本身就有從"冐"之字,如:

信陽 2.013　　　　信陽 2.015

"猒(厭)"古音爲影紐談部字,"怨"古音爲影紐元部字,音近可以通假。《汗簡》《古文四聲韻》中,"猒"或"厭"字多有省减作"冐"的字例,由此我們推測楚系文字中諸多從""的字都應該是從猒省,如:

望山 2.2　　　包山 2.138　　　包山 2.275　　　包山 2.122

分別應隸作"冐、悁、絹、郒"。《包山楚簡》2.259 有"纚"字:

包山 2.259

應即"絹"之繁構。可以説,《郭店楚簡》中的""和""字使我們對楚系文字中從""的字有了一個新的認識。

《古文字研究》22,頁 233—234

○**孔仲温**(2000)　《緇衣》簡 10 有字,釋文隸定作"悁",簡文作:

《君舌(牙)》(員)云:"日俗雨,少(小)民隹(惟)日悁;晉冬旨(耆)滄,少(小)民亦隹(惟)日悁。"

又簡 22 亦有此字,内容作:

古(故)君不與少(小)怇(謀),則大臣不悁。

"悁"字《郭店》未多深考,唯注引裘錫圭先生之看法云:"此字應從今釋作'怨',字形待考。"另外在包山楚簡 138 簡反,也有此字作,隸定作"悁",簡文作:"又悁不可諈(證)。"《包山楚簡》並未考釋,不知何字。更值得注意的是,在包山楚簡與望山楚簡中有不少從或作的字,如包山楚簡"悁"字,見 92 號簡"悁陞午之里人藍",又 139 號簡反面"左尹以王命告子悁公"等,"悁"字多作人名或地名。又如望山二楚號(編按:"楚號"當作"號楚")墓的遣策中,常見"肙緅"或"絹緅"的詞組,《望山楚簡》考釋説"緅"即"紬",也就是後代所指稱的"綢",而"絹"字則疑爲從肉甾聲,以"絹"爲"緇",所以釋"肙緅""絹緅"爲"緇紬"。此外,滕壬生主編《楚系簡帛文字編》將從"冐"字,均隸釋爲"冐"字,所以"冐、絹、郒"三字隸釋作"冐、繻、郒",個人以爲釋"冐、絹"爲"緇",釋"冐"作"冐"均是不正確的看法,裘先生釋"悁"爲"怨",其説正確。今考"冐、冐"實即"冐"字。"冐"與"冐"相同,蓋楚系文字中常見從口形符,内加一横畫的增飾,而又較"冐"增"卜"的形符,也可視爲無義的增飾,我們在包山楚簡或信陽楚簡中,可見“鼎”字作、之形,所以“卜”應是增飾。“悁”既釋讀作“悁”,而“悁”與“怨”實音同義近,考《説文》:“悁,忿也,从心肙聲,一曰憂也。”又云:“怨,恚也,从心夗聲。”二者在意義上可通,且“悁、怨”二字上古音皆屬影母*ʔ-元部*-an,再者簡文作“悁”、今本作“怨”正可證明二者關係極爲密切。

從上面的結論,我們再反觀包山楚簡 138 號反面:“又悁不可誻(證)。”這句話應該是説“有怨隙的人,在審判時不可爲證”,且於下文“同社、同里、同官,不可誻”相銜接,文從字順。而望山二號墓遣策的“肓緅、綃緅”就是“絹紬(今綢字)”,《説文》云:“絹,繒如麥稍色。”段注:“自絹至繰廿三篆,皆言繒帛之色⋯⋯稍者麥莖也,繒色如麥莖青色也。”因此“絹紬”意指如麥莖青色的繒紬,且望山二號墓遣策文字中,尚有“丹緅、紅緅”正可與“絹紬”相對應。行文至此,則“悁”與从“肓、肓”之字,其形音義均可解釋了!

《古文字研究》22,頁 244—245

○**湯餘惠、吳良寶**(2001)　郭店楚簡《緇衣》第 46、47 號簡云:“《寺(詩)》員(云):‘我電既猒,不我告猶。’”此句見於今本《詩・小雅・小旻》,作“我龜既厭,不我告猶”。其中“厭”字簡文作如下揭之形:

此字从犬从肓(肙),見於《説文・甘部》:“猒,飽也。从甘从肰。”段玉裁《説文解字注》云:“淺人多改猒爲厭,厭專形而猒廢也。猒與厭音同而義異⋯⋯猒、厭古今字。”由此可知,猒即古厭字,字从“旨”,乃由“甘”旁衍變。“旨”在楚簡中爲“占”字或體,占、猒音亦通。

商周金文中有“猒”字(可參《金文編》卷五,314 頁),在傳世古文中,猒字還有从甘从肉而省去犬旁的寫法,《汗簡》卷二引王存乂《切韻》“厭”字即作形。由此可以推知,楚簡中“肓”即“肙”,爲“猒(厭)”字省體。

這批簡文中屢見一個从心从厭省的字,如:

《緇衣》10 號簡　　《緇衣》22 號簡　　《尊德義》18 號簡

裘錫圭先生説:“此字應從今本釋作‘怨’,字形待考。”

從字形上看,該字从心从厭省,可釋爲“懕”。《説文・心部》:“懕,安也。从心,厭聲。《詩》曰:懕懕夜飲。”“懕”與“怨”上古音同在影紐元部,故《緇衣》10 簡文所引《尚書・君牙》“懕”字,今本《尚書》可作“怨”,這是音同通假關係。

　　包山簡 138 號反面有"厭"字,《楚系簡帛文字編》隸作"惝"(第 803 頁),
不可信。該字也應讀作"怨"。其簡文"又厭不可諀"即"有怨不可證"。

　　楚文字中還有一些從"厭"省的字,如:

　　1.　[字形]包山 133　　[字形]包山 164　　[字形]璽彙 2149　　[字形]璽彙 3624

　　2.　[字形]望山 M2・2　　[字形]包山 268　　[字形]包山 277

上引例 1 各字可釋作"郾",簡文中多用爲地名,璽文中爲姓氏用字。例 2 名
(編按:"名"當爲"各"之誤。)字可釋爲"繝",或體作[字形](包山 259),應爲一字之異。
或將楚簡中從省體的"絹(繝)、厭"釋爲"絹、惝",顯然是錯誤的。"繝"在簡
文中爲車馬器一類,究指何物,有待進一步考證。

《簡帛研究二〇〇一》頁 201—202

○馬承源(2001)　　(編按:上博一・詩論 3)"悥"從肓從心。或省作"悥",從肓從心,
見第十八簡。悥、悥同爲一字。以肓爲聲符。有學者釋爲"怨"。據此字形,或
可讀爲"惝",惝、怨一聲之轉,也可讀爲"嬈"。《廣韻》有此字,曰"枉也"。
《集韻》:"讎也,恚也。本作怨,或作嬈。"

　　(編按:上博一・詩論 18)悥,讀爲"捐",字從宀從肓,"肓"爲基本聲符,通作
"捐"。投之以木瓜之"投",義與"捐"相通。

《上海博物館藏戰國楚竹書》(一)頁 129、148

○張光裕(2002)　　(編按:上博二・從甲 5)"惝",即"怨",字又見《郭店楚墓竹簡・
緇衣》第十簡"少(小)民亦佳(惟)日惝(怨)"。《從政(乙篇)》第二簡亦有
"則民不惝(怨)"句。

《上海博物館藏戰國楚竹書》(二)頁 220

○劉釗(2003)　　(編按:郭店・緇衣 10)"惝"從"心"從"宵","宵"爲"肓"字異體,"惝"
應即"怨"字異體。古音"肓、怨"皆在影紐元部,故"怨"可以"肓"爲聲符。

《郭店楚簡校釋》頁 55

○李零(2004)　　(編按:上博四・曹沫 17)先夋惝,讀"先作怨",指先動手發難。簡
文"怨"多作"惝",從心從肓字的異體。

《上海博物館藏戰國楚竹書》(四)頁 254

○李守奎、曲冰、孫偉龍(2007)　　(編按:上博一・詩論 18)惝　息　按:此字上部可
能從"宀",也可能是"占"之變形。

《上海博物館藏戰國楚竹書(一—五)文字編》頁 490

○**高佑仁**（2008） （編按：上博四·曹沫17）筆者以爲李零以爲將“先作怨”解釋爲“先動手發難”並不妥當，因爲小邦處大邦之間、敵邦環伺之際，强調勿“先動手”並不符合小邦在險峻的國際形勢中應有的態度，此處所指應是小邦在大邦與大邦之間，舉措應當保持圓融，不得罪任何一方，而兩面討好，左右逢源，不做出使任何一邦怨恨之事，而讓我邦遭受戰爭的危難，簡文“不可以先作怨”應是此義。

《説文》：“怨，恚也。从心夗聲。”本義即怨恨、仇恨之意，《玉篇·心部》：“怨，恨望也。”又《韓非子·難三》：“桓公能用管仲之功而忘射鉤之怨。”，《史記·秦本紀》：“繆公之怨此三人入於骨髓。”而“作怨”之文例在古籍很多，如《尚書·康誥》云：“王曰：‘嗚呼！封，敬哉！無作怨。’”《注》云：“言當修己以敬，無爲可怨之事。”可證簡文“不可以先作怨”應指不做出使他邦怨恨吾國之事。悁（編按：原文以△代替）字亦見楚簡中如《上博（一）·孔子詩論》簡27作“❦”，原考釋者馬承源即讀作“怨”。

另外，《説文》有“悁”字，其云“悁，忿也。从心，肙聲。一曰憂也”，“悁”即憤恨、忿怒之義，於簡文中亦可通，可備一説。

《〈上海博物館藏戰國楚竹書（四）·曹沫之陣〉研究》頁118—119

# 愁 愁 愁

郭店·語二4 　上博一·詩論17

○**馬承源**（2001） （編按：上博一·詩論17）愁，《集韻》以爲“愁”的省文，在此可以看作是楚國的簡體字。《説文》云：“愁，恨心。从心黎聲。一曰怠也。”

《上海博物館藏戰國楚竹書》（一）頁147

○**李零**（2002） （編按：郭店·語二4）“愁”，疑讀“烈”（“愁”是來母之部字，“烈”是來母月部字），是剛烈之義。

《郭店楚簡校讀記》（增訂本）頁172

○**連劭名**（2003） （編按：郭店·語二4）“愁”，讀爲“利”，利生於義，《左傳·襄公九年》云：“利者，義之和也。”《韓非子·解老》云：“義者，仁之事也。”《廣雅·釋詁》四云：“利，仁也。”君子知恥則知義，故簡文云：“利生於恥。”《漢書·公孫弘傳》云：“明是非，立可否謂之義。”

《孔子研究》2003-2，頁29

○**劉釗**（2003）　（編按:郭店·語二4）“悡”即“褫”字,《説文》云:“褫,恨心。从心,黎聲。一曰怠也。”

《郭店楚簡校釋》頁201

○**李守奎、曲冰、孫偉龍**（2007）　（編按:上博一·孔17）褫　悡　按:《集韻·脂韻》:“悡,褫或省。”

《上海博物館藏戰國楚竹書(一—五)文字編》頁490

## 恚 恚

恚 陶彙5·1　恚 九店56·96　恚 新蔡甲三185

○**高明、葛英會**（1991）　恚。

《古陶文字徵》頁104）

○**何琳儀**（1998）　戰國文字恚,人名。

《戰國古文字典》頁740

○**李家浩**（2000）　（編按:九店56·96）“恚”字原文下部殘泐,從殘畫來看,當是“恚”字,可與下八〇號簡的“恚”字比較。“恚”字見於《説文》心部,在此讀爲“奎”。“恚、奎”二字皆从“圭”得聲,故可通用。“奎”,二十八宿西方七宿的第一宿。“夏尿奎”是“夏尿朔於奎”的省略説法,因承上文省去了“朔於”二字。下面各句文例與此相同。“夏尿”,即夏曆二月。秦簡《日書》甲種楚除:“二月,奎。”《禮記·月令》:“仲春之月,日在奎。”

《九店楚簡》頁128

○**王恩田**（2007）　恚。

《陶文字典》頁281

## 怨 怨

怨 睡虎地·爲吏25貳

## 怒 怒　蘆 葱 忞 怒

怒 上博五·三德13

郭店・老甲 34　　　郭店・性自 2　　　上博七・鄭乙 3

集成 9734 舒蚉壺　　郭店・語二 26　　上博五・競建 6　　上博六・天乙 5

詛楚文

睡虎地・爲吏 11 壹

---

○**張政烺**(1979)　　(編按：集成 9734 舒蚉壺)戰忎讀爲僤怒,《詩・桑柔》"逢天僤怒",傳:"僤,厚也。"

《古文字研究》1,頁 240

○**徐中舒、伍仕謙**(1979)　　(編按：集成 9734 舒蚉壺)忎,《三字石經》怒,古文作忎。

《中國史研究》1979-4,頁 93

○**郭沫若**(1947)　　(編按：詛楚文)怒字上奴字从叉作,與篆文微異。

《郭沫若全集・考古編》9,頁 310,1982

○**姜亮夫**(1980)　　(編按：詛楚文)怒字上奴字,旁又作𢑚,增益筆畫。

《蘭州大學學報》1980-4,頁 62

○**陳邦懷**(1983)　　(編按：集成 9734 舒蚉壺)按,《說文》心部恕,古文作忠,許說"古文省"。壺銘借恕爲怒。

《天津社會科學》1983-1,頁 64

○**何琳儀**(1998)　　中山王方(編按：方當爲圓之誤)壺忎,讀怒。

《戰國古文字典》頁 560

詛楚文"悁怒",讀"憑怒"。《楚辭・天問》:"康回憑怒。"

《戰國古文字典》頁 560

○**丁原植**(1999)　　(編按：郭店・老甲 34)"芔",帛書乙本作"怒",今本作"作"。"怒",指氣勢盛而奮起。《莊子・逍遙遊》:"怒而飛。"

《郭店竹簡老子釋析與研究》(增修版)頁 205—206

○**濮茅左**(2001)　　(編按：上博一・性情 1)芔,从艸从女从心,《說文》所無。《三體石經・無逸》"怒"字古文作"忎",《集韻》"怒"古作"忎"。又《玉篇》:"忎,奴古切,恚也。"胡吉宣校釋:"原列怒下爲重文,云《說文》古文怒也,二徐本誤爲恕之古文。"從簡文的假借用法和後世字書彼(編按：疑脫"此"字)相印證來看,忎,即古文"怒"應該是無疑的,本簡"芔"讀爲"怒"。

《上海博物館藏戰國楚竹書》(一)頁 221—222

○廖名春（2003） （編按：郭店·老甲 34）《**舒**蚉壺》和《三體石經》“怒”字都上爲
“女”，下爲“心”，“薹”所从之“艸”當係繁文。“怒”“作”義同，都有勃起義，
故能通用。故書當作“怒”。

《郭店楚簡老子校釋》頁 331

○劉釗（2003） （編按：郭店·老甲 34）“薹”字从“忞”聲，“忞”从“女”聲，“恕”从
“如”聲，“如”亦从“女”聲，故“薹”可讀爲“怒”。

《郭店楚簡校釋》頁 24

○陳佩芬（2005） （編按：上博五·競建 6）“忞”，“恕”字古文。《説文·心部》：
“恕，仁也。从心，如聲。忞，古文省。”

《上海博物館藏戰國楚竹書》（五）頁 173

○李零（2005） （編按：上博五·三德 13）“薹”，待考。

《上海博物館藏戰國楚竹書》（五）頁 297

○陳偉（2006）（編按：上博六·平王 1）怒，簡文从艸从女。原考釋以爲“恕”之古
文。今按：這種寫法的“怒”見於上博竹書《從政》乙 3 號簡，下面再加心旁的
寫法還見於郭店竹書《老子》甲 34 號簡、《性自命出》2 號簡和上博竹書《性情
論》1 號簡。

《新出簡帛研讀》頁 278，2010

○李守奎、曲冰、孫偉龍（2007） （編按：上博五·三德 13）薹 按：簡文中讀“怒”。
疑爲“怒”字異體。

《上海博物館藏戰國楚竹書（一—五）文字編》頁 502

○曹錦炎（2007） （編按：上博六·天甲 6）“忞”，即“怒”字異構（《説文》以爲是
“恕”字古文，當爲通假字），亦見郭店楚簡《六德》《語叢（一）》《語叢（二）》等
篇。《性自命出》篇則作“薹”，增“艸”傍。

《上海博物館藏戰國楚竹書》（六）頁 319

△按 楊澤生指出“戰國文字中薹、薹、芺、忞、怒皆是‘怒’字異體，並釋甲骨
文‘㯥’、金文‘爧’爲怒字”，其説可信。詳參《釋“怒”》（《中山大學學報》
2010 年 6 期 39—52 頁）。

# 慍 慍

愠 郭店·性自 34　愠 郭店·語二 7　愠 上博二·從乙 4　愠 上博六·競公 5

○裘錫圭（1998）　　（編按：郭店・語二7）“怨”疑讀爲“慍”。《説文》“盈”字从
“囚”，即由“囚”訛變。此字又見三一號簡。

《郭店楚墓竹簡》頁206

○張光裕（2002）　　（編按：上博二・從乙4）“怨”，即“溫”。

《上海博物館藏戰國楚竹書》（二）頁236

○陳佩芬（2002）　　“怨”，《郭店楚墓竹簡・性自命出》第三十五簡“怨（慍）之
終也”，《語叢二》第七簡“怨（慍）生於悥（憂）”、第三十簡“怨（慍）生於眚
（性）”，字書體與之相近，讀爲“慍”。《説文・心部》：“慍，怨也。”（編按：“怨”當
是“怒”之誤）《詩・邶風・柏舟》“慍于群小”，毛傳：“慍，怒也。”

《上海博物館藏戰國楚竹書》（二）頁245

○濮茅左（2007）　　（上博六・競公5）思。

《上海博物館藏戰國楚竹書》（六）頁174

## 惡　𡦨

　　𡦨璽彙2068　　𢙄郭店・語二25　　𡕥天星觀　　𡕥上博一・緇衣4　　𡕥睡虎地・日乙194

○羅福頤等（1981）　　（編按：璽彙2068）上志。

《古璽彙編》頁206

○吳振武（1983）　　2068邿上志・邿上□。

《古文字學論集》（初編）頁503

○睡簡整理小組（1990）　　（編按：睡虎地・日甲88背1）惡，讀爲堊。《禮記・雜記》：
“廬堊室之中。”《釋文》：“堊，本作惡。”堊室，白土塗刷的房子，古代孝子居於
堊室。

　　（編按：睡虎地・日乙203）惡，後文作晉，當讀爲厭，《廣雅・釋言》：“鎮也。”《史
記・高祖本紀》：“秦始皇帝常曰東南有天子氣，於是因東遊以厭之。”

《睡虎地秦墓竹簡》頁222、250

○何琳儀（1998）　　天星觀惡，禍害。

《戰國古文字典》頁442

○施謝捷（1998）　　2068邿𡕥（上志一上□）・邿惡。

《容庚先生誕辰百年紀念文集》頁647

# 憎 憎

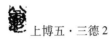上博五・三德2

---

# 忍 忍

陶彙 3・1010　　陶彙 3・1015　　陶彙 3・1016　　陶彙 3・1014

---

○**丁佛言**（1924）　忍 **㓞** 古匋。

《説文古籀補補》頁 48，1988

○**高明、葛英會**（1991）　（編按：陶彙 3・1014）㓞　《説文》所無。《正韻》：“㓞音刀，憂心貌。”

《古陶文字徵》頁 101

（編按：陶彙 3・1010、3・1011、3・1013、3・1015、3・1016）忍。

《古陶文字徵》頁 101

○**陳偉武**（1995）　《文字徵》第 101 頁“㓞”字下：“**㓞** 3.1014，獨字，《説文》所無。《正韻》：㓞，音刀，憂心貌。”今按，此字當釋爲與之並次的忍字異體。“忍”字下：“**忍** 3.1010，獨字。**忍** 3.1016，同上。**忍** 3.1015，同上。**忍** 1013，同上。**忍** 3.1011，獨字。”《説文》：“忍，怒也。從心刀聲，讀若額。”《陶彙》將前引諸形均釋爲忍固然不妥，但它把辭例相同、結體稍異諸形看作一字卻是正確的。

《中山大學學報》1995-1，頁 124

○**何琳儀**（1998）　齊陶㓞，人名。

《戰國古文字典》頁 306

忍，從心從刀，會怒如懷刀之意。
齊陶忍，人名。

《戰國古文字典》頁 1203

○**王恩田**（2007）　忍。

《陶文字典》頁 278

# 悔 悔

璽彙 5705　　集成 10407 鳥書箴銘帶鉤　　侯馬 35：3　　睡虎地・爲吏 10 伍

上博六・用曰 12　上博七・武王 6

○**丁佛言**（1924）　悔　𰌴　古鉢長悔。

《說文古籀補補》頁 48,1988

○**羅福頤等**（1981）　悔。

《古璽彙編》頁 518

○**何琳儀**（1998）　侯馬盟書悔,悔改。晉璽悔,讀每,姓氏。
秦璽悔,箴言或人名。

《戰國古文字典》頁 130、563

# 快 𢛛

𢛛集成 10478 中山兆域圖

○**徐中舒、伍仕謙**（1979）　（編按:集成 10478 中山兆域圖）㤷,從央聲,當讀爲殃。漢
印"靳未央"之央作夬,與此形同。

《中國史研究》1979-4,頁 95

○**何琳儀**（1998）　兆域圖快,讀殃。《說文》:"殃,咎也。"

《戰國古文字典》頁 617

○**湯餘惠等**（2001）　快。

《戰國文字編》頁 713

# 憤 憒 奮

奮郭店・性自 46

○**裘錫圭**（1998）　"夫"下一字當釋"憒（奮）"參看注二一。

《郭店楚墓竹簡》頁 183

○**湯餘惠等**（2001）　憒。

《戰國文字編》頁 731

○**李守奎**(2003)　憤　奮　《廣韻·吻韻》:"憤同憤。"

《楚文字編》頁616

△**按**　憤,"憤"字異體。《荀子·子道》:"奮於諸華,奮於行者伐。"《説苑·雜言》"奮"作"賁"。《廣韻》吻韻:"憤同憤。"皆可參。

# 閟 

璽彙2012　上博一·詩論26

○**何琳儀**(1998)　晉璽閟,人名。

《戰國古文字典》頁1366

○**湯餘惠等**(2001)　閟。

《戰國文字編》頁713

# 愴 

包山68　新蔡甲一3　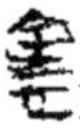望山1·1　天星觀

【愴冢】望山1·1

○**朱德熙、裘錫圭、李家浩**(1995)　"愴冢"當是占卜用的工具。

《望山楚簡》頁87

○**何琳儀**(1998)　望山簡"愴冢",占卜之工具。

《戰國古文字典》頁696

# 悲 

璽彙5451　秦印　郭店·老丙10　郭店·性自31

郭店·語二29　上博二·民之11　睡虎地·日甲67背壹

○**吳大澂**(1884)　悲　　古鉢文。

《説文古籀補》頁43,1988

○**丁佛言**(1924)　悲　　古一字鉢。按字象蹙額顰眉荼口之形,不僅从心非聲也。中一▼與字有關連,秦漢磚瓦以邊闌花紋兼代字畫,實本於此。原書

摩寫非是。

《説文古籀補補》頁 48,1988

○**羅福頤等**(1981)　悲。

《古璽文編》頁 264

○**何琳儀**(1998)　天星觀簡悲,姓氏。孺悲之後,見《萬姓統譜》。

《戰國古文字典》頁 1292

## 惻　懇

○**商承祚**(1964)　(編按:楚帛書)惻讀測,深意。《易·繫辭》:"陰陽不測之謂神。"這兩句是,各人要永遠敬事上天,不可褻瀆神靈,否則災難降臨,令人莫測。

《文物》1964-9,頁 14

○**中大楚簡整理小組**(1977)　(編按:望山 1·19)懇,懇字異構,即惻。《説文》:"惻,痛也。"

《戰國楚簡研究》3,頁 36

○**李學勤**(1982)　(編按:楚帛書)天像(象)是惻(則)。

《湖南考古輯刊》1,頁 70

○**饒宗頤**(1985)　(編按:楚帛書)甘氏《歲星法》:"其國無德,甲兵惻惻。"又云:"國斯反覆,甲兵惻惻,其歲大水。"此則所謂"天象是懇"。懇字亦見望山簡及《汗簡》。

《楚帛書》頁 64

○**李零**(1985)　(編按:楚帛書)懇,同惻,這裏借爲則。

《長沙子彈庫戰國楚帛書研究》頁 61

○**何琳儀**(1986)　(編按:楚帛書)"惻",《一切經音義》四"惻古文作懇"與帛書合。《説文》訓"痛"。"天象是惻"承"惟天作妖"而言。意謂:對"作妖"之"天象"傷悼敬慎之,始可免除災難。或借讀爲"測、則",似不可必。

《江漢考古》1986-1,頁 57

○**陳秉新**（1988）　　（編按：楚帛書）各敬佳備，天象是則（《天象》10 行）

　　各，讀爲恪，《爾雅·釋詁》：“恪，敬也。”佳，讀爲惟，等立連詞，與也，見楊樹達《詞詮》。備，《説文》訓慎，乃戒備義的引申。《漢書·史丹傳》：“（丹）貌若倜儻不備，然心甚謹密。”此備字當作謹慎解。恪敬惟備，即恪敬而謹慎之義。惻，帛書作愳，惻的異體，借爲則，《爾雅·釋詁》：“則，法也。”是，指示代詞，復指提前的賓語。天象是則，即法則此天象之義。天人感應論認爲，天象是上帝意志的體現，天象之祥妖與政治之得失有關，主張人君要法則天象，根據天象變化規範和調整統治者的行爲。高明先生謂：“如民對百神、山川不欽不敬，祭祀亦不莊重嚴肅，帝將使日月經紐，亂達其行，予以警告，即所謂‘天象是惻’。”惻訓爲警告，於古訓無徵。且“天象是惻”緊承“恪敬惟備”，上文言“建恆懷民”，則知“恪敬惟備，天象是惻”指人君而言。如高説，則上句指民（從高明對上下文的解釋推知），下句指上帝，這在語法上也是説不過去的。

《文物研究》4，頁 191

○**嚴一萍**（1990）　　（編按：楚帛書）惻，《説文》：“惻，痛也。从心，則聲。”商氏讀爲測，謂有深意。並據《易·繫辭》“陰陽不測之謂神”説，“各敬佳儀，天像是惻”兩句是“各人要永遠敬事上天，不可褻瀆神靈，否則災難降臨，令人莫測”。按惻字不當讀爲測，應與下“成”字連讀斷句，仍用《説文》本訓“痛也”。《漢書·鮑宣傳》：“豈有肯加惻隱於細民。”正是此意。所以這兩句的意思，是“人能永遠虔敬上天，上天就有惻隱之象，痛惜下民，減少災難”。

《甲骨古文字研究》3，頁 276

○**曾憲通**（1993）　　（編按：楚帛書）江陵楚簡有惻字作愳，與帛文同。李學勤、李零均讀惻爲則；商先生讀作測，謂有深意，並引《易·繫辭》“陰陽不測之謂神”爲説。何琳儀以爲《説文》訓惻爲“痛也”，乃承“佳天作妖”而言，可不必借讀爲測、則。

《長沙楚帛書文字編》頁 81—82

○**湯餘惠**（1993）　　（編按：楚帛書）惻，通則；天象是則，謂按照天象預示的吉凶行動。
《戰國銘文選》頁 169

○**李零**（1993）　　（1）鼅。有寶家（簡 197、212、218、226、236、249，“家”字原从爪旁）、訓黿（簡 199）、長則（簡 207、216、220，“則”字或从心旁）、少寶（簡 221）、彤荅（簡 223）、長靈（簡 230、224，“靈”字原作“霝”）、駁靈（簡 234、247，“靈”字同上）。

《中國典籍與文化論叢》1，頁 433

○**何琳儀**（1998）　惻，从心，則聲。惻之異文。《玉篇》：“惻，古文惻。”
楚簡惻，占卜之具。

《戰國古文字典》頁 94

○**劉信芳**（2001）　（編按:楚帛書）天象是惻：

“天象”，謂日月五星等昭示的祥瑞。

“惻”，《易・井》：“爲我心惻。”《漢書・文帝紀》：“憂苦萬民，爲之惻怛不
安。”師古注：“惻，痛也。”“天象是惻”，天象惻隱於此。亦即上天對下民祭祀
之虔誠將顯示惻隱之象。

李學勤先生（1982）讀“惻”爲“則”，説亦可通。

《華學》5，頁 137—138

○**劉信芳**（2003）　（編按:包山 207）長惻：“惻”讀爲“菆”，一種植物，以其莖作爲
占筮工具。《説文》：“菆，烏喙也。”《廣雅・釋草》：“蘸，奚毒，附子也，一（歲）
爲菆子，二（歲）爲烏喙，三（歲）爲附子，四（歲）爲烏頭，五（歲）爲天雄。”王念
孫《疏證》：“吳普《本草》云：‘烏頭正月始生，形如烏頭，有兩歧相合，如烏之
喙者，名曰烏喙。’又云：‘側子八月采，是附子角之大者。側與菆同名。’”

《包山楚簡解詁》頁 222

# 感　感

十鐘

○**何琳儀**（1998）　卲宮盉感，人名。

《戰國古文字典》頁 1400

○**湯餘惠等**（2001）　感。

《戰國文字編》頁 714

# 忧　愲　憖

竜天星觀　　戭信陽 1・39　　戓郭店・六德 16　　戓上博六・用曰 4

竜新蔡甲三 10

○**何琳儀**（1998）　楚簡忧，見《玉篇》：“忧，心動也。”或讀訨。《廣韻》：“訨，

過也。"

《戰國古文字典》頁 14

○**李零**（1999）　（編按：郭店·六德 16）"藏腑"，原不釋。按從字形看，上字爲"葬"，下字从心旁，這裏暫讀爲"藏腑"。

《道家文化研究》17，頁 519

○**何琳儀**（2000）　（編按：郭店·六德 16）"忧"原篆作🦌，參信陽簡 1.039"忧"作🦌，《璽彙》2154"庞"作🦌等。《説文》："忧，不動也。"

《文物研究》12，頁 203

○**顔世鉉**（2000）　（編按：郭店·六德 16）"節"，簡文作🦌，《古文四聲韻》卷五"節"字引《古孝經》作🦌，引《汗簡》作🦌，與簡文所从之形近。

《江漢考古》2000-1，頁 40

○**吳良寶**（2001）　《六德》第 16 號簡有字作 A1 之形，原書未釋。今按，該字从心从尤，即見於《説文·心部》的忧字。楚簡與燕齊陶文中均有从尤之字，形體與此極近。

簡文云："句淒夫人之善□，勞（原篆从心）其牂忧之力，弗敢單也；危其死，弗敢愛也，胃之（臣）以忠事人多。"（16、17 號簡）原書讀"句"爲"苟"，可訓爲"誠也"（《廣雅·釋詁一》）。"淒"可通"萋"，《詩·大田》："有渰萋萋。"《韓詩外傳》引作"淒"，可證。《詩·有客》："有萋有且。"《傳》云："萋，且敬慎貌。""單"可讀作"憚"，《左傳·襄公二十八年》："其何勞之敢憚？"《説文》："憚，忌難也。"簡文中因有個别字尚不識，只能知其大意，説的是爲臣之道要不憚於勤心勞力，不貪生以避危。

淅川下寺春秋楚墓出土一件銅鬲，銘文中有字作 A2 之形，原書隸爲"螽"。楚文字中"升"字（或偏旁）與此形不類（可參看何琳儀《戰國古文字典》143 頁），原釋有誤。從字形上看，該字上部所从部件與上引楚簡中的"尤"形相同，字應隸定爲"螽"，在銘文中用作人名。考慮到《説文》蚰部之字多可省从虫作，"螽"可能與金文《魚顛匕》中的"蚘"爲同字。

🦌　🦌
A1　A2

《古籍整理研究學刊》2001-5，頁 8

○**陳偉**（2002）　（編按：郭店·六德 16）第二字左从心，右旁與甲骨文中的"厷"字近似。疑當釋爲"忲"，讀爲"厷"，通作"肱"。

《古文字研究》24，頁 395

○**陳斯鵬**（2002）　🦌字下部从心，上部寫法詭異，細審之實爲"又"字變體。

知者,郭店簡"友"字或作🔣、🔣(六德 30),所從二"又"皆加衍筆。🔣字上部正是這種加了衍筆的"又"字。所以此字可隸定爲"忍"。我懷疑這是一個從心從付省聲的字。"付"字在古文字中通常是從人從又,後來才演化爲從寸,考慮到這種情況,最好將此字隸作"忞",即"怤"字之省。"付"之可省去人旁,亦非無據。馬王堆帛書《十大經·正亂》:"【太】山之稽曰:子勿言佑,交爲之備,【吾】將因其事,盈其寺(志),軵其力,而投之代,子勿言也。"整理小組注云:"軵,即《説文》軵字。"《黄帝四經今譯》亦云:"軵,即軵,推也。意謂助其行事。"可爲佐證。《説文》:"怤,思也,從心付聲。""怤"字在此假爲"腑"。

將🔣、🔣二字分別釋爲葬、怤,讀爲"臟腑",放到文本中檢驗,語義十分暢順。

這裏附帶討論楚簡中兩個與"怤"有關的字。

1.信陽楚簡 1.039 有字作:

🔣

中山大學古文字研究室的學者釋爲"恀",劉雨先生釋"忧"。就字形看,此字顯係從寸,而非從厷或從尤,結構與郭店楚簡"忞"字相同,頗疑亦當隸作"忞",釋爲"怤"。唯字義尚難確釋,容俟後考。

《古文字研究》24,頁 410

○賈連敏(2003)　(編按:新蔡甲三 10)憲(忧)。

《新蔡葛陵楚墓》頁 189

○張光裕(2007)　(編按:上博六·用曰 4)恀。

《上海博物館藏戰國楚竹書》(六)頁 289

○趙平安(2008)　郭店簡《六德》16 的🔣,字形頗爲詭異,2000 年初在李學勤師主持的清華簡帛研讀班上,我曾試讀爲股肱(股後一字本從心厷聲,此處通肱。字又見於信陽楚簡 1-039。《古璽彙編》2154 號有一個在此基礎上加宀旁的字,似是它的異體)。"勞其股肱之力弗敢憚也,危其死弗敢愛也",貫通無礙。

《新出簡帛與古文字古文獻研究》頁 99,2009;原載《中國文字學報》2

△按　上博六《用曰》簡 4 的🔣字,張光裕釋爲"恀",何有祖改釋爲"忧",讀爲"尤",可從。詳見何有祖《讀〈上博六〉札記》(簡帛網 2007 年 7 月 9 日)。

新蔡簡中的"忧",又寫作"蚘"(見甲三 143、甲三 182-2)、"憨"(見甲三 10、甲三 61)、"訧"(見零 204)、"忧"(見零 472),整理者皆讀爲"忧"。邴尚白、袁金平(邴尚白《葛陵楚簡研究》146—147 頁,臺灣大學 2007 年博士學位論文;袁金平《新蔡葛陵楚簡字詞研究》30—35 頁,安徽大學 2007 年博士學位論文)改讀爲"尤",可信。

　　郭店《六德》簡 16"**跌夬**"現在多從陳偉、趙平安(陳偉《郭店簡〈六德〉校讀》,《古文字研究》24 輯 395—399 頁;趙平安《關於"夃"的形義來源》,《中國文字學報》2 輯 17—22 頁,又《新出簡帛與古文字古文獻研究》97—105 頁)釋爲"股肱","**夬**"現在多從陳偉隸定爲"忕",讀爲"肱"。但楚簡中"厷"字作"**夬**"(上博二·民之 6)形,"忕"作"**忕**"(上博四·曹沫 56)形,其所從"厷"形皆與郭店·六德 16 的"**夬**"所從"厷"形不類。"**夬**"的釋讀一時難於圓融,暫付闕如,容俟後考。蘇建洲(《釋楚竹書幾個從"尤"的字形》,復旦網 2008 年 1 月 1 日)認爲何琳儀釋"忧"之説可信。

　　另甲骨金文從"尤"及相關諸字可參閲陳劍《甲骨金文舊釋"尤"之字及相關諸字新釋》(《甲骨金文考釋論集》59—80 頁,線裝書局 2007 年)。

## 恙 恙

**恙** 睡虎地·日甲 59 背　　**恙** 上博三·亙先 7　　**恙** 上博五·三德 11　　**恙** 上博七·鄭乙 4

○**睡簡整理小組**(1990)　　(日甲·60 背 2)恙,《太平御覽》卷三七六引《風俗通》:"病也。"

《睡虎地秦墓竹簡》頁 218

## 惴 惴

**惴** 十鐘　　**惴** 秦駰玉版

○**連劭名**(2001)　　"惴惴小子",《説文》云:"惴,憂懼也……《詩》曰:惴惴其慄。"

《中國歷史博物館館刊》2001-1,頁 51

○**王輝**(2001)　　《説文》:"惴,憂懼也。從心,耑聲。《詩》曰:'惴惴其慄。'"

《考古學報》2001-2,頁 147

○**黄德寬等**(2007)　　秦印惴,人名。

《古文字譜系疏證》頁 2702

# 恼 㤊

包山 146　　上博二·從甲 8

○**何琳儀**（1998）　包山簡恼，人名。

　　　　　　　　　　　　　　　　　《戰國古文字典》頁 712

○**張光裕**（2002）　(編按：上博二·從甲 8) "㤊" 即 "恼"。"新" 讀爲 "親"。《説文·心部》："恼，憖也。"《詩·小雅·頍弁》："未見君子，憂心恼恼。"毛傳："恼恼，憂盛滿也。"

　　　　　　　　　　《上海博物館藏戰國楚竹書》（二）頁 223

○**陳劍**（2003）　此外，甲篇的第 8 簡云 "而不智則逢災害。聞之曰：從政有七機：獄則興，畏則民不道，灑(？)則失衆，猛則無親，罰則民逃，好□"，其中 "猛" 原作從心從 "丙" 的繁體（加 "口" 旁）形，"丙" 與 "猛" 音近可通。"猛" 即 "威而不猛" 之猛，《左傳》昭公二十年云："大叔爲政，不忍猛而寬……仲尼曰：' 善哉！ 政寬則民慢，慢則糾之以猛。猛則民殘，殘則施之以寬。寬以濟猛，猛以濟寬，政是以和。'"可與簡文講 "從政" 的 "猛則無親" 參讀。

　　　　　　　　　　　　　　　　《文物》2003-5，頁 64

○**徐在國**（2003）　《從政甲》第八簡 "恼則亡新（親）"。原書作者訓 "恼" 爲憂。我們懷疑 "恼" 字當讀爲 "妨"。楚簡 "病" 字或從 "方" 聲。《説文》"仿"，籀文或從 "丙" 聲。"枋" 又作 "柄"。《儀禮·士昏禮》："皆南枋。"注："今文枋作柄。"《禮記·禮運》："以四時爲柄。"《釋文》："柄本又作枋。"因此，"恼" 字可讀爲 "妨"。《説文》："妨，害也。"《左傳·隱公三年》："且夫賤妨貴、少陵長、遠閒親、新閒舊、小加大、淫破義，所謂六逆也。"孔穎達疏："妨，謂有所害。"簡文 "妨則亡（無）新（親）" 意爲傷害則失去親近。

　　　　　　　　　　　　　　　　《學術界》2003-1，頁 102

# 惙 㥿

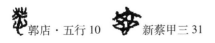
郭店·五行 10　　　新蔡甲三 31

恩 恩

侯馬 1∶48

○山西省文物工作委員會（1976）　恩　宗盟類參盟人名邜恩。

《侯馬盟書》頁 347

○何琳儀（1998）　恩。

《戰國古文字典》頁 1555

○汤餘惠等（2001）　恩。

《戰國文字編》頁 715

忡 忡 忌

忡郭店·五行 12　忌上博三·周易 12

○荆门市博物馆（1998）　（編按：郭店·五行 12）忡（忡）。

《郭店楚墓竹簡》頁 149

○湯餘惠等（2001）　（編按：郭店·五行 12）慫。

《戰國文字編》頁 727

○李守奎（2003）　（編按：郭店·五行 12）忡　忌　从終之古文。

《楚文字編》頁 617

○濮茅左（2003）　（編按：上博三·周易 12）"忞"，讀爲"終"。

《上海博物館藏戰國楚竹書》（三）頁 153

○李守奎、曲冰、孫偉龍（2007）　（上博三·周易 12）慫　忌　按：簡文"君子又慫"之"慫"帛本、今本皆作"終"。

《上海博物館藏戰國楚竹書（一—五）文字編》頁 502

慽 慽

慽郭店·性自 34　慽新蔡甲三 10　慽上博一·詩論 4　慽秦駰玉版

○**荆門市博物館**（1998）　（編按：郭店・性自 34）戚。

○**陳來**（1999）　（編按：郭店・性自 34）竹簡本“憂斯戚”，“戚斯難”，戚字應爲“戚”字。

○**彭林**（1999）　（編按：郭店・性自 34）戚，揆諸今本，此字當以“戚”字當之。戚，經典作“慼”，《書・盤庚》“率籲衆慼出矢言”，《説文》引此經作“戚”。慼或作“慽”，《説文》：“慽，憂也。从心，戚聲。”此字簡文作𢜰，《語叢一》“禮齊樂靈則戚”（三四簡），戚字作𢜰。此𢜰，當从心，戚省聲。

○**趙建偉**（1999）　（編按：郭店・性自 34）“慁斯戚”可能當釋爲“憂斯戚”。前文“戚然以終”的“戚”字簡文寫作“蒬”，此字蓋爲彼之訛寫。

○**李零**（1999）　（編按：郭店・性自 34）“戚”原隸定不釋，得此可知其讀。

○**連劭名**（2001）　（編按：秦駰玉版）“戚”，原文从心，戚聲。“戚”的寫法見於《秦詛楚文》，又見於郭店楚簡《語叢》一：“禮齊樂靈則戚。”“戚”“憂”同義，《詩經・小明》云：“自貽伊慼。”毛傳：“慼，憂也。”

○**王輝**（2001）　（編按：秦駰玉版）《廣雅・釋詁一》：“戚，憂也。”慼、憂義近，每多連用。《左傳・僖公十五年》：“晉人慼憂以重我，天地以要我。”

○**馬承源**（2001）　（編按：上博一・詩論 4）“懟”字以戚爲聲符，《釱鐘》“懟伐厥都”，“戚”讀作“撲”。《漢書・嚴助傳》：“留而守之，歷歲經年，則士卒罷勌，食糧乏絶。”“撲”“罷”雙聲假借。簡文謂人民罷倦，上下不和，則其用心又將如何？

○**李零**（2002）　（編按：上博一・詩論 4）“民之有戚倦也，上下之不和者，其用心將何如”是講《小雅》。《小雅》多抨擊朝政之失，表達民間疾苦之作，所以這樣講。“戚患”，原書讀爲“罷倦”，但上字見郭店楚簡《性自命出》簡 34，實爲“戚”字，“戚”是憂愁的意思；“患”，原作“倦”。

○**彭裕商**（2002）　（編按:郭店·性自 34）《性自命出》"喜斯陶"一段,有"慼斯嘆"一句,與《禮記·檀弓下》相對照,可知慼即戚字。彭林先生已指出,此字經典作感,字形"當从心,戚省聲"。其説是。殷墟甲骨文有戚字,作𢦏形,本爲"干戈戚揚"之戚,爲上下有齒之兵器,戰國文字省作𢦏,如《語叢》一第 34 簡即有此字。慼字因下方有心旁,故省略了戚字的下齒,爲憂戚之戚專字。

《古文字研究》24,頁 394

○**李天虹**（2002）　（編按:郭店·性自 34）慼,簡文本作"𢦏"。古戚字《語叢一》三四號簡作"𢦏";馬王堆帛書《老子》甲後一八八作"𢦏",可證此"𢦏"字當釋爲"慼","慼"同"戚"。《説文》心部:"慼,憂也。"《廣雅·釋詁三》:"慼,悲也。"

《郭店竹簡〈性自命出〉研究》頁 172

**惪** **惪**

惪睡虎地·日甲 81 背　　惪上博二·從甲 16　　惪郭店·五行 9　　惪郭店·老乙 4

惪天星觀　　惪上博四·内豊 6　　惪郭店·語二 7　　惪上博三·周易 41　　惪郭店·唐虞 16

惪集成 2840 中山王鼎　　惪集成 9734 舒盍壺

---

○**張政烺**（1979）　（編按:集成 9734 舒盍壺）《説文》:"惪,愁也。从心、頁。"經籍通用憂字。

《古文字研究》1,頁 236

○**丁原植**（1999）　（編按:郭店·老甲 34）"惪"當借爲"嚘",《玉篇·口部》:"嚘,氣逆也。"《太玄·夷》:"柔,嬰兒於號,三日不嚘。"王涯注:"嚘,氣逆也。"王弼本作"嗄",似爲"嚘"之誤。高明先生曰:"'不嚘'即不氣逆,正與下文'和之至也'相一致。'和'指氣言,如第四十二章'沖氣以爲和'。由於赤子元氣淳和,故而終日號哭,而氣不逆滯。"

《郭店竹簡老子釋析與研究》（增修版）頁 206

○**魏啟鵬**（1999）　（編按:郭店·老甲 34）"惪",同憂。《説文》:"憂,愁也。"《正字通》:"惪,憂本字。"簡文疑讀爲嚘(yōu),帛書本亦作"嚘"。《玉篇》:"嚘,氣逆也。"亦引《老子》此句爲例。氣逆指臟腑之氣向上逆行。《素問·舉痛論》:"怒則氣逆,甚則嘔血及飧泄。"此句意爲,嬰兒從早到晚啼號不已,卻没有氣逆的病變,是因爲體内和氣充實的緣故。河上公本"嚘"作"啞",王弼本作"嗄"。

《道家文化研究》17,頁 233

○**李零**(1999)　(編按:郭店·老甲 34)"嗄",原作"憂",馬甲本作"憂",馬乙本从口,王弼本作"嗄"。按"夏、憂"二字馬王堆帛書每混用,古本此字多从憂,但恐怕仍屬形近混用(類似"恆""極"混用),《莊子·庚桑楚》"見子終日號而不嗄",司馬彪注説"楚人謂啼極無聲曰'嗄'",河上公《老子道德經章句》作"終日號而不啞",意思是説整天哭嗓子都不啞,文通字順,如按"嚘"字解釋(《説文》的解釋是"語未定貌",《玉篇》的解釋是"氣逆也"),則義不可通。今從王弼本讀"嗄"。

《道家文化研究》17,頁 467

○**劉釗**(2003)　(編按:郭店·老甲 34)"惡"即"憂"字古文,讀爲"嚘"。"㮊"爲"同"字繁寫。

　"朘"指小兒的生殖器。"怒"意爲"凸起、鼓起",在此指生殖器勃起。"嚘"意爲氣逆,《太玄·夷》:"次三,柔,嬰兒於號,三日不嚘。測曰,嬰兒於號,中心和也。"

《郭店楚簡校釋》頁 24

# 患 患

郭店·老乙 5　　郭店·老乙 7　　郭店·性自 42　　郭店·性自 62

○**李天虹**(1995)　《説文》:"闤,古文从關省;患,亦古文患。"段玉裁在古文第一體下注:"以關省爲聲也。"

　按:悶串古音相通,如古文字關作朋(陳猷釜),又从串聲作䦎(包山簡),故患字可以悶爲聲符。西周初年中鼎有貫(嘯 11.1),即古貫字,象穿貝之形。晉姜鼎變作貫(總集 88),古文患字所从"串"乃其再變,"串、串"又由"串"省變。患貫古音相近可通。(患:群母;貫,見母,均元部)

《江漢考古》1995-2,頁 79

# 恋 戀

陶彙 3·1319　　璽彙 3121　　陶録 3·390·3

○羅福頤等（1981）　恋。

《古璽文編》頁 264

○高明、葛英會（1991）　恋。

《古陶文字徵》頁 105

○何琳儀（1998）　古璽恋，人名。

《戰國古文字典》頁 1428

○湯餘惠等（2001）　恋。

《戰國文字編》頁 716

○王恩田（2007）　（編按：陶録 3・390・3）悚　《集韻》：“懍，省作悚。”《博雅》：“悚，痛也。”

《陶文字典》頁 287

△按　“束”字作、、、形（見《戰國文字編》476 頁）形，與《陶文圖録》3・390・3上部所從形體皆不類，王恩田釋爲“悚”，誤。《説文》心部：“恋，思皃。从心，夾聲。”

# 憚 憚 愳

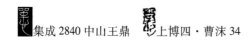
集成 2840 中山王鼎　　上博四・曹沫 34

○張政烺（1979）　憚憚憀憀，《大戴禮記・曾子立事》“君子終身守此憚憚”，注：“憚憚，憂惶也。”

《古文字研究》1，頁 229

○李學勤、李零（1979）　五十九行“憚憚”，《大戴禮記・曾子立事》注：“憂惶也。”實即戰戰。

《考古學報》1979-2，頁 158

○商承祚（1982）　憚，畏也。憀，懼也。

《古文字研究》7，頁 58

○湯餘惠（1993）　憚憚業業，惶懼的樣子。

《戰國銘文選》頁 36

○何琳儀（1998）　中山王鼎“愳愳”，讀“憚憚”。《大戴禮記・曾子立事》“君子終身，守此憚憚”，注：“憚憚，憂惶也。”

《戰國古文字典》頁 1022

○李零（2004）　（編按：上博四·曹沫34）"懇"同"憚"，是畏難之義。

《上海博物館藏戰國楚竹書》（四）頁 265

# 恐 忎

睡虎地·爲吏 2 伍　集成 2840 中山王鼎　九店 621·13

上博三·中弓 26　陶彙 5·97

○于豪亮（1979）　（編按：集成 2840 中山王鼎）忎，《說文·心部》以爲恐字之古文。

《考古學報》1979-2，頁 175

○徐中舒、伍仕謙（1979）　（編按：集成 2840 中山王鼎）忎，《說文》："恐，古文作忎。"

《中國史研究》1979-4，頁 91

○陳邦懷（1983）　（編按：集成 2840 中山王鼎）按，《說文》心部恐，古文作。从心，工聲。

《天津社會科學》1983-1，頁 63

○商承祚（1982）　（編按：集成 2840 中山王鼎）恐，《說文》古文作忎，與此同。

《古文字研究》7，頁 58

○高明、葛英會（1991）　恐。

《古陶文字徵》頁 104

○何琳儀（1998）　中山王鼎忎，讀恐。

《戰國古文字典》頁 413

○李家浩（2000）　（編按：九店 621·13）"忎"即《說文》古文"恐"，从"心""工"聲。"懼"字原文把"心"旁寫在"瞿"旁所从"䀠"之下，與"佳"並列，跟戰國文字（佰）、（鏤）、（斟）等字結構同類（《古璽文編》210、335、506 頁）。

《九店楚簡》頁 143—144

○李朝遠（2003）　（編按：上博三·中弓 26）"忎"，同"恐"。《說文·心部》："恐，懼也。从心，巩聲。忎，古文。"《中山王䪏鼎》銘文"恐"亦作"忎"。

《上海博物館藏戰國楚竹書》（三）頁 282

○李零（2003）　（編按：上博三·彭祖 8）"忎"讀"恐"。

《上海博物館藏戰國楚竹書》（三）頁 308

○濮茅左（2007）　（編按：上博六·競公 7）"忎"，古文"恐"。《說文·心部》："恐，懼也。从心,巩聲。忎,古文。"又《集韻》:"恐,古作忎。"

《上海博物館藏戰國楚竹書》(六)頁 179

## 惕 惕 愁 傷

　　☒ 包山 138　　☒ 郭店 · 老甲 16　　☒ 包山 157　　☒ 上博二 · 從甲 18　　☒ 上博三 · 彭祖 6

　　☒ 上博五 · 鮑叔 6

　　☒ 睡虎地 · 爲吏 37 貳

　　☒ 侯馬 16:3

　　☒ 郭店 · 老甲 14

---

○丁佛言(1924)　　惕　☒　古鉢。

《説文古籀補補》頁 48,1988

○唐蘭(1937)　　(編按:集成 9678 趙孟𢊈壺)"邥王之惕金,台爲祠器"者,惕讀爲錫,台讀爲以。

《唐蘭先生金文論集》頁 44,1995;原載《考古社刊》6

○張守中(1994)　　(編按:睡虎地 · 爲吏 37 貳)愁　《説文》所無,通惕。

《睡虎地秦墓竹簡》頁 167

○謝堯亭(1995)　　(編按:集成 9678 趙孟𢊈壺)惕,舊釋有幾種。以唐蘭説爲是。該字在壽縣出土的蔡侯盤和尊上曾有發現,其用法與該壺不同。惕、錫通用,惕有敬義(《説文》),但於此釋敬欠妥。

《文物季刊》1995-2,頁 56

○何琳儀(1998)　　侯馬盟書惕,讀易。《吕覽 · 禁塞》"古之道也不可易",注:"易,猶違。"趙孟壺"惕金",讀"賜金"。《左 · 僖十八》:"楚子賜之金。"《史記 · 魏其侯傳》:"賜金千斤。"

《戰國古文字典》頁 760

## 惎 惎 忎 忈 忈

　　☒ 陶彙 3 · 274　　☒ 郭店 · 語二 26

○**丁佛言**（1924）　惎　古匋,《集韻》其亦作丌。

《説文古籀補補》頁 48,1988

○**顧廷龍**（1936）　忎,《説文》所無。按上从亓,亓與丌同,亦即其字。从亓从心,疑即惎字。《周書》曰:"來就惎惎。"

《古匋文舂録》卷 10,頁 3,2004

○**羅福頤等**（1981）　惎。

《古璽文編》頁 264

○**高明、葛英會**（1991）　惎。

《古陶文字徵》頁 105

○**何琳儀**（1998）　忎,从心,丌聲。惎之省文。《集韻》:"惎,古作忎。"
　　戰國文字忎,人名。

《戰國古文字典》頁 23

　　惄,从心,咠聲。
　　燕璽惄,人名。

《戰國古文字典》頁 24

○**裘錫圭**（1998）　(編按:郭店·忠信1)疑"惎"當讀爲"欺"。
　　(編按:郭店·語二27)《説文·心部》:"惎,毒也。"

《郭店楚墓竹簡》頁 163、206

○**李零**（2002）　(編按:郭店·語二26)"惎",有忌恨之義。

《郭店楚簡校讀記》(增訂本)頁 172

○**連劭名**（2003）　(編按:郭店·語二26)"惎",讀爲"欺",《説文》云:"欺,欺詐也。"《荀子·性惡》云:"則所問者欺誣詐僞也。"楊注:"欺,誑也。"

《孔子研究》2003-2,頁 32

○**劉釗**（2003）　(編按:郭店·語二26)"忎"讀爲"忌",義爲忌恨,嫉妒。《小爾雅·廣言》:"惎,忌也。"

《郭店竹簡校釋》頁 202

○王恩田（2007）　惎。

《陶文字典》頁 280

## 恥 聏

![郭店・緇衣 28] 郭店・緇衣 28　![上博六・天乙 7] 上博六・天乙 7　![郭店・語二 4] 郭店・語二 4　![上博一・詩論 9] 上博一・詩論 9

○曹錦炎（2007）　（編按：上博六・天甲 7）“恥”，《説文》謂“辱也”，引申爲感到恥辱的事。

《上海博物館藏戰國楚竹書》（六）頁 322

△按　上博六《天子建州》甲篇簡 7 的“恥”字，侯乃峰（《〈天子建州〉“恥度”解》，復旦網 2008 年 2 月 16 日）讀爲“止”，訓爲“禮”，可備一説。

## 悆 悆

![郭店・語二 17] 郭店・語二 17

○劉釗（2003）　（編按：郭店・語二 17）“悆”字義爲自慚、慚愧。

《郭店竹簡校釋》頁 204

## 怍 㤰

![上博六・用曰 7] 上博六・用曰 7

○何琳儀（1998）　曾侯乙鑑缶怍，讀作。

《戰國古文字典》頁 578

○張光裕（2007）　（編按：上博六・用曰 7）《説文》：“怍，慙也。”《孟子・盡心下》：“仰不愧於天，俯不怍於人。”又《玉篇》：“怍，顔色變也。”《禮記・曲禮上》：“將即席，容毋怍。”《管子・弟子職》：“危坐鄉師，顔色毋怍。”本簡“其容之怍”下云：“贛贛險險。”是“怍”宜取色變之義。

《上海博物館藏戰國楚竹書》（六）頁 293

## 憐 㷠 惢

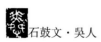石鼓文・吳人

〔字形〕郭店·性自 59    〔字形〕上博四·內豐 6

○**强運開**(1935)    (編按:石鼓文)《説文》作𢛰,哀也。从心,粦聲。此移心於下,當是古文所謂筆迹小異者耳。

《石鼓釋文》癸鼓,頁 2

○**何琳儀**(1998)    粦,甲骨文作𤈦(類纂○二一九)。从大,四斜點象人死後燐火之形。借體象形。燐之初文。《集韻》:"粦,鬼火。或从火。"金文作𤐫(尹姞鼎),大旁下加舛旁(雙足)。戰國文字承襲金文。

石鼓"憐㥁",疑讀"憐職"。《方言》七:"憐職,愛也。"

《戰國古文字典》頁 1149

○**荆門市博物館**(1998)    (編按:郭店·性自 59)愍。

《郭店楚墓竹簡》頁 181

○**裘錫圭**(1998)    (編按:郭店·性自 59)疑此句當讀爲"凡悦人勿吝也"。

《郭店楚墓竹簡》頁 184

○**劉昕嵐**(2000)    (編按:郭店·性自 59)《説文·口部》:"吝,恨惜也。"《周易·繋辭上》:"……吉凶者,言乎其失得也。悔吝者,言乎其小疵也。無咎者,善補過也。"

《郭店楚簡國際學術研討會論文集》頁 350

○**李學勤**(2002)    郭店簡《性自命出》第 48 簡:(編按:當爲 59—60 簡,不是 48 簡)

凡妝人,勿㥁人,身必從之,言及則明舉之而毋愍。

上博簡《性情論》第 29 至第 30 簡文同,惟"妝"作"悦","㥁"作"𦤶"。前一字或釋爲"愛悦"的"悦",後一字或釋爲"吝",但這在意義上似難説通,因爲悦人勿吝算不得什麽德行,與下面言及而明舉也没有關係。上博簡"説明"讀前一字爲"説",訓作"教",是很對的。"㥁"其實也是"隱","愍"則讀爲"僞",可對照郭店簡《老子》甲組第 1 支簡"絶僞棄詐"。這條簡文應該讀爲:

凡説人,勿隱也,身必從之,言及則明舉之而毋僞。

意思是:在教人時,不可有所隱藏,而且應以身作則,凡講到的都要明白舉出,不要欺僞。這裏"隱"和"明舉"正好是相對的,證明是"隱"不誤。

《文藝研究》2002-2,頁 32

○**龐樸**(2002)    《性情論》第二十九至三十簡:"凡説人勿㪍也,身必從之;言及則明舉之,而毋愍。"第三十九簡:"凡人愍爲可惡也,愍斯吝矣,吝斯慮矣,慮斯莫與之結。"郭店《性自命出》篇第五十九至六十、四十八簡全同。

按，"壹"即意，从心字長簡作从土，例多不贅。"意"字多處屢見，或釋爲"吝"，或釋爲"離"，乃此番簡牘釋讀之一大公案。"愚"字示心有所爲，非性情之真，歷來定爲"僞"字。荀子"人性惡，其善者僞也"之"僞"，疑本亦从心作"愚"。

查《論語·季氏》云："言及之而不言，謂之隱。"《荀子·勸學》篇亦有"可與言而不言，謂之隱"之句。以之校讀楚簡，可得：1."言及之而不言"（不明舉之）；2."愚故也"；3."愚斯意（隱）矣"。

請注意，《論語》《荀子》的兩層結構（不言—隱），在楚簡衍爲三層（不言—愚—隱）了，這是《性自命出》等篇以分析心性見長（所謂"心術爲主"）的特徵。譬如"未賞而民勸，未罰而民服"這樣的句子，在各家政論中都有，其在《性自命出》，則於"賞、勸"與"罰、服"之間，加入一個作爲原因的心性因素，而成爲"未賞而民勸，含福者也；未刑而民畏，有心畏者也"，如此等等。由此也可推定，"愚"字應保留心形，"意"字決不能釋爲"離"字，"隱"字在此須作爲心態來理解，是大體上可以肯定的。

　　　　　　　　　　　　　　　　　　《上博館藏戰國楚竹書研究》頁 241

○陳偉（2003）　（編按：郭店·性自59）吝，吝惜，放不下。

　　　　　　　　　　　　　　　　　　《郭店竹書別釋》頁 200

○劉釗（2003）　（編按：郭店·性自59）"愯"爲"憐"字異體，讀爲"吝"。"吝"意爲"吝惜"。

　　　　　　　　　　　　　　　　　　《郭店楚簡校釋》頁 105

○李守奎（2003）　憐　愍。

　　　　　　　　　　　　　　　　　　《楚文字編》頁 619

○李朝遠（2004）　（編按：上博四·内豊6）"愍"，从"㘝"从"心"。"㘝"爲"鄰"，《馬王堆漢墓帛書·老子乙本》"㘝國相望"，今本《老子》第八十章作"鄰國相望"；字从心可讀爲"憐"。"憐"，《爾雅·釋詁下》："憐，愛也。"

　　　　　　　　　　　　　　　《上海博物館藏戰國楚竹書》（四）頁 225

○李天虹（2006）　（編按：郭店·性自59）將"兑"讀作"悦"，理解爲"悦服"，"愍"讀作"隱"，也可以很好地和後文文義相連接。"身必從之"，是説行；"言及則明舉之而毋僞"，是説言。簡文由人的心理，延及到行和言，表達的是言行須與内心保持一致的思想，這與《性自命出》下篇重"誠"的思想完全一致。李學勤先生指出，"隱"和後文"明舉"正好是相對的，而"隱"和後文"僞"正好是相關的。

《大戴禮記·文王官人》：“不同而交，交必重己，心説之而身不近之，身近之而實不至，而懽忠不盡，懽忠盡見於衆而貌克，如此者，隱於交友者也。”（中略）

這段文字與《性自命出》59—60 號簡的文字關係比較密切，兩者語意可以互參，其“心悦之、身近之、實、隱”等字詞的使用，説明我們對簡文“兌、㤅”的釋讀是比較可信的。

《簡帛》1，頁 56—57

△按　㤅，“憐”字異體。㤅，从心，㰥聲。“㰥”爲雙聲符字，據“鄰”之古文作⦿⦿形（見徐在國《傳抄古文字編》626 頁，線裝書局 2006 年），可知其上部爲“鄰”之古文。“㰥”字見於中山王鼎，《老子·德經》“鄰國相望”、《道經》“若畏四鄰”之“鄰”字，《馬王堆漢墓帛書·老子乙本》均作“㰥”。

# 忍

陶録 3·267·2　　睡虎地·爲吏 36 壹　　集成 9735 中山王方壺　　郭店·語二 51

○何琳儀（1998）　中山王方壺忍，見《文選·東京賦》“百姓弗能忍”，注：“薛曰，忍，堪也。”

《戰國古文字典》頁 1344

○王恩田（2007）　忍。

《陶文字典》頁 278

○濮茅左（2007）　（編按：上博六·競公 7）“忍”，忍受、克制，“小不忍則亂大謀”。《荀子·儒效》：“行忍情性，然後能修。”

《上海博物館藏戰國楚竹書》（六）頁 178

# 懲 懲

璽彙 2984

○施謝捷（1998）　2984 善·善懲。

《容庚先生百年誕辰紀念文集》頁 648

○湯餘惠等（2001）　懲。

《戰國文字編》頁 717

△按 清華壹《祭公》簡1"懲"字作 形,可與《古璽彙編》2984 形相參。

## 懌 懌

 陶彙3·1042  包山82  郭店·老甲9  郭店·成之36  新蔡甲三61

○吳大澂(1884)  古陶器文,《説文》所無。

《説文古籀補》頁43,1988

○丁佛言(1924)  懌  古匋懌,从睪省。新附字,見原書。

《説文古籀補補》頁48,1988

○顧廷龍(1936)  恐,《説文》所無,按:此从心从睪省,疑即懌字。

《古匋文舂録》卷10,頁3,2004

○吳振武(1983)  5359 ·懌。

《古文字學論集》(初編)頁524

○高明、葛英會(1991)  懌。

《古陶文字徵》頁106

○劉彬徽、彭浩、胡雅麗、劉祖信(1991)  (編按:包山59)悇。

《包山楚簡》頁20

○李天虹(1993)  又簡59、82、133有,釋文作悇,由上推之,應讀爲懌。

《江漢考古》1993-3,頁86

○荊門市博物館(1998)  (編按:郭店·老甲9)懌,讀作"釋"。簡文於"懌"字前脱"凌"字。

《郭店楚墓竹簡》頁114

○劉釗(1998)  [35]簡59有字作"",字表隸作"悇"。按字从"心"从"奚","奚"从"日"从"矢",乃"睪"字之變。中山器作"",西周金文作""(《金文編》373),均與此"奚"形結構相同。故""應釋爲"懌"。"懌"字見於《説文》,在簡文中用爲人名。

《東方文化》1998-1、2,頁52

○何琳儀(1998)  楚簡懌,人名。

《戰國古文字典》頁555

○王恩田(2007)  懌。

《陶文字典》頁280

# 忞

郭店・唐虞 7

△按　忞，“仁”字異體，詳見卷八人部“仁”字條。

# 忌

上博二・子羔 1

○**馬承源**（2002）　吏亡、又、少、大、忌、竃，吏膚，讀爲“使無、有，小、大，肥、脆，使皆”。

《上海博物館藏戰國楚竹書》（二）頁 185

○**李學勤**（2004）　“亡有小大忌竃”，末二字當與“小大”相仿，是對義字，這裏只能作一猜想。前一字疑从《説文》讀若殊的“乞”字，這裏讀爲柱，訓爲强；後面的“竃”則與“脆”通，訓爲弱。

《上博館藏戰國楚竹書研究續編》頁 15

○**何琳儀**（2004）　“肥”本从巴得聲，故以“忌”爲“肥”不足爲異。

《上博館藏戰國楚竹書研究續編》頁 445

○**白於藍**（2004）　簡文“吏（使）亡（無）、又（有），小、大，忌（肥）、竃（磽）”之斷句很令人費解，而且“忌（肥）”之釋讀亦不確，其字原形作𢓊。《容成氏》簡十六有“禽獸肥大”語，簡四十九又有“高下肥毳（磽）之利盡知之”語，其中“肥”字作𢓊、𢓊，右半部與此字上半部形體明顯有別。可見，將其隸作“忌”而讀爲肥是有問題的。筆者以爲，此字實乃“乚”字，亦見於郭店楚簡《老子》乙簡十六“子孫以其祭祀不乚”的文句中。郭店簡《老子》中的這段話在今本《老子》中寫成“子孫以其祭祀不輟”，在馬王堆漢墓帛書《老子》乙本中寫成“子孫以其祭祀不絕”。故有不少學者已指出“乚”乃《説文》“乚”字。另外，郭店楚簡《緇衣》篇簡三十又有“慎爾出話，敬爾威儀”語，其中“話”字作𢓊，其右上所从亦當釋爲“乚”，起注音作用。據此，簡文此字當隸定作“忐”。（**中略**）

　　“忐竃”既與“小大”對言，則“忐”字似當如馬王堆漢墓帛書《老子》乙本讀爲絕。“絕”字古可指食物斷絕的窮困者，如《吕氏春秋・季春紀》“賜貧窮,振乏絕",高注:"居而無食曰絕。"

《上博館藏戰國楚竹書研究續編》頁 486—487

○李守奎、曲冰、孫偉龍(2007)　忌　按:讀作"肥",與《集韻·願韻》之"忛"蓋非同字。

《上海博物館藏戰國楚竹書(一—五)文字編》頁 495

# 忏

《新收 1380 㝬距末

○吳大澂(1884)　㝬　距末文,人名。《説文》所無。阮氏釋作愕。

《説文古籀補》頁 43,1988

○何琳儀(1998)　㝬,从心,号聲。
　　宋金㝬,人名。

《戰國古文字典》頁 287

○曹錦炎(1999)　㝬,作器者名。

《鳥蟲書通考》頁 193

○湯餘惠等(2001)　㝬。

《戰國文字編》頁 720

○陳松長(2002)　第一件銘文的第一字爲作器者名,這個字从心从旱,清代的吳大澂缺釋,而阮元釋其爲"愕",今人曹錦炎釋讀爲"㝬"。從字形分析,當以後説爲優。

《古文字研究》24,頁 267

○李家浩(2009)　甲銘第一句第一字,原文从"心"从"旱",阮元釋爲"愕",嚴可均釋爲"吁",高田忠周釋爲"忏",曹錦炎先生釋爲"㝬"。按"忏"即"忏"字的異體。古代"于"或作"亏",故从"于"之字可以寫作从"亏"。在這四種釋法中,高田忠周的釋法最值得注意。高田忠周説:

　　　　按旱,即吁字也,㤪即忏之異文。《説文》:"忏,憂也。从心,亏聲。"古多借吁爲忏。《詩·卷耳》"云何吁矣",毛傳"憂也",是也。然則初借吁爲忏,因字亦變作㤪,可知矣。

按高田忠周的説法可從,《郭店楚墓竹簡·語叢二》簡 15—16 號文字可以證明這一點:

榙生於欲,吁生於榙,忘生於吁。

第三句的“吁”字,原文作“旱”。據簡文文例,上句句首之字和下句句末之字,是同一個字,例如第一句的“榙”和第二句的“榙”。第二句的“吁”和第三句的“旱”,顯然是同一個字。古代文字的偏旁位置不很固定,左右並列結構的字,可以寫作上下重疊結構。所以“吁”可以寫作“旱”。《汗簡》卷上之一口部、《古文四聲韻》上平虞韻引《尚書》“吁”即作“旱”,也可以證明這一點。“吁”從“于”得聲,故從“于”聲的“忓”可以寫作從“吁”聲。

《古文字與古代史》2,頁 190—191

△按　此從李家浩隸定。

# 丕

集成 2794 楚王舍丕鼎　　璽彙 1555　　璽彙 5567

○**朱德熙**(1954)　第二個是丕字,銘文作:

巴勺之三　　巴勺之四

郭沫若先生釋丕,其實是從心從下。古鈢有此字,揭之如次:

《徵》附二四　　同上

戰國時期上下二字的寫法已與今隸相同,劍秘銘(《三代》二〇・四九)可證。下字上面增一橫畫,是古文字演化通例,已詳上文。《道藏・大上三元賜福赦罪解厄消災延生保命妙經》(《道藏》續集隸一〇六三)“心心志丕”,原注:志音懇,丕音禱。但《五音集韻》志字“吐敢切音毯”,丕字“他德切音忒”,和《道藏》讀音不同。這兩個字是後世造的會意字,心不定,一上一下謂之志丕。戰國時代的丕字是形聲字,與志丕的丕字無關。這是一個有趣的形同字異的例子,戰國文字中這類例子還有,茲不贅。

《朱德熙古文字論集》頁 13,1995;原載《歷史研究》1954-1

○**羅福頤等**(1981)　丕。

《古璽文編》頁 264

○**何琳儀**(1998)　戰國文字丕,人名。

《戰國古文字典》頁 467

○湯餘惠等（2001）　丕。

《戰國文字編》頁 718

# 态

璽彙 2424　　璽彙 2890　　齊魯古陶文字 6·100　　秦陶 1124　　陶録 6·98·6

○羅福頤等（1981）　态　《説文》所無。《玉篇》：“态，奢也。”

《古璽文編》頁 265

○吳振武（1984）　［二九四］265 頁，态，璽文作，下云：“《説文》所無。《玉篇》：‘态，奢也。’”

　　今按：此字《玉篇》《廣韻》《集韻》等書均作忕，故改隸爲忕似更妥當。

《〈古璽文編〉校訂》頁 133,2011

○袁仲一（1987）　忕。

《秦代陶文》頁 446

○高明、葛英會（1991）　忕。

《古陶文字徵》頁 101

○何琳儀（1998）　晉璽忕，人名。

《戰國古文字典》頁 924

○王恩田（2007）　态。

《陶文字典》頁 280

△按　“态”或以爲“大心”合文。人名“大心”先秦典籍屢見。

# 忎

郭店·太一 10　　郭店·尊德 25　　上博五·鮑叔 8

○裘錫圭（1998）　（編按：郭店·太一 10）“忎”讀爲“字”。《老子》甲第二二號簡“斈之曰道”，以“斈”爲“字”，可參照。

《郭店楚墓竹簡》頁 126

○劉信芳（2000）　《尊德義》25：“非豊（禮）而民兑（悦）忎（慈？），此小人矣。非龠而民備（服）殊，此亂矣。”

《江漢考古》2000-1,頁 44

○**李零**（2002）   （**編按**：郭店・尊德25）哉。

《郭店楚簡校讀記》（增訂本）頁 140

○**陳偉**（2003）   （**編按**：郭店・尊德25）戴，字本从"才"从"心"，李零先生讀爲"哉"。似當讀爲"戴"，擁戴義。《左傳》文公十一年："是以堯崩而天下如一，同心戴舜，以爲天子。"《國語・周語上》："庶民不忍，欣戴武王。"其字原屬下讀，李零先生改屬上讀，當是。此，乃，則。

《郭店竹書別釋》頁 163

○**劉釗**（2003）   （**編按**：郭店・太一10）"忑"字从心才聲，讀爲"字"。

  （**編按**：郭店・尊德25）"忑"讀爲"在"。

《郭店楚簡校釋》頁 47、132

○**陳佩芬**（2005）   （**編按**：上博五・鮑叔6）"忑"，从心，才聲。《上海博物館藏戰國楚竹書（三）・周易》："行人之戔，邑人之炎。""炎"，从火，才聲。《説文・火部》："烖……或从宀、火，籒文从𡿧，古文从才。""𡿧"，《玉篇》："天反時爲𡿧，今作灾、災。"

  （**編按**：上博五・鮑叔8）"忑"讀爲"災"。

《上海博物館藏戰國楚竹書》（五）頁 188、190

○**李守奎、曲冰、孫偉龍**（2007）   （**編按**：上博五・鮑叔6、鮑叔8）忑   按：皆讀爲"灾"。疑爲"灾"字異體，本卷火部重見。

《上海博物館藏戰國楚竹書（一——五）文字編》頁 496

# 忐

古璽通論，頁 47    陶彙 3・787    陶録 2・17・1

○**金祥恆**（1964）    忐。

《匋文編》頁 73

○**高明、葛英會**（1991）    忐  《説文》所無。《集韻》："忐，音毯。忐忑，心虛也。"

《古陶文字徵》頁 101

○**曹錦炎**（1996）    50 年代，曾在天津靜海縣西釣臺遺址采集到一塊泥質紅陶量殘片，上戳有印文"陳和忐左敓（廩）"（圖54）。原報導認爲，"這是齊太公

陳和代齊即位（公元前 379 年）以前所用的家量”。從印文看，
“陳和志”似爲一名，而且傳世印文中“左廩”多見，從未有稱“上
左廩”的，印文恐和齊太公無關。不過，認爲是齊器，是完全正
確的。

圖 54                                    《古璽通論》頁 46—47

○何琳儀（1998）　志，从心，上聲。《正字通》：“志，懼也。”音“口梗切”（《字
彙補》）。

《戰國古文字典》頁 658

○王恩田（2007）　志。

《陶文字典》頁 282

# 㤅

郭店·唐虞 3　　郭店·忠信 8　　上博二·子羔 10　　港藏 3

△按　㤅，“仁”字異體，詳見卷八人部“仁”字條。

# 愖

璽彙 1472　　集成 2840 中山王鼎　　集成 9735 中山王方壺　　郭店·緇衣 12

○張政烺（1979）　（編按：集成 9735 中山王方壺）愖，从心，川聲，訓之異體。《説文》
从言之字，古文多从心，其例不可盡舉。《爾雅·釋詁》：“訓，道也。”《説文》：
“訓，説教也。”

《古文字研究》1，頁 212

○張政烺（1979）　（編按：集成 2840 中山王鼎）愖，已見前，是訓字異體，在此讀爲
順。逆順對言，玉佩行氣銘：“從則生，逆則死。”與此語法同。

《中國史研究》1979-4，頁 217

○趙誠（1979）　（編按：集成 9735 中山王方壺）愖，即訓。古鉢邵訓、武訓信鉢，訓皆
作愖（《古籀彙編》三上 10 頁），可證。遺訓即遺囑、遺言。

《古文字研究》1，頁 248

○**趙誠**（1979） （編按：集成9735中山王方壺）恖，用爲順。恖、順均从川聲，故可通。

《中國史研究》1979-4，頁251

○**徐中舒、伍仕謙**（1979） （編按：集成9735中山王方壺）恖，當釋爲訓、或順。言、心偏旁義近，可通。如悦、説；忱、訦；慢、謾；憼、警等字皆是。又訓、順古亦通用。《尚書·洪範》"于帝其訓""是訓是行"，《史記·宋微子世家》兩訓字皆作"順"。恖字在中山三器銘文中，有的地方釋訓，如"是有純德遺訓"；有的地方釋順，如"彼順彼卑""不顧逆順""以誅不順"等。

（編按：集成9735中山王方壺）"下不恖於人旂"。恖應釋爲順。訓、順古通。見前注（4）。《左傳》隱公三年，"石碏諫莊公曰：'賤妨貴，少陵長，遠閒親，新閒舊，小加大，滛（編按："滛"當是"淫"字之誤）破義，所謂六逆也；君義、臣行、父慈、子孝、兄愛、弟敬，所謂六順也。'"馬王堆帛書《六分篇》："主不失其位，則國有本；主失位，臣失處，命曰無本。在強國破，在中國亡，在小國滅……六順六逆，存亡之分也。"這裏所謂順逆，就是指這些原則。

《中國史研究》1979-4，頁85、87

○**羅福頤等**（1981） （編按：璽彙3570、1326）恖 中山王鼎順字作此。

《古璽文編》頁266

○**商承祚**（1982） （編按：集成2840中山王鼎）恖即順，心順也，心悦誠服意。从頁（首）之順疑後起。

（編按：集成9735中山王方壺）恖爲訓，从心不从言，"勑恴遺恖"，即"正德遺訓"。

（編按：集成9735中山王方壺）恖在此讀順。與第三十八行"佳逆生禍，佳巡生福"同，玉佩行銘："怸則生，逆則死。"義亦近。隸定則爲巡，知巡、順古爲一字，後割分。

《古文字研究》7，頁51、64、67

○**何琳儀**（1998） 中山王器恖，讀順。中山王鼎"恖道"，讀"順道"。《禮記·祭統》："順於道，不逆於倫。"《漢書·谷永傳》："皆承天順道，導先祖法度。"中山王方壺"遺恖"，讀"遺訓"。

《戰國古文字典》頁1331

○**龐樸**（2000） 再説一個"順"字。順字或省作川，見於《唐虞之道》6簡"教民大川之道也"及《成之聞之》38簡"而可以至川天常矣"等。爲了表示強調這個順是心悦而誠服之，是心態的順，則常在川下加上一個心，《緇衣》12簡引《詩》云"四方恖之"，以及中山三器上多次出現的从心从川的恖字，便是如此。如果指的是行爲上的順，則於川下加個辶作巡，此字見於《行氣銘》"巡則生，逆則死"句。

《郭店楚簡國際學術研討會論文集》頁 38

○**湯餘惠等**（2001）　忢　同順。

《戰國文字編》頁 718

○**吳辛丑**（2002）　中山王嚳器銘文中有一"忢"字，不見於《説文》，《金文編》讀爲"順"（鼎銘"敬忢天德"、壺銘"不顧逆忢"）與"訓"（壺銘"是又純德遺忢"）。按，"忢"與"順"有異文之例，當爲異體字，讀作"訓"，乃是通假字。郭店簡《緇衣》："《寺》員：'又憙行，四方忢之。'"《詩經·大雅·抑》作"有覺德行，四國順之"。"忢"從川從心，"順"從川從頁，"川"爲聲符，二字當爲換用形旁的異構之字。"順"又可省作"川"，"四國順之"，上海博物館藏戰國楚簡作"四或川之"。郭店簡《唐虞之道》"效民大川之道也"，"川"亦讀爲"順"，全句讀爲"教民大順之道也"。

《古文字研究》24，頁 367

○**李守奎**（2003）　忢　當即順字。卷九重見。

《楚文字編》頁 620

△**按**　戰國文字"順"或作"訓"，詳見卷三言部。

## 㤾

㤾 集成 11565 廿三年司寇矛

---

○**何琳儀**（1998）　㤾，从心，夕聲。《龍龕手鑒》："㤾，痛病也。"
　廿三年襄城令矛㤾，人名。

《戰國古文字典》頁 551

## 忥

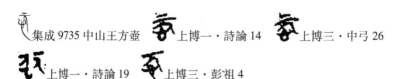

集成 9735 中山王方壺　　上博一·詩論 14　　上博三·中弓 26

上博一·詩論 19　　上博三·彭祖 4

---

△按　恖,詳見卷九頁部"願"字條。

# 忞

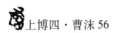上博四·曹沫56

○李零(2004)　怭(宏)。

《上海博物館藏戰國楚竹書》(四)頁280

△按　"忞"字又見於清華叁《良臣》簡2,其形作"𢖶",可參。

# 㥍

𢆷陶彙3·978　𢆷陶録3·117·5

○吳大澂(1884)　㥍　从五从心,《説文》所無。疑即𥏾之省,古文悟。古陶器。

《説文古籀補》頁43,1988

○顧廷龍(1936)　㥍,《説文》所無。按:王古文巨。《集韻》:"恇,慢也。"

《古匋文香録》卷10,頁3,2004

○金祥恆(1964)　㥍。

《匋文編》頁73

○高明、葛英會(1991)　恇　《説文》所無。《集韻》:"恇,慢也。"

《古陶文字徵》頁103

○何琳儀(1998)　恇,从心,巨聲。《集韻》:"恇,慢也。"
戰國文字恇,人名。

《戰國古文字典》頁496

○湯餘惠等(2001)　㥍。

《戰國文字編》頁719

○王恩田(2007)　㥍。

《陶文字典》頁283

# 㦬

𢖪集成11608滕之不㦬劍　𢗧古璽彙考,頁310

△按　《集成》11608 滕之不㤈劍的"㤈"字,施謝捷(《説"㝅(𩫏台𠫓)"及相關諸字》[上]65 頁,《出土文獻與傳世典籍的詮釋:紀念譚樸森先生逝世兩周年國際學術研討會論文集》,上海古籍出版社 2010 年)隸定爲"㝅",認爲其"或即'㐫'或'怡'字異體"。

# 忳

 陶彙 3·793　　　 陶録 2·738·4

○高明、葛英會(1991)　悴。

　　　　　　　　　　　　　　　　　　　《古陶文字徵》頁 105

○楊澤生(1997)　五、忳

　　　　　G  《古陶》3.793

此字《陶徵》105 頁釋爲"悴"。按 G 的右旁與陶文"卒"字作𡿨、𡗗(《古陶》3.505、3.507)者有别,釋"悴"不可信。G 的右旁其實與金文"屯"字作𡴌(陳純壺"純"字所從)、𡴌(叔弓鎛)者相近,其中部的筆畫"〴〵"是"〵"的變形,前釋陶文"掌"字所從的"手(𡴌)"變形作𡴌與此同類。故 G 應釋爲"忳"字。

　　　　　　　　　　　　　　　　　　《中國文字》新 22,頁 252

○何琳儀(1998)　忳,从心,屯聲。
　　齊陶忳,人名。

　　　　　　　　　　　　　　　　　　《戰國古文字典》頁 1326

○王恩田(2007)　悰。

　　　　　　　　　　　　　　　　　　《陶文字典》頁 280

# 悬

 陶彙 3·916　　　 陶録 3·403·1

○吳大澂(1884)　𤰔　古悬字,省文。許氏説:"怛,憯也,或从心在旦下。"古陶器。

　　　　　　　　　　　　　　　　《説文古籀補》頁 43,1988

○顧廷龍(1936)　𤰔怛,吳大澂云:"古悬字。省文。許氏説:'怛,憯也,或从心在旦下。'"

《古匋文脅録》卷 10，頁 2，2004

○**何琳儀**(1998) 悬。

《戰國古文字典》頁 1551

○**王恩田**(2007) 悬。

《陶文字典》頁 284

△**按** 徐在國(《〈陶文字典〉中的釋字問題》,《出土文獻》2 輯 196 頁,中西書局 2011 年)認爲此字當釋爲"曷"。

# 忤

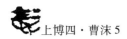璽彙 2461

璽彙 2461"怃於"合文

○**羅福頤等**(1981) 怃 《説文》所無。《玉篇》:"怃,逆也。"

《古璽文編》頁 267

○**何琳儀**(1998) 忤,从心,午聲。牾之異文。《集韻》:"牾,《説文》逆也。或作忤。"

晉璽忤,人名。

《戰國古文字典》頁 509

○**湯餘惠等**(2001) 忤。

《戰國文字編》頁 719

【怃於】璽彙 2461
○**羅福頤等**(1981) 怃□。

《古璽彙編》頁 239

○**吳振武**(1983) 2461 楉怃門·稟(廩)忤於。

《古文字學論集》(初編) 頁 507

# 悉

上博四·曹沫 5

○李零（2004）　悉亡，讀“任亡”，指聽任敵國來滅亡自己。

《上海博物館藏戰國楚竹書》（四）頁246

○李守奎、曲冰、孫偉龍（2007）　悉　按：或釋爲“悉”，若此則爲譌書。

《上海博物館藏戰國楚竹書（一——五）文字編》頁497

○陳斯鵬（2007）　“恁”字原作 ，上顯从“壬”而不从“工”，《李釋》隸定正確，陳文改釋“恐”，李文從之，恐非是。《李釋》讀“任”，謂“任亡”指聽任敵國來消滅自己，可從。舊稿讀作“浸”，作“漸”解，亦可通，但不若讀“任”直接，茲不取。

《簡帛文獻與文學考論》頁95

○高佑仁（2008）　筆者以爲 （編按：原文以△代替）字有兩種解釋方式，第一種爲多數學者的看法，即將 字隸定作从“壬”，而“壬”乃“工”字“形近而誤”，字从心工聲即“恐”字，第二種説法是，從季旭昇師對於“壬”“工”通假的關係來看，再（編按：“再”疑爲“在”字之誤）甲骨文時期二字確實可以通假，則在楚簡中或許二字還是保有着音近關係，因此“壬”聲可與“工”聲通假並讀爲“恐”，但在目前戰國文字似尚未見“壬”“工”通假的例證時，第一種説法將會比較謹慎。

《〈上海博物館藏戰國楚竹書（四）·曹沫之陣〉研究》頁77

△按　陳劍（《上博竹書〈曹沫之陳〉新編釋文》，《戰國竹書論集》116頁，上海古籍出版社2013年）認爲“‘悉’即《説文》‘恐’字古文，原誤釋爲从心‘壬’聲讀爲‘任’”。可備一説，此暫從原隸定。

## 悉　恙　惥　惥　誗

溫縣 T1K：1845

溫縣 WT1K1：3687

溫縣 T1K1：2182

溫縣 WT1K1：3417

溫縣 T1K：3797

○何琳儀（1998）　悉，从心，升聲。異體甚多，姑且隸屬於悉字之中。或从言旁,與心旁義通。或从首旁(首、升雙聲),置換音符。或从卤旁(卤、升雙聲),置換音符。或从瓜旁,不詳。

　　溫縣盟書"忝忝",讀"承承"。《易・明夷》:"用拯馬壯吉。"《説文》引拯作抍。《説文》:"晝讀若《易》抍馬之抍。"是其佐證。《韓詩外傳》三:"《詩》曰,子孫承承。"《詩・大雅・抑》今作"子孫繩繩"。箋:"繩繩,戒也。"

《戰國古文字典》頁 144

△按　　此字闕疑待問。

## 忰

郭店・太一 12　　　郭店・性自 49　　　上博三・中弓 7　　　郭店・老丙 4

---

○**荊門市博物館**(1998)　　(編按:郭店・太一 12)忰,从"心""化"聲,借作"過"。

《郭店楚墓竹簡》頁 126

○**趙建偉**(1999)　　(編按:郭店・太一 12)"忰"疑當讀作"爲"(《老子》三十七章"萬物將自化",簡本"化"作"憍"、帛書甲本作"㤉")。

《道家文化研究》17,頁 391

○**李零**(1999)　　(編按:郭店・太一 12)"訛",原从心从化,釋文讀"過"。按原文是講天地錯位,讀"過"無義,似應讀"訛"。

《道家文化研究》17,頁 477

○**裘錫圭**(2000)　　(編按:郭店・太一 12)馬王堆帛書《老子》乙本卷前佚書中的《稱》篇説:"天貴正,過正曰詭。""過其方"當與"過正"義近。天在上方,地在下方。也有可能"過其方"的意思就是超出自己的一方。

《古文字研究》22,頁 224

○**郭沂**(2001)　　(編按:郭店・太一 12)"過",予也。《通雅・諺原》:"予亦謂之過,辰州人謂以物予人曰過。"

《郭店竹簡與先秦學術思想》頁 142

○**李鋭**(2007)　　所以,《太一生水》簡 12 的"忰"字,當讀爲變化之"化",是説天地之道本不能並立兩行,故需要變化其方,使不相互對立或者平行重複,而是相輔相成。

《新出簡帛的學術探索》頁 236,2010

# 恚

陶彙 4·43

○**何琳儀**（1998）　恚，从心，丯聲。疑㤟之省文。《集韻》：“㤟，無愁皃。”
　燕陶恚，人名。

《戰國古文字典》頁 904

# 忎

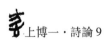郭店·窮達 15

○**荊門市博物館**（1998）　㤟（反）。

《郭店楚墓竹簡》頁 145

○**龐樸**（2000）　與此相似的有個“反”字。《老子甲》22 簡“遠曰反”、《成之
聞之》11 簡“窮源反本”的反字，皆从又、厂，應該是反之本字。而《窮達以時》
篇 15 簡“君子惇於忎己”的忎字，於反下加心符，則是強調反躬自問的意思。
所謂“愛人不親，反其仁；治人不治，反其智；禮人不答，反其敬。行有不得者，
皆反求諸己”的各個“反”字，都應該是這種帶心旁的忎。而《老子甲》37 簡
“返也者，道動也”、《六德》37 簡“其返”等从辶的返字，則是強調行爲之反，與
从心的忎字有別（中山三器的方壺、圓壺銘文中，都有“汳臣其宗”句。彳旁和
辶旁，互通）。這組字，後來也是从辶的返字專行，从心的忎字漸廢了。

《郭店楚簡國際學術研討會論文集》頁 37—38

○**湯餘惠等**（2001）　忎。

《戰國文字編》頁 719

# 忎

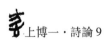上博一·詩論 9

○**李守奎、曲冰、孫偉龍**（2007）　忎　按：《玉篇·心部》有“忯”字。

《上海博物館藏戰國楚竹書（一—五）文字編》頁 497

# 蕊

蕊 集成 10328 八年鳥柱盆

# 忡

忡 秦駰玉版

【忡忡】秦駰玉版

○ **李零**（1999） 第六句。第一字，从心从申，標重文號。古代从申得聲的字多爲舌音真部字，疑以音近讀爲“輾轉”（“輾”是端母元部字，“轉”是莊母元部字）。

《國學研究》6，頁 531

○ **曾憲通、楊澤生、蕭毅**（2001） “忡忡”，當指憂愁，《集韻·真韻》：“忡，憂也。”或讀作“莘莘”，指多次、反復。

《考古與文物》2001-1，頁 51

○ **李家浩**（2001） 與此相反，《研究》雖然對“忡忡”的釋法是對的，但把此二字讀爲“輾轉”卻是錯的。且不説字音“忡忡”能否讀爲“輾轉”，僅就兩者的形式而言，“忡忡”是不能讀爲“輾轉”的。“忡忡”是傳統小學所説的重言，“輾轉”屬於疊韻聯綿字，詞的形式不同。“忡”字見於《集韻》卷二真韻，訓爲“憂也”。

《北京大學中國古文獻研究中心集刊》2，頁 101

○ **連劭名**（2001） “忡”，讀爲“申”，《楚辭·離騷》云：“申申其罵余。”王注：“申申，重也。”《漢書·荆燕吳傳·贊》：“事發相重，豈不危哉。”又，字亦可讀爲“陳”，《説文》云“陳”字从“申”聲，《漢書·食貨志》云：“陳陳相因。”顔注：“陳陳，久舊也。”包山楚簡卜筮祝禱記録中有：

無吉以駁靈爲左尹它貞，既腹心疾，以上气，不甘食，曰不瘥。（舊，讀爲久。）

《中國歷史博物館館刊》2001-1，頁 50

○ **王輝**（2001） “忠”即忡字。《集韻》真韻：“忡，憂也。”“忡忡”連言前此未見，疑應讀爲“申申”。《楚辭·離騷》：“女嬃之嬋媛兮，申申其罵予。”王逸

注："申申,重也。"即重複、反復不休。反亦有反復文。《論語・述而》："子與人歌而善,必使反之,而後和之。"何晏《集解》："樂其善,故使重歌而自和之。"簡文"忡忡"后加"反"字,可能與《離騷》同讀,指疾病之反復發作,以至成爲急性傳染病。

　　　　　　　　　　　　　　　　　　　　　《考古學報》2001-2,頁 146

# 岳

包山93　陶彙3・100　陶錄2・96・1

仰天湖1

○吳大澂(1884)　　岳　《說文》所無,古陶器。　亦古陶器文。

　　　　　　　　　　　　　　　　　　　《說文古籀補》頁 43,1988

○顧廷龍(1936)　　岳,《說文》所無。

　　　　　　　　　　　　　　　　　　《古匋文舂錄》卷 10,頁 3,2004

○史樹青(1955)　　(編按:仰天湖1)岳字《說文》所無,《說文》有痤字,又《禮記・曲禮》："介者不拜,爲其拜而蓌拜。"釋文云:"蓌,挫也。"都作短小解釋,此處的岳字,就是矬字的古體。

　　　　　　　　　　　　　　　《長沙仰天湖出土楚簡研究》頁 22

○饒宗頤(1957)　　(編按:仰天湖1)簡言"一岳",其字上从坓即古文丘字(《說文》古文丘,古匋作,省一與此形同,見《古籀補補》,《韻會》引亦作"坓"),此益心旁,爲戰國文字繁縟之形,猶絅之作緫也(見簡24)。丘與區、甌古通(《通訓定聲》引《荀子》)。所云"一岳朁纕",意謂一甌之切肉充滿也。一岳,當讀一丘,即一甌。《倉頡篇》:"甌,瓦盆也"(玄應《中阿含經》引)。《說文》:"甌,小盆也。"

　　　　　　　　　　　　　　　　　　《金匱論古綜合刊》1,頁 62

○金祥恆(1964)　　岳。

　　　　　　　　　　　　　　　　　　　　　《匋文編》頁 73

○朱德熙、裘錫圭(1972)　　簡文第六字或釋作从心从丘之字,似可信。《說文・丘部》丘字古文作坓,戰國陶文有如下一字:

　　　　　　　《古匋文舂錄》8・1下

《舂錄》疑即丘之異文,與簡文此字上半相同。岳智屢與上文新智屢對舉,岳似可讀作舊。丘、舊古音都屬之部,聲亦相近,所以恁有可能假借爲舊。

　　　　　　　　　《朱德熙古文字論集》頁 38,1995;原載《考古學報》1972-1

○**中大楚簡整理小組**(1977)　　簡文之🔤,以釋坴爲當。朱、裘釋此字爲恁,謂
"恁智屢與上文新智屢對舉,恁似可讀作舊。丘、舊古音都屬之部,聲亦相近,
所以恁有可能假借爲舊"。遣策所記名物,皆爲外人送喪之物,不可能用舊的
東西送葬,因此,即使此字是恁,也不宜解釋爲新舊的"舊"。

　　　　　　　　　　　　　　　　　　　《戰國楚簡研究》4,頁 16—17

○**許學仁**(1983)　　仰天湖一號簡有🔤字,史氏釋"坴",以爲乃"矬"字之古體,
訓爲短小。饒氏戰國楚簡箋證釋"悲",謂上所从即古文丘字,益以心旁。乃
戰國文字之繁縟,簡文蓋借爲"區、甌"。

　　　考《説文》(八上)丘字古文作"🔤",鄂君啟節地名易丘、高丘之丘作"🔤",
魏三體石經君奭古文作"🔤",並从土,驗之古陶有"🔤"(蕈圜匋里人羔)、🔤二
字,一益心旁,一从土作,與簡文🔤字並一家眷屬。🔤,顧廷龍疑"丘之異文",
甚確。又《匋文編》著録丘字🔤(季木藏陶 51.6,51.3;吳隱遴盦古匋存 1.1,
2.8,3.1,4.2,4.3)、🔤(雲水山人清暉閣匋文 4.19.2)。饒宗頤釋形確鑿不移,
然借"丘"爲"甌",義在求深,而本義轉晦。朱德熙等借爲"舊"字,謂"恁智
屢"與"新智屢"對舉,於義爲安。且丘舊古音並隸之部,聲亦相近,閩南方言
丘舊無別,唯輕重之分耳,可爲旁證。

　　　　　　　　　　　　　　　　　　《中國文字》新 7,頁 127—128

○**高明、葛英會**(1991)　　恁　《説文》所無。

　　　　　　　　　　　　　　　　　　　　《古陶文字徵》頁 107

○**何琳儀**(1998)　　悲,从心,坒聲。疑坒之繁文。
　　仰天湖簡悲,不詳。

　　　　　　　　　　　　　　　　　　　　《戰國古文字典》頁 36

　　悲,从心,北聲。北之繁文,與《龍龕手鏡》:"悲,同恐,出藏經。"無涉。
　　齊陶悲,人名。

　　　　　　　　　　　　　　　　　　　《戰國古文字典》頁 121

○**湯餘惠等**(2001)　　恁。

　　　　　　　　　　　　　　　　　　　　《戰國文字編》頁 720

○**王恩田**(2007)　　恁。

　　　　　　　　　　　　　　　　　　　　《陶文字典》頁 285

# 思

睡虎地·日甲 79 背

○**張守中**（1994）　思　《説文》所無。

《睡虎地秦簡文字編》頁 167

○**劉樂賢**（1994）　〔二十二〕按：《説文》：“勇，古文勇，从心。”疑思亦爲勇字之異體。

《睡虎地秦簡日書研究》頁 272

○**湯餘惠等**（2001）　思。

《戰國文字編》頁 719

# 怘

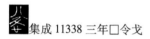鑒印山房藏古璽印菁華 22

# 忰

集成 11338 三年□令戈

○**何琳儀**（1998）　忰，从心，牟聲。疑伴之異文。《集韻》：“伴，伴奐，不順也。”

韓兵忰，人名。

《戰國古文字典》頁 1057

○**湯餘惠等**（2001）　忰。

《戰國文字編》頁 720

# 恘

侯馬 92:26　　侯馬 154:1

○**何琳儀**（1998）　恘，从心，弁聲。疑昪之異文，或作忭。《集韻》：“昪，《説

文》：'喜樂也。或作忭。'"

　　侯馬盟書"悁改"，讀"變改"。見弁字 c。

《戰國古文字典》頁 1066

# 愗

 郭店・老甲 25

---

△按　愗，"謀"字異體，詳見卷三言部"謀"字條。

# 悚

 璽彙 2499

---

○何琳儀（1998）　悚。

《戰國古文字典》頁 1540

○李守奎（2003）　悚　恵　《集韻・麥韻》有悚字。

《楚文字編》頁 622

# 恞　懥

 璽彙 3538　　陶彙 3・479　　陶録 2・314・3

---

○高明、葛英會（1991）　恝　《説文》所無。《玉篇》："恝，饑意也。"

《古陶文字徵》頁 105

○何琳儀（1998）　恞，从心，夷聲。《爾雅・釋訓》："恞，悅也。"
　　齊璽恞，人名。

《戰國古文字典》頁 1239

○王恩田（2007）　恝。

《陶文字典》頁 282

△按　《陶文圖録》2・314・3 之形，王恩田釋爲"恝"，徐在國（《〈陶文字典〉中的釋字問題》，《出土文獻》2 輯 195 頁，中西書局 2011 年）指出："此字釋'恝'，誤。當釋爲'懥'。又見《古璽彙編》3538。"

# 㤜

上博一·詩論 8

○**馬承源**（2001）　㤜，从心从年，待考。

《上海博物館藏戰國楚竹書》（一）頁 136

○**李學勤**（2002）　㤜（仁）。

《上博館藏戰國楚竹書研究》頁 59

○**周鳳五**（2002）　"危"，簡文从心，禾聲，原缺釋，蓋誤以爲从年聲而不得其解也。《禮記·緇衣》："則民言不危行，行不危言矣。"郭店《緇衣》簡三十一"危"字从阜从心，禾聲，與此可以互證。"其言不惡，少有危焉"，蓋美詩人處衰亂之世而能戒慎恐懼，《小宛》末章云："惴惴小心，如臨深谷；戰戰兢兢，如履薄冰。"是也。

《上博館藏戰國楚竹書研究》頁 159

○**曹峰**（2002）　㤜（詭）。

《上博館藏戰國楚竹書研究》頁 201

○**何琳儀**（2002）　"㤜"，曾誤釋"委"，今仍從《考釋》隸定，讀"仁"，即"忎"之異文，屬"疊韻音符互換"現象。《詩論》意謂"《小宛》並非惡言，且有仁人之心"，似與《小宛》"哀我填寡，宜岸宜獄"詩意相當。

《上博館藏戰國楚竹書研究》頁 247

○**李零**（2002）　"佞"，原从心从年，疑以音近讀爲"佞"（"佞"是泥母耕部字，"年"是泥母真部字，讀音相近）。"佞"是巧於言辭的意思。"其言不惡，少有佞焉"，是説批評比較委婉。《小弁》《巧言》，都是批評幽王聽信讒言。

《上博楚簡三篇校讀記》頁 36

○**李守奎、曲冰、孫偉龍**（2007）　㤜　按：讀爲"仁"，卷八人部重見。

《上海博物館藏戰國楚竹書（一—五）文字編》頁 497

# 恷

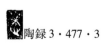陶録 3·477·3

○王恩田（2007）　恋。

《陶文字典》頁 284

# 怵

包山 95 　　文物 2008-1,頁 79 楚王舍㤊盤

---

○劉彬徽、彭浩、胡雅麗、劉祖信（1991）　（編按:包山 95）㤊

《包山楚簡》頁 23

○湯餘惠（1993）　㤊 95,㤊·㤊（怵）。休本麻蔭字,金文作𣎵、𣏌,木上斜倚人旁一側以示麻蔭之義。古璽作㳁、㳁、秌等形,形肖从禾,而實爲木之變體。簡文下从心,古怵字,見《廣韻》。

《考古與文物》1993-2,頁 71

○何琳儀（1993）　張㤊 95

△原篆作㤊,又見 185,應釋“㤊”（怵）。《廣韻》:“怵,戾也。”“休”右本从“木”,戰國文字或从“禾”,《中山》23 秌已露其端倪,《璽彙》0833 秌則明確無疑从“禾”,又見 1277、1702、4089。

《江漢考古》1993-4,頁 61

○何琳儀（1998）　怵,从心,休聲。《廣韻》:“怵,戾也。”

包山簡怵,人名。

《戰國古文字典》頁 162

○劉釗（1998）　[71]簡 95 有字作“㤊”,字表隸作“㤊”。按字从“心”从“秌”。“秌”乃“休”字,“休”字金文作“𣎵”（克鐘）、“㳁”（中山器）、“秌”（師害簋）,與此形同。故應釋爲“怵”。“怵”字見於《廣韻》,在簡文中用爲人名。

《東方文化》1998-1、2,頁 57

○陳全方、陳馨（2007）　（編按:楚王舍㤊盤）銘文的“楚王舍（熊）㤊”是首次見到,在《史記·楚世家》《春秋左傳》等文獻中没有記載,原因有二:一是在古文獻中缺漏記載;二是因古人在文字上常有假借。從盤和匜的形制、紋飾看,其時代約在春秋早期,故疑銘中的楚王熊㤊是楚成王熊惲的假借字。

《收藏》2007-11,頁 96

○王輝（2007）　（編按:楚王舍㤊盤）盤、匜銘文楚王名㤊,陳先生隸定殆是。但上古音休幽部曉紐,惲文部匣紐,曉匣旁紐,韻部幽文距離較遠,古書無通用例。

再説,楚成王(前 671 年—前 625 年)時代屬春秋中期偏早,也與我們上文推定的器物時代(春秋晚期)不符。春秋晚期楚王有靈王圍(前 540 年—前 529 年在位)、平王居(前 528 年—前 516 年在位)、昭王珍(前 515 年—前 489 年在位),楚王悆應是他們三人中之一位。楚惠王章(前 488 年—前 431 年在位)時代爲春秋戰國之交,惠王器有宋人著録的楚王酓章鎛(《薛氏鐘鼎款識》6.69),所以惠王可以排除在外。

　　楚平王名居。《説文》:"休,息止也。"居亦有止義。《呂氏春秋・慎人》:"手足胼胝不居。"高誘注:"居,止也。"居與悆可能是一名一字。楚昭王名珍,《史記・楚世家》作珍,《左傳・哀公六年》作軫。《爾雅・釋詁上》:"珍,美也。"郝懿行義疏:"珍者,寶之美也。"又《爾雅・釋詁下》:"休,美也。"《詩・豳風・破斧》:"哀我人斯,亦孔之休。"毛傳:"休,美也。"由此而論,悆與珍也可能是一名一字。

　　"楚王悆"有平王居與昭王珍兩種可能性,我最初以爲平王可能性大;後與吳鎮烽先生交談,他以爲從器形看,昭王時可能性更大,反覆思索,我覺得他的説法似乎更有道理。

《中國文字》新 33,頁 39

○張光裕(2008)　　(編按:楚王酓悆盤)"悆",上部从人从木,或以爲應从人从"禾",然甲骨文、金文中"禾"字多强調禾穗左曲,楚簡"禾"字亦書作"𥝌",今本器銘"木"形上端雖左彎,然仍與"禾"字稍有差距,今仍隸作"悆"。《廣韻》尤韻下收"悆"字,云:"戾也。"與此字或異。又楚王名如楚幽王熊悍,"悍"字金文書作"忎",上从干,下从心,"悆"字亦从"心"作,兩者之命名宜別有一定意義。該字於包山楚簡中凡兩見,俱爲人名,一爲"張悆"(《包山》95),一爲"陽悆"(《包山》185)。楚王熊悆,於楚國歷代君主名號中,未見稱引,或可補文獻所未備。待考。

《文物》2008-1,頁 77—79

△按　宋華强(《澳門崇源新見楚青銅器芻議》,簡帛網 2008 年 1 月 1 日)認爲:"'悆'讀爲'疑',酓悆即楚悼王熊疑。"

# 㑷

璽彙 3220

---

○何琳儀(1998)　㑷,从心,佥聲。

楚璽悆,人名。

《戰國古文字典》頁 1389

# 恘

陶彙 3・1118

---

○**何琳儀**(1998)　恘,从心,休聲。

齊陶恘,人名。

《戰國古文字典》頁 316

# 忓

陶彙 3・114　　陶彙 3・356　　陶錄 2・558・1

---

○**顧廷龍**(1936)　忼,《説文》所無。按:《集韻》:"忓音航。"《玉篇》:"忓,悦也。"

《古匋文舂録》卷 10,頁 3,2004

○**金祥恆**(1964)　忼。

《匋文編》頁 73

○**高明、葛英會**(1991)　忓　《説文》所無。《玉篇》:"忓,悦也。"

《古陶文字徵》頁 103

○**何琳儀**(1998)　忓,从心,行聲。《玉篇》:"忓,悦也。"

齊陶忓,人名。

《戰國古文字典》頁 625

○**湯餘惠等**(2001)　忓。

《戰國文字編》頁 720

○**王恩田**(2007)　忼。

《陶文字典》頁 282

# 恀

新收 1640 之利殘器

---

○張光裕、曹錦炎（1994）　忯。

　　　　　　　　　　　　　　　　　《東周鳥篆文字編》頁 40

○施謝捷（1998）　忯。

　　　　　　　　　　　　　　　　　《吳越文字彙編》頁 115

# 恔

 包山 111　　　上博二·昔者 4

△按　恔，“哀”字異體，詳見卷二口部“哀”字條。

# 慌

 上博三·亙先 10

○李零（2003）　“㤖言”，待考。

　　　　　　　　　　　　　《上海博物館藏戰國楚竹書》（三）頁 296

○黄人二、林志鵬（2004）　“荒”，疑讀爲“罔”。

　　　　　　　　　　　　　　　　　《華學》7，頁 168

○丁四新（2005）　荒，大也，廣也。“荒言”與“凡言”，義近。

　　　　　　　　　　　　　　《楚地簡帛思想研究》2，頁 126

○李守奎、曲冰、孫偉龍（2007）　慌　㤖　按：《集韻·蕩韻》：“慌，昬也。或作恍。”

　　　　　　　《上海博物館藏戰國楚竹書（一—五）文字編》頁 498

# 悉

 上博一·詩論 4　　　上博一·性情 31　　　上博三·中弓 17　　　上博四·相邦 1

○馬承源（2001）　（編按：上博一·詩論 4）悉（倦）。

　　（編按：上博一·詩論 29）悉而　篇名。今本《詩·檜風·周南》有《卷耳》，字音相通。

《上海博物館藏戰國楚竹書》(一)頁 130、159

○**濮茅左**(2001) (**編按**:上博一·性情 31)惓,讀爲“惓”。《玉篇》:“惓,悶也。”

(**編按**:上博一·性情 35)惓,从卷从心,當爲“惓”字。《說文通訓定聲》:“倦字也作惓。”又《集韻》:“倦或作惓”,《廣韻》:“倦,或作勌。”惓、倦、勌通。《廣韻》:“倦,疲也。”《玉篇》:“惓,悶也。”《淮南子·人閒訓》:“患至而多後憂之,是猶病者已惓而索良醫也。”高誘注:“惓,劇也。”用智識而後感。因“用智者從感而求”,故惓而不已,惓爲甚。

《上海博物館藏戰國楚竹書》(一)頁 265、270

○**李朝遠**(2003) (**編按**:上博三·中弓 17)“惓”,即“惓”字,同“倦”。

《上海博物館藏戰國楚竹書》(三)頁 276

○**張光裕**(2004) (**編按**:上博四·相邦 1)惓(惓)。

《上海博物館藏戰國楚竹書》(四)頁 234

○**李守奎、曲冰、孫偉龍**(2007) 惓 按:《集韻·線韻》:“倦,或作惓。”簡文中多爲讀爲“倦”,當即“倦”字異體,卷八人部重見。

《上海博物館藏戰國楚竹書(一——五)文字編》頁 497—498

# 㤞

郭店·太一 11 郭店·緇衣 21

---

○**荊門市博物館**(1998) (**編按**:郭店·緇衣 21)㤞,借作“託”。《說文》:“託,寄也。”

《郭店楚墓竹簡》頁 134

○**趙建偉**(1999) (**編按**:郭店·太一 11)“託”謂依託、依附。“名”即指太一、“青昏”。

《道家文化研究》17,頁 390

○**裘錫圭**(2000) (**編按**:郭店·太一 11)我認爲“其名”只能理解爲“託”的直接賓語。《漢書·韋賢傳》:“微哉,子之所託名也。”《三國志·吳志·周瑜傳》:“操雖託名漢相,其實漢賊也。”“託其名”的語法結構跟上引的“託名”相類。“託其名”只能理解爲寄託道之名於非其本名之名,也就是說只能用强加給道

的假託之名。

《古文字研究》22,頁 223

○**劉信芳**(2000)　(編按:郭店·緇衣 21)怦,今本作"比",字形之誤也。"怦"讀爲
"託",《孟子·萬章下》:"士之不託諸侯,何也?"注:"託,寄也,謂若寄公食禄
於所託之國也。"

《郭店楚簡國際學術研討會論文集》頁 171

○**湯餘惠等**(2001)　怴。

《戰國文字編》頁 720

○**李守奎**(2003)　(編按:郭店·太一 11)怴　恧　見《玉篇·心部》。簡中讀託。

《楚文字編》頁 622

# 惌

睡虎地·日乙 2　　集成 9606 纕惌君扁壺

○**劉樂賢**(1994)　(編按:睡虎地·日乙 2)惌即怨(從《集韻》之説),惌字不見於字
書。古代宛(夗)的讀音與安相近,惌與惌當是音近相通。

《睡虎地秦簡日書研究》頁 315—316

○**張守中**(1994)　(編按:睡虎地·日乙 2)惌　《説文》所無。

《睡虎地秦簡文字編》頁 167

○**何琳儀**(1998)　惌,從心,安聲,疑安之繁文。
　　纕惌君鉨"纕惌君",讀"襄惌君"。

《戰國古文字典》頁 965

○**湯餘惠等**(2001)　惌。

《戰國文字編》頁 720

# 惺

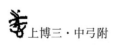上博三·中弓附

△**按**　惺,"狂"字古文,詳見本卷犬部"狂"字條。

# 恵

新收 1483 郾王職壺

---

○**周亞**（2000）　克，此字的寫法與中山王嚳鼎銘文中“克孧克卑”的克字寫法相近，惟其下從心，而中山王嚳鼎銘文的克字從又。燕國文字中有將從又之字寫作從心之例，如前述燕國兵器中，乍有寫成怍的。戰國文字中“乍”通常從又，寫成叏，如中山王嚳方壺銘文中的“叏歔中則庶民螎”、樂書缶中的“叏鑄缶”。將從又之字寫作從心之字，可能是戰國時期燕國的文字特點之一。

《上海博物館集刊》8，頁 148

# 愿

秦代印風 211

---

○**湯餘惠等**（2003）　愿。

《戰國文字編》頁 719

△**按**　《漢印文字徵補遺》十·六收録有愿字形，羅福頤等（《漢印文字徵補遺》，文物出版社 1982 年）釋爲“愿”。劉釗（《古文字考釋叢稿》171 頁，嶽麓書社 2004 年）改釋爲“愿”，甚確。

# 恫

郭店·語二 11　　上博一·詩論 26　　詛楚文

---

○**強運開**（1935）　恫　　秦詛楚文“張矜恫怒”。《説文》所無，《集韻》作“恫”，布亥切，恃也。

《説文古籀三補》頁 53，1986

○**郭沫若**（1947）　（編按：詛楚文）意，從心音聲，（意旁原作否，以文中“倍”亦從否例之，知古文否音實一字），殆是怖字之異，在此當讀爲部署之部，分布也。

《郭沫若全集·考古編》9，頁 310，1982

○**何琳儀**（1998）　恫，從心，否聲。《集韻》：“恫，恃也。”又《字彙補》：“怀，怒

也。”《集韻》：“憇，小怒也。或从音。”恷、悟、悟實一字之變，均與怒義有關。（《集韻》：“悟，恷也。”）又：“恷，或从市。”《説文》：“怖，恨怒也。”

　　詛楚文“悟怒”，即“悟怒”，讀“馮怒”或“憑怒”。《漢書·周緤傳》“剻城侯”之剻，注：“吕忱音陪。”《楚漢春秋》作“憑城侯”。《莊子·逍遥遊》“培風”應讀“憑風”（《讀書雜誌》餘篇）。是其佐證。《左·昭五》：“震電憑怒。”《楚辭·天問》：“康回憑怒。”《列子·湯問》：“帝憑怒。”《方言》：“憑，怒也。”

《戰國古文字典》頁 118

○**李零**（1999）　（編按：郭店·語二 11）“悟”，原从心旁。此字也有可能讀爲“悖”（“悖”是並母物部字，“倍”是並母之部字）。

《道家文化研究》17，頁 539

○**湯餘惠等**（2001）　悟。

《戰國文字編》頁 723

○**馬承源**（2001）　（編按：上博一·詩論 26）“恷”，从心，不聲，讀爲“背”。

《上海博物館藏戰國楚竹書》（一）頁 156

○**周鳳五**（2002）　30.簡二十六“谷風，鄙”：原釋以爲从，不聲，讀爲“背”。按，簡文从心从否，但否字下方口與心字有省筆，共用部分筆畫，故不易辨識；簡文省筆又見簡十七“《東方未明》有利詞”之“詞”，可以參看。此字當讀爲“否”。《説文》：“否，不也。”經傳多訓“不通、不善”，或借爲“鄙”。《小雅·谷風》首章云：“習習谷風，維風及雨。將恐將懼，維予與女。將安將樂，女轉棄予。”次章云：“將安將樂，棄予如遺。”卒章云：“忘我大德，思我小怨。”則簡文當讀爲“鄙”。《楚辭·懷沙》“易初本迪兮，君子所鄙”，王注：“鄙，恥也。”簡文蓋謂其人忘恩背德，行爲可鄙也。

《上博館藏戰國楚竹書研究》頁 163

○**王志平**（2002）　（編按：上博一·詩論 26）“倍”原爲从心否聲之字，讀爲“倍”。

《上博館藏戰國楚竹書研究》頁 225

○**李鋭**（2002）　（編按：上博一·詩論 26）按：據字形當釋爲“怌”。《玉篇·心部》：“怌，恐也。”《集韻·脂韻》：“怌，恐懼也。”《字彙·心部》：“怌，慢也。”當從前二義。

《上博館藏戰國楚竹書研究》頁 401

○**劉釗**（2003）　（編按：郭店·語二 11）“悟”讀爲“倍”，“倍”義爲背叛。《禮記·大學》“上恤孤而民不倍”，鄭注：“民不倍，民不倍棄也。”

《郭店楚簡校釋》頁 201

○李守奎（2003）　　悟。

《楚文字編》頁 627

○陳英傑（2005）　（編按：上博一·詩論 26）字从否从心，口與心共享筆畫，當是悟字。《説文·丶部》：“音，相與語唾而不受也。从丶，从否，否亦聲。”二字同从否聲。《玉篇·心部》：“悟，怒也。”字亦作憇，《説文·心部》：“憇，小怒也。”《集韻·有韻》：“憇，小怒也。或从音。匹九切。”簡文即用此義。

《漢字研究》1，頁 475

○陳斯鵬（2007）　（編按：上博一·詩論 26）“否”即“悟”字，似不必讀破，《爾雅（編按：“爾雅”疑爲“玉篇”之誤）·心部》：“悟，怒也。”按《谷風》之詩，實多怨怒之恨，故以一“悟”字點評之，也是十分合適的。

《簡帛文獻與文學考論》頁 51

○李守奎、曲冰、孫偉龍（2007）　（編按：上博一·詩論 26）悟　否　按：借筆字，“口”與“心”共用中閒筆畫。“悟”字見《玉篇·心部》。

《上海博物館藏戰國楚竹書（一—五）文字編》頁 498

## 惩

恆　天星觀

△按　惩，“恆”字異體，詳見卷十三“恆”字條。

## 恘

恘　包山 90　　恘　包山 171　　恘　郭店·語一 99　　恘　新蔡乙四 98

○何琳儀（1998）　　恘，从心，求聲。愁之異文。《集韻》：“愁，怨也。或作恘。”包山簡恘，人名。

《戰國古文字典》頁 178

○李零（1999）　（編按：郭店·語一 99）“求”，原从心从求。

《道家文化研究》17，頁 537

△按　清華壹《耆夜》簡 7（清華大學出土文獻研究與保護中心編《清華大學藏戰國竹簡》[壹] 153 頁注釋〔十八〕中西書局 2010 年）有“悆悆”重文，其形作“恘”，讀作“赳赳”。

# 晏

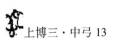璽彙 0686　　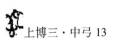璽彙 2590　　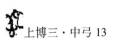郭店·語二 43　　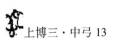新蔡甲三 206

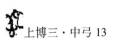集成 11285 相公子矰戈

---

○ **羅福頤等**（1981）　晏。

《古璽文編》頁 264

○ **何琳儀**（1998）　愐，从心，晏聲。疑愐之省文。《集韻》：“愐，愐偭，性狹。”

相公子矰戈“愐戩”，讀“晏歲”，歲暮。《越絕書·越絕外傳記地傳》：“晏歲暮年。”

《戰國古文字典》頁 970

○ **李零**（1999）　（編按：郭店·語二 3）“安”，原从晏从心。

《道家文化研究》17，頁 540

○ **劉釗**（2003）　（編按：郭店·語二 43）“晏”讀爲“宴”。

《郭店楚簡校釋》頁 207

# 愳

璽彙 3212　　集成 2840 中山王鼎

---

△ **按**　愳，詳見本卷思部“慮”字條。

# 㦤

郭店·緇衣 2　　郭店·語一 76　　郭店·語三 24　　上博四·曹沫 33

---

△ **按**　㦤，“義”字異體，詳見卷十二我部“義”字條。

# 恀

上博三·中弓 13

---

○ **李朝遠**（2003）　（編按：上博三·中弓 13）“恀”，讀作“弛”。“恀”从佗从心，佗亦

聲。"佗、弛"均在歌部,同爲舌音,可通。

《上海博物館藏戰國楚竹書》(三)頁 273

# 㤱

郭店・尊德 20　　郭店・語三 35　　上博一・緇衣 7　　璽彙 3700

---

△按　㤱,"信"字異體,詳見卷三言部"信"字條。

# 忻

上博一・性情 37　　上博五・弟子 12

---

○濮茅左(2001)　(編按:上博一・性情 37)"忻"字待考,疑"忻"之別體。

《上海博物館藏戰國楚竹書》(一)頁 272

○李零(2002)　(編按:上博一・性情 37)"忻",原從心從彳從斤,這裏讀爲"忻",郭店本從心從台省,釋爲"怡",二字含義相近。

《上博楚簡三篇校讀記》頁 82

○黃德寬、徐在國(2002)　17、272 頁第三十七簡"不又夫恆忻(忻)之志則曼"。

　　按:"恆"後一字簡文作，上部所從當爲"近"字異體。彳、辵二旁古通,例不備舉。此字當分析爲從"心""近"聲,讀爲"忻"是正確的。《郭店・性自命出》45 與之相對的字作"怡"。《玉篇・心部》:"忻,喜也。"《爾雅・釋詁上》:"怡,樂也。"《廣雅・釋詁一》:"怡,喜也。""忻""怡"二字義近而互換。

《古籍整理研究學刊》2002-2,頁 5—6

○張光裕(2005)　(編按:上博五・弟子 12)忻(近)。

《上海博物館藏戰國楚竹書》(五)頁 275

○馮勝君(2007)　涵泳簡文文義,"又(有)亓(其)爲人之㑋(侃)㑋(侃)女(如)也,不又(有)夫恆忻之志則曼(慢)"意思是説一個人的性格開朗灑脱,如果不能保持敬慎之心就會流於輕慢。從這個角度考慮,我們認爲"忻"字或許應該讀爲"謹"。"忻"從"斤"聲,與"謹"同爲見紐文部字,音近可通,如《説文・走部》:"赾,行難也。從走,斤聲。讀若堇。""謹"有敬慎之義,《説文・言部》:"謹,慎也。"郭店簡本"怡"或可作別解,如果非要將兩簡本文義統一起來,則"怡"似可讀爲"戒"。"戒"亦有"慎"義,《廣韻·去聲·怪韻》:"戒,慎也。"

《郭店簡與上博簡對比研究》頁 236—237

# 悦

悦 上博一·性情 26

○濮茅左(2001)　　(編按:上博一·性情 29)悦,讀爲"説"。

《上海博物館藏戰國楚竹書》(一)頁 263

# 悁　惎　惎

惎 望山 1·9　惎 望山 1·38

惎 新蔡甲一 14　惎 新蔡甲二 8　惎 新蔡甲三 198　惎 新蔡零 126

○朱德熙、裘錫圭、李家浩(1995)　　(編按:望山 1·9)"心"上一字簡文屢見,三八號簡作"惎",一七號、三七號省"心"作惎。此簡寫法與後者略同,但在"子"之豎筆左側加一斜筆,似借"子"字下部兼充"心"旁。據字形分析,三八號簡似乎是從"心"從"子"從"亓"。"亓""其"古通,"其"字古音與"亥"相近。《淮南子·時則》"爨其燧火",高誘注:"萁,讀荄備之荄。"《易·明夷》:"箕子之明夷。"陸德明《釋文》引劉向本"箕子"作"荄滋"。《孟子·萬章下》:"晉平公於亥唐也。"《抱樸子·逸民》"亥唐"作"期唐"。"惎"和"惎"可能都是"孩"(《説文》以爲"咳"字古文)的異體。據簡文文義,此字當與心疾有關,疑當讀爲"駭"。《説文》:"駭,驚也。"

《望山楚簡》頁 89—90

○何琳儀(1998)　　望山簡惎,讀駭。

《戰國古文字典》頁 23

○李家浩(2000)　　考釋[九]曾提到望山一號楚墓竹簡和天星觀楚墓竹簡有"孚"字的異體"孚"和從"孚"之字。望山一號楚墓竹簡三七號說:"☒目不能飤(食),目(以)心孚。""心孚"之"孚"或作"惎"(三八號)等,天星觀楚墓竹簡或作"痒"等。"惎、痒"當是同一個字的不同寫法,因其是一種心病,故字或从"心",或从"疒"。疑"悉、瘃"都是"悗"字的異體,"孚"是"悗"字的假借。《黄帝内經太素·調食》:"黄帝曰:甘走肉,多食之,令人心悗,何也? 少俞曰:甘入胃……胃柔則緩,緩則蟲動,蟲動則令人心悗。"楊上善注:"悗,音悶。"《素問·生氣通天論》王冰注:"甘多食之,令人心悶。"據楊上善、王冰注,"悗"通"悶"。

《九店楚簡》頁 146

○**賈連敏**(2003)　(编按:新蔡甲一 14)悉(悶)。

《新蔡葛陵楚墓》頁 187

○**陳偉**(2003)　(2)甲三 189:……[坪]夜君貞:既心悗□□,以百□□疾。卜筮,爲多(从示)。既……

悗,字亦見於望山 1 號墓楚簡,是内心悶亂的意思。

《華學》6,頁 96

○**張光裕、陳偉武**(2006)　《玉篇》:"悗,惑也。"中醫所謂"心悗"之癥,多因下元精氣不足或血虚陰火熾盛而起。金·李杲《脾胃論·長夏濕熱胃困尤甚用清暑益氣湯》:"致使心亂而煩,病名曰悗。悗者,心惑而煩亂不安也。"明·王肯堂《證治準繩·雜病》:"榮氣不營,陰火熾盛,是血中伏火,日漸煎熬,血氣日減。心包與心主血,血減則心無所養,致使心亂而煩,病名曰悗。"楚簡稱"心悗",又稱"悗心",情形與《靈樞經·口問》及同書《五味論》相似。葛陵簡表示心悗之字或作窒、鈊等形,从心从字,實因"字"與"娩"之古體形義俱近而借用,整理者隸定爲"悉"是,而當從其他學者讀爲"悗"。

《中國文字學報》1,頁 86

# 悁

璽彙2677

○**羅福頤等**(1981)　悁。

《古璽文編》頁 267

○**何琳儀**(1998)　悁,从心,角聲。疑角之繁文。

晉璽悁,讀角,姓氏。齊太公後有角氏。見《路史》。

《戰國古文字典》頁 338

○湯餘惠等（2001）　惥。

《戰國文字編》頁 721

# 悆

陶彙 3・72　　陶録 2・106・3

---

○高明、葛英會（1991）　悆　《説文》所無。《集韻》：“悆同斉，鄙也。”

《古陶文字徵》頁 104

○何琳儀（1998）　悆，从心，斉聲。斉之繁文。《集韻》：“悆，同斉，鄙也。”
　齊陶悆，人名。

《戰國古文字典》頁 1363

○王恩田（2007）　悆，通斉，見《廣韻》。

《陶文字典》頁 282

# 宓

璽彙 2154

---

○徐在國（1996）　古璽文有如下一字：

《璽彙》二一三・二一五四

《璽彙》缺釋，《璽文》作爲不識字放在附録中（見該書 449 頁）。

　　今按：此字應分析爲从宀从厷从心，隸作“宓”。與上述簡文應是同一字。所不同的是厷字中的指事符號“〇”加在了“弋”的中間，這與甲骨文中的 ｛ 《乙》六八四三字極爲相近。

　　“宓”字，在簡文和璽文中均用作人名，可見是當時習見的人名用字。但此字不見於後世字書。在古文字中，常常把“心”旁作爲贅加的義符。如上舉簡文中“訓”字是一例；另外，侯馬盟書“穗”字作 ｛，又作 ｛（《侯馬》318 頁）；璽文中“鄆”字作 ｛（《璽文》一四七・一四二〇），又作 ｛（同上一九七六）。均爲贅加“心”旁的例子。如上所述，宓字可以釋爲“宏”。

《于省吾教授百年誕辰紀念文集》頁 179

○湯餘惠等（2001）　宓。

《戰國文字編》頁 732

○**李守奎**（2003）　（編按：璽彙 2154）宬　或可隸作宄,釋爲忧,字見《説文》。

《楚文字編》頁 626

# 宬

包山 141　　包山 168　　玉印 27

---

○**劉彬徽、彭浩、胡雅麗、劉祖信**（1991）　（編按：包山 128）憮。

（編按：包山 141）惑。

《包山楚簡》頁 26、27

（編按：包山 162）惑,簡文作令,或釋爲宬。

《包山楚簡》頁 51

（編按：包山 168）簡文宬字疑爲或字之誤,隨或即隨城,疑爲隨國故地。

《包山楚簡》頁 51

○**黃錫全**（1992）　141　𢨋　惑（宬）　宬。

《古文字與古貨幣文集》頁 399,2009;原載《湖北出土商周文字輯證》

○**袁國華**（1994）　令字見簡一二八、一四一、一四三、一六八。除簡一六八的令字,《釋文》釋作"宬"字以外,其餘𢨋 128、𢨋 141、令 143《釋文》皆隸定爲"惑"字。其實令字並不從"或"。"包山楚簡""或"字字形作令 10、令 125、令 143 等形,與令並非一字,因此,不可將令隸作"惑",從其組合部件看,字從𠆢從𠙵從心。𠆢即"宀";心即"心";𠙵並不是"右"字。"包山楚簡""右"字作𠮿,字見簡一三三、一五八、二七〇,都從"ナ"從"口";而𠙵所從的"○",卻不是"口"字。《釋文》將簡一六八的令字釋爲"宬",其説可從。今將以上各字統一隸定爲"恮"。簡一六八句云"隋恮之人惑、黃和";而簡一二八、一四一、一四三、一六二,詞例同作"正妻恮",由此可知將以上各字,同釋作一字,是完全没有問題的。"恮"字於"包山楚簡"全用作"人名"。

《中國文字》新 18,頁 222—223

○**何琳儀**（1998）　恮,从心,宏聲。疑宏之繁文。《説文》:"宏,屋深響也。从宀,厷聲。"

包山簡恮,人名。

《戰國古文字典》頁 17

○劉釗（1998） ［111］簡141有字作""，字表隸作"惡"。按字從心從宏，應隸作"恢"。恢字不見於字書，待考。

《東方文化》1998-1、2，頁61

## 㥂

侯馬92:30

---

○山西省文物工作委員會（1976） 㥂 宗盟類參盟人名㥂斁。

《侯馬盟書》頁327

○湯餘惠等（2001） 㥂。

《戰國文字編》頁721

## 愿

郭店·尊德33　　郭店·性自63　　睡虎地·爲吏34壹

---

△按 愿，"勇"字異體，詳見卷十三力部"勇"字條。

## 恕

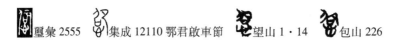

璽彙2555　　集成12110鄂君啟車節　　望山1·14　　包山226

---

○吳振武（1983） 2555某鼻·恕（昭）鼻。

《古文字學論集》（初編）頁508

○何琳儀（1998） 鄂君啟節、楚璽、望山簡恕，讀昭，姓氏。見卲字d。

《戰國古文字典》頁304

【恕王】

○中大楚簡整理小組（1977） （編按：望山1·88）聖王、恕王，一說聖王即楚聲王熊當，恕王爲楚悼王熊疑。聖、聲二字一音之轉，恕從心卲聲，卲從召聲，召又從刀得聲，故恕、悼音本相近。

《戰國楚簡研究》3，頁20

○朱德熙、裘錫圭、李家浩（1995） （編按：望山1·10）"恕"字從"心""卲"聲，不見字書。"邵"本从"刀"得聲,古音與"悼"極近,"愬"當即"悼"字異體(參考考釋[六])。所以簡文柬大王、聖王、愬王即《楚世家》的簡王、聲王、悼王,是無可懷疑的。

《望山楚簡》頁 90—91

## 【愬固】

○**中大楚簡整理小組**(1977)　(編按:望山 1·10)第四簡　亯月丁巳昏＝,爲愬固遯禱柬大王,聖☒

此爲簡首。王、聖二字之閒有縛組缺口,距簡端 16.5 釐米。

爲愬固遯禱柬大王。愬固爲墓主名。愬,从心邵聲;邵,从邑召聲;與昭同音。史書所記楚懷王時的大司馬昭陽,《鄂君啟節》作"邵昜";該節集尹昭䣓又寫作"愬䣓",可知戰國時,楚寫昭姓作邵或作愬,無定形。

愬固,大概即各文獻所説的邵滑,滑,从水骨聲,滑、固音相近。邵滑是楚懷王派往越國做反閒工作、導致滅越的大功臣。《韓非子·内儲説下篇》載:"前者王使邵滑之越,五年而能亡越。"《戰國策·楚策》、賈誼《過秦論》、《史記·甘茂列傳》均把邵滑(或作召滑)列入戰國中後期著名的縱橫家行列,肯定他爲楚滅越所立功績。望山一號墓主身佩精美的越王鳩淺寶劍入葬,身份正與滅越功臣邵滑相若。(詳見《中山大學學報》1977 年第 2 期的《關於愬固墓若干問題的探討》。)

《戰國楚簡研究》3,頁 7—8

○**吕榮芳**(1977)　望山一號墓出土的竹簡,多次注明"爲愬固卣(貞)、爲愬固遯禱"的字句,愬固即邵滑,邵滑是楚懷王的大貴族,從竹簡上書寫愬固的名字,我們初步認爲他應是望山一號墓的墓主人。

"越王句踐自作用劍"的青銅器出土時是放置在棺内人骨架的左側,越王劍是作爲邵滑死後隨葬的一件極爲珍貴的器物,這一重要文物出土時的情況爲我們提供瞭解邵滑與越國關係的重要線索。

《戰國策》一書中多次提到邵滑、召滑、淖滑的同音異字,實際上他是一個人的名字即邵滑。愬＝邵＝昭,愬是楚國四大姓之一,音韻上固、滑兩字相通。邵滑的詳細生平,史籍很少記載,無從瞭解。賈誼《過秦論》曾舉其名説召滑是越人,是當時的善説者。《史記·甘茂列傳》載(編按:此段引文與通行本出入較大):"(范蜎)曰:且王(楚懷王)嘗用召滑於越,而納勾章,致楚南察瀨湖而野江東,計王之功所以能如此者,越亂而楚治也,今王已用之於越矣。"

這段記載清楚説明楚懷王曾派邵滑於越,邵滑使越的結果是越亂而楚治，可見邵滑使越主要是離閒越國内部的分裂政策，誘使越亂，而楚懷王乘越亂之機而亡越。《韓非子·内儲説下》載楚懷王與干象的一段對話：“王（楚懷王）曰：相人敵國而相賢，其不可何也？ 干象曰：前時王使邵滑之越，五年而能亡越，所以然者，越亂而楚治也。”

《徼季雜著》記載：“四十五年楚懷王使召滑之越，以謀其國。”並説：“四十九年，越用召滑，國内大亂，楚遂舉兵襲之，大敗越師，殺王無疆，遂取江淮南故吳地至浙江。”

楚懷王派召滑使越的目的是以謀其國，而越用召滑的結果是國内大亂，楚遂舉兵襲之，經過五年才亡越，亡越功當首舉邵滑，楚懷王乘機派兵滅越後，把邵滑作爲滅越的大功臣，並把從越國掠奪回來的越王劍作爲戰利品而賞賜給邵滑，邵滑死後，把這把王賜而又馳名天下的青銅器隨身佩戴，用以殉葬，以顯赫他生前的功績，這完全是有可能的。

《廈門大學學報》1977-4，頁 85—86

○**朱德熙、裘錫圭、李家浩**（1995）　（編按：望山 1·1）一號墓竹簡多記爲悊固筮卜之事，悊固應是此墓墓主。鄂君啟節有集尹悊䊷，亦以悊爲氏。簡文悼王作悊王（參看考釋［二四］），可見悊固、悊䊷是悼氏而非昭氏（鄂君啟節“大司馬昭陽”之“昭”作“邵”不作“悊”）。楚懷王有臣名召滑（見《史記·甘茂列傳》），《戰國策·楚策四》作“卓滑”，《趙策三》作“淖滑”。殺齊閔王的淖齒，《吕氏春秋·正名》作“卓齒”，《史記·田單列傳》集解引徐廣曰“多作悼齒也”。這兩個人也應是以悼爲氏。作“淖”是假借字。《路史·後紀八》以淖氏爲楚公族。簡文屢記爲悊固禱祀於楚先王，悊固顯然是楚公族，與《路史》之説正合。悼氏應即出自悼王，參看考釋［二四］。

《望山楚簡》頁 87—88

【悊惛】

【悊齈】

【悊齈】包山 226、267

○**劉彬徽**（1988）　在荆門包山二號楚墓出土竹簡中也有以事紀年之簡文多條，其中以戰事紀年的一條簡文首記“大司馬悊惛救郙之歲”，簡文中的悊惛就是文獻記載中的卓滑，悊即悼，悼與卓同音，在文獻中，卓字或寫作召、邵、淖、昭等字，這幾個字古音相同或相近（《説文通訓定聲》一書均歸入一個韻部即小部），可以互用。滑、惛二字古同音骨，可互用無別。關於“大司馬悊惛救郙之歲”的具體年代可據有關史事予以推論。

據《史記》《戰國策》等書，卓滑的活動年代應在楚懷王時期，晚年可能已入頃襄王之世。卓滑任大司馬一事於史無徵。據其活動年代推測其任大司馬時間當介於公元前 323 年至公元前 298 年之間（據鄂君啟節，公元前 323 年時昭陽爲大司馬，據《戰國策》，頃襄王元年即公元前 298 年昭常爲大司馬）。從卓滑的活動事迹考察，此年代範圍還可縮小。《戰國策·趙策》："令卓滑、惠施之趙，請伐齊而存魏。"他從事聯合趙魏伐齊的外交活動，這一活動時間約在楚懷王十五年（公元前 314 年），表明在公元前 323 年至公元前 314 年左右，卓滑還不可能擔任大司馬之要職。又據《韓非子·內儲說》："王使昭滑之越，五年而能亡越。"一般認爲，公元前 306 年，繼楚威王殺王無疆、大敗越之後，再一次大舉伐越，即所謂"亡越"。在此期間卓滑既出使越國，也不大可能身居大司馬之要職，這樣一來，卓滑爲大司馬之時間似可縮小範圍在公元前 306—前 298 年之間。

在此年代範圍內，楚與他國發生過幾次大的戰爭，而據記載，楚均以失敗而告終。簡文既云救郘之歲，必是成功之舉，才得以事紀年。在此不妨作點推測。

公元前 301 年，齊、韓、魏三國聯軍攻楚，殺楚將唐篾（又作眛），是爲垂沙之役，是役可能由東向西進攻，也可能乘勝向西進攻宛、郘之地，郘即呂，一般指今南陽以西故呂國地。此時，楚懷王爲保住宛、郘這一戰略要地，也可能委任卓滑爲大司馬救援之，擋住了三國聯軍之進攻，也算成功之舉，乃得以大事紀年。

公元前 300 年，秦華陽君伐楚，殺楚將景缺，秦國由西向東進攻，也可能要奪取宛郘之地，卓滑救郘之歲也許與此次戰爭有關。

《江漢考古》1988-2，頁 60—61

○**劉彬徽、彭浩、胡雅麗、劉祖信**（1991）　（编按:包山 226）惡愲，讀如卓滑。惡，從邵從心，讀如悼（參閱陳振裕《望山一號墓的年代與墓主》引朱德熙、裘錫圭先生之說，刊《中國考古學會第一次年會論文集[1979 年]》文物出版社）。卓滑就是史籍中所說的楚國滅越的功臣，曾任大司馬之職，可補史書缺載。

（编按:包山 267）惡，讀如卓。愲，讀作滑。惡愲即卓滑（參見注[451]）。

《包山楚簡》頁 57、64

○**何琳儀**（1993）　惡愲 267

△從"召"聲，"早"亦聲。其造字方法與上文"惡髁"之"髁"如出一轍。

《江漢考古》1993-4，頁 60

○**何琳儀**（1998）　　包山簡"惡髓、（編按:脱一"惡"字）惛"，均讀"卓滑"。《戰國策·楚策》四"卓滑"，《史記·陳涉世家》作"召滑"，《史記·秦始皇本紀》作"昭滑"。是其確證。

《戰國古文字典》頁 304

○**劉信芳**（2003）　　（編按:包山 228）惡髓:簡 267 作"惡戠"，牘一作"邡惛"，並讀爲"淖滑"，字或作"邵滑、召滑、卓滑"。《戰國策·楚策一》:"且王嘗用滑於越而納句章。"又《楚策四》:"齊明説卓滑以伐秦。"又《趙策三》:"楚魏憎之，令淖滑、惠施之趙，請伐齊而存燕。"《韓非子·内儲説下六微》:"干象曰:前時王使邵滑之越，五年而能亡越。"《史記·甘茂列傳》:"王前嘗用召滑於越，而内行章義之難，越國亂，故楚南塞厲門而郡江東。"楚國淖氏應源自楚悼王而得氏。

《包山楚簡解詁》頁 242

【惡糈】集成 12110 鄂君啟車節

○**李零**（1986）　　"惡糈"，與望山墓王惡固氏稱相同，後者是以楚悼王（該墓禱祠簡作"惡王"）而得氏。

《古文字研究》13, 頁 369

## 怠　忬

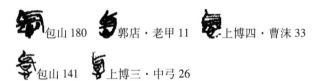

包山 180　　郭店·老甲 11　　上博四·曹沫 33

包山 141　　上博三·中弓 26

○**彭浩、劉彬徽、胡雅麗、劉祖信**（1991）　　（編按:包山 107）怊。

《包山楚簡》頁 24

○**黃錫全**（1992）　　107　　怠　忬。

《古文字與古貨幣文集》頁 399, 2009; 原載《湖北出土商周文字輯證》

○**湯餘惠**（1993）　　141，原隸作怠，注 265 又以爲憍字異體。今按字上从𠙵，爲台之附加聲旁（司聲）字，金文用爲第一人稱代詞。强運開《三補》謂"亦即古台字"（卷十四 12 頁）。簡文"怠"與金文郐王義楚耑之"𠁁"一字，郭沫若《兩周金文辭大系考釋》隸定耑銘爲"惢"不確，但釋爲"怡"可信。簡文也應是怡字的古文。古璽文字有:

a 〔字〕0175　　b 〔字〕4029

a 例《古璽文編》釋"似"，b 例作爲存疑字收入《附録》（77 頁）。今按並當釋
爲"台"（台）。陳侯因資敦銘文有"侁〔字〕趄文"一語，次字从立，台聲。因〔〕
（司）在字中也有表音作用，故"〔字〕"可讀爲"嗣"。

《考古與文物》1993-2，頁 72

〔字〕180，�·忑（懇）。字从牙，不从司。上博藏古私名璽有"黄〔字〕"字作〔字〕。
簡文忑未見字書。牙、与古本同字，後世別爲二。依《汗簡》舉古文作複之例，
忑（忌）可釋爲懇。檢《玉篇》懇之古文正作忌。

《考古與文物》1993-2，頁 74

○**何琳儀**（1993）　羕陵攻尹恫 107

△原篆作〔字〕，又見 180，應釋"怰"。《廣韻》："怰，巧怰，伏態之貌。"

《江漢考古》1993-4，頁 58

○**張光裕、袁國華**（1993）　簡 107"羕陵攻尹怰"。怰，字作"〔字〕"。原釋文隸作
"恫"。查該字又見於簡 180，皆从"〔〕"从"心"，而"司"字於包山楚簡多見，作
"司"形。信陽楚簡有"〔字〕"字（信陽楚簡圖版一一七，一之〇六九），上半所从
與包山字形近，劉雨隸作"臖"，通"歕"（信陽楚簡頁 131）。按夏韻麻韻録《汗
簡》牙字作"〔字〕"，與〔字〕字所从形近。今暫據此隸定作"怰"。

《中國文字》新 17，頁 303—304

○**湯餘惠**（1993）　〔字〕82，恭·快。恭應是古快字。馬王堆帛書作〔字〕（縱橫家書
10），居延漢簡作〔字〕（甲 1919A），小篆作〔字〕。

《考古與文物》1993-2，頁 71

○**李天虹**（1993）　〔字〕107、180　釋文作恫

按：簡 242、267 大司馬之司作〔字〕，與此字上部不類，此實乃怰字，即驚訝之
訝。牙字春秋魯逄乂殷作〔字〕，隨縣簡作〔字〕（下从齒），均象牙齒上下交錯之形，
與此字上部相同。

《江漢考古》1993-3，頁 86

○**何琳儀**（1993）　(編按:包山 107)恫(編按:原文以△代替)原篆作〔字〕，又見 180，應釋
"怰"。《廣韻》："怰，巧怰，伏態之貌。"

《江漢考古》1993-4，頁 58

○**劉樂賢**（1997）　三　釋包山楚簡的"快"字

《包山楚簡》第 107 號有：

　　兼陵攻尹🔲

最後一字,諸家或釋"㤈",或釋"怀",或釋"懇"。

第 110 號又有:

　　鄅連囂競🔲

末字,諸家多釋"㤈",也有釋"慢"者。我們認爲,這兩字其實都是"快"字。其上部所從,都是"夬"的異寫。由於簡文書寫不太規範,容易引起誤解。老實説,只是看照片,辨字形,很難判定上述諸説中哪一説合乎實際。好在 103 號至 109 號諸簡都是講"貸金"之事,其中 103 至 114 號爲一組,是富月所貸;115 至 119 號爲另一組,是夏柰之月庚午之日所貸。兩組的人名和地名多有重複出現:

　　(1)襄陵　　冀陵公黽(103 號)
　　　　鄳陵　　冀陵公邟黽(115 號)
　　(2)鄝莫囂步　　左司馬殹(105 號)
　　　　鄝莫囂步　　左司馬旅殹(116 號)
　　(3)猷陵攻尹産(106 號)
　　　　猷陵攻尹麠(産)(116 號)
　　(4)兼陵攻尹🔲　　喬尹黃矙(107 號)
　　　　鄳陵攻尹快　　喬尹矙(117 號)
　　(5)株昜莫鄙邵壽君(108 號)
　　　　株昜莫鄙壽君(117 號)
　　(6)釐昜司馬寅(109 號)
　　　　鄴昜司馬寅(118 號)
　　(7)鄅連囂競🔲　　攻尹賹(110 號)
　　　　鄅連囂競快　　攻尹醏賹(118 號)

　　據上列第 4、7 條可知,107 號簡的"兼陵攻尹🔲",就是 117 號簡的"鄳陵攻尹快";110 號簡的"鄅連囂競🔲",就是 118 號簡的"鄅連囂競快"。117、118 號簡的"快"字,分別作🔲、🔲,其上部所從,正是"夬"的通常寫法。

　　107 號簡快字所從的"夬",其𠃊和彐共用了筆畫,因而看起來有些像"牙"字。110 號簡快字所從的"夬",其左部似有一筆道,易被視作🔲,實則並非筆道。

　　九店楚簡《日書》第 114 號有兩個🔲字,《江陵九店東周墓》未釋,我們曾將其補釋爲"夬"字。上論包山楚簡 110 號快字的寫法,正好爲我們的補釋提供了依據。

《第三屆國際中國古文字學研討會論文集》頁 622—624

○**劉釗**（1998） 簡 107、180 有字作"⿱⿰牙与心、⿱⿰牙与心"，字編隸作"恦"。按字從"心"從"⿰牙与"，"⿰牙与"乃"牙"字，即"与"字。古文字"與"字本從"牙"得聲，後"牙"字分化出"与"。此字從"心"從"与"，應釋爲"懇"。"懇"字見於《説文》，古文作"忌"，與簡文結構相同，在簡文中用爲人名。

《東方文化》1998-1、2，頁 58

○**何琳儀**（1998） <small>（編按：包山 107）</small>忓，從心，牙聲（或呀聲）。《廣韻》："忓，忍忓，伏態之貌。"

包山簡忓，人名。

《戰國古文字典》頁 512

○**李零**（1999） <small>（編按：包山 107）</small>（135）797 頁：懇。

按：參上 211—213 頁：與。字不從牙，應釋"忌"，用作"怠"或"怡"。

《出土文獻研究》5，頁 150

△**按** 施謝捷《説"⿱⿰台台⿰台台（⿱台⿰台台⿱台台）"及相關諸字（上）》（《出土文獻與傳世典籍的詮釋：紀念譚樸森先生逝世兩周年國際學術研討會論文集》47—66 頁，上海古籍出版社 2010 年），可參看。

# 恘

陶録 2·169·4　　璽彙 3643　　郭店·成之 11

郭店·語二 36

○**羅福頤等**（1981） 惢。

《古璽文編》頁 267

○**何琳儀**（1998） 恘，從心，矣聲。疑唉之異文。《説文》："唉，應聲也。從口，矣聲。讀若塵埃。"

楚璽恘，人名。

《戰國古文字典》頁 60

○**周鳳五**（1999） 九、勇而行之不果，其疑也弗往矣（第二一簡）：

疑，《郭簡》無説。按，字當訓止、定。《詩·大雅·桑柔》："靡所止疑，云徂何往。"傳："疑，定也。"《儀禮·鄉射禮》："賓升西階上，疑立。"注："疑，止也,有矜莊之色。"疏:"疑,正立自定之貌。"簡文意謂君子既知成德之道,則當力行以求實踐。若知而不行,則去人不遠;行而不果,猶止而不行,終無以成其德也。

《古文字與古文獻》(試刊號)頁 49

○**黃人二**(1999) (編按:郭店·魯穆 4)悇(嘻),善哉言虖(乎):悇,讀爲"嘻",與《大戴禮記·四代》"嘻,美哉!子道廣矣"用法相同。又"善才(哉)言虖(乎)"要連讀,釋文讀法可商。

《張以仁先生七秩壽慶論文集》頁 399

○**龐樸**(2000) 簡文中多處出現从心从矣的"悇"字,如《緇衣》4 簡"則君不悇其臣"、《成之聞之》21 簡"其悇也弗枉矣"等句。釋文隸定"悇"字爲疑,是可以的。只是需要補充一句道,此悇乃心態的疑惑疑忌之悇,非行動上的遲疑猶疑之疑。行動上的疑字,从辶(或从止、从彳)从矣作遪,郭沫若所謂"象人持杖出行而仰望天色"者,可參見容庚《金文編》0254、2384。後來从心的悇字,慢慢丟失了;从辶或从止、从彳的,即現在通行的疑字,被保留了下來,並且取悇而代。

《郭店楚簡國際學術研討會論文集》頁 38

○**劉樂賢**(2002) 二 《魯穆公問子思》第四簡:

成孫弋曰:"噫,善才(哉)言乎。"

簡中讀爲"噫"的字,原从心从矣,整理者認爲應讀作"噫"。按,此字从矣得聲,在郭店簡中多次出現,常讀爲"矣"或"疑",其例甚多,不煩列舉。從古音看,矣是之部匣紐,噫是之部影紐,二字讀音相近,故該字確可讀爲"噫"。從文例看,字在簡中讀"噫"意思通暢。可見,整理者的釋讀是有充足根據的,因而目前已得到大家公認。

不過,如果考慮上文所說郭店簡中"矣、喜"二字的通假習慣,則將此字讀爲从"喜"得聲的"嘻",似更爲合適一些。大家知道,"嘻"在古書中也常用作歎詞,其含義與"噫"大體一致。例如,《説苑·政理》:"延陵季子遊於晉,入其境,曰:'嘻,暴哉國乎。'入其都,曰:'嘻,力屈哉國乎。'立其朝,曰:'嘻,亂哉國乎。'"《莊子·讓王》:"二人相視而笑曰:'嘻,異哉,此非吾所謂道也。'"可見,讀"嘻"從文例上講也很合適。

需要指出的是,噫、嘻二字古音接近,作歎詞使用時意義也基本一致,所以,讀"噫"或讀"嘻"其實並無多大差異。

《古籍整理研究學刊》2002-5,頁 7—8

○王恩田（2007）　恢。

《陶文字典》頁 283

【幽恢】九店 56·45

○李家浩（2000）　"恢"字見於戰國璽印文字（《古璽彙編》三三七·三六四三），應當分析爲从"心"从"矣"聲。上古音"矣、思"都是之部字，可以通用。例如《楚辭·離騷》："溘埃風余上征。"《文選》卷五左太沖《吳都賦》劉淵林注、卷二六謝玄暉《在郡臥病呈沈尚書》和卷三一江文通《雜體詩·擬張黃門》李善注引，"埃風"皆作"飇風"。疑簡文"幽恢"應當讀爲"幽思"。《史記·屈原傳》："屈平疾王聽之不聰也，讒諂之蔽明也，邪曲之害公也，方正之不容也，故憂愁幽思而作《離騷》。"

《九店楚簡》頁 112—113

○劉國勝（2000）　8.《日書》竹簡 45 號簡　盍西南之寓，君子居之，幽疑不出。

　　"君子"從李守奎釋。"疑"，原釋文隸定不誤，字从心从矣，應讀爲"疑"。郭店《緇衣》簡："則君不疑其臣，臣不惑於君。""疑"正作此形。"幽"訓深。《莊子·讓王》"幽憂之病"意謂深猶之病。"幽疑"猶言"深疑"。

《奮發荊楚　探索文明》頁 217

○晏昌貴、鍾煒（2002）　盍（蓋）西南之遇（寓），君子居之，幽思不出。"盍"，陳偉先生讀作"掩"（第 157 頁）。"君子"爲合文，《禮記·鄉飲酒義》鄭玄注："君子，謂卿大夫也。""思"字从心从矣，當讀作"思"，《史記·屈原賈生列傳》："故憂愁幽思而作《離騷》。"李零先生讀作"疑"（第 141—152 頁）。

《武漢大學學報》2002-4，頁 418

# 悢

新蔡甲三 233　　新蔡零 164

# 惹

郭店·緇衣 23　　郭店·成之 2　　上博一·緇衣 12　　上博六·用曰 6

○**荆門市博物館**（1998）　（編按:郭店·緇衣 23）惪（作）。

（編按:郭店·成之 2）惪（著）。

《郭店楚墓竹簡》頁 130、167

○**廖名春**（2000）　（編按:郭店·緇衣 23）"煮"，《禮記·緇衣》《逸周書·祭公》皆作"作"。"煮"字當从"者"得聲，古音屬魚部，"作"字屬鐸部，陰入對轉。又疑"煮"爲"著"之別寫，"著"與"作"義同，故可相通。

《郭店楚簡國際學術研討會論文集》頁 116

○**劉信芳**（2000）　（編按:郭店·緇衣 23）惪，讀爲"都"，字或作"奢"。《詩·鄭風·山有扶蘇》:"不見子都，乃見狂且。"毛傳:"子都，世之美好者也。"又《有女同車》:"洵美且都。"《荀子·賦篇》:"閭娵子奢，莫之媒也。"《漢書·司馬相如傳》:"相如時從車騎，雍容閒雅，甚都。"師古注:"都，閒美之稱。"

《郭店楚簡國際學術研討會論文集》頁 172

○**陳佩芬**（2001）　（編按:上博一·緇衣 12）煮，从心，者聲。郭店簡作"惪"，今本作"作"。

《上海博物館藏戰國楚竹書》（一）頁 188

○**孟蓬生**（2002）　（編按:郭店·緇衣 23）"惪"字整理者無説，今本作"作"。"惪"當爲"圖"之借字，圖與謀同義。古音圖聲與者聲相近。上博簡《魯邦大旱》:"魯邦大旱，哀公問於孔子曰:子不爲我圍之。"整理者讀圍爲圖，甚是。典籍中浮圖或作浮屠，亦其證也。《説文·口部》:"圖，畫計難也。"《詩·小雅·小明》:"我龜既厭，不我告猶。"毛傳:"猶，圖謀也。"《詩·小雅·采芑》:"方叔元老，克壯其猶。"鄭箋:"猶，謀也。"又《詩·大雅·抑》:"訏謨定命，遠猶辰告。"鄭箋:"猶，圖也。"

《簡帛語言文字研究》1，頁 28

○**陳斯鵬**（2006）　筆者發現的與"煮"有關的傳抄古文材料是:

〔圖〕《汗簡·心部》引裴光遠《集綴》"圖"字

〔圖〕《古文四聲韻·模韻》引王存乂《切韻》"圖"字

對照一下"者"字的寫法:〔圖〕（《古文四聲韻·馬韻》引《古孝經》）、〔圖〕（郭店《語叢一》簡 21），我們不難發現上揭傳抄古文兩個"圖"字其實都是上"者"下"心"，與楚簡"煮"毫無二致。據此將"煮"釋讀爲"圖"，應是相當的可靠了。而且，放到文例中檢驗，"毋以小謀敗大圖"，"圖"訓圖謀，語意也十分順適。

　　但傳抄古文資料中,字頭與字形之間有時只是同音假借的關係,如《古文四聲韻·線韻》引《古老子》"戰"字作⿱,其實是"㫃"字,音假爲"戰";甚至是同義關係,如《説文》古文以"賡"爲"續"等。所以,"悫"和"圖"的關係還須作進一步辨析。從一般構形規律來看,"悫"當从"心","者"聲,而"者""圖"古音相通,上引拙文和孟文均已指出,故"悫"和"圖"當不單有意義上的聯繫。然而,孟文似乎又只把"悫"看作"圖"的同音假借字。其實,"悫"應該就是表圖謀一類意義的"圖"的專字。上引拙文實已持此態度,不過説得還不夠明確。茲略爲補説如次。

　　大徐本《説文》云:"圖,畫計難也。从口从啚,啚,難意也。"徐鍇《繫傳》云:"口其規畫也,圖畫必先規畫之。啚者,吝嗇,難之義也……"皆迂曲難通。後來的《説文》家多未能出此樊籬。徐灝《説文解字注箋》則予以辯駁,另作新釋:"許以啚爲難意,未詳其恉。竊謂圖即畫圖之義。《周禮》大司徒'掌建邦之土地之圖','内宰掌書版圖之法'是也。啚即都鄙之鄙,版圖故畫都啚也,从口啚者,環其都啚而圖之也,引申爲凡圖像之偁,又爲凡圖謀之義。"按,徐説甚善。"圖"本以"環其都啚而圖之"會意,金文作⿰、⿰,小篆與之一脈相承。從表面的形體結構上看,似乎不易將"圖"與"悫"聯繫起來。然而,有一些材料卻成爲這兩者之間的紐帶,那就是孟先生和筆者都曾提到的《魯邦大旱》中的"圖"字。此字寫爲:

B1　⿴

"口"内所从與楚簡中"者"字的一些最常見寫法略有不同,但根據上博藏簡《詩論》和《子羔》中"者"每作⿱來看,此字確應从"者",不過其下部與"口"發生借筆關係而已。馬承源先生隸定爲"圌",謂从"者"聲,可信;馬先生又認爲它在簡文中讀爲"圖",並以《玉篇·口部》"圖"字古文作"圐"爲證,也很對。然而,更直接的證明材料則是《汗簡·口部》引《尚書》"圖"字之作:

B2　⿴

此形从"口"从"者",其所从"者"與上引傳抄古文"悫"所从完全相同。顯然,《玉篇》的"圐",還有《集韻·模韻》"圖"之作"圌",《古文四聲韻·模韻》引王存义《切韻》"圖"字之作"圐",都是根據 B2 的原筆畫所作的隸古定字形。字書另有"圙"字,《改併四聲篇海·口部》引《搜金玉鏡》:"圙,音途。"《字彙補·口部》:"圙,義未詳。"現在看來,"圙"也應該是 B2 的隸古定字形。而它們都可直接隸釋爲"圌"。而"圌"正是從"圖"到"悫"的中間環節,其中的演變軌迹略爲:圖→圕→悥。蓋“圖”本从“囗”从“啚”會意,後爲滿足表音的需要,遂易“啚”爲“者”而成“圕”;原本的會意結構既遭破壞,空餘“囗”形也已大失其表義功能,且字多用以表“圖謀”一類的引申義,關乎心思,故乾脆去“囗”加“心”,形成形聲字“悥”。可見“悥”實自“圖”衍變而來,爲表“圖謀”義的專字。如果不需要作嚴格的隸定,“圕”和“悥”其實都可以直接釋爲“圖”。

值得指出的是,張家山漢墓遣策八號簡記隨葬物有“版圕一”,“圕”字寫作,結構與B全同,只不過所从“者”的寫法承自秦系文字爲稍異而已。整理小組直接釋作“圖”,是正確的。可見,聲化作“圕”的“圖”至遲到西漢初仍在使用,具有一定的生命力。

另外,中山王墓兆域圖有字作,朱德熙、裘錫圭兩先生隸作“圗”,讀爲“圖”,甚是。此字直接在“圖”的基礎上益以“心”符,其初衷可能也是爲了彰示“圖謀”一類的字義;不過在彼處又用如一般的“圖”,是繪圖的意思。

從“圖”“圕”“悥”“圗”之間的關係,我們可以體會到音、義兩個因素在文字演變過程中所起到的微妙作用。

這種作“悥”形的“圖”字另有兩例見於郭店楚簡《成之聞之》,我們以前的有關討論尚未涉及,其文例如下:

(1)古之甬(用)民者……行不信則命不從,信不圖則言不樂。(《成之聞之》1—2)

(2)天逄(格)大祟(常),以里(理)人侖(倫)。折(制)爲君臣之義,圖爲父子之新(親),分爲夫婦之攴(辨)。(《成之聞之》31—32)

二“圖”字,整理者皆隸定爲“悇”,並括注“著”字。李零先生也讀前者爲“著”,而於後者則讀“作”。

筆者認爲,此二“圖”字均不必改讀。“圖”由“圖謀”義引申而有“謀取、謀求、追求”等義。《詩·大雅·烝民》:“人亦有言:德輶如毛,民鮮克舉之,我儀圖之。”《漢書·武五子傳·齊懷王劉閎》:“人之好德,克明顯光;義之不圖,俾君子怠。”又《揚雄傳》:“雖然,亦頗擾於農民。三旬有餘,其廑至矣,而功不圖。”《孔子家語·弟子行》:“孝恭慈仁,允德圖義,約貨去怨,輕財不匱,蓋柳下惠之行也。”這些“圖”字,舊注多籠統地説“謀也”,其實準確的理解應該是謀求、追求。例(1)“信不圖”結構正與“義之不圖”和“功不圖”等相同。而“圖信”的説法又正與“圖德、圖義”等相類。簡文“信不圖則言不樂”意思是:統治者如果不追求誠信,則其言不爲民所悦樂。這裏的“圖”表示一種内心的追求,用“悥”這個字形十分合適。

例（2）中的“大常”，據上下文可知義同於“天常、天德、大夏”，應指一種抽象而永恆的至高理則，其性屬“虛”；而“君臣之義、父子之親、夫婦之辨”等倫理綱常則是相對具體的，其性屬“實”。這兩者之閒的轉化，實際上是一個從抽象到具象、從本一到繁細的過程。“制”爲裁制，“分”爲別分，均能體現其中關係。至於“圖”，竊以爲可以作“敷演、演繹”解。“圖”就其造字取象看，爲畫制地圖之意，引申爲凡描畫圖像之稱，《廣雅・釋詁四》云“圖，畫也”，段玉裁《説文解字注》云“引申之義，謂繪畫爲圖”是也。此爲古籍常訓。此義又可引申出描述、敷演的意思。《史記・司馬相如列傳》：“衆物居之，不可勝圖。”裴駰《集解》引郭璞曰：“圖，畫也。”這裏若生硬地作“畫圖”解，則恐失之於泥。《漢書・司馬相如傳》此文，顏師古注曰：“不可盡舉而圖寫之，言其多也。”所謂“圖寫”，其實就是詳細、具體地描述、敷演之意。類似地，像簡文這樣表示從抽象本一的恆理敷演、演繹成具體的某種（些）人倫制度也可以用“圖”。

若上面對例（2）中“圖”字的理解不誤，則意味着這裏雖然是用了“圖”的專用字形“意”，但表達的卻是“圖”的非關乎“心”的另外意思。這與中山王墓兆域圖“區”表“繪圖”義的情況相似。此類現象説明我們通常所説的“專字、專用字”是具有相對性的。也就是説，最初針對一個字（詞）的某個（類）義項所造的專字，有時也可以用來表示這個字（詞）的其他義項。

《康樂集》頁 196—198

○張光裕（2007）　（編按：上博六・用曰6）惜（緒）。

《上海博物館藏戰國楚竹書》（六）頁 291

△按　“意”當從孟蓬生、陳斯鵬讀爲“圖”。上博四《曹沫之陳》簡1—2：“魯臧（莊）公酒（將）爲大鐘，型既城（成）矣，敌（曹）穙（沫）内（入）見曰：‘昔周室之邦魯，東西七百，南北五百，非山非澤，亡（無）又（有）不民。今邦㘝（彌）少（小）而鐘愈大，君亓（其）意之。’”《慎子》佚文作：“魯莊公鑄大鐘。曹劌入見曰：‘今國褊小而鐘愈大，君何不圖之？’”“意”的異文作“圖”，可爲“意”釋作“圖”提供佐證。

惢

郭店・緇衣31

○**荊門市博物館**(1998)　(編按:郭店·緇衣31)愿,今本作"危",鄭注:"危猶高也。"簡文此字从秝省。

《郭店楚墓竹簡》頁135

○**裘錫圭**(1998)　(編按:郭店·緇衣31)字當从"禾"聲,讀爲"危","禾""危"古音相近。

《郭店楚墓竹簡》頁135

○**何琳儀**(2000)　則民言不愿(危)行,不愿(危)言。《緇衣》31

　　《釋文》:"愿,今本作'危',鄭注:'危猶高也。'簡文此字从秝省。裘按,字當从'禾'聲,讀爲'危','禾''危'古音相近。"按,"愿"从"阜","悉"聲,疑"倄"之異文,即《説文》"塙"之"或體"。"悉"疑"委"之異文。包山簡"悉"9.185亦从"悉"聲,疑"陒"之異文。《集韻》:"陒,重累也。"筆者曾誤釋"悉"爲"忞",特此更正。

《文物研究》12,頁198

○**劉信芳**(2000)　(編按:郭店·緇衣31)愿,今本作"危",鄭玄注:"危猶高也,言不高於行,行不高於言,言行相應也。"裘按謂字當从"禾"聲,讀爲"危","禾""危"古音相近。信芳按:包簡86有人名"宵阺",字从阜,委省聲,疑是"危"之異構,如是"愿"乃"倄"之異構,字讀爲"危"。原簡"行"下脱重文符。《史記·晏嬰列傳》:"其在朝,君語及之,即危言;語不及之,即危行。"《論語·憲問》:"子曰:邦有道,危言危行;邦無道,危行言孫。"蓋邦有道,高行且言不必謙讓;邦無道,則行不可不高,此立身之本也,言不可不遜,此避禍之方也。《論語·衛靈公》:"邦有道則仕,邦無道則可卷而懷之。"可以參讀。

《郭店楚簡國際學術研討會論文集》頁175

○**趙平安**(2002)　(編按:郭店·緇衣31)這個字今本作"危",郭店簡作"愿"。"愿"从禾聲,禾、危同爲歌部字,聲母發音部位也相近,顯然是借用爲危。

《上博館藏戰國楚竹書研究》頁441

○**劉釗**(2003)　(編按:郭店·緇衣31)"愿"字从"心""阺"聲,"阺"从"阜""禾"聲,古音"禾"在匣紐歌部,"危"在疑紐歌部,韻部相同,聲爲喉牙通轉,可以相通。

《郭店楚簡校釋》頁62

惎

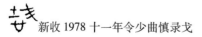 新收1978十一年令少曲慎录戈

△**按**　蘇建洲（《楚文字論集》205—206 頁，萬卷樓圖書股份有限公司 2011 年）讀"惎"爲晉國常見的姓氏"郤"，可參。

# 慈

陶彙 3·194　　陶彙 3·155　　陶録 2·197·2　　陶録 2·197·1

---

○**吳大澂**（1884）　　慈，古陶器，《説文》所無。

《説文古籀補》頁 43，1988

○**顧廷龍**（1936）　慈，《説文》所無。或謂怗字異文。

《古匋文香録》卷 10，頁 3，2004

○**高明、葛英會**（1991）　顧廷龍云："《説文》所無，或謂怗字異文。"

《古陶文字徵》頁 102

○**何琳儀**（1998）　戰國文字慈，人名。

《戰國古文字典》頁 473

○**湯餘惠等**（2001）　慈。

《戰國文字編》頁 725

○**王恩田**（2007）　慈。

《陶文字典》頁 285

# 悷

九店 56·15

---

【悷戁】九店 56·15

○**李家浩**（2000）　"悷"字見於《集韻》卷二寒韻，訓爲"忮也"，當非簡文之義。《淮南子·齊俗》"故伊尹興土功也，修脛者使之跖钁"，許慎注："長脛者以蹋插（臿）者，使入深。""钁"是大鋤（見《説文》等），許注將"钁"訓爲"臿"，顯然是一個假借字。《太平御覽》卷三七、七六四引此，"钁"皆作"鏵"。《淮南子》在漢代就有許、高異本，《太平御覽》引作"鏵"，大概是高本。《説文》"鏵"作"枠"，"兩刃臿也"。臿亦稱爲"梩"。《説文》木部："梩，枠臿也。從木、入，象形；目聲。""钁"從"矍"聲，"矍"從"瞿"聲，而"瞿、梩"皆從"目"聲。"跖钁"之"钁"當是"梩"字的假借。疑簡文"悷戁"應當讀爲"踐梩"，與《淮南子》的“跖钁(裹)”同義。

《九店楚簡》頁 69—70

## 愰

 璽彙 0243

△按　孫剛(《齊文字編》279 頁,福建人民出版社 2010 年)隸定爲“愰”。

## 悈

![包山 47] 包山 47　　![包山 191] 包山 191　　![郭店] 郭店·尊德 16

○**何琳儀**(1993)　周![字]47

　　△原篆作![字],或作![字]191,均應釋“悈”。《集韻》:“愅,《説文》飾也。一曰,謹也,更也。或从心。”

《江漢考古》1993-4,頁 56

○**何琳儀**(1998)　悈,从心,革聲。愅之異文。《集韻》:“愅,《説文》飾也。一曰,謹也,更也。或从心。”

　　包山簡悈,人名。

《戰國古文字典》頁 31

○**劉釗**(1998)　[12]簡 191 有字作“![字]”,字表列於未隸定字部分。按字从心从![字],“![字]”乃“臾”字,中山器“遺”字作“![字]”,所从之“![字]”即“臾”。中山器“悈”字作“![字]”,與此字結構相同,故“![字]”亦應釋爲“悈”。字見於《集韻》《廣韻》等書,在簡文中用爲人名。

《東方文化》1998-1、2,頁 49

○**陳秉新、李立芳**(1998)　簡 20、191 有字作

釋文、字表未隸定,劉釗先生釋爲《集韻》之“悈”。他認爲此字上部與中山器“遺”字所从之“![字]”同爲“臾”字是對的,楷化後的臾與悈字所从之臾同形不同源。《説文》貝部:“貴,物不賤也。从貝,臾聲。臾,古文蕢。”又艸部:“蕢,草器也。从艸,貴聲。臾,古文蕢,象形。《論語》曰:'有荷臾而過孔氏之

門。'"按臾不象賣形,許説有誤。應侯鐘"遺"字所從之"貴"作𧵏,上部之"𦥑",象雙手捧物有所賜與之形,即訓送、訓與之"遺"的初文,《説文》所引古本《論語》乃借臾爲賣,今本作賣。貴字本義亦當爲賜予,"物不賤也"是後起義。準此,上揭簡文兩形均當隸定爲"愄",釋爲憒。《説文》心部:"憒,亂也。從心,貴聲。"簡文用爲人名。"悇"字,《集韻》訓"憂也。又惧也"。所從之"臾",《説文》作"𦥔",訓"束縛捽抴",甲骨文作"𤔡",尹臾鼎作"𤔡",與中山器"遺"字所從之"𦥑"及簡文所從之"𦥑"或"𦥑"不是同一個字。後世兩字均隸寫作臾,混而爲一,而在古文字中,它們之閒的區別是很明顯的。《字彙補・儿部》引《説文長箋》"須兒之兒"(即《説文》𦥔字)當作"兒","今作臾,乃古賣字也"。但此字本從臼、人,隸定作臾並不誤。只是借爲賣的𦥑則不應隸作臾而應隸作𦥑。然沿襲已久,弗能改也已。至於中山器之"𦥑",上部之𦥑乃𦥑的變體,亦當釋憒。

《江漢考古》1998-2,頁75—76

○**李家浩**(1999)　在楚墓竹簡文字裏,除了上面所説的從古文"昆"的"緄"外,還有下列一些從古文"昆"的字,現在也都可以得到正確的認識:

𦥑《郭店》56.16　　　　　　𦥑《包山》圖版115.268

𦥑《包山》圖版118.273　　　𦥑《楚系簡帛文字編》216頁

第一字即上引裘錫圭先生按語括注中提到的《尊德義》的那個字,當釋爲"悃"。(中略)

1."悃"字的用法。

《尊德義》説:

(2)𢾁(教)以懽(權)悔(謀),則民淫悃遠豊(禮)亡(無)新(親)息(仁)。

"悃"上一字原文作似"湯"非"湯"之形:

𦥑

此字跟《古文四聲韻》卷二侵韻所引《古老子》"淫"的寫法十分相似:

𦥑

所以我們把它釋爲"淫"。"淫"與"悃"義近。《孟子・滕文公下》"富貴不能淫",趙岐注:"淫,亂其心也。"《方言》卷十:"悃、愁、頓愍,惛也。楚揚謂之悃,或謂之愁,江湘之閒謂之頓愍。"《玉篇》心部:"悃,惛也,亂也。"所以,簡文

“淫惛”二字連言。“教以權謀,則民淫惛遠禮無親仁”的意思是説,教人權謀,那麼人的思想就會迷惑惛亂,遠離禮而不親近仁。

　　“惛”字還見於包山楚墓竹簡 47 號、191 號,皆用爲人名:

　　　　(3)周惛。　　(《包山》圖版 22)

　　　　(4)邔(正)陽仟公惛。　　(《包山》圖版 85)

《中國文字》新 25,頁 141—143

○**黄德寬、徐在國**(1999)　　《尊德義》16 有字作🦋,裘錫圭先生認爲此字上部所從與《六德》“🦋”字同,甚是。此字又見於包山楚簡作:🦋、🦋,《簡帛編》隸作“惲”(見該書 803 頁),誤。我們認爲此字應分析爲从“心”“昆”聲,釋爲“惛”。《廣雅·釋詁三》:“惛,亂也。”《方言》卷十:“惛,惛也。楚揚謂之惛。”晉郭璞注:“謂迷亂也。”《玉篇·心部》:“惛,惛也。”《説文·心部》:“惛,不憭也。”“憭,慧也。”朱駿聲《説文通訓定聲》:“(惛)字亦作惽。”《廣韻·魂韻》:“惽,不明。”《戰國策·秦策一》:“今之嗣主,忽於至道,皆惽於教。”高誘注:“惛,不明也。”《尊德義》16:“爇(教)以懽(權)悔(謀),則民湯(易)惛遠禮亡(無)新(親)悬(仁)。”“惛”字訓爲“亂、惛(不明)”均適合簡文之義。包山簡中的“惛”字在簡文中用作人名。

《江漢考古》1999-2,頁 76—77

○**李零**(1999)　　(編按:郭店·尊德 16)下字寫法同《六德》簡 28、29“昆弟”之“昆”,疑讀“昏”(“昏”是曉母文部字,“昆”是見母文部字,讀音相近)。

《道家文化研究》17,頁 525

# 恩

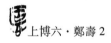
上博六·鄭壽 2

○**陳佩芬**(2007)　　“恩”,从心,固聲,與“固”同。《集韻》:“固,一曰再辭。”《尚書·大禹傳》:“禹拜稽首固辭。”孔安國傳:“再辭曰固。”

《上海博物館藏戰國楚竹書》(六)頁 258

# 愚

陶彙 9·107　　　　陶録 3·219·4

○**高明、葛英會**(1991) 愚 《説文》所無。

《古陶文字徵》頁 107

○**何琳儀**(1998) 愲,从心,咼聲。《五音篇海》:"愲,音過。"

《戰國古文字典》頁 848

○**王恩田**(2007) 愲。

《陶文字典》頁 282

# 愬

 陶錄 2·175·4 陶彙 3·244

---

○**吳大澂**(1884) 想,《説文》所無。疑即懇之省文。古陶器。 亦古陶器文。

《説文古籀補》頁 43,1988

○**顧廷龍**(1936) 想,《説文》所無。吳大澂云:"疑即懇之省文。"

《古匋文舂錄》卷 10,頁 3,2004

○**高明、葛英會**(1991) 愬。

《古陶文字徵》頁 107

○**王恩田**(2007) 想。

《陶文字典》頁 284

△**按** 《陶錄》2·175·4 之形,王恩田隸定爲"想",徐在國(《〈陶文字典〉中的釋字問題》,《出土文獻》2 輯 195 頁,中西書局 2011 年)指出:"'想'乃硬性隸定。或釋爲'愬'。"此從徐在國之釋。

# 偲 僾 惡 愻 慭

 天星觀 包山 201

望山 1·24 包山 231

天星觀

天星觀

天星觀

○**中大楚簡整理小組**(1977)　（編按：望山 1・45）"偃"，又見於第 50 簡。憂,《説文》作"𢝊"，"愁也，从心从頁"，不从人，从百與从頁同意。第 113、114 簡作"偃"，當爲優字，假作憂。因疾尚有咎，故又言有憂。

《戰國楚簡研究》3，頁 22

○**滕壬生**(1983)　在這幾批簡文中，"卜筮記録"内的"𢝊"字屢見，其構形大致有以下兩類：

甲類：▇(一)　▇(二)　▇(三)

乙類：▇

甲類(一)上部和(二)(三)右上部皆从囟，乙類中部从囟，應當都是百字。《説文》百下云："頭也，象形。"百即首字，《説文》首下云：與"百同"。百、首實爲一字。

百字在楚簡中習見，大體可以歸納爲如下兩組：

A 組：▇信陽楚簡《竹書》　　　▇信陽楚簡《遺册》

　　　▇天星觀楚簡《卜筮記録》　▇天星觀楚簡《遺册》

B 組：▇望山二號墓　　　▇信陽楚簡《竹書》

　　　▇戰國楚帛書・乙篇

在楚簡中，上列 A、B 兩組形體無論是獨體字還是作偏旁用，它們往往可以互作。（中略）

至於上舉甲類與乙類以及 A、B 兩組百字不同的地方，在於甲類百字内作"𠆢"形，而乙類和 A、B 兩組則作"二"形，然作"𠆢"與作"二"在古文字中也是可以互用的。例如：金文中的眉壽之"眉"字，一般作▇(見《金文編》)，畢鮮簋則作▇(《金文編》189 頁)，朱芳圃把這個字釋作釁，不可信。孫詒讓説："金文▇壽字常見，眉皆作賞"(《名原》卷下 17 頁)。按孫説是。此▇字，上部應是"興"的簡化，下部从頁，非从西从分。此頁字上部所从之囟，内形作"𠆢"正與簡文甲類囟字内形所从相同。隨縣曾侯乙墓出土的竹簡中"顯"字作▇、▇，也作▇、▇；"百"字甲骨文作▇(《合》三〇〇)、▇(《佚》三七〇反)；金文作▇、▇、▇(《金文編》一九五)；璽印作▇(《鐵雲》)；信陽楚簡作囟是其證。所以，我們認爲楚簡中的囟、▇、囟、▇、▇等形體均爲同字異形。

又古文字中偏旁百、首、頁可以互作，如道字，奸蚉壺作▇，侯馬盟書作▇；馬王堆漢墓帛書作▇，亦作▇；曾伯簠作▇，侯馬盟書作▇，石鼓文作▇，詛楚文作▇。嚻字，信陽楚簡作▇，金文作▇(戰國，故宮)，小篆作▇。《説文》臦，也作頤,籀文作𦣝是其證。

　　因此,江陵楚簡中甲類(一)"𢝊"字應當隸定爲"𢝊"即"𢝊",與中山國銅器銘文𢝊字作:

　　　　　𢝊中山胤嗣𡥈䓵圓壺　　　　𢝊中山王𧍷鼎

是同類的構形。𢝊、憂本爲一字。

　　《説文》𢝊,"愁也"。金文作憂𢝊(見《金文編》三〇六),"象以手掩面形",表示憂愁之義。江陵天星觀一號墓楚簡"卜筮記録"中第五二至五三號簡云:

　　　　……丁占之,少(小)又(有)𢝊於躬,有祝祝之,遲禱☐。

其中"有𢝊於躬"意即身有憂愁。古人占卜之辭,常言"有憂、毋憂、多憂"(見《史記·龜策列傳》)。

　　又第七十九號簡云:

　　　　……占之恆貞吉,少(小)又(有)外𢝊,又(有)祝,以其古(故)祝之,遲禱……

　　大意是説,占卜的結果,從長期看是吉利的,目前外部有憂患,是因爲有鬼神做祟,應將憂患之事向鬼神陳説,遲禱……

　　甲類(二)𢝊隸定爲偃即優字。(中略)

　　甲類(三)的𢝊字,見於江陵望山一號墓楚簡:

　　　　……少(小)又(有)𢝊於☐

　　　牆(將)又(有)𢝊於躬……

這兩段簡文與前舉天星觀八十二號簡文句式相同,這兩個𢝊字亦應爲"優",所不同的只是"𢝊"字所從之"𢝊"上部作𢝊。(中略)

　　乙類之𢝊,應隸定爲"𢝊",亦即"憂"字。古文字中从宀與否每每無別,如金文福子(編按:"子"當爲"字"之誤)也作褔,親字也作窺,殷字也作㝛(見《金文編》);天星觀楚簡中"中"字也作"宀"是其證。𢝊爲憂字,文從字順。

《古文字研究》10,頁 46—49

○劉彬徽、彭浩、胡雅麗、劉祖信(1991)　(編按:包山197)𢝊,偃字。《説文》𢝊字从心从頁,簡文此字从百,與从頁同。讀作憂。

《包山楚簡》頁 53

○朱德熙、裘錫圭、李家浩(1995)　(編按:望山1·24)優(憂)。

《望山楚簡》頁 70

○**何琳儀**（1998）　楚簡優，讀憂。

《戰國古文字典》頁 195

○**李運富**（1997）　其實，愿、愿所从的佰、曼正是上文所討論的佰、曼，因此愿、愿當分析爲从心，宿（佰、曼）聲。宿字或讀“息救切”（見《廣韻》），或讀“所六切”（見《集韻》），“救”與“憂”上古同爲幽部，“六”上古在覺部，也與幽陽入對轉，可知宿（佰、曼）作聲符讀音正與憂相近同，此蓋憂字之異構。

《楚國簡帛文字構形系統研究》頁 124

○**何琳儀**（1998）　寰，从宀，悤聲，悤之繁文。

　　天星觀簡“寰寰”，讀“懮懮”。《楚辭·九章·抽思》“傷余心之懮懮”，注“病皃”。“寰與脼”，讀“嚘與嗌”。《莊子·庚桑楚》“兒子終日嗥而嗌不嗄”，注“楚人謂啼極無聲爲嗄”，釋文：“本作嚘，崔本作喝。”

《戰國古文字典》頁 195

　　愁，从心，欶聲。疑欶之繁文。《説文》：“欶，吮也。从欠，束聲。”

　　天星觀愁，不詳。

《戰國古文字典》頁 362

○**湯餘惠等**（2001）　優。

《戰國文字編》頁 557

○**李守奎**（2001）　在楚卜筮類竹簡中，有幾個大家都讀爲“憂”的常見字，其形體大致可分爲如下四類：

　　　一　**𤕫**　𩔉又（有）愿於竆（躬）身　（包山 213）

　　　　　**𤕫**　少（小）又（有）優（憂）於☒　（望山卜 73）

　　　　　**𤕫**　少又優於宮室　（天星觀卜 664）

　　　二　**𤕫**　☒棠（將）又（有）優（憂）於�與☒　（望山卜 74）（編按：此條簡文原文爲“牆（將）又（有）優（憂）與竆與☒”，其引文有誤）

　　　　　**𤕫**　少又（有）愿於宮室　（包山 229）

　　　三　**𤕫**　☒又（有）優（憂）於竆（躬）與宮室　（望山卜 75）

　　　四　**𤕫**　少又悤於宨　（天星觀卜 799）

　　以上四種形體在簡文中合計不少於 33 次，全部出現在卜筮簡中，用法基本上相同，其共有偏旁“**圅**”除去第三類一例作“**百**”，與楚文字“百”字相混外，其餘均作“**圅**”。

　　《説文》心部从頁从心的“悤”字是憂愁之“憂”的本字。把楚簡中的“**𤕫**”

釋爲"優"是以"囟"爲"頁"做前提的,而楚文字中"頁"字雖然多有異體⿰、⿰、⿰、⿰等,但是無一例作"囟"形。(中略)

⿰形顯係第二類⿰形心上所從形體的訛變。⿰、⿰是⿰的訛變,與第三類的⿰旁是⿰旁的訛變一樣。據此我們可以知道⿰和⿰應當是从心从⿰或⿰,而不當割裂爲从⿰从⿰或囟。

綜上所述,上列的从囟或⿰諸字釋爲悤或優皆不可信。

"囟"旁和"⿰"旁還出現在楚文字的"弼"字中。

| ⿰ 弼 | 曾4 | ⿰ 州加公弼羆 | 包山35 |
| ⿰ 大胆尹公嬰必 | 包山139 | ⿰ 亡章甁= | 楚帛甲一行 |
| ⿰ 甚悉(愛)必大賮(費) | 郭店老子甲36 | | |

"囟"旁也見於楚文字的"席"字中:

⿰ 紫簀 曾6

"弼"字《説文》以爲从"丙"聲,徐鍇則以爲"丙"非聲。"席"字《説文》有古文"⿰"。楚簡中"弼"與"簀"(席)字中所從的"囟"就是《説文》"丙"的古文"⿰",是"簟"字初文,義爲竹席。"弼"是"茀"的本字,義爲遮蔽車廂的竹席。"丙"在《説文》中有"讀若沾、讀若誓、弼字从此"三個讀音。"丙"與"弼"當屬同源分化,"丙"由"竹席"義分化出"遮蔽車廂的竹席"義後,音隨義轉,語音也有所變化,加上聲旁"弜"便孳乳楚"弼"。"⿰"蓋爲"丙"之異寫。

"⿰"的左旁又"⿰、⿰"等形,當是"弜"的省體。楚文字"弓"與"人"在用作偏旁時常常混訛,如前文所列包山139號簡和楚帛書的"弼"字所從的"弜"就作"⿰"。

楚文字中常有省形,如"安"省作"⿰","衣"旁省作"⿰"。"弼"字《説文》古文有"⿰、⿰"二形,所从"弜"都省作一"弓"。

如果以上考釋不誤,"⿰"可隸作"悥",第二類"⿰"是一字之異,第三類"⿰"是"悥"之訛,第四類"⿰"若無殘損,就是"悥"之省形。

"悥"當即"悲"字,亦即《説文》心部的"怫"。"弼"與"怫"同在並紐物部。"弼"的《説文》古文有"⿰"。王弼本與帛書本《老子》中的"費"字,在郭店簡中作"賮",並可證"悥"即"悲"字。

"悲"字《玉篇》以爲與"怫"同。

《説文》云:"怫,鬱也。""怫"有鬱結憂憤義,與"憂"義近;"怫"又通

“悖”，《集韻·隊韻》：“悖，亦作怫。”有背戾、反常等義。《文子·自然》：“因其性，即天下聽從；怫其性，即法度張而不用。”並紐物部的弼與弗聲字（如怫、拂等）、字聲字（如悖、拂）（編按：“拂”字當爲“拇”字之誤）多有背戾義。卜筮簡中的“有惡（怫）於躬身、有惡（怫）於宮室、有惡（怫）於宮人”等，義爲占筮的結果是對躬身或宮室等有乖逆不順之兆。

《簡帛研究二〇〇一》頁 215—216

○施謝捷（2002）　　楚簡中有一从“心”之字，在已發表的望山一號墓、天星觀一號墓、秦家嘴十三號墓及包山二號墓出土的關於“卜筮祭禱記録”類竹簡資料中，出現頻率很高，主要有下揭幾種寫法：

A.𢥞《楚系簡帛文字編》423 頁、799 頁　　　　B.𢡥同上 663—664 頁

C.𢤳　　　　　　　　　　　　　　　　　D.𢢞同上 663—664 頁

通常將 A 釋爲“惎（惎、憂）”，B、C、D 則相應地釋爲“惛（優）”，讀作“憂”，或亦徑釋爲“惎（憂）”，似乎已成定論。（中略）

　　　　我們認爲，A、B 兩種寫法可分別隸定爲“惎、惛”，C、D 兩種寫法僅從“人”、從“尸”不同，然考慮到“人、尸”二字在戰國文字中字形相近，意義相關，且作爲偏旁往往混用不別，則可一並隸定爲“惛”。《説文》宀部：“宿，止也。从宀，佰聲。佰，古文夙。”又夕部：“夙，早敬也。从丮，持事，雖夕不休，早敬者也。佰，古文夙，从人、囟。佰，亦古文夙，从人、囟，宿从此。”“佰”係“宿”之初文，古文用爲“夙”，屬於假借，與字形無關。然則“惛”所从“傻”（亦可隸定作“傻”），應分析爲“从夕，佰聲”，當係“夙”字的另一種古文寫法，爲“夙（夙）”之後起形聲字，在“佰（佰）”字上纍增了意符“夕”。上舉从“心”的“惎、惛”無疑是同一字的異體。又金文“宿”字或借“囟”爲之，郯子宿車盆銘文裏的人名“宿”，在郯子宿車鼎銘文中寫作“囟（囟）”（《金文編》528 頁），據此，將“惎”視作“惛”字之省簡寫法，顯然也是可以的。

　　　　天星觀一號墓出土的關於“卜筮祭禱記録”類竹簡中，還有下列二字：

E.𢙢《楚系簡帛文字編》802 頁　　　F.𢙢同上 804 頁

滕壬生分別釋爲“惎、惎”，謂“《説文》所無”，附録於“心部”之後。

　　　　今按 E，从心从夒，可隸定爲“惎”。金文裏的“夙”字通常作“夙”，與《説文》小篆寫法相同，或作“夒”（見《金文編》485 頁），則與“惎”字上半所从相同，從其形構來看，原釋“𢙢”爲“惎”，應該沒有問題。“宿”“夙”古通用，窒叔簋：“用宿夜享孝。”（《金文編》528 頁）“宿夜”即“夙夜”。《易·解卦》：“利西南。無所往，其來復吉；有攸往，夙吉。”馬王堆帛書本“夙”作“宿”。因此，

“愿”當是上文討論的“慁、慁、慁”等字的另一種異體。李運富釋“慁、慁”所從的“佰（佰）、㝠”爲“宿”字異構，有其合理性，但將它們等同於“憂”字，恐怕未必。因在已知出土及傳世先秦秦漢文獻中，似未見從“宿”或“夗”之字與“憂”或從“憂”之字互相通用的實例，可證。F，從心從欶，可隸定爲“憨”。在古文字裏，“欠、次”作爲偏旁時往往可以混用，楚簡文字中亦常見。可知原釋“憨”爲“憨”，當可信。“憨”從心欶聲，《說文》欠部謂“欶，從欠束聲”，以聲求之，當釋爲“悚”。“悚”字，見於《韓非子·内儲説上》：“吏以昭侯爲明察，皆悚懼其所而不敢爲非。”“悚懼”，同義連言。《説文》心部：“愯，驚也。從心從聲。讀若悚。”段玉裁《説文解字注》云：“悚當作竦，許書有愯無悚。”又：“愯，懼也。從心雙省聲。《春秋傳》曰：駟氏愯。”立部：“竦，敬也。從立從束。束，自申束也。”朱駿聲《説文通訓定聲》云：“（愯）字又作愯，不省。又作悚……《家語·弟子行》：不愯不悚。《字林》：悚，惶遽也。”又：“（竦）或曰敬立也，從立，束聲。束、竦一聲之轉。”《廣韻》腫韻：“悚，怖也。”《集韻》腫韻：“愯，《説文》：懼也。引《春秋傳》駟氏愯。或作愯、悚，通作聳。”如此看來，“悚”在今本《説文》裏未立字頭而僅見於注文，很可能是傳抄刊刻過程中脱漏所致，未必如段玉裁所説爲“竦”字之誤。從上文討論的結果看，朱駿聲於“竦”下“或曰”云云，當可信。“悚”亦應是“從心束聲”的形聲字。有很多形聲字，它們的聲旁在古文字裏往往是以後世文字聲旁爲聲旁的形聲字，“悚”寫作從“欶”聲的“憨”，正是屬於這種現象的實例。《説文》辵部“速”字籀文作“遫”（秦陶文、秦印文多作“遫”），《集韻》侯韻“涑”字或作“漱”，“涑”字或作“漱”，屋韻“餗”字或作“𩜴”，亦其徵。或據古文字中從“心”與從“言”作爲形旁可以通用之例，將“憨”釋爲“從言欶聲”的“譀”字異體，即《説文》辵部“速”之古文；或謂“憨，從心欶聲。疑欶之繁文”（《字典》362頁）。恐均失之。《儀禮·特牲饋食禮》：“乃宿尸。”鄭玄注曰：“凡宿或作速。”賈公彦疏云：“凡宿或作速，謂一部之内或作速者，若《公食大夫》‘速賓’之類是也。”按“速賓”語見於《鄉飲酒禮》《鄉射禮》，在《士冠禮》《特牲饋食禮》中則作“宿賓”。又《公食大夫禮》中稱“迎賓”，無“速賓”語，賈疏所舉，未詳其據。既然“宿”“速”可通用，則從“欶”得聲的“憨”與“愿（愿）、慁、慁、慁”，很可能也是同一字的不同寫法，只是將所從聲旁作了替換。

總之，從對上舉 A、B、C、D、E、F 諸字字形結構的分析來看，將它們分別隸定作“慁、慁、慁、愿（愿）、憨”，釋爲“悚”，應該是很合理的。

○**李守奎**（2003）　　悆、愿、恩並爲一字，皆讀爲愻。

《楚文字編》頁 627

悆。

《楚文字編》頁 627

○**李守奎**（2004）　　《九店楚簡》57 號殘簡［《江陵九店東周墓》49 號簡（以下簡稱《九店墓》）］存十字，前七字原釋文如下：

　　□水□之□□人正。

　　諦視兩書照片，缺釋第五字似可摹作：

𡥀

　　這個字見於《包山楚墓》130 號簡，舊多釋"愛"。筆者在《釋弼》短文中，把它與屢見於楚簡中的"𢝰"字聯繫起來，並據以把舊釋爲"優"的"𢘾"及其異寫"𢝰"改釋爲"慇"，讀爲"悖"。

　　2001 年 1 月末，在李學勤先生主持的第二次《字源》編纂會議期間，北京大學的陳劍先生向筆者指出：一、在讀過拙文後，與董珊同窗討論，知釋爲"慇"的字形上部，李運富先生在其《楚系簡帛文字構形系統研究》一書中釋爲"佰"，即"宿"字下部所從。二、此字可釋爲"愿"，讀爲"愻"。作者深以爲是。李運富先生釋"佰"爲"佰"，確不可易。"佰"在《説文》中是"夙"的古文：

　　宿，止也，从宀，从佰聲。从佰，古文夙。（《説文》卷七宀部）

　　夙，早敬也。从丮持事，雖夕不休，早敬者也。佰，古文夙，从人、囱。

佰，亦古文夙，从人囱。宿从此。（《説文》卷三丮部）

　　"囱"是《説文》卷三"丙"之古文，即簟席之"簟"的初文，前人已論之甚詳。"囱""丙"爲一字異寫。"佰"是以人躺在簟席上會止息過夜之意，是"宿"的本字；同時也可以表達躺在簟席上的時間——夙夕之義，故説"佰"是夙夕之"夙"的本字也是不錯的。"佰"最初應當具有這兩個意義。後來，爲了區別這兩個意義，在止息義的"佰"上加上房子"宀"，就成了"宿"；在夙夕義的"佰"下加上"夕"就成了"愛"。"愛"字見於古璽，也見於"愿"字異寫"愿"的偏旁。

𢝰《古璽彙編》2553 號　　　　𢝰包山楚簡 231 號

　　"愿"字不見於後世字書。陳劍先生讀爲"愻"十分正確。從音、義上分析，當是"愻"字的異寫。

　　"宿"與"夙"是心紐覺部字，"愻"是清紐覺部字，古音極近。今所見"愿"

字不少於四十例(包括異體"愿"),皆用爲憂慽義。

　　慽,憂也,从心,戚聲。(《説文》卷十心部)

　　占之,恆貞吉。少(小)又(有)愿(慽)於躬身。(包山202號竹簡)

　　"愿"釋爲"慽",於音、義皆密合。若此,則"佰、㥃、愿(愿)"似可分別對應於《説文》的"宿、夙、慽"。獨特的異體是楚文字的特點之一。

《新出土文獻與古代文明研究》頁 347—348

○程燕(2007)　愿。

《望山楚簡文字編》頁 88

# 㥃

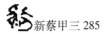新蔡甲三285

---

○賈連敏(2003)　㥃。

《新蔡葛陵楚墓》頁 197

# 惼

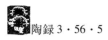陶録3·56·5

---

○王恩田(2007)　惼　《廣韻·耕部》:"惼,惼恛好嗔皃。"

《陶文字典》頁 287

# 愹

璽彙0690　璽彙2670　璽彙2674　璽彙2673

---

○丁佛言(1924)　慎　🔲　古鉢孫慎,从夜从心,愚定爲古慎字。《説文》古文慎作🔲當是傳寫之誤。🔲　古鉢長慎。🔲　古鉢慎疟。

《説文古籀補補》頁 47,1988

○羅福頤等(1981)　㤗。

《古璽文編》頁 268

○何琳儀(1998)　㤗,从心,夜聲。疑㖭之異文。見㖭字。

齊璽恢,疑讀液,姓氏。液氏,上古道術之士,善煉化,能作湯液者,後嗣因以爲姓。見《姓氏急就篇注》,或讀掖,姓氏。見《廣韻》。

晉璽恢,姓氏。

《戰國古文字典》頁 553

○湯餘惠等(2001)　愈。

《戰國文字編》頁 724

# 愉

璽彙 3794　新收 1782 上皐落戈

○羅福頤等(1981)　惢。

《古璽文編》頁 266

○吳振武(1984)　[二九七]266 頁,惢,璽文作愉,《説文》所無。

今按:此字改隸爲愉似更妥當。愉字見於《字彙補》《永嘉集説文》等書。

《〈古璽文編〉校訂》頁 133,2011

○何琳儀(1998)　愓,从心,烏聲。《字彙補》:"愓,憂心也。"

晉璽愓,人名。楚璽愓,人名。

《戰國古文字典》頁 440

○湯餘惠等(2001)　愈。

《戰國文字編》頁 723

○劉釗(2005)　"愉"字从"心""於"聲,是工師的名字。《字彙補》:"愉,嗔貌。"古代"於""烏"二字本爲一字分化,所以這個字也可以釋爲"愓",《字彙補》:"愓,憂也。"(編按:"憂"字後面脱"心"字)

《考古》2005-6,頁 96

# 惝

璽包山 197

○李學勤(1989)　(編按:包山 197)尚,意思是庶幾。文獻所見古代卜筮辭,多有以尚冠首的語句。

《鄭州大學學報》1989-2,頁 81

○**劉彬徽、彭浩、胡雅麗、劉祖信**（1991）　（編按：包山 197）愬，讀作尚。

《包山楚簡》頁 53

○**李零**（1993）　"貞"字以下的命辭是講待決之事，其中有表示這種語氣的"尚"字，意思是庶幾，義如當。

《中國典籍與文化論叢》1，頁 434—435

○**何琳儀**（1998）　愒，从心，尚聲。《玉篇》："愒，愒怳，失意不悅貌。"

包山簡愒，讀尚，庶幾。

《戰國古文字典》頁 680

○**唐鈺明**（1998）　舉凡命辭句末"尚毋有咎、尚毋有恙、尚毋死"之後均加句號而不加問號，這種處理很可能是由於受到"卜辭命辭不是疑問句"的觀點影響所致。實際上，除了"貞"須理解爲"卜問"之外，簡文的"尚"字也與卜辭"其"字相當，可用作疑問副詞，簡文的相關句子宜屬疑問之辭。

《容庚先生百年誕辰紀念文集》頁 491

# 沶

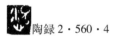陶錄 2・560・4

○**王恩田**（2007）　沶。

《陶文字典》頁 286

# 宓

集粹　　上博六・用曰 8

○**湯餘惠等**（2001）　宓。

《戰國文字編》頁 721

○**張光裕**（2007）　（編按：上博六・用 8）愭（定）。

《上海博物館藏戰國楚竹書》（六）頁 294

# 惌

睡虎地・日乙 14

○**劉樂賢**（1994）　（編按:睡虎地·日乙 14）窓即怨（從《集韻》之説），惌字不見於字書。古代宛（夗）的讀音與安相近，窓與惌當是音近相通。

　　　　　　　　　　　　　　　　　　　　　《睡虎地秦簡日書研究》頁 315—316

○**湯餘惠等**（2001）　窓　《説文》宛之或體从心。

　　　　　　　　　　　　　　　　　　　　　　　　　《戰國文字編》頁 732

# 惀

集成 2840 中山王鼎　集成 2087 惀子鼎　璽彙 1426　侯馬 154:1

○**山西省文物工作委員會**（1976）　宗盟類參盟人名。

　　　　　　　　　　　　　　　　　　　　　　　　　《侯馬盟書》頁 367

○**朱德熙、裘錫圭**（1979）　（編按:集成 2840 中山王鼎）“希”古文用作“殺”字或“蔡”字，與“肆”字古音相近，《説文》“繗”字古文作“𥾝”，注引《尚書·堯典》“繗類於上帝”，今本作“肆”。

　　　　　　　　　　　　　　　　　　　　　　《文物》1979-1,頁 50

○**張政烺**（1979）　（編按:集成 2840 中山王鼎）𢗎，从心𡙇聲。𡙇，从大，尾省聲。𡙇即《説文》希字，亦即殺之古文𣏓，彪之古文𣓤。惀依形音求之，當即愗字。《説文》:“愗，肆也。从心，隸聲。”桂馥《義證》:“方言肆欲爲愗。”

　　　　　　　　　　　　　　　　　　　《古文字研究》1,頁 230—231

○**李學勤、李零**（1979）　（編按:集成 2840 中山王鼎）第七十一行惀字，見《癡盦藏金》續 9 鼎銘。在那件鼎上應讀爲蔡，這裏則假爲驕泰之泰，字亦作忲。

　　　　　　　　　　　　　　　　　　　　《考古學報》1979-2,頁 159

○**于豪亮**（1979）　（編按:集成 2840 中山王鼎）惀从希聲，讀爲肆，《書·堯典》:“肆類於上帝。”《説文·希部》引作“惀類於上帝”，《三體石經·書·多士》亦作繗，繗讀作肆，則惀亦可讀爲肆，即放肆之意。

　　　　　　　　　　　　　　　　　　　　《考古學報》1979-2,頁 176

○**徐中舒、伍仕謙**（1979）　（編按:集成 2840 中山王鼎）忲,此字从心从大从倒毛。《説文》尾字篆文作𡰭,與此倒毛形同,應釋爲耗或耄。《荀子·修身》注:“多而亂曰耗。”《左傳》昭公元年:“諺所謂老將至而耄及之者。”耄,亂也。耗、耄,皆有亂意。

　　　　　　　　　　　　　　　　　　　　《中國史研究》1979-4,頁 92

○李裕民（1981）　十七、《侯馬盟書》宗盟類四之一五四：一字从心从蔡，所從之蔡與《魏三體石經》古文𥾥同，隸定爲懯。《懯子鼎》之懯作𥞝（《商周金文錄遺》六二），與此形同，只是左右偏旁互易了位置。懯下尚有𠂤形，從盟書中所處地位看，應爲另外一字。懯□是參盟人名。

《古文字研究》5，頁 298—299

○商承祚（1982）　（編按：集成 2840 中山王鼎）懯从𣎳，它器皆用爲蔡字，在此爲另一字，《説文》𥞫，古文作𥞝，引《尚書・虞書・堯典》曰：“𥞫類于上帝。”今本作肆。此字在此讀肆。

《古文字研究》7，頁 60

○吴振武（1983）　1356 孟𥞝・孟悕。

1426 宋𥞝・宋悕。

《古文字學論集》（初編）頁 498

○湯餘惠（1993）　（編按：集成 2840 中山王鼎）懯，通肆，恣肆，行爲無忌。

《戰國銘文選》頁 37

○李零（1995）　另外，在金文中，我們還發現兩個从心从例（一），它們是：

（1）中山王譻鼎：“爾毋大而～。”

（2）～子棘鼎：“～子棘之鼎。”（見《商周金文錄遺》62，現藏故宫博物院）

例（1）從文例看應讀爲“泰”，是驕泰之義，而例（2）有兩種可能，一種是讀爲“蔡子棘之鼎”，一種是讀爲“太子棘之鼎”。後者的可能性似更大。

現在我們見到的“太”字或“泰”字（可能與“汰”字有關）都是後起之字，他們的來源應即上面這組字。

《國學研究》3，頁 271

○何琳儀（1998）　态，从心，大聲。疑憝之異文。《廣韻》：“憝，敕也。”“敕，急也。”

中山王鼎态，讀憝。亦作殺。《禮記・樂記》“其聲嘄以殺”，疏：“蹙急而速殺也”。

蔡子鼎态，讀蔡，國名。

《戰國古文字典》頁 942

# 㥁

㥁香續一 7

○湯餘惠等（2001）　隟。

《戰國文字編》頁 724

## 悊

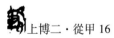郭店・語一 12

---

○荊門市博物館（1998）　悝（形）。

《郭店楚墓竹簡》頁 193

○湯餘惠等（2001）　悊。

《戰國文字編》頁 725

○李守奎（2003）　悊　悊。

《楚文字編》頁 628

○劉釗（2003）　"悊"讀爲"形"。

《郭店楚簡校釋》頁 184

## 誖

誖上博二・容成 3

---

○李零（2002）　誖（誨）。

《上海博物館藏戰國楚竹書》（二）頁 252

○李守奎、曲冰、孫偉龍（2007）　誖　按："謀"之或體。詳見卷三言部。

《上海博物館藏戰國楚竹書（一—五）文字編》頁 501

## 軳

軳上博二・從甲 16

---

○張光裕（2002）　"軳"从心，與"軛"應同爲一字，文意未明，待考。

《上海博物館藏戰國楚竹書》（二）頁 229

○陳劍（2003）　（三）甲 16＋乙 3，連讀如下：

以犯賡犯見不訓行以出之。聞之曰：君子樂則治政，憂則［囗，怒則囗，懼則□,恥則］(甲 16)復。小人樂則疑,憂則昏,怒則勝,懼則倍,恥則犯。

聞之曰:從政不治則亂。治已至,則☒(乙 3)

《文物》2003-5,頁 59

△按　上博二《從政》甲篇簡 16"以軋賡憝見不訓行以出之"句義不明,闕疑待考。

# 悉

璽彙 0589　　　璽彙 3634

○羅福頤等(1981)　悉。

《古璽文編》頁 266

○劉釗(1991)　［58］　悉

古璽文有下揭一字:

1 ₃₆₃₄　　　2 ₀₅₈₉

《璽文》將 1 隸作"悉",以不識字列於心部;2 形不收。按字从大从土从心,字書所無。戰國文字中,具有兩個相同偏旁的字,常常可以省去其中的一個,以古璽文爲例,如:

宜🔲₄₇₄₀　　　🔲₄₂₈₀　　　秦🔲₁₆₃₀　　　🔲₁₃₆₉

善🔲₅₅₀₁　　　🔲₃₀₈₈　　　潛🔲₂₅₈₅　　　🔲₂₅₈₄

所以我們推測古璽文"悉"所从之"土"應爲"圭"之省。因圭从二土,故可省去同形。如此推測不誤,則上揭古璽就應釋爲"悉"。悉字見於《玉篇》,於璽文中用爲人名。

《古文字構形學》頁 301—302,2006

○何琳儀(1998)　悉,从心,全聲,疑全之繁文。

齊璽悉,人名。

《戰國古文字典》頁 1379

○湯餘惠等(2001)　悉。

《戰國文字編》頁 724

# 悚

陶彙 3・1045　　陶録 3・356・2

○**高明、葛英會**（1991）　慶　《汗簡》引《尚書》慶作𢝊。《類篇》作𢟇，與此同。

《古陶文字徵》頁 106

○**何琳儀**（1998）　悚，从心，柬聲。懶之異文。《集韻》：“懶，或作悚。”

齊陶悚，人名。

《戰國古文字典》頁 1000

○**湯餘惠等**（2001）　悚。

《戰國文字編》頁 725

○**王恩田**（2007）　悚　《集韻》：“懶，或作悚。”

《陶文字典》頁 281

# 惛

璽彙 1749　　璽彙 4085

○**羅福頤等**（1981）　🔲4085　🔲1749。

《古璽文編》頁 447

○**劉釗**（1991）　［71］　惛

古璽文有下揭一字：

1 🔲4085　　　2 🔲1749

《璽文》以不識字列於附録。按字从“冒”从“心”。“冒”从“冃”从“目”，應即“冒”字。金文冒字作“冒”（九年衛鼎），从冒的胄字作“胄”（玆簋），从冒聲的曼字作“𢏿”“𢏿”，漢印冒字作“冒”（《漢徵》七・二一）。只要將金文“冒”上部中間一筆拉長，就變得與古璽文“冒”所从之“冒”完全相同了。秦簡冒字作“冒”，漢印又作“冒”（《漢徵》七・二一），也都與“冒”形極爲近似。故古璽“冒”从心从冒，可釋爲“惛”。惛字見於《集韻》，在璽文中用爲人名。

《古文字構形學》頁 308，2006

○**何琳儀**（1998）　惛，从心，冒聲。或附加日旁爲飾。《集韻》：“惛，貪也。”

晉璽恉,人名。

《戰國古文字典》頁 260

○湯餘惠等(2001)　恉。

《戰國文字編》頁 724

# 愄

包山 166　　包山 176　　包山 183　　上博二·從甲 8　　上博五·季庚 9

○何琳儀(1998)　愄,從心,畏聲。《集韻》:"愄,中善。"

晉璽"愄奴",地名。

包山簡"亡愄",讀"無畏",習見人名。

《戰國古文字典》頁 1187

○陳偉(1998)　十四、……禮,畏(夔)守樂《唐虞之道》十二

十號簡中段、下段及十二號簡,都是講述虞舜時代的大臣。釋文已經指出的有禹、益、后稷、皋陶。"畏守樂"位於"后稷"之後,"皋陶"之前,"守樂"與其他四人所司無關,所云當另是一人一事。春秋時的夔國,《公羊傳》僖公二十六年記作"隗",《史記·楚世家》索隱引譙周語作"歸"。古書中"畏""鬼"相通,而從"鬼"之字復與"歸"字通假。讀"畏"爲"夔"應無問題。《大戴禮記·五帝德》記云:"宰我曰:'請問帝舜。'孔子曰:'蟜牛之孫,瞽叟之子也,曰重華……使禹敷土,言名山川,以和於民;使后稷播種,務勤嘉穀,以作飲食;羲和掌曆,敬授民時;使益行火,以辟山萊;伯益主禮,以節天下;夔作樂,以歌箾舞,和以鐘鼓;皋陶作士,忠信疏通,知民之情;契作司徒,教民孝友,敬政率經。'"所述與簡文大致相當。進而可知"禮"上殘損的文字應同伯益有關,"禮""畏"之間應斷讀。

《江漢考古》1998-4,頁 69

○龐樸(2000)　再討論一個"畏"字。《說文》說,畏從鬼頭從虎省,"鬼頭而虎爪,可畏也"。其實從楚簡看,事情並不那麼恐怖。郭店簡中約有 14 例畏字,凡四種字型,其一從鬼頭從心,或曰從心從畏省,可以隸定作"愳"或"思",釋文定爲愄字者;如《老子甲》9 簡"猶乎其若畏四鄰"、《性自命出》52—53 簡"未刑而民畏,有心畏者也"等句。其二從鬼頭從止,或曰從止從畏省,當即今文"畏"字原型;如《五行》34、36 簡"不畏强御""嚴而畏之"及《成之聞之》5 簡

"是故畏服刑罰之屢行也"諸句。其三從鬼頭從示,或曰從示從畏省,可以隸定爲"槼"或"槼",釋文定爲禩字者;見於《老子乙》5 簡"人之所槼,亦不可以不槼"。其四從鬼頭從心從戈,或曰從心從戈從畏省,作"戱",見於《唐虞之道》13 簡"用戱",釋文以爲借作威字。

　　四種字型的前兩種,即從心、從止者,符合本文前述的規則,分別表示心態和行爲。而從示的第三種,顯係對鬼神而言,特指對鬼神的畏懼;此一類型的出現與存在,反證了前兩種字形的創造,亦非偶然,而是有其自覺性與合目的性。至於第四種加"戈"者,則是以力服人使之畏懼的意思,與上述的戱字同屬一種類型;釋文以爲威之假借,或然。

　　唯釋文隸定第一種愳或愚字爲"悢",似不够貼切。因爲原篆並無右下角的"止"形,而且此字的本義恰恰就是要隱藏這個表示行動的"止",强調那個代替它的"心"。倘不察此中苦心,添足畫蛇,反成纍贅了。至於從心從畏的"悢"字,倒也確實存在着,而且多次出現,那就是監獄包山二號墓的、常與王字連用的、指稱楚威王的"悢王"字樣;因之這個悢字,也可視作威字通假。

《郭店楚簡國際學術研討會論文集》頁 39—40

○濮茅左(2001)　(編按:上博一·性情 23)悢,讀爲"畏"。

《上海博物館藏戰國楚竹書》(一)頁 254

○陳偉武(2002)　"畏""威"同源,郭簡已用"悢"爲"威"(3.30),又用"懯"爲"威"(7.13),"悢"見於《字典》,"懯"爲繁體。

《中國文字研究》3,頁 126

○張光裕(2002)　(編按:上博二·從甲 8)"悢",讀爲"畏"固可,此處或讀作"威"。

《上海博物館藏戰國楚竹書》(二)頁 222

○濮茅左(2005)　(編按:上博五·季庚 9)"愚",同"愧",讀爲"威"。

《上海博物館藏戰國楚竹書》(五)頁 215

【悢王】包山 166

○劉彬徽、彭浩、胡雅麗、劉祖信(1991)　悢王,楚威王,公元前 339 年至公元前 329 年在位。

《包山楚簡》頁 51

○何琳儀(1998)　包山簡"悢王",讀"威王"。《書·皋陶謨》"天明畏",釋文:"畏,馬本作威。"《書·洪範》"威用六極",《史記·宋微子世家》威作畏。

是其佐證。楚威王,見《史記·楚世家》。

《戰國古文字典》頁 1187

○李守奎(2003) 愄 愚 《集韻·灰韻》有愄字。簡文之愄王即楚威王。

《楚文字編》頁 628

# 愲 骷

包山 249

包山 226

---

○劉彬徽、彭浩、胡雅麗、劉祖信(1991) （編按:包山 226）骷。

《包山楚簡》頁 35

○黃錫全(1992) 226 骷 骷。

《古文字與古貨幣文集》頁 400,2009;原載《湖北出土商周文字輯證》

○湯餘惠(1993) 226 骷·骷(𩨧) 簡文此字數見,細審右上從出,非從之,字從出得聲,大概就是《玉篇》《集韻》中𩨧字的古文。簡文"惥骷"即望山楚簡中的"邵固"。

《考古與文物》1993-2,頁 75

○何琳儀(1993) 惥骷 226

△原篆作,應隸定"骷"。由"惥骷"也作"惥愲"249,知"骷"所從"出"爲疊加聲符。"骨、出"均屬脂部。

《江漢考古》1993-4,頁 60

○劉釗(1998) [189]簡 139、226、228、230 等簡有字作"""",字表隸作"骷"。按字從骨從出從心,隸作"骷"錯誤,應隸作"骷"。

《東方文化》1998-1、2,頁 69

○何琳儀(1998) 愲,從心,骨聲。《廣韻》:"愲,心亂。"

包山簡愲,人名。

《戰國古文字典》頁 1193

骷,從愲,出爲疊加音符。

包山簡骷,人名。

《戰國古文字典》頁 1194

○何琳儀(1999) "愲",又見《包山楚簡》249,人名。《廣韻》:"愲,心亂。"夕陽坡簡"歲䯏"疑讀"歲課"。

《安徽史學》1999-4，頁 16

○**湯餘惠等**（2001）　䯏。

《戰國文字編》頁 726

　　骳。

《戰國文字編》頁 726

○**李守奎**（2003）　䯏　骳　與䯏異文，當爲一字異寫。

《楚文字編》頁 628

△按　骳，"䯏"字異體，"出"爲疊加的聲符，"骳"爲雙聲符字。關於雙聲符字的論述，可參考陳偉武《雙聲符字綜論》（《中國古文字研究》1 輯 328—339 頁，吉林大學出版社 1999 年）。從出之字與從骨之字相通之例，可參考《古字通假會典》521—524 頁中的【頋與骨】【屈與骨】【屈與滑】【掘與搰】【掘與滑】【鶌與鶻】【淈與滑】等條。

## 㥨

陶録 3・293・5

○**王恩田**（2007）　㥨。

《陶文字典》頁 285

## 㥪

璽彙 3560

△按　孫剛（《齊文字編》278 頁，福建人民出版社 2010 年）隸定爲"㥪"。

## 愚

包山 198

○**劉彬徽、彭浩、胡雅麗、劉祖信**（1991）　人愚，愚，讀作禹。據《説文》，禹爲蟲。人禹可能指大禹。楚人自以爲老僮之後，當來自華夏，與禹有共同的先祖,故得祭祀大禹。

《包山楚簡》頁 53

○**夏渌**(1993) "鬼工解於人偶",理解爲巫術的以木偶代替左尹佗受難,從而使左尹佗得到解脱的巫術。"禹"與"偶"是音假的關係。"人禹"爲"人形土木偶。"

《江漢考古》1993-2,頁 83

○**李零**(1993) (1)人害(簡 199)(編按:簡 199 當爲簡 198 之誤)。"害"字原從心從禹。子彈庫楚帛書和睡虎地秦簡《日書》甲種《稷(稷)辰》"害"字作"疌",乙種《秦》作"疌",皆從禹作,這裏釋爲"害"。

《中國典籍與文化論叢》1,頁 442

○**饒宗頤**(1996) 包山簡云:"悤攻解於人愚。"愚字爲禹的繁形,子彈庫帛書云"爲禹爲萬以司堵㙂(壤)"。禹爲西戎宗神,亦稱曰戎禹(見《潛夫論·五德志》及《尚書緯·帝命驗》),顧頡剛已詳論之。西戎又得稱西夷,故孟子云"文王,西夷之人也"。包山簡稱禹爲人愚,人即夷字,故夏后羿亦稱仁羿(《海內西經》:非仁羿莫能上崗之岩)。仁即夷。《説文》人部仁下尸,古文仁,或從尸。古文夷亦然。鄭玄云:"夷之言尸也。"人禹與仁羿同例,應讀爲"夷禹",有如"戎禹"之比。楚人亦祀禹,故作爲禱祀之對象。

《饒宗頤二十世紀學術文集·卷三簡帛學》頁 124,2009;
原載《華夏文明與傳世藏書》

○**吳鬱芳**(1996) 《包山楚簡》198:"鬼攻解于人禹。"《考釋》354 謂:"人禹可能指大禹。楚人自以爲老僮之後,當來自華夏,與禹有共同的先祖,故得祭祀大禹。"此説太牽强,而且大禹也不應稱"人禹"。拙見以爲"人禹"即人鬼,古時鬼、禺一字,前人皆有成説。《周禮·春官》謂大宗伯職掌"天神、人鬼、地祇之禮"。此"人鬼"即《包山楚簡》中的"人禹"。所謂"鬼祭先祖",死去的先人皆可稱鬼,如《左傳·文公二年》謂"新鬼大,故鬼小",即指死去的僖公、閔公,《包山楚簡》中所攻解的"人禹",即指昭佗死去的先輩,如同"攻解於明祖、攻解於祖"。古人認爲死去的祖先亦可降災於後人,所以也將其作爲"攻解"的對象。

《考古與文物》1996-2,頁 76—77

○**何琳儀**(1998) 愚,从心,禹聲。

包山簡愚,疑讀爲禹。

《戰國古文字典》頁 464

○**胡雅麗**（2001）　　4、人害，顧名思義當指危害生人之鬼，或指死而尸體不全，其魄因無所依憑變成游鬼作祟於人者。

《江漢考古》2001-4，頁 54

○**連劭名**（2001）　　人禹即禹。人是尊稱。《釋名·釋形體》云：“人，仁也，故《易》曰：立人之道曰仁與義。”《漢書·公孫弘傳》云：“致利除害，兼愛無私謂之仁。”

中國古代思想中，人重於神。人、民同，《左傳·桓公六年》云：“夫民，神之主也。”《左傳·襄公十九年》云：“夫民，神之主也。”《風俗通義·祀典》云：“民，人神之主也。”《國語·魯語》云：“民和而後神降之福。”韋注：“民，神之主也。”禹又稱“伯禹”，《廣雅·釋詁》一：“伯，君也。”《春秋繁露·爲人者天地》云：“民者，君之體也。”《左傳·襄公十四年》云：“夫君，神之主而民之望也。”因此，尊稱“人禹”實在是很高的評價，《大戴禮記·五帝德》云：“（禹）爲神主，爲民父母，左準繩，右規矩。屢四時，據四海，平九州，戴九天，明耳目，治天下。”

古人認爲“禹”是山川之主，《尚書·吕刑》云：“禹平水土，主名山川。”《左傳·襄公四年》云：“茫茫禹迹，畫爲九州。”《史記·夏本紀》云：“禹爲山川神主。”這種觀念屢見於《詩經》，如《長發》云：“洪水芒芒，禹敷下土方。”《韓奕》云：“奕奕梁山，維禹甸之。”《信南山》云：“信彼南山，維禹甸之。”

先秦文獻中禹的記載甚多，最重要的論述見於《國語·周語》下：“伯禹念前之非度，釐改制量，象物天地，比類百則，儀之於民而度之於群生，共之從孫四岳佐之。高高下下，疏川導滯，鍾水豐物，封崇九山，決汨九川，陂鄣九澤，豐殖九藪，汩越九原，宅居九隩，合通四海。故天無伏陰，地有散陽，水無沉氣，火無災燀，神無間行，民無淫心，時無逆數，物無害生。”

又如《荀子·成相》云：“禹有功，抑下鴻。辟除民害逐共工。”禹能除害，因此楚人在解除活動中求助於禹。整理者注釋云：楚人自以爲老僮之後，當來自華夏，與禹有共同的祖先，故得祭祀大禹。其説不確。

《考古》2001-6，頁 65—66

○**劉信芳**（2003）　　整理小組注：“人禹可能指大禹。楚人自以爲老僮之後，當來自華夏，與禹有共同的先祖，故得祭祀大禹。”按楚人不祀大禹，“人禹”應讀爲“人偶”，人偶即木偶、土偶之類，蓋攻解本屬巫術，而古代巫師攻解多以土木偶以代鬼怪。《戰國策·齊策》：“今者臣來，有土偶人與桃梗相與語。”睡虎地秦簡《日書》簡 867 反:"人毋(無)古鬼昔(藉)其宫,是是(此是)丘鬼。取故丘之土,以爲偽人犬,置牆上,五步一人一犬,環其宫,鬼來,陽(揚)灰擊箕以枭(譟)之,則止。"所謂"偽人犬"即偶人偶犬。《日書》所述實爲當時民閒攻解之術。

《包山楚簡解詁》頁 213

# 愊

包山 110　　　包山 182　　　上博二·從甲 5

---

○**劉彬徽、彭浩、胡雅麗、劉祖信**(1991)　（编按:包山 110）悑。

《包山楚簡》頁 24

○**李天虹**(1993)　110,釋文作悑。

按:戰國文字孚或作（盟書 3.19）、（《古幣文編》94 頁）,與此字上部形似而實别。疑此字當釋作愊,上部乃爰字省體,古璽文爰字或作（彙 3769）,是其證。

《江漢考古》1993-3,頁 86

○**劉樂賢**(1997)　三　釋包山楚簡的"快"字

《包山楚簡》第 107 號有:

兼陵攻尹

最後一字,諸家或釋"悑",或釋"忬",或釋"愿"。

第 110 號又有:

鄔連囂競

末字,諸家多釋"悑",也有釋"愊"者。我們認爲,這兩字其實都是"快"字。其上部所,都是"夬"的異寫。由於簡文書寫不太規範,容易引起誤解。老實説,只是看照片,辨字形,很難判定上述諸説中哪一説合乎實際。好在 103 號至 109 號諸簡都是講"貸金"之事,其中 103 至 114 號爲一組,是富月所貸;115 至 119 號爲另一組,是夏栾之月庚午之日所貸。兩組的人名和地名多有重複出現:

（1）襄陵　冀陵公鼄(103 號)

　　　鄴陵　冀陵公邟鼄(115 號)

（2）鄭莫囂步　左司馬殹(105 號)

　　　鄝莫囂步　　左司馬旅殿（116 號）
　　（3）戫陵攻尹産（106 號）
　　　　戫陵攻尹麈（産）（116 號）
　　（4）羕陵攻尹夬　喬尹黃驫（107 號）
　　　　鄴陵攻尹快　喬尹驫（117 號）
　　（5）株昜莫囂邵壽君（108 號）
　　　　株昜莫囂壽君（117 號）
　　（6）葦昜司馬寅（109 號）
　　　　鄞昜司馬寅（118 號）
　　（7）鄏連囂競夬　攻尹賝（110 號）
　　　　鄏連囂競快　攻尹賝賝（118 號）

　　據上列第 4、7 條可知，107 號簡的“羕陵攻尹夬”，就是 117 號簡的“鄴陵攻尹快”；110 號簡的“鄏連囂競夬”，就是 118 號簡的“鄏連囂競快”。117、118 號簡的“快”字，分別作夬、夬，其上部所從，正是“夬”的通常寫法。

　　107 號簡快字所從的“夬”，其𠃌和㇇共用了筆畫，因而看起來有些像“牙”字。110 號簡快字所從的“夬”，其左部似有一筆道，易被視作夬，實則並非筆道。

　　九店楚簡《日書》第 114 號有兩個夬字，《江陵九店東周墓》未釋，我們曾將其補釋爲“夬”字。上論包山楚簡 110 號快字的寫法，正好爲我們的補釋提供了依據。

《第三屆國際中國古文字學研討會論文集》頁 622—624

○何琳儀（1998）　悆，從心，爰聲。《玉篇》：“悆，恨也，忘也。”
　　包山簡悆，人名。

《戰國古文字典》頁 937

○劉釗（1998）　［81］簡 110 有字作“悆”，字表隸作“忬”。按字從“心”從“爰”，“爰”乃“爰”字。古璽“爰”字作“爰”（《古璽彙編》3769）可證。字應釋爲“悆”。“悆”字見於《玉篇》《集韻》等書，在簡文中用爲人名。

《東方文化》1998-1、2，頁 58

○湯餘惠等（2001）　（編按：包山 110）忬。

《戰國文字編》頁 721

○湯餘惠等（2001）　（編按：包山 182）悆。

《戰國文字編》頁 725

○張光裕（2002）　（編按：上博二·從甲 5）“悆”字從心從爰，“爰”當爲其聲，

“爰”，匣母，古韻屬元部，“寬”，溪母，古韻亦屬元部，“愋”當讀爲“寬”，即寬
和、寬厚，乃爲政者需要敦行之美德。

《上海博物館藏戰國楚竹書》（二）頁 219

○陳劍（2003）　（編按：上博二・從甲 5）五德：一曰緩，二曰恭，三曰惠，四曰仁，五
曰敬。

《文物》2003-5，頁 59

○劉信芳（2003）　（編按：包山 110）競愋：簡 118 作“競快”，“愋”是“快”字之假。
“競快”讀爲“景缺”，《史記・楚世家》懷王二十九年：“秦復攻楚，大破楚，楚
軍死者二萬，殺我將軍景缺。”“景缺”《秦本紀》作“景快”。簡文景快與《楚世
家》景缺所處時代相同，疑是同一人。

《包山楚簡解詁》頁 102

○李守奎（2003）　（編按：包山 110）愋　愋字見於《玉篇・心部》。據文例或爲快
之壞字。

　　（編按：包山 182）愋　从爰省聲。《方言》卷十二有愋字。

《楚文字編》頁 623、628

○李守奎、曲冰、孫偉龍（2007）　愋　𢙇　按：《方言》卷十二：“愋，知也。”
《上海博物館藏戰國楚竹書（一——五）文字編》頁 500

# 愿

集成 9606 郾王職戈　　集成 11634 郾王職劍

集成 11305 郾王䚢戈　　集成 11241 郾王䚢戈　　璽彙 2216

○李學勤、鄭紹宗（1982）　燕兵器銘文的“爲”字仍從“爪”從“象”而有訛變，
與其他國古文很不一樣。或以爲下半從“心”，是不對的。

《古文字研究》7，頁 126

○湯餘惠（1993）　愿，即愋。从心，受省聲，銘文讀爲授。

《戰國銘文選》頁 64

○楊澤生（1996）　“愿”字爲李家浩先生隸定，可讀作“鑄”或“造”，見其在北
京大學所作《戰國文字概論》講義。

《中國文字》新 21，頁 198

○**李家浩**（1998）　　"帠戉矤"後的"舟"字，原文寫法與戰國陶文"舟"和朝歌右庫戈"朝"等字所从"舟"旁相似，唯節銘"舟"是橫寫的。此種橫寫的"舟"，作爲偏旁見於戰國時期燕國兵器銘文：

C 〔字形〕　燕王戈　《文物》1982 年 8 期圖版捌·1

此字从"爪"从"舟"从"心"。古文字"受"从"爪"从"又"从"舟"，"舟"亦聲。仿照《説文》的説法，C 應該分析爲从"心"，"受"省聲。此字可能是"愛"字的異體。"愛"字見於《漢書·王子侯表》，是武安侯的名字，顔師古注説"音受"。這裏舉兩件有 C 的兵器銘文作爲代表：

　　郾（燕）侯職 C□萃鋸。　　戈　《殷周金文集成》17·11221

　　郾（燕）王喜 C 巨攺鋸。　　戈　《殷周金文集成》17·11240

位於 C 之前的"燕侯職、燕王喜"是人名，位於 C 之後的"□萃、巨攺"是部隊名，"鋸"是兵器名。在燕國兵器銘文中，處在同樣語法位置上的 C 或作"作"。例如：

　　郾（燕）侯職乍（作）□萃鋸。　　戈　《殷周金文集成》17·1123

　　郾（燕）王喜乍（作）巨攺鋸。　　戈　《殷周金文集成》17·11245

上古音"受、舟"與"鑄、造"都是幽部字，可以通用。《史記·建元以來王子侯者年表》榆丘侯"劉壽福"，《漢書·王子侯表》作"劉受福"。《書·無逸》"民無或胥譸張爲幻"，陸德明《釋文》："譸，竹求反，馬本作'輈'，《爾雅》及《詩》作'侜'。"《説文》"造"字古文作"艁"，即在"告"字上加注聲旁"舟"。據此，燕國兵器銘文的 C，既可能讀爲"鑄"，又可能讀爲"造"。從上引文字通用的例子來看，似乎前一種讀法可能性較大，所以我們暫且將 C 讀爲"鑄"。

《著名中年語言學家自選集·李家浩卷》頁 88—89，2002；
原載《海上論叢》第 2 輯，1998

○**何琳儀**（1998）　　惡。

《戰國古文字典》頁 1539

○**湯餘惠**（1999）　　燕下都出土的燕國兵器銘文中有〔字形〕字（以下用 △ 代替），通常用在燕王名之後，兵器名或有司名之前。例如：

　　郾王喜 △業旅釱（劍，三代二〇·四四·二——二〇·四五·二）

　　郾王喜 △□利（矛，三代二〇·三六·四）

　　郾王喜 △行議鏺□□右攻君青丌攻豊（戈，三代一九·五二·三正、反）

　　郾王喜 △巨刮鋸（戈，文物 1982 年 8 期）

郾王詈△霄萃鋸(戈,同上)

郾王詈△行議自夆司馬鈺(戈,同上)

郾王職△ᛁ萃鋸(戈,同上)

今按,"△"字或釋爲"造",從語法地位上看,雖説不無可能,但考之字形,殊覺無據。分析此字的構形,字下從心,字上從岋,岋即"受"字古文省體。晚周文字中的"受"字每省上作"殳",吳振武先生已有專文討論,此則省下作"岋",道理相同。這個字似當隸定作"愢",字從心、受省聲,或即愢字的古文。

燕兵器銘文中的"愢"是一個動詞,以聲類推求,似應讀爲"授"。《説文》:"授,予也。"有頒發、賜予之義,説明是由燕王頒給下屬有司使用的兵器。戰國時期不僅國君可以向下屬頒賜器物,各國的封君也可以這樣做,平安君鼎銘明記該器時"單父上官所受坪(平)安君者也"。燕王兵器銘除使用"授"字而外,當然也有不少用"乍(作)"的文例,言"作"與言"授"語意雖有不同,但都是指以燕王名義統一監製並發授給下面有司使用的兵器,只是用詞有別而已。

不過,用語的歧異,可能暗示着時代的不同。

《中國古文字研究》1,頁 60

○**董珊**(1999)　銘文中的"愢"字在燕國兵器銘文中多見,可參見《殷周金文集成》(以下簡稱《集成》)一一一二一、一一一五五、一一二四〇、一一三〇五、一一二四二等,語法地位與"作"字相當,此字又見於《古璽彙編》二二一六號燕系圓形私璽。湯餘惠先生隸定此字爲"愢",讀爲"授",何琳儀先生讀爲"造",裘錫圭先生、李家浩先生疑讀爲"鑄"。

《中國古文字研究》1,頁 196

○**湯餘惠等**(2001)　愢。

《戰國文字編》頁 724

○**董珊、陳劍**(2002)　燕王職壺和燕王兵器銘文中的這些字都應該分析爲以"𡸣"爲聲符,"𡸣"又從"乍"爲聲符。所以它們在燕王兵器和燕節銘文中可以讀爲"作",在燕王職壺銘文中則當讀爲"阼"或"祚"。

《北京大學中國古文獻研究中心集刊》3,頁 34

○**何琳儀**(2003)　"愢",舊釋"作",讀"作",非是。近年已有學者隸定爲"愢",可信。按"愢"應讀"造",參齊系文字"造"作"舩",從"舟"爲疊加聲符。

《戰國文字通論》(訂補)頁 104

△**按**　此從董珊、陳劍的隸定。

愳

璽彙 0981

――――――――――――――

愖

侯馬 200:11

――――――――――――――

○何琳儀（1998）　愖，从心，采聲。疑憽之異文。《集韻》：“憽，愛也。”
　　侯馬盟書愖，人名。

《戰國古文字典》頁 1242

瘱

上博五・三德 13

――――――――――――――

△按　瘱，“病”字異體。詳見卷七疒部“病”字條。

恴

璽彙 2768

――――――――――――――

○羅福頤等（1981）　恴。

《古璽文編》頁 268

○何琳儀（1998）　恴，从心，帝聲。《廣韻》：“恴，婦孕病兒。”
　　溫縣盟書恴，讀諦。

《戰國古文字典》頁 749

○湯餘惠等（2001）　恴。

《戰國文字編》頁 724

愭

集成 2701 公朱左官鼎

――――――――――――――

○**何琳儀**（1998）　悩，从心，酉聲。《方言》十三：“悩，惡也。”《玉篇》：“悩，慮也。”

公朱左官鼎悩，人名。

## 愭

璽彙 0578

○**何琳儀**（1998）　愭，从心，斿聲。疑斿之繁文。

齊璽愭，人名。

○**湯餘惠等**（2001）　愭。

## 恧

上博一·性情 4　　上博一·性情 5

○**濮茅左**（2001）　恧，即“恔”字，从交从心，音效，快也，讀爲“交”，下同，指交於禮樂。《禮記·禮器》：“禮交動乎上，樂交動乎下，和之至也。”

○**裘錫圭**（2003）　郭 9—11：“凡性……或交之……交性者古（故）也……”上引按原形摹出之字，《郭簡》釋爲“交”。上 4、上 5 的相應之字作，《上博》釋爲“恧”，讀爲“交”。上博簡此字“心”旁之上所從之字，顯然不是“交”，《上博》對此字的釋讀受了《郭簡》的誤導。其實上舉郭店簡之字本非“交”字。此字上部確與楚簡“交”字上部同形（楚簡“交”字見《滕編》第 784 頁、《張編》第 48 頁、《上博》的《孔子詩論》20、23），但其下部形近於“又”，則與“交”字截然有別。上博簡與此字相當之字，實應分析爲从“心”“室”聲。楚簡“室”字或作、等形（《滕編》第 603 頁第 4 行、7 行），與其上部相近。同屬上博簡《性情論》的 25 號簡的“至”字作，35 號簡“至”字略同。上舉見於上 4、上 5 之字的“室”旁所從之“至”，就是這種“至”字減省下面的橫畫而成的。所以要加以減省，當是由於下面還要加“心”旁。根據上博簡的“恧”字，可以斷定郭店簡的相應之字就是“室”字的誤摹。《性情論》18 號簡的“至”字作，如果“室”字所從之“至”作此形而又沒有加最下面的小短畫，就有可能被誤摹成那種樣子。

在上引簡文中，“室”和“𡨜”似應讀爲“實”。“室”和“實”上古音都屬質部，聲母也很相近。《就（編按：當爲“説”字之訛）文》：“室，實也。”以“實”爲“室”的聲訓字。此二字應該可以相通。古以心實爲美德，可參閲《説文》“𡨜，實也”段注。“𡨜”字在古書中多作“塞”，如《詩‧邶風‧燕燕》：“秉心塞淵。”“室”和“𡨜”的關係跟“塞”和“𡨜”的關係相類。“實心者古也”之“古”，各家都讀爲“故”。《左傳》定公十年：“齊魯之故，吾子何不聞焉。”杜注：“故，舊典。”《公羊傳》昭公三十一年：“公扈子者，邾婁之父兄也，習乎邾婁之故。”何注：“故，事也。”據文義，此“故”實指故事。《禮記‧曲禮下》：“君子行禮，不求變俗。祭祀之禮、居喪之服、哭泣之位，皆如其國之故，謹修其法而審行之。”《正義》：“皆如其國之故者，謂故俗也。”簡文之“故”，義當與上引諸“故”相類。《性自命出》篇下文説：“有爲也者謂之故。”（郭 13）又説：“詩，有爲爲之也。書，有爲言之也。禮樂，有爲舉之也。”（郭 16）這説明《性自命出》的作者是把“故”跟“詩書禮樂”聯繫在一起的。《荀子‧勸學》：“詩書故而不切。”也反映出詩書和故的關係。

一説“室（𡨜）”不必讀爲“實”，其義近於“窒”（“室、窒”皆从“至”聲，應爲同源詞）。也可以説這個“室”是名詞用作動詞，“室性”的意思近於爲性築室，也就是給性一個框架。規定這個框架的根據就是故。

　　　　　　　　　　　　　　　　　　　　　　　《華學》6，頁 51—52

○**裘錫圭**（2003）　馬王堆帛書《老子乙本卷前古佚書》中的《十大經‧觀》這一篇，有不少語句與《國語‧越語下》所記范蠡語相同或相似。其中的“時挃三樂”一句，《越語下》作“時節三樂”。馬王堆帛書整理小組所作的注釋説：“挃疑與挃爲一字，讀爲窒，窒、節音義相近。”此注據文義讀帛書从“手”“室”聲之字爲“窒”，《錯別字》也據文義懷疑楚簡可加“心”旁的“室”字之義應近於“窒”，這兩個字所代表的無疑是同一個詞。但是把它們釋讀爲“窒”，是有問題的。“時窒三樂”和“時節三樂”的意義頗有距離，“窒性”的意思更與相關簡文的文義明顯不合。“室”是書母質部字，“節”是精母質部字，上古音的確相當接近。帛書从“手”“室”聲的字和楚簡可加“心”旁的“室”字，它們所代表的那個詞，有可能是音、義都跟節制的“節”非常接近的一個詞，也有可能就是節制的“節”。

由於在古漢語中找不出一個真正符合前者的條件的詞,並考慮到"挃"和"節"有異文關係,"節性"之語又見於古書,我們認爲把上舉這兩個字釋讀爲節制的"節",應該是合理的。所以"室(或加"心"旁)性"就是"節性"。

《第四屆國際中國古文字學研討會論文集》頁 43—44

○**李守奎、曲冰、孫偉龍**(2007)　寋　按:疑爲"室"字異體。

《上海博物館藏戰國楚竹書(一——五)文字編》頁 501

# 憍

郭店・老甲 1　　郭店・性自 48　　上博四・曹沫 34　　上博五・三德 2

△**按**　憍,"僞"字異體,詳見卷八人部"僞"字條。

# 辝

曾侯乙 155　　曾侯乙 178

○**裘錫圭、李家浩**(1989)　"辝"字亦見於 178 號簡和上面注㉑所引季怡戈銘文(原文爲反文),從"心"從"辝"聲。"辝"即《説文》"辭"字籀文"辝"。此字似可釋作"怡"或"怠"。

《曾侯乙墓》頁 526

○**何琳儀**(1998)　惲,從心,軍聲。
　　隨縣簡惲,人名。

《戰國古文字典》頁 60

○**李守奎**(2003)　辝。

《楚文字編》頁 626

# 盡

候馬 1:45　　上博三・中弓 20

○**山西省文物工作委員會**(1976)　盡。

《侯馬盟書》頁 348

○**何琳儀**（1998）　慧，从心，聿聲。疑肄之繁文，或肆之異文。

　　侯馬盟書慧，或作聿，見聿字。

《戰國古文字典》頁 1154

○**湯餘惠等**（2001）　慧。

《戰國文字編》頁 725

○**李朝遠**（2003）　（編按：上博三·中弓 20）"憲"，即"聿"。《説文·聿部》："聿，聿飾也，从聿从彡。"借爲"盡"。"聿、盡"雙聲疊韻，可通，郭店簡中多見。

《上海博物館藏戰國楚竹書》（三）頁 278

## 惡

陶彙 3·737

○**高明**（1990）　惡。

《古陶文彙編》索引頁 36

○**何琳儀**（1998）　惡，从心，弱聲。

　　齊陶惡，人名。

《戰國古文字典》頁 1127

## 慝

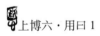上博六·用曰 1

○**張光裕**（2007）　慝。

《上海博物館藏戰國楚竹書》（六）頁 286

△按　清華叁《芮良夫毖》簡 8："佳（兄）俤（弟）慝矣。"其中"慝"字作""形，整理者（《清華大學藏戰國竹簡》[叁] 150 頁注釋 [三〇]，中西書局 2012 年）注："《孟子·梁惠王下》'民乃作慝'，朱熹《集注》：'慝，怨惡也。'"

## 憃

上博六·用曰 2

○張光裕(2007)　愸。

《上海博物館藏戰國楚竹書》(六)頁 287

# 感

<br>睿録 10·2　　陶録 3·343·1

---

○吳大澂(1884)　愸　感《説文》所無,疑即感之省文。古陶器。

《説文古籀補》頁 43,1988

○顧廷龍(1936)　感,《説文》所無。吳大澂云"當即感字"。感字《説文》從咸聲,此從思從戊,當從思得聲。按國差䱺咸作咸。

《古匋文睿録》卷 10,頁 2,2004

○高明、葛英會(1991)　咸,《説文》所無。吳大澂云:"當即感字。"

《古陶文字徵》頁 105

○何琳儀(1998)　愸,從心,戊聲。日爲裝飾部件,無義。《廣韻》:"愸,狂也。"

　　齊陶愸,人名。《公羊·桓五》"曷爲以二日之愸也",注:"愸者,狂也。齊人語。"

《戰國古文字典》頁 895

○王恩田(2007)　感。

《陶文字典》頁 279

# 罳

罳 璽彙 0390　　罳 璽彙 1403　　罳 璽彙 1654　　罳 古璽彙考,頁 99　　罳 陶録 5·7·2

---

○丁佛言(1924)　罳　罳　古鉢王罳。《説文》新附字。罳　古鉢□罳襄。

《説文古籀補補》頁 37,1988

○羅福頤等(1981)　罳。

《古璽文編》頁 204

○吳振武(1984)　[二九二]204 頁,罳,璽文作罳,《説文》所無。

　　今按:此字丁佛言在《説文古籀補補》中釋爲罳,可信。古璽思字一般作

罳、思、罳、罳等形(259 頁),但在戰國文字中,罳、罳、罳、罳、罳往往互作無別。

如胃字曾侯乙墓二十八宿青龍白虎漆箱蓋作㿟(《文物》1979 年 7 期),長沙楚
帛書則作㿟;墨字齊刀幣作㿟(腥字所从,《發展史》78 頁),古璽則作㿟(324
頁);衆字古璽作㿟或㿟(214 頁),古陶則作㿟(《奢録》八·一);眠字信安君鼎
作㿟(《考古與文物》1981 年 2 期),三十年虒釜作㿟(《録遺》五二二),兆窆圖
則作㿟(《中》47 頁);濁字曾侯乙墓編磬既作㿟,又作㿟(《文物》1979 年 7
期)。故此字所从之㿟應即㿟或㿟之變。罳字見於《説文·网部》新附及《廣
韻》《集韻》等書。

《〈古璽文編〉校訂》頁 110,2011

○陳漢平(1989)　六六、釋憲

古璽文有字作㿟(1403:宋△)、㿟(1654:邯△襄)、㿟(0390:王△),《文
編》隷定爲罳,未確。按此字从宀从目从心从㿟,古文字从屮與从丿、丶、乂、㿟
諸形可以混用,故此字當釋憲。

《屠龍絶緒》頁 310

○何琳儀(1998)　《説文新附》:“罳,罘罳,屏也。从网,思聲。”
晉璽罳,人名。

《戰國古文字典》頁 114

○王恩田(2007)　憲。

《陶文字典》頁 276

# 訢

○劉彬徽、彭浩、胡雅麗、劉祖信(1991)　(編按:包山 217)訢,讀如順。

《包山楚簡》頁 56

○陳秉新(1994)　(編按:新收 1320 余訢壺)第一字是余字。第二字承何琳儀先生
函告,“應釋訢,即訓之異文”。

《楚文化研究論集》3,頁 413

○崔恆昇(1998)　(編按:新收 1320 余訢壺)恆昇按:據我提供的摹本 M:五,裘錫圭
隷定爲“余訢”,訢當即“忻”或“訢”的變體,忻、訢原爲一字異體,《説文》分爲
二字。

《安徽出土金文訂補》頁 328

○**何琳儀**（1998） 愬，从心，訓聲。疑訓之繁文。

包山簡愬，或作訓，讀順。

《戰國古文字典》頁 1331

○**李立芳**（2000） （編按：新收 1320 余愬壺）字，崔恆昇老師在《安徽出土金文訂補》中説："裘錫圭隸定爲'余愬'，愬（編按："愬"爲"愬"之誤）當即'忻'或'訢'的變體，忻、訢原爲一字異體，《説文》分爲二字。"《戰國古文字典》1331 頁愬條下收兩個字例：，余愬壺（余愬）；，包山 127（叔外又不愬）。釋文曰："愬，从心，訓聲。疑訓之繁文。包山簡愬，或作訓，讀順。"又在 1330 頁訓條下收：，《璽彙》2236（邝訓）；，天星觀 3005（禱卓公訓至惠公）；，天星觀 3407（尚自利訓）等字例，釋文曰："《説文》：'訓，説教也。从言，川聲。'天星觀'訓至'，讀'馴致'，漸次而致。《易・坤》：'馴致其道，至堅冰也。'天星觀'利訓'，讀'利順'。"又，1331 頁忩條下釋曰："忩，从心，川聲，疑訓之異文。"張守中先生的《中山王響器文字編》29 頁將讀爲順。

按：字，从川从心，讀順；訓从言从川讀馴，讀順，則字从言从心从川，乃疊牀架屋也，當即何老師所隸爲"愬"是訓繁體，讀爲順。故本銘當爲"余愬壺"。"余愬"乃爲鑄工之姓名。

《古文字研究》22，頁 106—107

# 褱

郭店・窮達 10

○**荆门市博物馆**（1998） 褱（衰）。

《郭店楚墓竹簡》頁 145

○**湯餘惠等**（2001） 褱。

《戰國文字編》頁 726

○**李守奎**（2003） 褱。

《楚文字編》頁 629

# 愯

睡虎地・日甲 36 背壹

○張守中(1994)　　悥　《説文》所無。日甲三六背,通敲。

　　　　　　　　　　　　　　　　　　　　《睡虎地秦簡文字編》頁 168

○湯餘惠等(2001)　　愐。

　　　　　　　　　　　　　　　　　　　　　《戰國文字編》頁 732

# 慈

　陶彙 3·982　　　陶録 3·437·6　　　上博二·子羔 12

─────────────────────

○顧廷龍(1936)　　慈,潘,从心亦誓字,按言與心偏旁相通假,如詩或作䚆,謀或作＄,諄或作＄,謵或作＄,皆是也。

　　　　　　　　　　　　　　　　　《古匋文香録》卷 1,頁 1,2004

○金祥恆(1964)　　祈。

　　　　　　　　　　　　　　　　　　　　　　《匋文編》頁 3

○高明、葛英會(1991)　　慸。

　　　　　　　　　　　　　　　　　　　　《古陶文字徵》頁 104

○陳偉武(1995)　　慈,《文字徵》第 104 頁"慸"字下:"慈3.982,獨字;慈3.983,同上;＄6.170,慸□;＄《匋文編》8.59。"今按,前二體當從《香録》1.1 釋爲慈(誓,祈),顧廷龍先生指出:"从心亦誓字,按言與心偏旁相通假,如詩或作䚆,謀或作＄,諄或作＄,謵或作＄,皆是也。"後二體才是慸字(《説文》哲字古文或从心)。

　　　　　　　　　　　　　　《中山大學學報》1995-1,頁 123

○施謝捷(1998)　　2197 宗뿳·䣓(荒)悇。
　　2198、2199 同此。

　　　　　　　　　　　《容庚先生百年誕辰紀念文集》頁 647

○何琳儀(1998)　　慈,从心,旂聲。
　　齊器慈,地名。

　　　　　　　　　　　　　　　　　　　《戰國古文字典》頁 1319

○馬承源(2002)　　(編按:上博二·子 12)慈(祈)。

　　　　　　　　　　　《上海博物館藏戰國楚竹書》(二)頁 197

○王恩田(2007)　　(編按:陶録 3·437·6)慈(慸、哲)。

　　　　　　　　　　　　　　　　　　　　《陶文字典》頁 281

# 慄

郭店·尊德24

○**荆門市博物館**（1998）　（編按：郭店·尊德24）窓。

《郭店楚墓竹簡》頁 174

○**黃德寬、徐在國**（1999）　《尊德義》24 有字作，原書隸作"窓"無説。簡文爲："君民者，訂（治）民復禮，民余憲智窓袈（勞）之自也。"我們認爲當釋爲"罹"，字从心离省聲。"离"字《説文》作离，睡虎地秦簡"離"所从之离作离。此字以"离"爲聲符省其下部，當是"罹"之異體。"离"與"離"本爲一字之分化，"離"與"罹"典籍每通用無別，《書·洪範》："不罹於咎。"《史記·宋微子世家》"罹"作"離"，故"罹"字可以"离"爲聲符。《詩·兔爰》："我生之初，逢此百罹。"毛傳："罹，憂也。"此簡之"（罹）勞"，也即"憂勞"。簡文"自"字作自，又見於 26 簡，頗疑爲"即"之異體，讀爲："君民者，訂（治）民復禮，民余憲（害）智（知）窓（罹）袈（勞）之即（節）也。"簡26"即"字應屬上讀（原屬下讀），爲："不以旨（嗜）谷（欲）禽（害）其義即（節）。民惡（愛），則子（慈）也；弗惡（愛），則戠（讎）也。"

《江漢考古》1999-2，頁 76

○**何琳儀**（2000）　（編按：郭店·尊德24）徐在國、黃德寬《郭店楚簡文字續考》（載《江漢考古》1999 年 2 期）所釋"離勞"，可信。按，"離勞"即"離騷"。關於《離騷》篇名義蘊，舊説頗多分歧，似應以《史記·屈原賈生列傳》"離騷者，猶離憂也"爲確詁。蓋"離"應讀"罹"，故班固《離騷贊序》曰："離猶遭也。"王逸《章句》："騷，愁也。"所謂"愁"與"憂"義本相涵。《漢書·揚雄傳》："又旁《惜誦》以下至《懷沙》一卷，名曰畔牢愁。"注："李奇曰，畔，離也。"按，漢人將"離"改爲"畔"，是對"離"原義的誤解。然以"牢"爲"騷"，顯然以其音義均近之故。"牢"可讀"憂"。《儀禮·士喪禮》"牢中旁寸"，注："牢讀爲樓，今本樓爲縷。"是其佐證。簡本"勞"又"牢"之音轉。《後漢書·應奉傳》"多其牢賞"，注："牢或作勞。"是其佐證。《淮南子·精神訓》"競力而勞萬民"，注："勞，憂也。"總之，"離騷"亦可作"離勞、離憂"等。"騷""憂""牢""勞"皆一音之轉。

《文物研究》12，頁 202

○**陳偉武**（2000）　　（三）《尊德義》簡23—24："君民者,訂（治）民復豐（禮）,民余（除）悪（害）,智（知）悥裘（勞）之匋（報）也。""匋"字張光裕先生析爲从皀勹聲,謂當爲"飽"之古體,簡中假爲"報",其説可從。"悥"字原作 ,爲整理者所隸定,無注。徐在國、黃德寬二先生認爲字从心,以"離"爲聲符而省其下部,當是"罹"之異體,接着引毛《傳》"罹,憂也"爲訓,謂此簡之"罹勞"也即"憂勞"。今按,字訓爲"憂"甚是,只是字形之釋讀尚有可議。筆者以爲 字當釋爲"蒠",从中（艸）,思聲。天星觀卜筮簡、包山簡均有字从中从艸互作之例。郭店簡"思"字通常作" ",此處作偏旁用,囟符略異。《説文》:"囟,頭會腦蓋也。象形……出,古文囟字。"《説文》古文之形或即由楚簡蒠字所从囟符變來。

　　"憂勞"當是古之習語,如中山王嚳鼎:"以惪（憂）勞邦家。"《韓詩外傳》卷三:"上憂勞而民多罹刑。"《淮南子·修務》:"由此觀之,則聖人之憂勞百姓[亦]甚矣!"《管子·牧民》:"民惡憂勞,我佚樂之。"《莊子·列禦寇》則"憂"與"勞"分用:"巧者勞而知（智）者憂。"典籍雖尚未見"蒠勞"連文之例,但有對文之例:《論語·泰伯》:"恭而無禮則勞,慎而無禮則蒠。"何晏注:"蒠,畏懼之貌。"考"憂"有"憂慮"義,此義常見,亦有"畏懼"義,《吕氏春秋·知分》:"吾受命於天,竭力以養人。生,性也;死,命也。余何憂於龍焉!""畏"有"恐懼"義,此義常見,亦有"憂慮"義,《史記·項羽本紀》:"今卒少惰矣,秦兵日益,臣爲君畏之。""懼"有"恐懼"義,此爲常義,亦有"憂慮"義。《孟子·滕文公下》:"世衰道微,邪説暴行……孔子懼,作《春秋》。"恐懼之於憂慮,心理相通,詞義相因而相生。以"憂、畏、懼"諸詞例之,則"蒠"之"畏懼"義爲常義,亦當有"憂慮"義,郭店簡《尊德義》正是最佳文例,"蒠勞"猶言"憂勞"也。齊侯鎛銘稱"女娶裘朕行師",又稱"蓳裘其政事",孫詒讓《古籀拾遺》讀娶爲恐,讀蓳爲謹,謂"恐裘猶憂勤之意","謹裘猶上恐裘,並言戒慎也"。孫説近是。金文之"憂勞、恐勞、謹勞"與楚簡"蒠勞"義近同,均是憂慮操勞之意。

《華學》4,頁77

○**湯餘惠等**（2001）　（編按:郭店·尊德24）惱。

《戰國文字編》頁727

○**陳偉**（2003）　（編按:郭店·尊德24）惠。

《郭店竹書別釋》頁157

○**劉釗**（2003）　（編按:郭店·尊德24）"悥"讀爲"罹"。

《郭店楚簡校釋》頁132

○**李守奎**(2003) (編按:郭店・尊德24)憪 悤 《玉篇・心部》有憪字。

《楚文字編》頁 628

○**鄭剛**(2006) 《尊德義》篇中有一段文字論及禮與性的關係:

君民者治民復禮,民除害,知"怒 a"勞之軌也。爲邦而不以禮,猶所人之亡"者 a"也。非禮而民悦,"怒 b"此小人矣。非倫而民服,世此亂矣。治民非還性而已也,不以嗜欲害其儀軌。

(中略)(2)其中一些難字需要考察字形,我們在此統一列出,文章中以後只用代號:

怒 a:；  怒 b:；  怒 c:；  怒 d:

者 a:；  者 b:；  者 c:；  者 d:

(中略)我們可以看到,"怒 b"和"怒 a"實際上是同一個字。"怒 a"上從"十"、中從"凶"、下從"心","怒 b"中閒的"凶"與上面的"十"結合,使學者多認爲上面是"才"字;"怒 b"中閒的"凶"又與下面的"心"聯爲一體。

此字就是見於《古文四聲韻》的"怒"字。《古文四聲韻》"怒"字的"怒 c、怒 d"兩體都由上述"十、凶、心"構成,其中"怒 c"中從"凶"明顯,少了上面的"十",但"怒 d"將"十"與"凶"合爲一體。(中略)

在下句中:

君民者治民復禮,民除害,知怒勞之軌也。

"怒"與"勞"是同義詞並列,都是民衆勞作的意思。"怒"如字,訓爲奮作、奮力。實際上,"怒"字的一些其它意義也都是由這個意義引申出來的,例如《廣雅・釋詁三》"勉也",《廣雅・釋詁二》"健也"(王念孫引《史記・平原君虞卿列傳》爲證),表示的都是勤力的意思。

《康樂集》頁 117—118

○**陳劍**(2007) (編按:郭店・尊德24)我們認爲,此字上半所從當分析爲從"中"從"凶",楚簡文字將"艸"頭省爲"中"者常見,故此字上半實即"芮"字。"芮"字見於《古璽彙編》2126,作。"蕊勞"可讀爲"劬勞"。從"凶"得聲的"蕊"字通"劬",猶"酶"字有或體作"酗"。進一步說,"蕊"字以"心"爲意符,就可以直接看作"劬"字的異體。其閒關係,猶六國文字中"勞"字亦從"心"作(見中山王鼎、郭店《六德》簡 16 和《説文》"古文勞"等)。

《簡帛》2,頁 222

# 恙

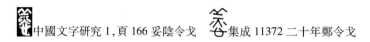中國文字研究 1,頁 166 妥陰令戈　　　集成 11372 二十年鄭令戈

○**何琳儀**(1998)　（編按:集成 11372 二十年鄭令戈）恙,从心,羔聲。

二十年鄭令恙,人名。

《戰國古文字典》頁 298

○**馬月華**(2001)　（編按:妥陰令戈）第二行第一字不識,當爲人名。"恙"字爲右工師之名,《小考》未釋（編按:《小考》指李朝遠《汝陰令戈小考》,《中國文字研究》1 輯 165—171 頁）,當分析爲从"心""羔"聲。此字不見於後代字書。

《北京大學中國古文獻研究中心集刊》2,頁 398

○**湯餘惠等**(2001)　（編按:妥陰令戈）恙。

《戰國文字編》頁 726

△**按**　妥陰令戈的▣字當從馬月華隸定爲"恙"。

# 痣

侯馬 92:14

○**何琳儀**(1998)　痣,从心,疕聲。

侯馬盟書痣,人名。或作疕。

《戰國古文字典》頁 478

# 憲

郭店·尊德 23　　郭店·尊德 38

上博六·季桓 6

○**裘錫圭**(1998)　（編按:郭店·尊德 23）憲,疑當讀爲"害",在文末(第三八簡)與"利"爲對文。

《郭店楚墓竹簡》頁 175

○湯餘惠等（2001）　　憲。

《戰國文字編》頁 727

○劉釗（2003）　　（編按：郭店・尊德 38）"蕙"字从"心"从"萬"，"萬"即"害"之本字。

《郭店楚簡校釋》頁 130

○濮茅左（2007）　　（編按：上博六・季桓 6）害（曷）。

《上海博物館藏戰國楚竹書》（六）頁 204

# 窓

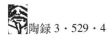 陶録 3・529・4

△按　孫剛（《齊文字編》281 頁，福建人民出版社 2010 年）隸定爲"窓"。

# 慸

 郭店・語一 46

○李守奎（2003）　　（編按：郭店・語一 46）慸　莊嚴之莊。

《楚文字編》頁 630

○劉釗（2003）　　（編按：郭店・語一 46）"慸"疑讀爲"莊"。

《郭店楚簡校釋》頁 191

# 憼

 上博六・用曰 7

○張光裕（2007）　　"憼"，可讀爲"貞"，"貞可慎哉"猶言誠可慎哉歟。

《上海博物館藏戰國楚竹書》（六）頁 294

# 爇

 近出 99 黼鐘

○**湯餘惠等**（2001）　懃。

《戰國文字編》頁 728

# 懃

郭店·窮達 2　　郭店·窮達 3　　郭店·緇衣 6

---

○**周鳳五**（1999）　（編按：郭店·窮達 3）蒙巾，謂以巾蒙頭不冠，亦罪人、刑徒所服。《荀子·正論》載象刑之説，有"墨黥慅嬰"一語，楊《注》引或説："墨黥，當爲'墨幪'，但以墨巾幪其頭而已。"《尚書大傳·唐傳》載唐虞之象刑："上刑赭衣不純，中刑雜屨，下刑冒幪，以居州里而民恥之。"《注》："純，緣也。時人尚德義，犯刑者但易之衣服，自爲大恥。屨，履也。幪，巾也，使不得冠飾。"此即以衣冠之辱取代肉刑之説，雖出於秦漢經師托古，然亦有其真實的時代背景。雲夢秦簡《司空》云："城旦，舂，衣赤衣，冒赤幰。"可以爲證。簡文記邵繇（傅説）、呂望、管仲、百里奚、孫叔敖等人窮達遇合之事，與孟子、屈原所述大抵雷同，知其爲當時"尚賢"思想之產物，而爲人所艷稱者。

《張以仁先生七秩壽慶論文集》頁 354

○**黄人二**（1999）　（編按：郭店·窮達 2）（五）可（何）懃（難）之又（有）才（哉）：懃，整理小組作懃〈慔（難）〉，認爲"懃"是"慔"之誤，"慔"即"難"。按：懃、慔上古一文部、一元部字，音近可通。《説文》"董"字古文作"蘲、蕈"二形，可證。可（何）懃（難）之又（有）才（哉），簡文"才"字下有一"一"符號，即簡牘之句讀符號。簡本《老子》"戁（難）惕（易）之相成""大小之多惕（易）必多蠽（難）"，"難"字在《郭簡》作多種不同的字形。"又（有）其人，亡（無）其殜（世），唯（雖）叹（賢）弗行矣。句（苟）又（有）其殜（世），可（何）懃（難）之又（有）才（哉）。"其人，英雄也；其殜，時勢也。有英雄而無時勢，弗行矣。苟有時勢，則英雄得君行道，何難之有。

《古文字與古文獻》試刊號，頁 122

○**李零**（1999）　（編按：郭店·窮達 3）"冒經蒙繿"，"蒙"原作"冦"，"繿"原作"懃"，整理者讀"帽經冢巾"。按第三字實即楚"蒙"字，與"冒"同義；第四字，疑讀"繿"，字見《集韻》《類篇》，是織文致密之義，這裏似是與經類似的織物，全句是説用粗布蒙頭。

《道家文化》17，頁 494

## 慪

包山 87

○劉彬徽、彭浩、胡雅麗、劉祖信（1991）　（編按：包山 87）慪。

《包山楚簡》頁 22

○何琳儀（1998）　慪，从心，區聲。《玉篇》：“慪，悋也，惜也。”

　包山簡慪，人名。

《戰國古文字典》頁 350

○湯餘惠等（2001）　慪。

《戰國文字編》頁 728

## 愒

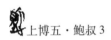上博五・鮑叔 3

○陳佩芬（2005）　愒（視）。

《上海博物館藏戰國楚竹書》（五）頁 184

△按　陳劍（《談談〈上博［五］〉的竹簡分篇、拼合與編聯問題》，《戰國竹書論集》171 頁，上海古籍出版社 2013 年）指出“‘愒’字當以‘介’爲聲符，與‘潔’音近可通。”其説可從。

## 唫

郭店・性自 33

○荊門市博物館（1998）　（編按：郭店・性自 33）愸。

《郭店楚墓竹簡》頁 180

○李零（1999）　（編按：郭店・性自 33）“吟”，淺歎，原从心从言从金（“吟”或从金，二者讀音相近）。

《道家文化研究》17，頁 509

○趙建偉（1999）　（編按：郭店・性自 33）“譟”（編按：“譟”疑即“愸”或“詜”之誤）即“吟”（“吟”古作“唫、詜”），《釋名・釋樂器》：“吟，嚴也，其聲本出於憂愁，故其聲嚴肅,使人聽之凄歎也。"

《中國哲學史》1999-2,頁 38

○劉釗(2000)　（編按:郭店‧性自 33）按"憖"从"心""諗"聲,而"諗"从"言""金"聲,字應讀作"吟",訓爲歎息或呻吟。

《郭店楚簡國際學術研討會論文集》頁 92

○李天虹(2000)　5.《性自命出》三三號簡釋文:

　　憖游忨(哀)也,枼游樂也。

　　"憖"字注釋無解。

　　按:"憖"可能是"唫"字異體。古文字言、心、口作爲偏旁可以互換,是爲常識。《玉篇》口部:"唫,古吟字。"《汗簡》卷上之一口部及《古文四聲韻》卷二侵韻引《古尚書》吟字並作"唫"。《楚辭‧九章》:"孤子唫而抆（編按:"抆"當爲"扷"字之訛）淚兮,放子出而不還。"洪興祖《補注》:"唫,古吟字,歎也。"簡文的大意是歎息的聲音表明人心傷悲,喧鬧的聲音表明人心歡樂。

《郭店楚簡國際學術研討會論文集》頁 97

○陳偉(2003)　（編按:郭店‧性自 33）唫,趙建偉、李零、劉釗先生均讀爲"吟",訓爲歎息、呻吟。也可能讀爲"噤",靜默不語的意思。

《郭店竹書別釋》頁 195

○李守奎(2003)　唫。

《楚文字編》頁 630

# 傆

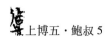
上博五‧鮑叔 5

○陳佩芬(2005)　"傆"字待考。

《上海博物館藏戰國楚竹書》(五)頁 187

○李守奎、曲冰、孫偉龍(2007)　傆。

《上海博物館藏戰國楚竹書(一—五)文字編》頁 502

# 憗

包山 117

○**劉彬徽、彭浩、胡雅麗、劉祖信**(1991)　(編按:包山117)㤅。

《包山楚簡》頁 25

○**劉釗**(1998)　[86]簡 117 有字作"㤅",字表隸作"㤅"。按字從"人"從"㤅"。"㤅"即"愛"字,從"心"、從"既"得聲。故此字應釋爲"僾"。"僾"字見於《集韻》,在簡文用爲人名。

《東方文化》1998-1、2,頁 58—59

○**何琳儀**(1998)　㤅,從人,㤅聲。

包山簡㤅,人名。

《戰國古文字典》頁 1197

○**白於藍**(1999)　167 頁"㤅"字條,"㤅"(117),從人,㤅(㤅)聲,即《説文》僾字。

《中國文字》新 25,頁 196

○**湯餘惠等**(2001)　僾〔㤅〕。

《戰國文字編》頁 552

○**李守奎**(2003)　僾　㤅　《説文》㤅之古文作㤅。㤅即㤅的異體。愛從㤅聲。

《楚文字編》頁 489

# 慾　慾　㣊

上博三·亙先 5　郭店·語二 13　郭店·緇衣 6

○**荊門市博物館**(1998)　(編按:郭店·緇衣6)㣊,今本作"俗",似誤。

(編按:郭店·語二 10)㣊(欲)。

《郭店楚墓竹簡》頁 132、203

○**劉信芳**(2000)　子曰:民以君爲心,君以民爲體。心好則體安之,君好則民慆(裕)之。古(故)心以體法,君以民芒。《寺(詩)》員(云):"隹(誰)秉或(國)成,不自爲貞(正),卒勞百省(姓)。"《君𦥛(牙)》員(云):"日屌雨,少(小)民佳(惟)日悁(怨);晉冬旨(祁)滄,少(小)民佳(惟)日悁(怨)。"(簡8—10)

心好則體安之,今本作"心莊則體舒,心肅則容敬,心好之,身必安之"。彭浩認爲"心莊、心肅"句,"極可能是後來摻入正文的"。

　　君好則民裕之　今本作“君好之，民必欲之”。或據此謂“俗”讀爲“欲”，疑非是。蓋“俗”與上文“安”相照應，應讀爲“裕”，寬也。《書·康誥》：“汝亦罔不克敬典，乃由裕民……用康乃心，顧乃德，遠乃猷，裕乃以民寧。”傳云：“行寬政，民乃以安。”蓋君“好”，民乃得寬鬆也。

《郭店楚簡國際學術研討會論文集》頁 168

○湯餘惠等（2001）　㣺。

《戰國文字編》頁 721

○李守奎（2003）　慾　㣺　从谷省聲。

《楚文字編》頁 623

○李零（2003）　（編按：上博三·亙先 3 正）“慾”，讀“欲”。

《上海博物館藏戰國楚竹書》（三）頁 290

○李守奎、曲冰、孫偉龍（2007）　（上博三·亙先 3 正、上博三·亙先 5）慾　按：《廣韻·燭韻》：“慾，嗜慾。”

《上海博物館藏戰國楚竹書（一—五）文字編》頁 502

△按　“㣺”爲“㣺”之省。黃文傑（《“谷”及相關諸字考辨》，《古文字研究》24輯 418 頁，中華書局 2002 年）指出“郭店楚簡此字寫作‘㣺’，是因爲‘㣺’字字形修長，故省去‘口’，使字形方正”。其說可從。欲字从欠谷聲，從㣺、㣺、慾三者的關係來看，茲統一隸定爲“慾”。

# 憥

　郭店·語一 84　　郭店·語一 85

○裘錫圭（1998）　（編按：郭店·語一 84、85、86）以上三簡中从“心”从“祭”之字，疑當讀爲“察”。

《郭店楚墓竹簡》頁 200

○湯餘惠等（2001）　憥。

《戰國文字編》頁 727

○李守奎（2003）　憥　瘵　《集韻·祭韻》有憥字。

《楚文字編》頁 630

# 懿

陶彙 3·272

△按　孫剛(《齊文字編》281 頁,福建人民出版社 2010 年)隸定爲"懿"。

# 意

上博三·周易 4

○濮茅左(2003)　"意"《説文》所無,從心,啻聲。古"商""啻"同形,凡今商聲字,《説文》皆言啻聲。如《説文·攴部》:"敵","從攴,啻聲";《水部》:"滴","從水,啻聲"。讀爲"惕",聲符"啻"與"易"通,《集韻》:"禘,或作褅、祶。"或以爲"惕"之異體。

《上海博物館藏戰國楚竹書》(三)頁 141

○廖名春(2004)　"惕"即"愓","商""易"音同,故"愓"可寫作"意",從"商(啻)"之字,多有止義。蹢,同躑。《説文》:"住足也。"《釋文》:"蹢躅,不行也。"《廣韻·卦韻》:"偙,步立兒,出《聲譜》。"《集韻·卦韻》:"偙,立兒。"帛書《易經》"惕"作"寧",音近,義也通。"寧"義爲安、息,也是止。王弼本《乾》卦九三爻辭"夕惕若"之"惕",帛書《易經》和《二三子》《衷》篇皆作"沂"。我曾經指出,"沂即析(愁),由解除引申爲安閒休息",愁愓(惕)實爲一字的異寫,"惕"應訓爲止息。楚簡"愓"作"意",也可支持這一觀點。

《周易研究》2004-3,頁 8

○李零(2006)　窒惕,上字,簡文作憒,下字,簡文從心從商,憒所從的毘,和西周金文的寫法不一樣,是從田從雙止。這兩個字,馬王堆本作洫寧,洫是曉母質部,窒是端母質部,可能是通假關係,窒作寧則是形近致訛。

《中國歷史文物》2006-4,頁 55—56

# 惺

中原文物 2009-3,頁 11 郳夫人孈鼎

○王長豐、喬保同（2009）　愯（忘）。

# 悥

集成 9734 奵鎣壺

---

○朱德熙、裘錫圭（1979）　《爾雅・釋詁》："寅，敬也。""承"疑當讀爲"烝"，《爾雅・釋詁》："烝，祭也。""寅祗烝祀"與鄂侯簋"祗敬橋祀"意近。

○張政烺（1979）　悥，從心，寅省聲，疑是夤之異體，敬惕之意。

○張克忠（1979）　"悥（悥）祗承祀"，鄲孝子鼎寅字作𡊄，與悥字所從之寅相同。《尚書・堯典》："寅賓日出。"《史記・五帝本紀》引作"敬道日出"。《爾雅・釋詁》："寅，敬也。"悥字從心者，心敬也。

○李學勤、李零（1979）　第五十八行第三字上半從寅，形與侯馬盟書一六：三寅字相似，這個字讀爲寅敬之寅。

○于豪亮（1979）　"悥祗承祀"，悥字的上半部同前一件壺銘"遺恖（訓）"遺字右偏旁貴字的上半部不同，《古文四聲韻・稕韻》瞬字古文作瞚，瞬又作瞋，是瞚即瞋字，故此字當釋爲寅字，《爾雅・釋詁》："寅，敬也。"《禮記・中庸》："使天下之人，齊明盛服，以承祭祀。"即爲"承祀"所本。

○徐中舒、伍仕謙（1979）　（20）𩲒，《説文》：蕢，古文作𣩑。貴，篆文作𧷨，從𠀐。此字從心，當釋爲貴。《孟子》："用下敬上謂之貴。"祗，敬也。貴祗，重言其敬也。

○湯餘惠（1993）　悥，從寅，原銘作𡊄，即金文𡊄、𡊄之形省上。悥，同寅；寅祗，敬慎的意思。

○何琳儀（1998）　中山王圓壺愧，見《倉頡篇》："愧，明也。"《詩・小雅・楚茨》"祀事孔明",箋:"明,猶備也。"

《戰國古文字典》頁 933

○**湯餘惠等**(2001)　　憲。

《戰國文字編》頁 727

# 惎

集成 2840 中山王鼎

---

○**張守中**(1981)　　惎　懅字異體　通遽。

《中山王嚳器文字編》頁 68

○**湯餘惠等**(2001)　　惎。

《戰國文字編》頁 729

【惎燹】集成 2840 中山王鼎

○**朱德熙、裘錫圭**(1979)　　(三)方壺銘和鼎銘裏都有圖字(以下用~號代替):

　　　　方壺銘 11 行:余知其忠詢(信)也而謣(專)任之邦,是以游夕飲食,寧有~燹。

　　　　鼎銘 21 行:是以寡人医任之邦而去之游,無~燹之慮。

　~字從囻。過去我們在研究燕國官印裏習見的"囻呈"二字時,曾據邵鐘和壬午劍"虘"的寫法推斷囻是"虘"字的簡化。平山器的~字應釋爲"惎",字從"虘"得聲,應該釋《廣韻·魚韻》"强魚切"下訓爲"怯也"的"懅"字的異體。"懅"與"遽"通,《廣雅·釋詁二》:"遽,懼也。"平山器"惎"字兩見,都跟"燹"連用。"惎燹"當讀爲"遽惕"。《楚辭·大招》"魂兮歸來,不遽惕只"。

《文物》1979-1,頁 43

○**張政烺**(1979)　　惎,原作圖,囻據朱德熙、裘錫圭《戰國文字研究》當釋虘(見《考古學報》1972 年第 1 期 83 頁),則此字當是從心,寅聲,乃懅之異體。懅字見《後漢書·王霸傳》、《玉篇》、《刊謬補缺切韻》(故宮舊藏,唐蘭寫印本)、《廣韻》、《集韻》、《類篇》等書,有平聲、去聲兩讀,平訓怯,去訓懼,古書中多以遽爲之。

《古文字研究》1,頁 214

○**張克忠**(1979)　　"亡(無)惎燹之悬",　惎,從宀從囻從心。囻,當爲燹。《説文》:"燹,積火燎之也,從木從火從酉。《詩》曰:薪之燹之。《周禮》:以燹燎祠司中司命。㷥,祡祭天神,或从示。”按,㷥、祡皆當从火,因形近和用於祭祀而誤爲从示。𤏐象以尊㞊等器皿溉酒於火,以祭天神。从宀,象在屋下尞酒。酒被燃燒飛揚,故有遠離之義,其引申之義,後世用攸、悠字代替。

《故宫博物院院刊》1979-1,頁 43

○**李學勤、李零**(1979)　悆,从宊聲,讀爲遽。遽惕一詞見《楚辭·大招》。“靡有遽惕”即無所畏懼的意思。

《考古學報》1979-2,頁 151—152

○**于豪亮**(1979)　“悆煬”,朱德熙同志見告,謂即《楚辭·大招》“魂兮歸來,不遽惕只”之遽惕,其説甚是。

《考古學報》1979—2,頁 174

○**徐中舒、伍仕謙**(1979)　悆,此怵字。《璽印文字徵·附録》“上黨遂大夫”印。遂字作𨒅。按:遂、術、述三字古通用。《三體石經》公子遂,古文作𨑓(《左傳》僖公),乃其隧命作𨑓(《尚書·君奭》),遂均作述。《左傳》:文公十二年“秦伯使術來聘”,《公羊傳》術字作遂。《禮記·祭義》:“結諸心,形諸色而術省之。”鄭注曰:“術當爲述。”篆文术作朮,應爲朮之形省。此字之偏旁𣎳,乃𣎳之形訛,即术之異文。

《中國史研究》1979-4,頁 86

○**湯餘惠**(1993)　悆炅,即遽惕,擔心的意思。

《戰國銘文選》頁 35

○**何琳儀**(1998)　中山王鼎“悆炅”,讀“遽惕”。《楚辭·大招》“不遽惕只”,注:“長無惶遽怵惕之憂也。”

《戰國古文字典》頁 498

# 憲

郭店·成之 4

---

○**裘錫圭**(1998)　(編按:郭店·成之 4)“憲”疑當讀爲“浸”。《易·遯》彖傳“浸而長也”,《正義》:“浸者,漸進之名。”

《郭店楚墓竹簡》頁 168

○**李零**(1999)　(編按:郭店·成之 4)寖。

《道家文化研究》17,頁 512

○周鳳五（1999） （編按：郭店·成之4）字當讀作"湛"，深也；謂君子教導人民不深入，則其教化之浸漬於民者亦不深入矣。

《張以仁先生七秩壽慶論文集》頁360

○湯餘惠等（2001） 惈。

《戰國文字編》頁727

○李零（2002） （編按：郭店·成之4）"浸"，原作"悥"，舊作讀"寢"，裘按讀爲表示漸進之義的"浸"字，今按從文義考慮，應以讀"浸"爲是。

《郭店楚簡校讀記》（增訂本）頁126

○劉釗（2003） （編按：郭店·成之4）"悥"讀爲"浸"。

《郭店楚簡校釋》頁138

○李守奎（2003） 悥。

《楚文字編》頁630

# 愳

包山278反　侯馬

○山西省文物工作委員會（1976） 俚。

《侯馬盟書》頁326

○劉彬徽、彭浩、胡雅麗、劉祖信（1991） （編按：包山278背）愳（懼）。

《包山楚簡》頁39

○何琳儀（1993） 愳原篆作悍，見《侯馬》323，應釋"愳"。

《江漢考古》1993-4，頁60

○何琳儀（1998） 愳，从心，弜聲。疑弜之繁文。
　　侯馬盟書愳，讀强。

《戰國古文字典》頁647

○湯餘惠等（2001） 愳。

《戰國文字編》頁726

○李守奎（2003） （編按：包山278背）愳　愳。

《楚文字編》頁629

# 憅

璽彙 0249

△按　孫剛(《齊文字編》279 頁,福建人民出版社 2010 年)隸定爲“憅”。

# 憢

○湯餘惠(1986)　1 𤯟《璽》0987

　　　　𤯟《季木》22·11

　　　2a 𤯟《璽》0821

　　　　b 𤯟《璽》1704

　　　3 𤯟《璽》1095

　　　4 𡕥《季木》55·6

（中略）關於“夫”,《説文》中存在解決的線索。《説文》堯部：

　　堯,高也。从垚在兀上,高遠也。𡴝,古文堯。

從古文堯的寫法看,似“夫”即“堯”之省體,从土在人上的“夫”和甲骨文堯字从二土在卩上作𡴝(《後》下 32·16)構形原理頗有一致處。（中略）

　　例 4 可釋爲“憢”,字見《王(編按:“王”當爲“玉”之誤)篇》:“呼條切。懼也。”

《古文字研究》15,頁 17—18

○高明、葛英會(1991)　憢　林古文堯,此从古文堯省。《説文》所無。《集韻》:“憢,僞也。”

《古陶文字徵》頁 106

○何琳儀(1998)　忨,从心,无聲。疑憮之省文。《説文》:“憮,愛也。韓鄭曰憮。从心,無聲。”

　　齊陶忨,人名。

《戰國古文字典》頁 615

○湯餘惠等(2001)　憢。

《戰國文字編》頁 728

○王恩田(2007)　憢。

《陶文字典》頁 286

## 愢

上博六·用曰 4

## 懛

陶彙 3·41　　陶録 2·13·1

○何琳儀(1998)　懛,从心,我聲。疑我之繁文。

齊陶懛,人名。

《戰國古文字典》頁 491

○湯餘惠等(2001)　懛。

《戰國文字編》頁 728

○王恩田(2007)　懇。

《陶文字典》頁 284

## 蠆

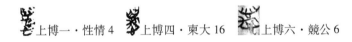上博一·性情 4　　上博四·柬大 16　　上博六·競公 6

○濮茅左(2001)　(編按:上博一·性情 4)蠆,讀爲“厲”,《集韻》:“厲,嚴也。”或依《廣雅·釋詁四》“厲,高也”解。

《上海博物館藏戰國楚竹書》(一)頁 227

○濮茅左(2004)　(編按:上博四·柬大 16)“蠆”,讀爲“瀝”。

《上海博物館藏戰國楚竹書》(四)頁 209

○濮茅左(2007)　(編按:上博六·競公 6)“蠆”,从心,萬聲,《説文》所無,《正字通》:“俗字,古通用厲。”讀爲“萬”。

《上海博物館藏戰國楚竹書》(六)頁 177

△按　上博四《柬大王泊旱》簡 16 的“蠆”字,陳劍(《上博竹書〈昭王與龔之

脽〉和〈柬大王泊旱〉讀後記》,《戰國竹書論集》131 頁,上海古籍出版社 2013
年)讀爲"賴",指出"'萬'聲字與'賴'字和'賴'聲字相通之例甚多,看高亨、
董治安《古字通假會典》第 631—632 頁。賴,利也,古書常訓。'邦賴之'即國
以此大雨爲利"。其説可從。

# 蒽

 郭店·語三 15

○**荆門市博物館**(1998)　（編按:郭店·語三 15)蒽。

《郭店楚墓竹簡》頁 209

○**李零**(1999)　（編按:郭店·語三 15)"蒽",从心从菌,待考。

《道家文化研究》17,頁 529

○**何琳儀**(2000)　遊(游)蒽(佚),益。崤(高)志,益。《語叢三》14—15

《説文》:"菌,糞也。从艸,胃省。"《集韻》:"菌,或作屎,通作矢。""矢"與
"失"音近可通。《公羊傳·文公七年》:"昳晉大夫使與公盟也。"釋文"昳"作
"昳"。是其佐證。"遊蒽"疑讀"游佚"。《墨子·尚同》下:"非特富貴游佚而
繹之也。"

《文物研究》12,頁 204

○**湯餘惠等**(2001)　蒽。

《戰國文字編》頁 729

○**徐在國**(2001)　《語叢》三 15 有字作𧈪,簡文爲:"游𧈪,益。"原書隸寫此字
爲"蒽"。睡虎地秦墓竹簡有字作𧌀,張守中先生《睡虎地秦簡文字編》説:
"菌,《説文》所無。封三六通'遲',有失伍及菌不來者。"陳振裕、劉信芳先生
《睡虎地秦簡文字編》亦隸作"菌"。《秦漢魏晉篆隸字形表》隸作"菌"。按隸
作"蒽"是正確的。《説文》:"菌,糞也。从艸,胃省。"《玉篇·艸部》:"菌,糞
也,亦作矢,俗爲屎。"古音菌屬書紐脂部,遲屬定紐脂部,二字韻部相同,聲紐
均屬舌音,故秦簡假"菌"爲"遲"。楚簡"𧈪"字上部所从與秦簡"菌"字同,此
字可分析爲从"心""菌"聲,隸作"蒽",字在簡文中似應讀爲"逸"。古音逸屬
余紐質部,蒽、逸聲紐同屬舌音,韻部質、脂對轉。簡文"游蒽(逸)"義爲遊樂。
古書中有"遊逸"一詞,如漢應劭《風俗通·怪神》:"遊逸無度,不恤國政。"

《簡帛研究二〇〇一》頁 180

○**李零**（2002）　　（編按:郭店・語三 15）舊作以爲从心从菌,不確,此字似可分析爲从心从胄省（參看《性自命出》簡 26 的"胄"字和吉日壬午劍的"胃"字）。何琳儀、白於藍先生已經指出,此字的聲旁部分,其實就是《説文》卷一下的"菌"字（相當後世的"屎"字,古書亦作"矢"）,許慎的解釋是"糞也。从艸胃省",這裏應讀爲"遊俠"（何氏《郭店竹簡選釋》、白氏《郭店楚墓竹簡考釋》）,甚確。

《郭店楚簡校讀記》（增訂本）頁 153

○**劉釗**（2003）　　（編按:郭店・語三 15）"薗"字从"菌"从"心","菌"即"屎"字,在此疑讀爲俠。

《郭店楚簡校釋》頁 213

△**按**　蘇建洲《〈郭店・語叢三〉簡 15"菌"字考》（復旦網 2011 年 7 月 15 日,又收入氏著《楚文字論集》461—474 頁,萬卷樓圖書股份有限公司 2011 年）一文中將此字隸定爲"薗",讀爲"豫",可參。

# 憍

珍秦 41　　璽彙 0586　　包山 143　　曾侯乙 156

○**劉彬徽、彭浩、胡雅麗、劉祖信**（1991）　　（編按:包山 143）憍。

《包山楚簡》頁 27

○**何琳儀**（1998）　　憍,从心,喬聲。《廣韻》:"憍,恣也,憐也。"

　楚系（編按:疑"系"爲衍字）簡憍,人名。

《戰國古文字典》頁 295

○**湯餘惠等**（2001）　　憍。

《戰國文字編》頁 728

○**李守奎**（2003）　　（編按:包山 143）驕　蕎　《集韻》宵韻:"憍,矜也。"通作驕。詳見心部。

　憍　蕎　蕎　《廣韻・宵韻》:"憍,本亦作驕。"馬都（編按:"都"爲"部"之誤）重見。

《楚文字編》頁 570、630

○**黃德寬等**（2007） 秦簡驕，用表驕之引申義，含傲慢、驕矜之意。

《古文字譜系疏證》頁 795

# 憂

憂
少 郭店·尊德 34

---

○**荊門市博物館**（1998） （編按：郭店·尊德 34）㥚（？）。

《郭店楚墓竹簡》頁 174

○**白於藍**（1999） 坷（均）不足以坪（平）正（政），㥚（？）不足以安民。（174 頁。《尊德義》圖版三四—三五行）

釋文中於“㥚”字後亦加注“？”號。此字原篆作“憂”，其“也（心）”旁上部所從並非“家”，楚簡中“家”字習見，但無一例與此旁形近。筆者以爲此字實應分析爲從心從宀爰聲，應隸定爲“憂”。郭店簡本章中又有一字作“爰”（圖版二三行），釋文中認爲是“爰”字，應該是可信的。鄂君啟節中“爰陵”之“爰”字作“爰”，包山簡五“瑗”字作“瑗”，“爰、爰、爰”形體十分接近，當是一字無疑。簡文“爰”字所從之“爰”旁與“爰”亦當是一字，只不過“爰”字下部所從之“又”位置上移，並同其上部所從之“爫”發生借筆關係而已。

簡文中此“憂”字當讀爲“緩”，緩、寬義近，《玉篇》：“寬，緩也。”《國語·吳語》：“將必寬然有伯諸侯之心焉。”韋昭《注》：“寬，緩也。”簡文“緩不足以安民”猶言“寬不足以安民”。《管子·法禁》：“莫敢布惠緩行。”房玄齡《注》：“從容養民謂之緩行。”既然“從容養民謂之緩行”，爲什麽簡文卻説“緩（寬）不足以安民”呢？其實，這並不矛盾。《書·（編按：脱一“君”字）陳》：“寬而有制，從容以和。”《左傳·昭公二十年》：“寬以濟猛，猛以濟寬，政是以和。”《荀子·正論》：“殺人者不死而傷人者不刑，是謂惠暴而寬刑也。”《韓非子·難二》：“今緩刑罰，行寬惠，是利姦邪而害善人也。”《漢書·宣帝本紀》：“今吏或以不禁姦邪爲寬大，縱釋有罪爲不苛，或以酷惡爲賢，皆失其中。”由此可見，“寬”也有一定的限度，一味行“寬政”而不適當施之以刑罰，反而會害民。這正是“緩不足以安民”之本義。

《中國古文字研究》1，頁 115—116

○**李零**(1999)　(**編按**:郭店・尊德34)“埒”,原从心从宀从寽,整理者以爲从心从家,這裏讀爲“埒”,是同等的意思。

《道家文化研究》17,頁524

○**劉信芳**(2000)　《尊德義》34:“愋不足以安民。”《郭店》釋“愋”爲“[illegible]?”。按“愋”以及从“爰”之字楚簡屢見。“爰”,鄂君啟節、尊23;“[illegible]”,望2-22;“愋”,包182(用作人名);“緩”,包76、96、189(用作人名);“[illegible]”,包174、176(用作人名);“瑗”,包5(用作人名)。“愋不足以安民”者,疑“愋”讀如“緩”,《管子・法禁》:“莫敢布惠緩行。”注:“從容養民謂之緩行。”

《江漢考古》2000-1,頁45

○**陳偉**(2003)　(**編按**:郭店・尊德34)“緩”之上部,原釋文疑爲“家”,李零先生釋爲“寽”。疑是“爰”之變體,字應釋爲“愋”,讀爲“緩”,指爲政寬緩。《管子・君臣下》:“中央之人,以緩爲急,急可以取威;以急爲緩,緩可以惠民。”

《郭店竹書别釋》頁166

○**劉釗**(2003)　(**編按**:郭店・尊德34)“[illegible]”意爲心不安。

《郭店楚簡校釋》頁129

○**李守奎**(2003)　[illegible]　疑與愋爲一字。

《楚文字編》頁631

△**按**　白於藍隸定爲“[illegible]”,讀爲“緩”,其説可從。

# 憥　[illegible]

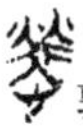
郭店・六德16

○**荊門市博物館**(1998)　[illegible](勞)。

《郭店楚墓竹簡》頁187

○**湯餘惠等**(2001)　憥。

《戰國文字編》頁729

○**李守奎**(2003)　憥　[illegible]　《玉篇・心部》:“憥,心乏力也;疾也。”褮在楚簡中皆讀爲勞。

《楚文字編》頁622

# 湯心

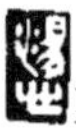璽彙 3518

○**强運開**(1935)　湯心　　古鈢湯心。《説文》所無。《集韻》待朗切,音蕩。《博雅》:“湯心湯辵,動也。”

《説文古籀三補》頁 53,1986

○**羅福頤等**(1981)　湯心。

《古璽文編》頁 266

○**何琳儀**(1998)　湯心,从心,湯聲。《廣雅·釋訓》:“湯心湧,動也。”

古璽湯心,人名。

《戰國古文字典》頁 668

○**湯餘惠等**(2001)　湯心。

《戰國文字編》頁 728

# 隱

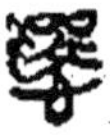上博一·詩論 1　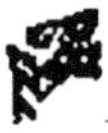上博一·詩論 20

○**馬承源**(2001)　隱,从陘从心,以旻爲聲符。《説文》無此字,即“旻”字亦無。《中山王譻鼎》“旻邦難窺”,讀爲“鄰邦難親”,由此知“旻”字音讀當若“鄰”字。但“旻”之與“鄰”,字形相去甚遠,乃音的通借。《老子·德經》“鄰國相望”、《道經》“若畏四鄰”之“鄰”字,《馬王堆漢墓帛書·老子乙本》均作“旻”,字之音讀由此可以確認。但古籍从粦聲之字也或與“吝”相通,《易·蒙》初六“以往吝”,《説文》辵部引作“以往遴”,《漢書·王莽傳》“性實遴嗇”,顔師古注讀與“吝”同。可能“吝”是“旻”的異體,但前者所从口在下,後者从吅在上,其閒是否有轉承關係,尚不清楚。但“隱”字从阜从心,或从陘从心,必定不是“旻”字的本義,否則没有必要加上阜或心等字的偏旁。此字既以旻爲聲符,是當以聲轉字視之,按辭義應可讀爲《離騷》之“離”,離、旻、鄰都爲雙聲,韻部爲同類旁對轉,“離志”一辭見於《史記·燕召公世家》:“因搆難數月,死者數萬,衆人恫恐,百姓離志。”又《説苑·政理》:“孔子曰:夫荊之地廣而都狹,民有離志焉。”《莊子·馬蹄》“其德不離”“性情不離”,志與性情都

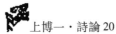

可以與離構成辭語,性情是心態的體現,所以《離騷》云:"何離心之可同兮,吾
將遠逝以自疏。"《淮南子·本經訓》:"是故上下離心,氣乃上蒸。"又《俶真
訓》:"始昧昧琳琳,皆欲離其童蒙之心。"志、性情、心(包括騷)等狀態的稱述
皆可謂離或不離。詩亡隱志、樂亡隱情、吳亡隱言,可以讀爲詩不離志、樂不離
情、文不離言。

《上海博物館藏戰國楚竹書》(一)頁 125—126

○濮茅左(2001)　關於馬承源先生所讀"離"的那個字,饒宗頤先生讀爲
"吝",我認爲也可讀爲"泯"。《詩·大雅·桑柔》"靡國不泯",傳云:"泯,滅
也。"《春秋正義序》"漢德既興,儒風不泯",《爾雅》:"泯,盡也。""詩毋吝志"
也可讀爲"詩毋泯志"。《說文通訓定聲》:"潤,字也作泯。"潤、泯、憐、鄰、吝
音近,可通。"毋泯"同"不泯"。這些釋法,都是依聲通借,釋義也相近,且所
釋讀的假借字於文意也合,因此,不存在重要分歧。

《中華文史論叢》2001-3,總第 67 輯,頁 13

○裘錫圭(2002)　結合簡文意義和"叟"的讀音來考慮,"陻""隱"似可釋讀
爲"隱"。

　　"隱"是影母文部字,韻部與"叟"相合,但聲母距離似稍大。但在形聲字
例,確有影母與來母、明母相諧的例子。例如:以來母字"䜌"爲聲旁的,既有
很多來母字,也有明母字"蠻"和影母字"彎"(此例承陳劍指出)。以影母字
"嬰"爲聲旁的"瀴",既有影母的讀音,也有明母的讀音(莫迥切)。以明母字
"髳"爲聲旁的從"走"之字,除幫母的讀音外,還有影母的讀音(於蹇切。據
《說文》,來母的"冔"以影母的"一"爲聲,但這與古文字不合,故不以爲證)。
此外在經典異文中,"鄰"和"隱"都有與"乘"爲異文之例:

　　　　《禮記·郊特牲》"丘乘共粢盛",鄭注:"乘或爲鄰。"

　　　　《書·盤庚下》"尚皆隱哉",《漢石經》"隱"作"乘"(洪适《隸釋》卷十
　　　四·一下,《隸釋、隸續》149 頁,中華書局 1985)。

這也可能是"鄰""隱"二字古音相近可通的反映。總之,把"陻""隱"釋讀爲
"隱",在語音上是講得通的。那麼,"陻"大概就是隱蔽之"隱"的異體(二字
皆從"阜"),"隱"從"心",應是表示心理、語言方面的"隱"的。後世將二者合
爲一字,不加區分。

　　下面解釋簡文意義。

　　第一簡的"亡"應讀爲"無"。詩言志,樂表情,文達意。但詩文之志意不
見得一目了然,樂之情也不是人人都能聽出來的。孔子之意當謂,如能細心

體察,詩之志、樂之情,文之意都是可知的。所以説"詩無隱志,樂無隱情,文無隱意"。"隱"有不可知之意。孔子説詩,也就是要明詩之志。

《中國出土古文獻十講》頁 305—306,2004;原載《中國哲學》24

○**李學勤**(2002)　特別需要講的,是"隱"字。關於這個字,學者提出過幾種意見,我主張應讀爲"隱藏"的"隱"。字爲什麽是"隱"呢? 必須從文字學加以説明。

"隱"這個字,根據《説文》,是从"㥯",而"㥯"又从"㡭"聲。簡文的字,把"㡭"變成了"奻",只是改了聲符。

"奻"字的上部,本作兩個小圓圈,可隸寫爲"吅"或"厸",據郭忠恕《汗簡》等書,是"鄰"字古文,這字的古音在來母真部。前些年長沙馬王堆出土的帛書《周易》,"悔吝"的"吝"都寫作"奻"。"吝"字古音在來母文部,真、文兩韻接近,因而相通。

實際上,"奻"字是在作爲古文"鄰"的"吅"字上面,再加"文"爲其聲符。就聲母説,"鄰"是來母,"文"是明母,這和"令"是來母,"命"是明母,道理是一樣的。

"㡭"則是影母文部字。大家知道,來母或明母文部的字,每每和喉音曉、匣、影一系同韻的字相關。比如"侖"在來母文部,"睔"字則是匣母文部;"募"字明母文部,"矕"字則在曉母文部。同樣,"緍、瞑"等字是明母文部,所从的"昬(昏)"也在曉母文部。所以"奻"字既可借爲文部的"吝",也就可以和影母文部的"㡭"相通了。

《文藝研究》2002-2,頁 31—32

○**龐樸**(2002)　《性情論》第二十九至三十簡:"凡説人勿室也,身必從之;言及則明舉之,而毋愚。"第三十九簡:"凡人愚爲可惡也,愚斯悫矣,悫斯慮矣,慮斯莫與之結。"郭店《性自命出》篇第五十九至六十、四十八簡全同。

按,"室"即意,从心字常簡作从土,例多不贅。"悫"字多處屢見,或釋爲"吝",或釋爲"離",乃此番簡牘釋讀之一大公案。"愚"字示心有所爲,非性情之真,歷來定爲"僞"字。荀子"人性惡,其善者僞也"之"僞",疑本亦从心作"愚"。

查《論語・季氏》云:"言及之而不言,謂之隱。"《荀子・勸學》篇亦有"可與言而不言,謂之隱"之句。以之校讀楚簡,可得:1."言及之而不言"(不明舉之);2."愚故也";3."愚斯悫(隱)矣"。

請注意,《論語》《荀子》的兩層結構(不言—隱),在楚簡衍爲三層(不言—愿—隱）了，這是《性自命出》等篇以分析心性見長（所謂"心術爲主"）的特徵。譬如"未賞而民勸，未罰而民服"這樣的句子，在各家政論中都有，其在《性自命出》，則於"賞、勸"與"罰、服"之間，加入一個作爲原因的心性因素，而成爲"未賞而民勸，含福者也；未刑而民畏，有心畏者也"，如此等等。由此也可推定，"愿"字應保留心形，"意"字決不能釋爲"離"字，"隱"字在此須作爲心態來理解，是大體上可以肯定的。

以"意"爲"隱"來讀《詩論》第一簡之"詩無隱志，樂無隱情，文亡隱言"，亦勝出"離、吝"多多。至於《詩論》第二十簡"其意（隱）志必有以喻也"，前文"民性固然"章已言及矣。

以"意"爲"隱"之文字學論證，愧莫能任，恭候方家補正。

　　　　　　　　　　　　　　　　　　　《上博館藏戰國楚竹書研究》頁 241—242

○**饒宗頤**（2002）　　關於"詩亡隱志，樂亡隱情，文亡隱言"三句，好像是三句偈。"隱"當是"吝"字的繁寫。《玉篇》引《論語》有"改過不吝"，陶潛《五柳先生傳》："曾不吝情去留。"亦使用"吝情"二字，語雖後出，亦可參證。

《性命》第三十九簡："愿（偽）斯慝矣，慝斯慮矣。"郭店本作"哭"，《老子》："若畏四鄰。"帛書乙本作"哭"。《説文》"吝，恨惜也"，引《易》"以往遴（出京氏《易》）"。"鄰""遴"互通。此處讀"偽斯吝矣，吝斯慮矣"亦通，不必改讀爲"文"。

故詩不吝志，樂不吝情，文不吝言，都是文從字順，何須改讀爲"離"耶？

　　　　　　　　　　　　　　　　　　　　　《上博館藏戰國楚竹書研究》頁 228

○**何琳儀**（2002）　　"陵"，原篆作"䱠"。其下從心，疑是疊加"無義偏旁"。"陵"所从哭，在戰國秦漢文字中習見，多讀"鄰"。然則"陵"可直接釋"隣"，即"鄰"之異文（《集韻》）。

"鄰"與"陵"雙聲，典籍往往可以通假。另外，傳世鄰陽壺之"鄰陽"應讀"陵陽"，地名。見《楚辭·九歌·哀郢》《漢書·地理志》等。凡此可證，簡文"陵"應讀"陵"。

《禮記·學記》"不陵節而施之謂孫"，疏："陵，猶越也。"字亦作"凌"，《吕氏春秋·論威》"雖有江河之險，則凌之"，注："凌，越也。"至於第二十簡"其陵志必有以俞（逾）"，其中"陵（陵）"訓越與"俞（逾）"訓越恰可互證。

另外，《書·泰誓》："予盍敢有越厥志。"其中"越志"似乎可以作爲對簡文"陵志"的注解。

總之，"陵"有馳騁超越之意，在簡文中爲使動用法。其大意謂"詩歌不可使心志陵越,音樂不可使感情陵越,文章不可使言辭陵越"。凡此種種,都合乎儒家"過猶不及"的中庸之道,"游於藝"則應體現所謂"温柔敦厚"之恉也。

《上博館藏戰國楚竹書研究》頁 244—245

○**周鳳五**(2002)　1.簡一"詩亡隱志,樂亡隱情,文亡隱言":"隱",簡文作从阜,右从心,吝聲,原釋"吝",讀爲"離"。按,當依李學勤、龐樸之説,讀爲"隱"。"亡",無有也,與禁止之"毋"不同。簡文謂人心之真實情志皆反映於詩歌、音樂、言語之中,無法隱匿或矯飾,即"詩言志"是也。

《上博館藏戰國楚竹書研究》頁 156

○**李零**(2002)　"吝",從古音考慮,不應讀爲"離"("吝"是來母文部字,"離"是來母歌部字)。此字原作"隱",上半是戰國文字的"鄰"字,下半从心。這種寫法的"鄰"字,右半所從是"吝"字的或體。我們從字形看,此字實相當古書中的"憐";從閱讀習慣看,則讀"吝"更順。"憐""吝"音義相近,均可訓惜,含有捨不得的意思。這裏的"吝志",疑指下文所説"有藏願而未得達"。同樣,"吝情、吝言"也是指藏而未發的"情"和"言",意在强調《詩》的"宣泄"(catharsis)作用。

《上博楚簡三篇校讀記》頁 21

○**王志平**(2002)　"吝",《後漢書·黃憲傳》注釋:"吝,貪也。"下"其吝志必有以偷也"同。

《上博館藏戰國楚竹書研究》頁 210

○**廖名春**(2002)　"隱"字从文得聲,而从文之字與从民之字多通用。《爾雅·釋詁》:"泯,盡也。"《説文新附·水部》:"泯,滅也。"《詩·大雅·桑柔》"靡國不泯",毛傳:"泯,滅也。"鄭珍《説文新附考》:"怋即古泯字。"《路史》卷八:"中聲失則律無當,律無當則樂不比,樂不比則情文泯,情文既泯則旋宫之制、迎氣之律其能獨正乎?"曹植有《愍志賦》行世。"詩無泯志"即"詩言志"之否定之否定。

《上博館藏戰國楚竹書研究》頁 261

○**邱德修**(2002)　《孔子詩論》第一簡中的"詩亡隱志、樂亡隱情、㝈亡隱言"的三"隱"字就是"鄰"的本字。因爲古文字中"夝"(或"吝")字,可以通作从粦之字,除了前引馬館長所列舉《中山王䥷鼎銘》的"夝邦難㝰"就是"鄰邦難親";《老子·道經》"鄰國相望"、《德經》"若畏四鄰"等"鄰"字,《馬王堆帛書·老子乙本》悉作"夝"的證據外,像《郭店楚簡·老子甲》"猶乎其若愄四夝"文中的"四夝"就是四鄰的意思了。又《六德》云:"親父子,和大臣,歸四夝

卷十·心 5569

之帝(諦)乎？"文中的"四叟"也當四鄰的意思了。（中略）

總之，"叟(旮)"字可通"閔(憫)"，爲了區別本義與假義之不同，又爲借義造了"愍"字，同理，"叟(旮)"亦可通"鄰、憐、遴"字。"叟"爲了與借義區隔遂以"愍"字爲聲符，另增阜旁作爲形符遂成就了"隱"字，而"隱"字即是"鄰"的本字。（中略）

我們根據以上六則古注，求得"泯"字的本義爲"滅也"。那麼，作水名解的"泯"則是其假借義而非本義了。於是我們再用公式表示如下：

據借字：隱——鄰

求本字：泯

明本義：滅

我們獲得的答案：我們破借字"隱(鄰)"，找到了本字爲"泯"，而獲得正確的答案則爲"滅也"。然後將此答案代進上博簡文之中，就成爲下面所呈現的結果：

詩亡隱志→詩亡鄰字→詩亡泯志→詩亡滅志；

樂亡隱情→樂亡鄰情→樂亡泯情→樂亡滅情；

文亡隱言→文亡鄰言→文亡泯言→文亡滅言。

《上博館藏戰國楚竹書研究》頁 296—302

○張桂光（2002） 1. 釋，字凡三見，均出第一簡。原釋文隸作"隱"，可從。但以爲與第二十簡之 陞 爲一字，在簡文中並當讀"離"，則似有可商。（中略）

考"隱"字所從之叟，戰國文字屢見，諸家釋"鄰"，向無異議，蓋以兩口（表城邑）相鄰表意，以文標聲，"陞"即其疊加形符之繁文，"隱"則爲從心、陞聲的形聲字，自當以釋"憐"爲宜。"憐"有旮義，引申可指隱留，"亡憐"即有盡情、無保留之意，第一簡的文意可作"詩當無保留的述志，樂當無保留的抒情，文當無保留的記言"解，而第二十簡則是借"陞"爲"憐"，簡文當讀作"其憐志必有以喻也"，解作"其述志有保留時，一定是隱含某種喻意的"。

《上博館藏戰國楚竹書研究》頁 335—336

○李鋭（2002） "隱"字當從叟得聲，阜與心皆爲贅加意符。此處"隱"疑讀爲"忞"。

朱駿聲指出："忞"假借"爲瞀，爲惛。《書·立政》：'其在受德忞。'又重言形況字，《法言·問神》'傳千里之忞忞者'，注：'忞忞，心所不了。'蓋以惛爲訓"。《説文》："惛，不憭也。"故"忞"有不了之意，此與李先生"隱"略同。

"詩無忞志"，是説《詩》中沒有不明了的志向。《書·堯典》："詩言志。"

《詩》序:"詩者,志之所之也,在心爲志,發言爲詩。"《詩論》簡二十:"其隱志必有以俞也。""俞"當讀爲曉諭之"諭",正與此相應。郭店楚簡《語叢一》簡三十八、三十九:"《詩》所以會古今之志也者。"《禮記·樂記》云:"《詩》,言其志也。"《莊子·天下》:"《詩》以道志。"《荀子·儒效》:"《詩》言是,其志也。"《漢書·藝文志》:"古者諸侯卿大夫交接鄰國,以微言相感,當揖讓之時,必稱《詩》以諭其志,蓋以別賢不肖而觀盛衰焉,故孔子曰'不學詩,無以言'也。"皆可爲佐證。

《上博館藏戰國楚竹書研究》頁 397—398

○**董蓮池**(2002)　隱,此字構形當是从心,陜聲,陜即"隣"的古文,而"叕"又爲陜的初文(其从"叩",表示相鄰比,"文"以標聲)。隱字从心陜聲,應即吝嗇之"吝"的古文。"昔無隱志"當是言賦詩不吝嗇心志的發抒,言外之意是説賦詩要令心志得以充分表現。樂亡隱情,"樂"指音樂,"隱"形義同上。情,段玉裁《説文解字注》引《禮記》:"何謂人情?喜、怒、哀、樂、懼、愛、惡,欲七者,不學而能。"則"樂亡隱情"當是言演奏音樂時不吝嗇七情的發抒,言外之意是説,音樂是七情的盡情吐灑。叕亡隱言,叕,从口从文,《考釋》認爲是文采之文的專字,可從。《左傳·襄公二十五年》載"仲尼曰:《志》有之:言以足志,文以足言。不言,誰知其志? 言之無文,行而不遠"。此"文"即指文采,可見"叕"是儒家一向倡導的修身標準。此句是言文采不吝嗇在語言上盡情表現。

《古籍整理研究學刊》2002-2,頁 15

○**林素清**(2003)　在馬王堆帛書中,叕字除與鄰字通用外,又或借爲"吝",如《馬王堆帛書·周易屯卦》(六三):"即鹿毋(無)華(虞),唯入于林中,君子幾不如舍,往叕。"叕字通行本作"吝"。

　　楚簡叕字也同樣有"鄰"及"吝"兩種用法,前者見《老子甲》簡一九、《六德》簡三等,後者則見於《尊德義》和《性自命出》篇。以下先抄録這三段簡文以爲説明:

　　1.教以舞,則民少以叕(吝)。(《尊德義》一四、一五)

　　2.咎則民悾,正則民不叕(吝),龔(恭)則民不怨。(《尊德義》三四)

　　3.凡人憍爲可惡也。憍斯叕(吝)矣,叕(吝)斯慮矣,慮斯莫與之結矣。

(《性自命出》四八、四九)

《尊德義》"民少以叕、正則民不叕",《郭店楚墓竹簡·釋文》作吝而無説。《性自命出》"憍斯叕、叕斯慮"兩"叕"字,《郭店楚墓竹簡·釋文》皆未作括注或説明,另於簡五九還有一個从叕从心的"愻"字:"凡兒人勿悁也。"整理者隸定爲"愍",裘錫圭讀爲"凡悦人勿吝也"。

上引四段簡文中的娿和愍字,若讀爲"吝",詞義皆可通。《説文》卷二上,口部吝字:

> 吝,恨惜也。从口,文聲。《易》曰:"以往吝。"㖁,古文吝从彣。

恨惜,吝惜,有據爲己用、不輕易示人之意。《論語·泰伯》:

> 子曰:如有周公之才之美,使驕且吝,其餘不足觀也已。

又《論語·堯曰》:

> 出納之吝,謂之有司。

兩處吝字,分別指自矜其才與財物上的吝惜,都是有所保留、不輕易示人之意。那麽,詮釋《尊德義》"教以儉,則民少以吝",可謂:"教民以儉,則民器識小而吝惜";"正則民不吝"指"上以正施政,則民不吝惜"。《性自命出》"僞斯吝矣,吝斯慮矣",是指"虚僞矯情,則必因吝惜而有所保留,凡事吝惜則必多慮";"凡兑人勿吝"指"若要取悦於人(兑,或可讀爲説,意爲凡要説服[遊説]人),就不要吝於表達"。因此,上博簡《孔子詩論》"詩亡吝志,樂亡吝情,文亡吝言",都是指"勿吝惜",要充分表達,不要有所隱藏或保留。《尚書·舜典》"詩言志,歌永言",大概就是"詩亡吝志,樂亡吝情"的一種表現。《左傳·襄公二十五年》引孔子言云:

> 仲尼曰:"志有之:'言以足志,文以足言。'不言,誰知其志? 言之無文,行而不遠。"

要"足言、足志",故"亡吝志、亡吝言"。當然讀"吝"爲隱,不隱藏心意,也就是充分表達,不吝惜之意。

《史語所集刊》74 本 2 分,頁 295—296

○**廖名春**(2008)　筆者認爲李鋭將"隱"字讀爲"忞",是很好的意見,但其解釋有誤,可以進一步討論。

"隱"字左上之"叩"爲"厸"之訛變,顏師古曰:"厸,古鄰字也。"而"忞"从"文"得聲,它們的古音很近,都是表音的。因此,將"隱"字讀爲"忞",音理上是没有問題的。甚至可以説,比讀爲"隱"更穩妥。

《説文·心部》:"忞,强也。从心,文聲。《周書》曰:'在受德忞。'讀若旻。"段玉裁《注》:"《立政》文。今《尚書》作暋。"查《書·立政》:"嗚呼! 其在受德暋,惟羞刑暴德之人,同於厥邦。"孔《傳》:"受德,紂字,帝乙愛焉,爲作善字,而反大惡。自强惟進用刑與暴德之人,同於其國,並爲威虐。"孔穎達《疏》:"《釋詁》云:'暋,强也。''暋'即昏也,故訓爲强。言紂自强爲惡,惟進用刑罰。身既進用刑罰,則愛好暴虐之人,故爲與之同於其國,言並爲威虐。”皆釋“暋”爲“自强”。于省吾以爲“揆諸文義,究爲不合”,因而讀“暋”爲“䫉(聞)”。屈萬里則認爲:“暋,與昏通。《説文》昏:‘一曰民聲。’是昏一作昬。《盤庚》:‘不昬作勞。’孔氏《正義》云:‘鄭玄讀昏爲暋。’是暋昏互通之證。此暋字應讀爲昏,迷亂也。”屈萬里將“暋”讀爲“昏”,訓爲“迷亂”是正確的。由此看,《説文·心部》的“忞”字即“暋”,也就是“昏”字。實質就是“惛”或“㑞”字。《説文·心部》:“惛,不憭也。”也就是胡涂、混亂。前人一般以爲“忞”與“暋”是假借關係,如桂馥《義證》就説:“經典借暋字。”朱駿聲《説文通訓定聲》也説“忞”,假借爲暋,爲惛。筆者則疑“忞”與“暋(惛)”是異體字,是一字的不同寫法。它們的義符都是心旁,聲符則一用“文”,一用“昏”。《説文》訓“忞”爲“强”,但從其所舉《周書》曰‘在受德忞’”來看,應該是錯誤的,應當訓爲亂,也就是迷亂、昏亂。《廣雅·釋訓》:“忞忞,亂也。”《集韻·吻韻》:“忞,《博雅》:‘忞忞,亂也。’或書作忟。”與“忞”同聲旁的“紊”字,《説文·糸部》、《書·盤庚上》孔安國《傳》和孔穎達《疏》都訓爲“亂”。所以,“忞”即“昏”,爲“惛”的異體字,訓爲昏亂,應該是信而有徵的。

由此可知,《詩論》一號簡的“詩亡隱志,樂亡隱情,文亡隱意”當讀爲“詩無忞志,樂無忞情,文無忞意”,也就是説詩不能有昏亂之志,樂不能有昏亂之情,文不能有昏亂之意。詩有忞志,有昏亂之志,就非“思無邪”,體現不出“温柔敦厚”的《詩》教”。樂有忞情,有昏亂之情,就等同於“鄭聲淫;樂無忞情”,就是要“放鄭聲、惡鄭聲”。文有忞意;有昏亂之意,非惟不能“載道”,還足以惑衆亂政;“文無忞意”,就是强調“文”要“有德”,“文以載道”。孔子的這些論述,顯然是其一貫的文學主張。比較起來,只不過簡文這裏表達得更爲系統一點而已。

《古文字研究》27,頁 440

# 懍

懍集成 2840 中山王鼎

---

【懍懍】

○張政烺(1979)　　《毛詩·大雅·雲漢》“兢兢業業”,傳:“兢兢,恐也。業業,危也。”

《古文字研究》1,頁 229

○**李學勤、李零**(1979)　　業業,《爾雅·釋訓》:“危也。”

《考古學報》1979-2,頁 158

○**商承祚**(1982)　　懍,《集韻》:“思也,危也。”通業,《詩·大雅·雲漢》“兢兢業業”,傳:“兢兢恐也,業業危也。”

《古文字研究》7,頁 58

○**何琳儀**(1998)　　中山王鼎“懍懍”,讀“業業”。《書·皋陶謨》:“兢兢業業”,傳:“危懼也。”

《戰國古文字典》頁 1429

# 慉

璽彙 1748

# 顤

上博三·周易 28　　　　上博三·中弓 26

○**濮茅左**(2003)　　(編按:上博三·周易 28)“顤”從頁從心,舀省聲,《説文》所無,音與“憂、羞”通。“或丞丌顤”,一作“或承之憂”,又作“或承之羞”。

《上海博物館藏戰國楚竹書》(三)頁 175

○**李朝遠**(2003)　　(編按:上博三·中弓 26)“顤”,同“悥、憂”。

《上海博物館藏戰國楚竹書》(三)頁 282

○**黄錫全**(2004)　　六　《周易》簡 28“或丞丌顤”

　　帛書本、今本作“或承之羞”。整理者認爲顤從頁從心,舀省聲,爲《説文》所無,音與“憂、羞”通。

　　今按:金文“憂”字本象人以手掩面形作,後又從心作。此形即“憂”字。爪下多一畫“一”,可能表示手與身體相連之義,也可能爲飾筆。猶如中山王方壺的“愛”比圓壺的“愛”多出一筆。

《古文字與古貨幣文集》頁 456,2009

○**孟蓬生**(2004)　　《上三·周易》28:“不恆其德,或丞其顤。”濮茅左先生説:

“‘頿’從頁從心，酓省聲，《説文》所無。音與‘憂、羞’通”（174—175 頁）。又《中弓》第二十六簡：“恐悁吾子慁，愿因吾子而治。”李朝遠先生注：“慁，同‘惥、憂’。《説文·心部》：‘惥，愁也。從心從頁。’”（281—282 頁）陳劍先生説：“‘悁’與‘貽’、‘慁’與‘羞’皆音近可通。《禮記·内則》：‘將爲不善，思貽父母羞辱。’《逸周書·序》：‘穆王思保位惟難，恐貽世羞，欲自警悟，作《史記》。’”

今按，頿慁寫法相同，整理者隸定不一，今從後者。需要指出的是，慁字並不是憂字，也不從酓省聲（酓本從肉得聲，説此字爲酓省聲，不但缺乏根據，亦覺迂遠）。其構形當分析從心，頨聲。

頨字見於《包山》第 180 簡，或以爲不識。《楚系簡帛文字編》《包山楚簡文字編》均亦以爲《説文》所無，李守奎先生《楚文字編》方將此字收入“腬”字條下。古文字中從頁、從百之字往往通作，如上博竹書《周易》頯字即從百寫作頁（50 頁），因此頨實即腬字之異構當無疑義。《説文·肉部》：“腬，面柔也。從百從肉，讀若柔。”《廣韻·尤韻》：“頨，面和。”《集韻·尤韻》：“腬頨，《説文》：面和也。或從頁。”又《集韻·有韻》：“腬頨，面色和柔皃。或從頁。”

古音肉聲、柔聲、丑聲相通，故“慁”可與“羞”字通用。《説文·月部》：“朒，朔而月見東方謂之縮朒。從月，肉聲。”又《血部》：“衄，鼻出血也。從血，丑聲。”此二字大徐本及《廣韻》並“女六切”。《漢書·五行志》：“王侯縮朒不任事。”服虔曰：“朒音忸怩之忸。”《玉篇·月部》：“縮朒，不寬申之皃。”《廣韻·屋韻》：“沑，踙沑，水文聚。”不寬申即收縮，與聚義相近，“縮朒”與“踙沑”實際上是一個詞。《集韻·有韻》：“糅粗，雜飯也。或作粈。”《儀禮·大射禮》：“公親揉之。”鄭注：“古文揉爲紐。”（中略）

然則慁字從心，頨聲，當爲“羞恥”之“羞”的本字。

《簡帛文獻語言研究》頁 131—133，2009

○季旭昇（2005）　“慁”字又見同書《仲弓》簡 26，依辭例均讀爲“羞”。字形分析可視爲從“憂”、疊加“肉”聲。“憂（影／幽）”字金文作𢝊（無憂卣），蓋假“夒（泥／幽）”字爲之（“擾［日／幽］”字從“憂”聲，是影母與泥日通之例）；戰國文字加義符“心”，“夒”形漸省爲“頁”或“百”。簡文此字又疊加“肉（日／覺）”聲，窄式隸定可作“膃”，實即“憂”字，於此讀爲“羞”。亦可分析爲从心、頨（腬）聲，窄式隸定作“慁”，孟蓬生《上博三字詞》（編按：此爲《上博竹書［三］字詞考釋》之簡稱）指出《説文》“腬讀若柔”，古音柔聲、丑聲相通，故“慁”當即“羞恥”之“羞”的本字。孟説亦有理。姑並存。

《〈上海博物館藏戰國楚竹書（三）〉讀本》頁 77

卷十・心

○**李守奎、曲冰、孫偉龍**（2007）　愢　按：从心，脜（脜）聲。"羞恥"之"羞"。

《上海博物館藏戰國楚竹書（一—五）文字編》頁 502

## 蕊

郭店・性自 30

○**李零**（2002）　原作"蕊"，釋文作"戚"，舊作從之，今改爲"感"。按簡文
"戚"見《尊德義》簡 7、《語叢一》簡 34，無草字頭和心旁；簡文"感"，又見《性
自命出》簡 34，也無草字頭，但有心旁，彼此的寫法不太一樣。最後一種寫法
與簡文用爲"察"字者有點相像。

《郭店楚簡校讀記》（增訂本）頁 113

## 愸

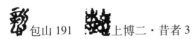包山 191　　　上博二・昔者 3

○**劉彬徽、彭浩、胡雅麗、劉祖信**（1991）　（編按：包山 191）慚。

《包山楚簡》頁 31

○**何琳儀**（1998）　愸，从心，新聲。

　包山簡愸，人名。

《戰國古文字典》頁 1162

○**陳佩芬**（2002）　（編按：上博二・昔者 3）"愸"，讀爲"親"。《字彙補・攴部》：
"敫，古文親字。"

《上海博物館藏戰國楚竹書》（二）頁 244

○**李守奎、曲冰、孫偉龍**（2007）　（編按：上博二・昔者 3）愸　按："親"字異體，卷
八見部重見。

《上海博物館藏戰國楚竹書（一—五）文字編》頁 503

△按　參卷八"親"字條下陳佩芬（2002）、陳嘉凌（2003）。

## 慭

近出 60 王孫誥鐘　　集成 12089 慭節　　上博一・性情 26

# 憶

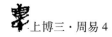上博三·周易 4

○**濮茅左**（2003）　“憶”，讀爲“窒”，上古音近，《説文·穴部》：“窒，塞也。”

《上海博物館藏戰國楚竹書》（三）頁 141

○**何琳儀、程燕**（2005）　又（有）孚△▽　4

　　△，《考釋》據今本《訟》作“窒”釋爲“憶”。▽，《考釋》據今本作“惕”，釋爲上從“啻”、下從“心”之字。按：《考釋》釋△爲“憶”不確，而▽之考釋則可信。

　　△，原篆作：

　　上從“壴”，下從“心”。“壴”上方本從三筆，但也有從二筆者，參見下列戰國文字：

　　壴　長鼎　　　　　　　　壴　三年□陶戈

　　鼓　曾樂律鐘（集成 289·4）　彭　璽彙 3513

　　另外，“壴”中間所從“田”形，與楚簡常見從“日”形者形體有別。類似形體互作的現象，在戰國文字中也屢見不鮮：

　　秋　璽文 7.7　　璽文 7.7　　莫　隨縣 36　　隨縣 214

　　步　包山 105　　包山 167　　會　郭店·老甲 19　　包山 182

　　凡此種種，可證△應釋“憶”。《説文》“憶，小怒也。從心，壴聲。（充世切）。”（10 下 19）

　　“憶”，透紐月部；“窒”，端紐質部。端、透均屬舌音，月、質清儒多不分，自戴震、王念孫始析爲二部。“窒、憶”聲紐爲雙聲，韻部爲旁轉。故今本以“窒”爲“憶”。

《江漢考古》2005-4，頁 75

○**楊澤生**（2006）　不過“惕”應是戒懼之義，如《左傳·襄公二十二年》：“無日不惕，豈敢忘職。”杜預注：“惕，懼也。”而“憶”也應該與之相近，李鏡池先生説今本的“窒”“借爲恎，懼也（《廣雅·釋詁二》）”。當可從，所以“憶”也應讀作“恎”，訓爲懼。當然，考慮到帛書本作“泏”，簡文“憶”也可以讀作“恤”。《晏子春秋·問下》：“共恤上令，弟友鄉里。”于省吾《雙劍誃諸子新證·晏子春秋新證》卷二：“恤，慎也。‘共恤’即敬慎。”

　　值得注意的是，簡文字與中山王壺銘文中的（厤）字都從“歩”，銘文原

句爲："彊愛深則賢人親。"（中略）

還有一點值得提出來，"彊"與"寠"有所不同。《説文・寠部》："寠，礙不行也，从寠引而止之也。"如果《説文》的字形和解説都可靠的話，那麼"寠"跟"彊"可能不是相同的一個字。同簡"涉"字作 ，跟"彊"只是从"水"與从"田"的不同，因此"彊"和"涉"有可能是形音義相近的字。但"涉"字古音屬禪母葉部，"恤"屬心母質部，它們聲韻相近，可以相通，因此簡文 仍然可以讀作"恎"或"恤"，銘文"彊"仍然可以讀作"恤"。

《康樂集》頁 169—170

○**何琳儀、程燕、房振三**（2006）　△，原篆作：

上从"彊"，下从"心"。關於"彊"所从"步"旁，可參考本簡"不利涉大川"之"涉"字所从"步"旁：

△與"陟"之戰國文字、傳抄古文有共同的偏旁：

中山王方壺　　　三體石經《君奭》

陶彙 3.1293　　　《説文》古文

衆所周知，古文字形旁往往可以互換。以上三體石經《君奭》"陟"所从"阜"旁可與中山王方壺"陟"所从"厂"互換。同理《説文》古文"陟"所从"人"旁也可與本簡△所从"心"旁互換。另外，△所从"心"旁大概也受其下▽（"惕"）从"心"旁的影響，即所謂"類化"所致。總之，△从"心"从"彊"，乃"陟"之異文，即从"心"，从"陟"古文省，讀若"陟"。在戰國文字中，从"人"之"陟"屬齊系，从"厂"之"陟"屬晉系，从"心"之"陟"屬楚系。

凡此種種，可證△應釋"陟"。《説文》："陟，登也。从阜从步。（竹力切）。"（14 下 2）

"陟"，端紐；"窒"，端紐。以雙聲通假。《説文》："駤讀若郅。"（10 上 1）是其佐證。

《周易研究》2006-1，頁 3—4

○**李零**（2006）　窒惕，上字，簡文作憏，下字，簡文从心从商，憏所从的寠，和西周金文的寫法不一樣，是从田从雙止。這兩個字，馬王堆本作洫寧，洫是曉母質部，窒是端母質部，可能是通假關係，窒作寧則是形近致譌。

《中國歷史文物》2006-4，頁 55—56

○**季旭昇**（2006）　　細審《上博三·周易·訟卦》卦辭"🔲"字，確實從"心"從"𣥂"，依形隸定可作"𢤪"。根據前引《説文》《汗簡》等傳世古文材料，"𣥂"形只有釋爲"步、陟、袁"等三個可能。其實釋"袁"顯爲形訛，可以無論。剩餘二説，劉釗已經指出戰國文字"步"字都作"🔲"，從不從"⊕"作。但是又很難解釋"陟"字所從"𣥂"形爲什麼中閒可以從"田"形？現在《上博三·周易·訟卦》"🔲"字出，讓我們開始認識考慮"𣥂"形有釋爲"疐"的可能。《上博三·周易·訟卦》卦辭"又（有）孚，𢤪悤（惕），中吉，冬（終）凶"，今本作"訟：有孚，窒惕，中吉，終凶"，馬王堆帛書本作"有復，洫寧，衷（中）吉，終凶"。跟楚簡本"𢤪"字對應的字是"窒、洫"，因此我們應該優先從與"窒、洫"的關係來考慮。

　　"𣥂"形釋"袁"、釋"步"，在形音義三方面都和今本《周易》的"窒"字、馬王堆本的"洫"字無法對應，剩下來的可能只有兩個：釋"陟"和釋"疐"。陟、疐、窒、洫四字的上古音如下：

　　　　"陟"，知紐職部。　　　　　"疐"，知紐質部。
　　　　"窒"，知紐質部。　　　　　"洫"，曉紐職部。

　　從字音上來看，"陟""窒"二字雖然可以通假，但是"疐"和"窒"則上古完全同音。至於馬王堆帛書作"洫"，上古音在曉紐職部，但同從"血"聲的"恤"卻在心紐質部，心紐與知紐齒舌聲近，可以通假。因此"陟"和"洫"聲韻俱近，但是"疐"和"洫"則是聲近韻同。據此，《上博三·周易》此字隸定爲從"陟"聲的"𢠇"，讀爲"窒"固然也可以通；但是隸定爲"憓"，讀爲"窒"，則似乎更爲合理。

　　從字形上來看，把"𣥂"看成是"陟"字的異體，我們很難解釋兩"止"形中閒的"田"形有什麼作用？但是，把"𣥂"看成是"疐"字的變體，則在字形演變上完全可以説得通。

　　"疐"，甲骨文作🔲（《前》2.39.8），西周金文作🔲（默簋）、西周晚期金文作🔲（楚簋）、春秋金文作🔲（秦公簋），秦文字作🔲（《陶彙》5.20）、🔲（《睡》116）。看得出，"疐"字從甲骨文到戰國古文，上部的"屮"形或變成"止"形（如楚簋），中閒的"🔲"形或省成"田"形，於是就成了"𣥂"。

《中國文字》新31，頁29—30

○**何琳儀**（2007）　　"憓"，帛本作"洫"，今本作"窒"。"憓"，"陟"之異文，參《説文》"陟"之古文。"陟、窒"同屬端組。"窒、洫"韻母同屬質部。《竹書釋文》隸定爲“懬”,不確。

　　　　　　　《上海博物館藏楚竹書〈周易〉》頁 75,《儒藏》精華編二八一
○李守奎、曲冰、孫偉龍(2007)　　懬　按:帛本作“洫”,今本作“窒”。《玉
篇・心部》:“懬,怒也,恨也。”

　　　　　　　　　　　《上海博物館藏戰國楚竹書(一——五)文字編》頁 503

# 噅

璽彙 3835

---

# 圂

集成 10478 中山兆域圖

---

○朱德熙、裘錫圭(1979)　　圂字方圍内的糸是“圖”字的簡化,亼是“靣”字頭
(看《金文編》304 陳猷釜和子禾子釜“稟”字偏旁)。“有事者官圂之”疑當讀
爲“有事諸官圖之”或“有事者,官圖之”。上引《周禮・春官・冢人》“掌公墓
之地,辨其兆域而爲之圖”,又《春官・墓大夫》“掌凡邦墓之地域爲之圖”。
銘文“有事諸官”可能即指冢人、墓大夫之類的有司。

　　　　　　　　　　　　　　　　　　　　　　　《文物》1979-1,頁 45

○張克忠(1979)　　圂从心从又从小在口中。《説文》:“圂,下取物縮藏之,从
口从又,讀若聶。”圂與《説文》的解釋完全符合,圂字不从小,係漢朝傳抄逸
失。圂字在此句意爲从思想上就要保守機密。

　　　　　　　　　　　　　　　　　　　　　《故宮博物院院刊》1979-1,頁 48

○徐中舒、伍仕謙(1979)　　圂,从㐬聲,當讀爲流。宣流之,言宣布流放之也。

　　　　　　　　　　　　　　　　　　　　　《中國史研究》1979-4,頁 95

○何琳儀(1998)　　圂从心,圖省聲,疑圖之繁文。

　　兆域圖圂,讀圖。《爾雅・釋詁》:“圖,謀也。”

　　　　　　　　　　　　　　　　　　　　　　　《戰國古文字典》頁 539

○陳斯鵬(2006)　　另外,中山王墓兆域圖有字作圂,朱德熙、裘錫圭兩先生隸
作“圂”,讀爲“圖”,甚是。此字直接在“圖”的基礎上益以“心”符,其初衷可
能也是爲了彰示“圖謀”一類的字義;不過在彼處又用如一般的“圖”,是繪圖

的意思。

《康樂集》頁 197

# 簜

璽彙 2677

---

○**湯餘惠等**（2001）　 簜。

《戰國文字編》頁 730

○**張靜**（2002）　 古璽有下揭一方璽：　[圖]（2677）
左邊一字（下文以 B 代替）無釋。按 B 从竹从易从心，可隸定爲“簜”。

　　B 从竹，竹作[形]形，此種寫法可視爲竹之簡化：[形]—[形]—[形]，竹作[形]形又見於以下諸字：

　　　　笱　[圖]陶彙 3·731　　　　苺　[圖]璽彙 0332

　　　　鄆　[圖]璽彙 1939　　　　絲　[圖]璽彙 1216

　　B 下部从易从心，易作[形]形（下文用 C 代替），與甲骨文“易”之寫法非常相似。

　　　　[圖]乙 3400　　　[圖]戩 22·14　　　[圖]天 18　　　[圖]摭續 125

戰國文字中，从“易”之形體較多，如：

　　　　惕　[圖]侯馬 329　　　惕　[圖]趙孟壺　　　惕　[圖]包山 138

　　　　愓　[圖]璽彙 3811　　　賜　[圖]璽彙 2187　　　賜　[圖]璽彙 0944

以上諸形所从之“易”，與 C 形體相似。

　　如上所述，B 从竹从易从心，可隸定爲“簜”，即“簜”字。戰國文字中，一些字可以加心旁進行繁化，如：

　　　　鳴　[圖]璽彙 3835　　　穗　[圖]侯馬 318

　　　　均　[圖]璽彙 2873　　　郾　[圖]璽彙 1976

故“簜”可視爲在“簜”上增加心旁進行繁化。《篇海》：“秭稌籭簜。”“簜”在璽文中用爲人名。

　　首字“悆”應讀作“角”。《廣韻·覺部》：“角，姓。後漢有角善叔。”故此璽全文應隸定爲“悆簜”，讀爲“角簜”。

《古文字研究》23，頁 138—139

# 懇　忩

上博四・曹沫 2 正　璽彙 5431

○ **何琳儀**（1998）　忩，从心，亣聲。疑懶之省文。
　古璽忩，人名。

《戰國古文字典》頁 1249

○ **李零**（2004）　懇讀“彌”。《小爾雅・廣詁》：“彌，益也。”

《上海博物館藏戰國楚竹書》（四）頁 244

# 憨

十鐘

○ **湯餘惠等**（2001）　憨。

《戰國文字編》頁 726

○ **黃德寬等**（2007）　憨，从心，歆聲。
　秦印憨，人名。

《古文字譜系疏證》頁 786

# 懠

璽彙 3183　　吉大 45　　上博一・性情 15

○ **吳振武**（1983）　3183 𩵋・巸（熙）懠。

《古文字學論集》（初編）頁 512

○ **湯餘惠等**（2001）　懠。

《戰國文字編》頁 729

○ **濮茅左**（2001）　（編按：上博一・性情 15）懠，即“懠”。《爾雅・釋言》：“懠，怒也。”《集韻》同。《詩・大雅・板》“天之方懠”，毛亨傳：“懠，怒也。”

《上海博物館藏戰國楚竹書》（一）頁 242

# 簹

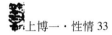上博一·性情 33

○濮茅左（2001）　簹，讀爲“篤”或“惇”。《爾雅·釋詁》：“篤，厚也。”“惇，厚也。”《國語·晉語四》：“能惇篤者，不忘百姓也。”篤，也爲五孝之一。《荀子·子道》“上順下篤”，即謂上順從於君父，下篤愛於卑幼，篤，有愛、仁之意。

《上海博物館藏戰國楚竹書》（一）頁 268

○李守奎、曲冰、孫偉龍（2007）　簹　按“篤”字異體，卷五竹部重見。

《上海博物館藏戰國楚竹書（一—五）文字編》頁 503

# 憲

侯馬 16：3

○山西文物工作委員會（1976）　憲。

《侯馬盟書》頁 353

○何琳儀（1998）　憲，从心，審聲。
　侯馬盟書憲，不詳。

《戰國古文字典》頁 1405

# 憎

璽彙 0691

○何琳儀（1998）　憎，从心，曾聲。曾之繁文。曾，从宀，曾聲。《集韻》：“曾，曾宏，屋大。”

《戰國古文字典》頁 155

# 爍

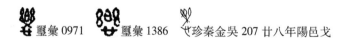璽彙 0971　　璽彙 1386　　珍秦金吳 207 廿八年陽邑戈

○**羅福頤等**（1981）　戀　或釋樂。

　　　　　　　　　　　　　　　　　　　《古璽文編》頁 265

○**吳振武**（1983）　0970 肖戀·肖（趙）㦡（樂）。

　　0971 同此釋。

　　　　　　　　　　　　　　　　《古文字學論集》（初編）頁 495

○**吳振武**（1984）　［二九一］265 頁，戀，璽文作𤰞𤰞𤰞，《説文》所無，下云：“或釋樂。”

　　今按：此字舊釋樂可從。𤰞𤰞等字實即樂字異體㦡。古璽樂字作𤧗（《彙》一三八三）或𤧗（125 頁），如將下部木省去，即與此字所从的𤰞或𤰞旁同。㦡字見於《集韻》，《集韻》謂“本作樂”。本條下所録一三八六號璽文𤰞原璽全文作“㦡成㙴（府）”，㦡成即樂成，地在今河北省獻縣東南，戰國後期屬趙。故此字應入 125 頁樂字條下。又《古璽彙編》○○七三號“𤰞隂（陰）司寇”璽中的𤰞字也應釋爲㦡（樂），本書未録。

　　　　　　　　　　　　　《〈古璽文編〉校訂》頁 132，2011

○**何琳儀**（1998）　㦡，从心，樂聲。樂之繁文。《正字通》：“㦡，俗樂字。”樂所从木旁簡化序列爲𣏌、乂、入，或索性省木旁。

　　趙璽“㦡城”，讀“樂成”，地名。隸《漢書·地理志》河閒國，在今河北獻縣東南。

　　　　　　　　　　　　　　　　　　《戰國古文字典》頁 301

○**湯餘惠等**（2001）　㦡。

　　　　　　　　　　　　　　　　　　　《戰國文字編》頁 730

【㦡成㙴】璽彙 1382

○**羅福頤等**（1981）　戀成侄。

　　　　　　　　　　　　　　　　　　　《古璽彙編》頁 149

○**吳振武**（1983）　1386 戀成侄·㦡（樂）成㙴（府）。

　　　　　　　　　　　　　　　《古文字學論集》（初編）頁 498

# 緫

上博三·中弓 13　　　　上博三·中弓 17

○李朝遠（2003）　　"緩"即"緩"，寬綽舒和。

《上海博物館藏戰國楚竹書》（三）頁273

# 慮

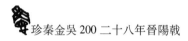珍秦金吳200 二十八年晉陽戟

---

# 懷

包山 119 反

---

○何琳儀（1998）　　懷，从心，裹聲。裹之繁文。
　　　包山簡懷，人名。參裹字 d。

《戰國古文字典》頁315

○湯餘惠等（2001）　　懷。

《戰國文字編》頁730

○劉信芳（2003）　　懷。

《包山楚簡解詁》頁106

○李守奎（2003）　　憅。

《楚文字編》頁631

# 龓

郭店・老乙5　　郭店・老乙6

---

○荆門市博物館（1998）　　（編按：郭店・老乙5）龓（寵）。

《郭店楚墓竹簡》頁118

○湯餘惠等（2001）　　龓。

《戰國文字編》頁730

# 竂

陶錄2・188・4

---

○丁佛言（1924）  古匋蔓陽匋里人竂。按：即《詩》"塞向墐户"之墐字。墐，塗也。其時未有家室，覆穴而居，故墐字从穴。

《説文古籀補補》頁 56,1988

○顧廷龍（1936） 竂，《説文》所無。

《古匋文香録》卷 10，頁 3,2004

○王恩田（2007） 竂。

《陶文字典》頁 285

## 愳

 郭店·語二 34　　璽彙 0657　　璽彙 3667

○羅福頤等（1981） 愳。

《古璽文編》頁 268

○何琳儀（1998） 愳，从心，彊聲。
　齊璽愳，人名。

《戰國古文字典》頁 638

○裘錫圭（1998） （編按：郭店·語二 34）上條从"心""彊"聲之字，當讀爲"强"，"强""弱"相對。

《郭店楚墓竹簡》頁 206

○劉釗（2003） （編按：郭店·語二 34）"愳"讀爲"强"，義爲强大、堅强。

《郭店楚簡校釋》頁 203

## 䚈

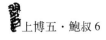 上博五·鮑叔 6

○陳佩芬（2005） 䚈（害）。

《上海博物館藏戰國楚竹書》（五）頁 187

○李守奎、曲冰、孫偉龍（2007） 䚈　按："羽"爲"彗"之訛，"彗、害"爲雙音字符。

《上海博物館藏戰國楚竹書（一—五）文字編》頁 503

# 霝

郭店·語一34　　**墨**璽彙 2330

○**羅福頤等**（1981）　霝。

《古璽文編》頁 266

○**吳振武**（1984）　［二九六］266 頁，霝，璽文作**墨**，《説文》所無。

今按：此字應釋爲憐。憐本從靈聲，而靈又從霝得聲，故霝可釋爲憐。典籍中霝、靈二字亦通，參段玉裁《説文解字注》十一篇雨部霝字條。憐字見於《集韻》。

《〈古璽文編〉校訂》頁 133，2011

○**何琳儀**（1998）　憐，從心，霝聲。疑憐之省文，怜之異文。《集韻》：“怜，心了也。或從靈。”

古璽憐，人名。

《戰國古文字典》頁 815

○**荊門市博物館**（1998）　（編按：郭店·語一34）霝（靈）。

《郭店楚墓竹簡》頁 194

○**劉釗**（2000）　（編按：郭店·語一34）“霝”字讀作“靈、霝”或“令”。“靈、霝、令”三字音義皆近，都是“美好”的意思。春秋銅器䣄鐘銘文中有“霝色若華”的句子，亦用“霝”字形容音樂，可以爲比。

《郭店楚簡國際學術研討會論文集》頁 85

○**陳偉**（2003）　（編按：郭店·語一34）霝，原讀爲“靈”。“霝”及從“霝”之字有與“零”通假的例證。此字疑當讀爲“零”。《説文》：“零，徐雨也。”段注：“引申之義爲零星，爲凋零。”在此似爲零落、稀少之意，與“繁”（繁多）的意思正好相反。

《郭店竹書別釋》頁 212

# 靁

**璽**璽彙 2678

○**羅福頤等**（1981）　靁。

《古璽文編》頁 267

○**吳振武**（1983） 2678 惥悒·罋（奭）悒。

《古文字學論集》（初編）頁 509

○**吳振武**（1984） ［二九八］267 頁，惥，璽文作𢚩，《説文》所無。

今按：此字從奭從口，應隸定爲罋，釋爲奭。奭字古陶作𢚩（《香録》四·一），古璽作𢚩（84 頁），《説文》古文作𢚩，皆與此字𢚩旁同。戰國文字口、心二旁往往不分，口旁作𠙵形者亦習見。罋字在原璽中用作姓氏，應即古璽和漢印中常見的奭氏之奭的異體（看《彙》二六八〇、三六五六及《漢徵》四·四）。古文字從口不從口往往無別，例亦不勝舉。故此字應入 84 頁奭字條下。

《〈古璽文編〉校訂》頁 134，2011

○**何琳儀**（1998） 惥，從心，奭聲。奭之繁文。

晉璽惥，讀奭，姓氏。見奭字。

《戰國古文字典》頁 121

○**湯餘惠等**（2001） 惥。

《戰國文字編》頁 731

# 懬

𢠳 珍秦·戰 129

---

# 憊

𢠳 望山 1·50

---

○**朱德熙、裘錫圭、李家浩**（1995） （編按：望山 1·50）此字六二號、六五號簡作"癏"。厚趠鼎有"償"字，與簡文從"心"從"疒"二字的聲符"賚"顯然是一個字。厚趠鼎銘文"償"字爲饋贈的意思。郭沫若疑爲"饋"字（《兩周金文辭大系》30 頁）。唐蘭先生認爲"即償字，從人賚聲。賚字從貝𠂤聲。𠂤爲自的繁體。金文追字往往從𠂤（余義鐘和陳肪簋）可證……歸本從帚自聲，歸貴聲同（《釋名·釋言語》"汝潁言貴聲如歸往之歸也"），所以貴的別構可以從𠂤聲。新出犮驜觥蓋銘説'吳犮驜弟史遄（遺）馬弗广'，作遄即遺字可證。償字在這裏讀如饋"（《論周昭王時代的青銅器銘刻》，《古文字研究》第二輯 27 頁）。簡文憊與癏二字之意義當與疾病有關，疑當讀爲"癏"或"痛"。《集韻》灰韻引《倉

頡篇》“瘨,陰病”。《一切經音義》卷十引《字林》“瘨,重疾也”。

《望山楚簡》頁 95—96

○李守奎（2003）　億。

《楚文字編》頁 631

○陳偉等（2009）　似當讀爲“續”。

《楚地出土戰國簡册》（十四種）頁 280

# 懨

璽彙 2746

○何琳儀（1998）　懨。

《戰國古文字典》頁 1554

○田煒（2006）

| 頁碼 | 字形 | 出處 | 原釋 | 校訂 |
| --- | --- | --- | --- | --- |
| 1074 頁 | | 璽彙 2746 | □ | 懨 |

《湖南博物館館刊》3,頁 218

△按　此從田煒隸定。

# 慭

璽彙 1319

○吳振武（1983）　1319 盛　·盛鞭。

《古文字學論集》（初編）頁 498

○何琳儀（1998）　悆,从心,金聲。疑悙之異文。《集韻》:“悙,恨也。”
齊璽悆,人名。

《戰國古文字典》頁 1063

○湯餘惠等（2001）　慭。

《戰國文字編》頁 732

# 戀

璽彙 5307

○**羅福頤等**（1981）　戀。

《古璽文編》頁 266

○**陳漢平**（1985）　古璽文有字作（5307 一字璽），舊不識,《古璽文編》隸定爲戀。按此字从心从䜌,當釋爲戀。《詩・黍離》:"中心搖搖。"注:"搖搖,憂無所愬。"《爾雅》作愮,即此字。

《出土文獻研究》頁 238

○**何琳儀**（1998）　戀,从心,䜌聲。
　　古璽戀,人名。

《戰國古文字典》頁 221

○**湯餘惠等**（2001）　戀。

《戰國文字編》頁 730

# 窓

上博一・性情 39

○**濮茅左**（2001）　（編按:上博一・性情 39）慮。

《上海博物館藏戰國楚竹書》（一）頁 275

○**白於藍**（2002）　𦖞（慎）,慮之方也,肰（然）而丌（其）悊（過）不亞（惡）。（《性情論》第三十九簡）

　　按,所謂"慮"字,原篆作"",該字下部从心,上部所从之聲符乃"窮（今簡化字作'穷'）"字,郭店楚簡《唐虞之道》有"窮"字作"",《古文四聲韻》引《道經》"窮"字作"",可參。故該字當隸作"窓"。上引這段話亦見於郭店簡《性自命出》篇,與"窓"其相對應的字是"悬（仁）"。"窓"从"窮"聲,"窮"从"躬"聲。李家浩先生曾專門論述過"躬"字古有"身"音。而在楚文字當中,"窮"字亦常可寫作""（郭店楚簡《窮達以時》簡十）、""（郭店楚簡《窮達以時》簡十四）、""（郭店楚簡《老子》乙篇簡十四）,俱从身聲,可見李先生之說不誤。由此看來,"悬（仁）"字之寫作"窓",也是不足爲奇的。古璽格言璽當中常見“中躬”一詞，現在看來，均當讀作“忠仁”。另有不少“躬”字單字璽，亦可能均應該讀作“仁”。

《華南師範大學學報》2002-5，頁 104

○**李守奎、曲冰、孫偉龍**（2007）　恕　按：从心，竆聲。疑讀爲“恭”。

《上海博物館藏戰國楚竹書（一──五）文字編》頁 503

# 戁

璽彙 2096

○**湯餘惠等**（2001）　戁。

《戰國文字編》頁 731

# 戀

璽彙 0386　　　璽彙 2676

○**羅福頤等**（1981）　慈。

《古璽文編》頁 265

○**裘錫圭**（1983）　又有从“心”从“絲”的一個字：

王　　古徵附 54 下，三補 3·3 上　　　罧（釋）之衡藏 3·13

這兩個字，《古徵》把它們當作未識字而收在附錄裏。《補補》釋“戁”爲“胤”，《三補》釋“慈”爲“絲”，都難以相信。但是按照釋“羉”爲“蠻”的辦法，這兩個字都可以順利地釋出來：“戁”即是“戀”，“慈”即是“戀”。

《古文字研究》10，頁 86—87

○**吳振武**（1984）　［二九二］265 頁，慈，璽文作，《説文》所無。

今按：此字裘錫圭先生在《戰國璽印文字考釋三篇》一文中釋爲“戀”，其説甚是，參本文［○八四］條。戀字見於《廣韻》《集韻》等書。

《〈古璽文編〉校訂》頁 132，2011

○**陳漢平**（1985）　古璽文有字作（0386）、（2676），舊不識，《古璽文編》隸定爲慈。參照古璽文聯字作，樂字作、、，知此字當釋爲戀，乃戀字省文。

《出土文獻研究》頁 238

○何琳儀(1998) 戀,从心,絲聲。疑戀之省文。《集韻》:"戀,慕也。"

晉璽戀,讀戀。姓氏。見《正字通》。

《戰國古文字典》頁1038

○湯餘惠等(2001) 戀。

《戰國文字編》頁728

## 戀

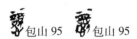 包山95 包山95

○何琳儀(1998) 包山簡戀,人名。

《戰國古文字典》頁646

○湯餘惠等(2001) 戀。

《戰國文字編》頁731

## 戁

 包山259

○劉彬徽、彭浩、胡雅麗、劉祖信(1991) (編按:包山259)戁,疑讀作獾。

《包山楚簡》頁61

○何琳儀(1998) 戁,从心,觀聲。空之異文。《五音集韻》:"戁,同空。"觀,見紐;空,溪紐;均屬牙音。

包山簡"會戁",讀"合歡"。

《戰國古文字典》頁984

○湯餘惠等(2001) 懽。

《戰國文字編》頁731

## 惑

 包山106

○劉彬徽、彭浩、胡雅麗、劉祖信（1991）　　惑。

《包山楚簡》頁 24

○何琳儀（1993）　　"惑"106 則應釋"悖"。

《江漢考古》1993-4，頁 61

○何琳儀（1998）　　惑，从心，蟁（惐之繁文）聲。疑悖之異文，惐之繁文。見惐字。惐旁或作蟁形，參朕字作臜，或作臜。

包山簡惑，人名。

《戰國古文字典》頁 1301

○劉釗（1998）　　［82］　簡 106 有字作"惑"，字表隸作"惑"。按字从"心"从三"或"。戰國文字好重疊，如古璽文"文"字又作"㚛"即是。此字應釋爲"惑"。"惑"字見於《説文》，在簡文中用爲人名。

《東方文化》1998-1、2，頁 58

○李零（1999）　　（136）798 頁：惑。

按：第 3 字从心从三或，《説文》"諅"字的籀文从心从正反雙或，這個字也有可能是"諅"字。

《出土文獻研究》5，頁 150

十鐘

○何琳儀（1998）　　秦璽紫，人名。

《戰國古文字典》頁 884

○湯餘惠等（2001）　　紫。

《戰國文字編》頁 732